天津市哲学社会科学规划重点委托项目

"一以贯之推进党的建设新的伟大工程"

（编号：TJKSZDWT1819-05）结项成果

徐中 等◎著

一以贯之推进党的建设
新的伟大工程

天津出版传媒集团

天津人民出版社

图书在版编目（ＣＩＰ）数据

一以贯之推进党的建设新的伟大工程 / 徐中等著
. -- 天津：天津人民出版社，2020.9
ISBN 978-7-201-16355-0

Ⅰ.①一… Ⅱ.①徐… Ⅲ.①中国共产党—党的建设
—研究 Ⅳ.①D26

中国版本图书馆 CIP 数据核字（2020）第 148535 号

一以贯之推进党的建设新的伟大工程
YIYIGUANZHI TUIJIN DANGDEJIANSHEXINDEWEIDAGONGCHENG

出　　版	天津人民出版社
出 版 人	刘　庆
地　　址	天津市和平区西康路35号康岳大厦
邮政编码	300051
邮购电话	（022）23332469
电子信箱	reader@tjrmcbs.com

策划编辑	王　康
责任编辑	王　玎
特约编辑	王　倩
封面设计	卢炀炀

印　　刷	三河市华润印刷有限公司
经　　销	新华书店
开　　本	710毫米×1000毫米　1/16
印　　张	22.75
插　　页	2
字　　数	320千字
版次印次	2020年9月第1版　2020年9月第1次印刷
定　　价	92.00元

目　　录

Contents

推进党的建设新的伟大工程要一以贯之①

中国特色社会主义最本质的特征是中国共产党领导,中国特色社会主义制度的最大优势是中国共产党领导。在统揽伟大斗争、伟大工程、伟大事业、伟大梦想中,起决定性作用的是党的建设新的伟大工程。习近平在学习贯彻党的十九大精神研讨班开班式上的重要讲话中强调,推进党的建设新的伟大工程要一以贯之。这一重大论断明确宣告:在新时代,党要团结带领人民进行伟大斗争、推进伟大事业、实现伟大梦想,必须坚定不移全面从严治党,将党的建设新的伟大工程进行到底。

一、我们党加强自身建设的伟大创举

把党的建设作为一项伟大工程来推进,是我们党的一大创举,是我们党领导人民进行伟大社会革命的法宝。在近百年的革命、建设、改革奋斗历程中,我们党能够从小到大、从弱到强,在挫折中奋起、在困难中成熟,一条基本经验就是高度重视并不断加强党的自身建设,不断把党的建设这项伟大工程

① 本文刊发于《求是》2018年第9期,执笔人:徐中、孙明增。

推向前进。

　　把党的建设看作一项伟大工程，是毛泽东最先提出的。1939年10月，毛泽东根据当时的形势任务和党的状况，在《〈共产党人〉发刊词》中提出，把我们党建设好是一项伟大的工程。以毛泽东为主要代表的中国共产党人，把马克思主义的基本原理同中国革命实际结合起来，制定了正确的政治路线，创造性地解决了在半殖民地半封建社会这种特殊的历史条件下建立无产阶级政党的一系列问题。在激烈的革命斗争和残酷的战争环境中，中国共产党日益壮大，成为全国范围的、广大群众性的马克思主义政党，团结和带领广大人民群众，取得了新民主主义革命的胜利，接着又在我国建立起社会主义的基本制度并取得社会主义建设的巨大成就。这是具有世界意义的伟大成功。

　　改革开放后，我们党与时俱进推进党的建设新的伟大工程。以邓小平为主要代表的中国共产党人，创立了在中国这样经济文化比较落后的大国建设和发展社会主义的科学理论，确立了正确的政治路线，同时紧密联系政治路线开展党的建设，提出新时期党的建设的目标和任务，开创了党的建设新的伟大工程。1994年9月，党的十四届四中全会通过的《中共中央关于加强党的建设几个重大问题的决定》明确指出，把党建设成为用建设有中国特色社会主义理论武装起来、全心全意为人民服务、思想上政治上组织上完全巩固、能够经受住各种风险、始终走在时代前列的马克思主义政党，强调这是党的建设的"新的伟大的工程"。以江泽民为主要代表的中国共产党人和以胡锦涛为主要代表的中国共产党人，继续推进党的建设新的伟大工程，不断提高党的执政能力和领导水平，使我们党更加强大。

　　党的十八大以来，我们党开创了党的建设新的伟大工程新局面。党的十八大刚闭幕，习近平就强调："形势的发展、事业的开拓、人民的期待，都要求我们以改革创新精神全面推进党的建设新的伟大工程，全面提高党的建设科学化水平。"党的十八大以来，以习近平同志为核心的党中央全面加强党的领导和党的建设，坚决改变管党治党宽松软状况，以顽强意志品质正风肃纪、反腐惩恶,党内政治生活气象更新,党内政治生态明显好转,党在革命性锻造中更加坚强,焕发出新的强大生机活力。在党的十九大报告中,习近平总书记再次强调:把党建设成为始终走在时代前列、人民衷心拥护、勇于自我革命、经得起各种风浪考验、朝气蓬勃的马克思主义执政党。这是我们党在新时代推进党的建设新的伟大工程的政治宣言。

二、新时代坚持和发展中国特色社会主义的根本保证

办好中国的事情,关键在党。习近平强调:中国特色社会主义大厦需要四梁八柱来支撑,党是贯穿其中的总的骨架,党中央是顶梁柱。党的建设新的伟大工程是引领伟大斗争、伟大事业,最终实现伟大梦想的根本保证。新时代坚持和发展中国特色社会主义,必须一以贯之推进党的建设新的伟大工程。

这是我们党进行社会革命的客观要求。没有中国共产党,社会主义就不会与中国结合,就没有中国特色社会主义,就没有中华民族伟大复兴。新时代中国特色社会主义是我们党领导人民进行伟大社会革命的成果,也是我们党领导人民进行伟大社会革命的继续。历史和现实都告诉我们,一场社会革命要取得最终胜利,往往需要一个漫长的历史过程。在这漫长的历史过程中,党和人民事业发展到什么阶段,党的建设就要推进到什么阶段。新时代,我国社会主要矛盾已经转化为人民日益增长的美好生活需要和不平衡不充分的发展之间的矛盾,决胜全面建成小康社会的艰巨任务、实现中华民族伟大复兴的历史使命,对我们党提出了前所未有的新挑战新要求。在新时代,我们党必须以党的自我革命来推动党领导人民进行的伟大社会革命,实现党和国家兴旺发达、长治久安,努力使中国特色社会主义展现出更加强大、更有说服力的真理力量。

这是我们党实现长期执政的根本要求。中国共产党执政地位不是与生

俱来的,更不是一劳永逸的。我们党执政正反两方面的经验及世界上一些社会主义国家和政党演变的教训表明,马克思主义政党夺取政权不容易,巩固好政权更不容易。党的十八大以来,以习近平同志为核心的党中央深入推进全面从严治党,增强了全党的力量,激发了全党的活力,振奋了全党的精神。全面从严治党永远在路上。要清醒认识党面临的执政环境是复杂的,影响党的先进性、弱化党的纯洁性的因素也是复杂的,党内存在的思想不纯、组织不纯、作风不纯等突出问题尚未得到根本解决;要清醒认识党面临的"四大考验"的长期性和复杂性、"四种危险"的尖锐性和严峻性;要清醒认识当前反腐败斗争形势依然严峻复杂,巩固压倒性态势、夺取压倒性胜利的决心必须坚如磐石。堡垒最容易从内部攻破。党的建设没有暂停键,更没有休止符。只有刀刃向内、自我革命,不断推进党的建设新的伟大工程,才能跳出"历史周期率",实现党的长期执政。

这是我们党防范风险挑战的必然要求。实现中华民族伟大复兴的中国梦是全体中华儿女的共同向往。近代以来,中华民族复兴进程曾多次被打断。鸦片战争后,帝国主义列强的入侵,不仅使我国落伍了,而且一次又一次摧毁了中国人民寻求民族独立和复兴的努力。辛亥革命后,我国虽然结束了两千多年的君主专制制度,但军阀混战、日本帝国主义入侵、国民党蒋介石反动统治,又把中国拖到了绝境。新中国成立后,我们党带领人民重新开启中华民族伟大复兴进程,经过长期艰苦卓绝的努力,终于在新时代迎来实现中华民族伟大复兴的光明前景。当前,我国正处在一个大有可为的历史机遇期,发展形势总的是好的,但前进道路不可能一帆风顺,越是取得成绩的时候,越是要有如履薄冰的谨慎,越是要有居安思危的忧患,绝不能犯战略性、颠覆性错误。面对新形势新任务,我们要增强推进党的建设新的伟大工程的使命感和紧迫感,把我们党自身建设好、建设强,确保党始终同人民想在一起、干在一起,引领承载着中国人民伟大梦想的航船破浪前进,胜利驶向光辉的彼岸。

三、深入推进新时代党的建设新的伟大工程

习近平强调,在中国特色社会主义新时代,完成伟大事业必须靠党的领导,党一定要有新气象新作为。在全面从严治党这个问题上,我们不能有差不多了,该松口气、歇歇脚的想法,不能有打好一仗就一劳永逸的想法,不能有初见成效就见好就收的想法。要按照新时代党的建设总要求,持之以恒、善作善成,把管党治党的螺丝拧得更紧,把全面从严治党的思路举措搞得更加科学、更加严密、更加有效,推动全面从严治党向纵深发展。

既要培元固本,也要开拓创新。培元固本是推进党的建设新的伟大工程的基础工程。习近平强调,要培元固本,把加强思想政治建设摆在首位,引导党员特别是领导干部筑牢信仰之基、补足精神之钙、把稳思想之舵。对于各级党员干部来说,培元固本的重点是坚定理想信念,常修为政之德。要以科学理论武装头脑,明大德、守公德、严私德,凝魂聚气、固本强基,练就"金刚不坏之身"。开拓创新是推进党的建设新的伟大工程的强大动力。当今时代是新情况、新矛盾、新问题、新经验、新事物层出不穷的时代。党的工作唯有与时俱进,党的建设唯有开拓创新,才能使我们党永远保持先进性、不断增强创造力,更好地担当起党的历史使命。要坚持解放思想、实事求是、与时俱进,不断研究党的建设面临的新情况新问题,不断推进党的建设实践创新、理论创新、制度创新,使党的建设适应党和国家事业发展要求,不断取得新时代党的建设的新成效。

既要把住关键重点,也要形成整体态势。推进党的建设新的伟大工程必须坚持唯物辩证法,以重点突破带动整体推进,在整体推进中破解重点难题。领导干部是党的执政骨干。只有管住"关键少数"特别是高级干部,全面从严治党才有震撼力和说服力。要抓住"关键少数",推动各级领导干部自觉担当领导责任和示范责任,把自己摆进去、把思想摆进去、把工作摆进去,一

级做给一级看、一级带着一级干，形成上下联动、齐抓共进的效应。

党的建设新的伟大工程是一项系统工程，要整体发力，形成整体态势。习近平在党的十九大报告中指出："必须以党章为根本遵循，把党的政治建设摆在首位，思想建党和制度治党同向发力，统筹推进党的各项建设。"要按照党的十九大对党的建设作出的部署，以党的政治建设为统领，全面推进党的政治建设、思想建设、组织建设、作风建设、纪律建设，把制度建设贯穿其中，深入推进反腐败斗争，不断提高党的建设质量。

特别要发挥彻底的自我革命精神。勇于自我革命，从严管党治党，是我们党最鲜明的品格。习近平强调：不忘初心，牢记使命，就不要忘记我们是共产党人，我们是革命者，不要丧失了革命精神。昨天的成功并不代表着今后能够永远成功，过去的辉煌并不意味着未来可以永远辉煌。要把新时代坚持和发展中国特色社会主义这场伟大社会革命进行好，我们党必须勇于进行自我革命，把党建设得更加坚强有力。在新时代，我们要以刀刃向内、刮骨疗伤的自我革命精神，严肃党内政治生活，增强党内政治生活的政治性、时代性、原则性、战斗性，全面净化党内政治生态；持之以恒正风肃纪，彻底拔掉"四风"的烂树病根；彻底铲除腐败，推动反腐败斗争压倒性态势向压倒性胜利转化；强化自我监督，深化国家监察体制改革，健全党和国家监督体系，不断增强党自我净化、自我完善、自我革新、自我提高能力，不断增强党的政治领导力、思想引领力、群众组织力、社会号召力，永葆党的旺盛生命力和强大战斗力。

第一章

加强党的建设的伟大创举

中国共产党是立志于中华民族千秋伟业的使命型政党。把党的建设作为一项伟大工程来推进,是我们党的伟大创举。建党近百年来,在革命、建设、改革的奋斗历程中,我们党之所以能够由小到大、从弱到强,在挫折中奋起、在困难中成长,锻造出民族复兴的强大领导力量,一条基本的历史经验就是高度重视和不断加强党的建设,一以贯之地把党的建设伟大工程推向前进。尤其是党的十八大以来,党在革命性锻造中焕发出强大生机活力,中国特色社会主义在坚持和发展中进入新时代,中华民族伟大复兴展现出前所未有的光明前景。站在新的历史起点上,我们党要带领人民进行伟大斗争、推进伟大事业、实现伟大梦想,必须毫不动摇推进党的建设新的伟大工程,推动全面从严治党向纵深发展,把我们党建设成为世界上最强大的政党。

一、党的建设伟大工程的成功开创

"为有牺牲多壮志,敢教日月换新天。"实现党的初心和使命,必须首先夺取全国政权,实现人民解放和民族独立,这是中国一切发展进步的根本前提。以毛泽东同志为核心的党的第一代中央领导集体,成功开创和实施了党的建设的伟大工程,创造性地回答了革命战争年代里"建设一个什么样的党、怎样建设党"的课题,成功把党建设成为一个全国范围的、广大群众性的、思想上政治上组织上完全巩固的马克思主义政党。这一伟大工程,成为中国共产党领导中国人民夺取中国革命胜利的重要法宝。在和平建设年代,中国共产党不忘初心、牢记使命,继续推进这个伟大工程,为建设中国特色社会主义事业提供了坚强保证。

(一)摸着石头过河:"正在进行之中"的伟大工程

"伟大工程"是毛泽东正式提出的,是在早期中国共产党人筹备建党时就已经启动了。那时的共产党人还没有把对党的建设的认识上升到伟大工程的高度,但不妨碍伟大工程的建设,这是共产党人"摸着石头过河"建设党的过程。毛泽东在《〈共产党人〉发刊词》中提出"伟大工程"时指出:"这件伟大的工程也正在进行之中。"①从1921年党的成立到1939年"伟大工程"的正式提出,18年党的建设的历史,为之后成功开创和实施伟大工程提供了经验教训镜鉴。

1. 党的建立和大革命时期:党的组织有发展没巩固

实现中华民族伟大复兴是近代以来中国人民最伟大的梦想。近代中国历史证明,不仅西方资本主义道路在中国走不通,与之相应的西方资产阶级政党的建党原则、方式和活动规则在中国也行不通。实现中华民族伟大复兴,必须锻造强大的领导力量,建立一个为人民利益而奋斗的新型政党。中国共产党就是这样的一个党。她既要忠实地代表工人阶级的利益,又要忠实地代表全国各族人民的根本利益;既要为工人阶级的解放而奋斗,又要为农民的解放、全民族的解放、各少数民族的解放而奋斗。因此,中共三大确立了国共

---

① 《毛泽东选集》(第二卷),人民出版社,1991年,第602页。

合作的方针。

随着国共合作的进行,全国党员数量每年成倍数增长,到1927年3月党员总数从建党之初57人发展到了57967人。党的队伍的壮大和自身建设的加强,推动了大革命运动的发展。但是党在大革命后期没能正确处理统一战线、武装斗争和党的建设三者之间的关系,为了维护联合战线不破裂,一味地对国民党妥协退让,放弃革命领导权,限制工农运动,贬低农民土地问题,致使革命遭到失败。全国党员总数也在1927年几个月的时间从巅峰期的5万多人减少到1万多人,党的组织几乎被打散,一时间中国共产党陷入困境。在这期间,党的建设诸多问题也暴露出来。比如,新党员缺乏马克思列宁主义教育,党内混入了大批的投机分子,党内缺乏中坚骨干,党没能掌握住一批革命武装。总体来说,在党的建立和大革命时期,党的组织发展了,但没有巩固,党在自身建设还处于起步阶段。

2. 土地革命战争的阶段:党的组织实现发展和巩固

大革命失败后,党的组织遭受严重破坏。在生死存亡之际,党紧急召开了八七会议。会议认为大革命失败的主因是陈独秀的右倾错误,而右倾错误的根源是党的指挥机关中知识分子太多。为此党中央提出,加强干部队伍和党员队伍建设要重点吸收工农分子,并确立了轻视、排斥知识分子的政策。这种对知识分子的不信任直到瓦窑堡会议才得到改观。在瓦窑堡会议前,毛泽东对党的建设提出新的认识。毛泽东认为,加强党的建设,需要注重社会成分,关键还是加强思想建设。周恩来也指出,我们要反对的是"小资产阶级意识",而不是反对"小资产阶级出身的个人"。①因此,毛泽东提出思想建党的主张。

1929年12月,古田会议决议案指出,必须纠正党内非无产阶级意识,必须对广大党员、干部加强思想教育。自此,全国党员数量迅速增长,在1934年长

---

① 参见《建党以来重要文献选编(1921—1949)》(第五册),中央文献出版社,2011年,第718页。

征前高达41万人左右。由于党内政治路线的"左"倾错误,党被迫长征,全国党员数量急剧下降。

1935年1月遵义会议召开,初步确立毛泽东在党中央的核心地位,标志着我们党从幼年的党向成熟的党转变。

1935年12月,瓦窑堡会议决议指出,愿意为中国共产党的主张而奋斗就能入党。放开入党条件后,到1937年抗日战争开始时,全国党员数量恢复到4万人左右。

总之,土地革命战争时期,党的组织不但重新发展了,而且得到了巩固,大批干部重新在党内涌出,而且变成了党的中心骨干。

3. 抗日民族统一战线的阶段:已经是全国性的大党

抗日战争爆发后,国共两党达成了第二次合作,正式建立抗日民族统一战线。为避免重蹈大革命覆辙,党中央认为,必须掌握统一战线中的领导权,为此要发展和巩固党的组织,壮大党的肌体,强健党的灵魂。

1938年3月15日,党中央做出的《关于大量发展党员的决议》指出:"大量的、十百倍的发展党员,成为党目前迫切与严重的任务。"[1]《决议》下达后,各地党组织吸收了大批革命分子入党,到1938年底,全国党员人数从抗战爆发时4万多人猛增到50多万人。

党的组织发展起来后,巩固成为重中之重。1939年8月,中央政治局作出的《关于巩固党的决定》指出:"党的发展一般的应当停止,而以整理、紧缩、严密和巩固党的组织工作为今后一定时期的中心任务。"[2]同年9月召开党的六届六中全会,制定了"任人唯贤"的党的干部路线和政策,提出"大胆发展而又不让一个坏分子侵入"[3]的发展党组织的方针。此后,党中央还在党内广泛开展学习竞赛活动和党员、干部的思想政治教育活动。

---

① 《中共中央文件选集》(第11册),中共中央党校出版社,1991年,第466页。
② 同上,第157页。
③ 《毛泽东军事文集》(第二卷),军事科学出版社、中央文献出版社,1993年,第493页。

经过努力,毛泽东指出:"我们的党已经是一个全国性的党,也已经是一个群众性的党;而且就其领导骨干说来,就其党员的某些成分说来,就其总路线说来,就其革命工作说来,也已经是一个思想上、政治上、组织上都巩固的和布尔什维克化的党。"①在伟大工程正式提出前,党的组织已经从狭小的圈子中走了出来,变成了全国性的大党。

(二)加强顶层设计:伟大工程的正式提出与规划

1939年10月4日,毛泽东为中央刊物《共产党人》撰写了发刊词。《〈共产党人〉发刊词》是关于党的建设的经典文献。在这篇文献中,毛泽东总结了过去18年党的建设的历史经验,剖析了党的建设取得的成就和存在的问题,论述了加强党的建设的重要性和必要性,阐述了党的建设与统一战线和武装斗争之间的相互关系,提出了加强党的建设的伟大工程。

1. 中国共产党成立18年来的成就、经验和问题

毛泽东在《〈共产党人〉发刊词》中,将过去18年党的建设划分为党的幼年时期、土地革命战争的阶段、抗日民族统一战线的三个阶段,并指出经过三个阶段的磨砺,党已经是一个全国性和群众性的党,是一个完全巩固的布尔什维克化的党。毛泽东总结过去18年的历史经验指出,统一战线和武装斗争是战胜敌人的两个"基本武器",党的组织则是掌握这两个武器的"英勇战士";②在资产阶级革命阶段,党在保持组织独立性前提下同资产阶级建立统一战线,为此要进行和平斗争,如果被迫分裂,就要进行武装斗争,否则党会被瓦解,革命也会失败。③除了总结党的建设成绩和经验,毛泽东还对党的建设面临新情况新问题进行分析:大批新党员没有受到教育,很多新组织没有得到巩固,党内混进许多投机分子和暗害分子,大资产阶级企图取消共产党、边区

---

① 《毛泽东选集》(第二卷),人民出版社,1991年,第603页。
② 同上,第613页。
③ 参见同上,第608页。

和党的武装力量。①正是基于以上判断,毛泽东提出,为了"使党和革命不在可能的突然事变中遭受意外的损失",必须"巩固党的组织,巩固党的武装力量"。②

2. 回答建设一个什么样的党和怎样建设党

关于建设一个什么样的党,毛泽东从党的建设历史的经验教训出发,联系党的建设的当前实际,提出要"建设一个全国范围的、广大群众性的、思想上政治上组织上完全巩固的布尔什维克化的中国共产党",并把这一建党目标称之为"伟大的工程"。③关于为什么建设这样一个党,毛泽东指出:现在是民族统一战线的时期,是抗日战争的时期,是党发展成为全国性的大党的时期,建设一个全国范围的、广大群众性的、思想上政治上组织上完全巩固的布尔什维克化的中国共产党,是一个光荣而又严重的任务。④关于如何建设党,毛泽东指出:"解决这个问题,是同我们党的历史,是同我们党的十八年斗争史,不能分离的。"⑤一是,要在实现党的正确的政治路线中建设党。党的政治路线的正确与否,决定着党的建设工作的前进和后退。在新民主主义革命时期,党要争取同资产阶级联合,如果联合,就要进行和平斗争,保持政治思想组织上的独立;如果党被迫同资产阶级分裂,就要进行武装斗争,避免党和革命的失败。二是,要在实现党的正确的思想路线中建设党。使党像铁一样地巩固起来,要善于将马克思列宁主义的理论和中国革命的实践相结合。三是,党的组织强大是实现党的政治路线的依靠。加强党的建设有赖于正确的政治路线。同样,实现党的政治路线,也要依靠党的组织的坚强有力的支持,依靠党的政治思想工作和组织工作,依靠大批干部在党内涌现且成为党的中心骨干,依靠全体党员、干部为党的政治路线不懈奋斗。

①④⑤　参见《毛泽东选集》(第二卷),人民出版社,1991年,第603页。

②　参见同上,第613页。

③　参见同上,第602页。

3. 建设伟大工程已大体具备主观客观条件

毛泽东指出,建设伟大工程,在当时已大体具备主观客观条件。一是,从党中央领导机关来看,遵义会议结束了王明"左"倾冒险主义在党中央的统治,逐步形成了以毛泽东同志为核心的党的第一代中央领导集体。这代中央领导集体有着长期革命斗争的经验,而且对党的历史上"左"倾错误有着深刻认识,这是推进党的建设的伟大工程的重要条件。二是,从全党来看,中国共产党经过长期艰难曲折的斗争实践,积累了领导中国革命和党的建设的丰富经验和教训。毛泽东指出:"在十八年党的历史中,凭借我们丰富的经验,失败和成功、后退和前进、缩小和发展的深刻的和丰富的经验"①,我们已经能够对党的建设等重大问题"做出正确的结论来了"②。三是,从理论准备来看,党在思想上、理论上已经有了基本的准备。在《〈共产党人〉发刊词》前,党在理论建设上已经有了一些重要的理论成果。比如毛泽东的《中国革命战争的战略问题》《实践论》《矛盾论》《论持久战》等,刘少奇的《论共产党员的修养》等,以及这一时期一系列重要会议形成的文件。这些理论成果涉及党的思想路线、政治路线、军事路线等一系列基本问题,对建设伟大工程具有重要的指导意义。四是,党有了一个相对稳定的环境。陕甘宁革命根据地的巩固与扩大为党的建设提供了良好的环境。这一点毛泽东体会犹深,他指出:"全世界的共产党,除了苏联共产党之外,只有中国共产党有根据地,可以教育与训练自己的干部。"③

(三)延安整风运动:建设伟大工程的一大创造

遵义会议后,党的路线已经走上马克思主义的正确轨道,但对曾经给党的事业造成严重危害的主观主义、教条主义还没来得及从思想上进行认真清

---

① ② 《毛泽东选集》(第二卷),人民出版社,1991年,第606页。
③ 《毛泽东文集》(第二卷),人民出版社,1993年,第415页。

理。这就有必要集中开展一场普遍的马克思主义思想教育运动,以清除广大党员中存在的各种非无产阶级思想,增强党的凝聚力和战斗力。毛泽东提出建设伟大工程后不久,中国共产党以延安为中心,在全党范围内开展了一场整风运动。

1. 延安整风运动的基本过程

延安整风大体经过了四个阶段。一是酝酿阶段:掀起"学习运动"。1938年10月,党的六届六中全会宣布要实现马克思主义中国化,以此来克服党内的教条主义。1939年2月17日,党中央设立了干部学习教育部。1940年1月和3月,中央先后发出《关于干部学习的指示》和《关于在职干部教育的指示》。尽管党中央从各方面批评教条主义的错误,但收效不大。二是发动阶段:1941年5月19日,毛泽东在延安高级干部会议上作了《改造我们的学习》的报告,标志着高级领导干部整风学习正式开始。1941年9月10日,九月会议召开,要求党的高级干部开始学习和研究党的历史,为全党普遍整风做了准备。三是展开阶段:全党范围的整风运动。1942年2月,毛泽东先后作《整顿党的作风》和《反对党八股》的讲演,标志着延安整风运动进入全党普遍整风阶段。四是结束阶段:深入讨论党的历史问题。从1943年9月起,中央领导层的整风进行到深入讨论党的历史问题阶段。1944年5月,党的六届七中全会通过的《关于若干历史问题的决议》,对党内若干重大的历史问题作出正确的结论,使全党尤其是党的高级干部对中国民主革命的基本问题的认识达成一致。至此,整风运动胜利结束。

2. 全党整风运动的基本内容

全党整风的基本内容是反对主观主义、宗派主义、党八股以树立马克思主义的作风。一是,反对主观主义以整顿学风。主观主义的实质是理论脱离实际,它颠倒了认识和实践的关系。为此,毛泽东提出:"我们要在党内发动一个启蒙运动,使我们同志的精神从主观主义、教条主义的蒙蔽中间解放出来。"①二是，反对宗派主义以整顿党风。遵义会议后，宗派主义在党内已不占统治地位，但它的残余依然存在。毛泽东强调："要提倡顾全大局。每一个党员，每一种局部工作，每一项言论或行动，都必须以全党利益为出发点，绝对不许可违反这个原则。"②一切无原则的派别斗争，都要清除干净。要使我们全党的步调整齐一致，为一个共同目标而奋斗。与此同时，也要反对党外的宗派主义残余，如一部分党员对党外人士不尊重等。毛泽东强调："国事是国家的公事，不是一党一派的私事。因此，共产党员只有对党外人士实行民主合作的义务，而无排斥别人、垄断一切的权利。"③三是，反对党八股以整顿文风。党八股是主观主义和宗派主义的宣传工具和必然的表现形式。不清除党八股，不能启发生动活泼的革命思想，不能发扬实事求是的精神，主观主义、宗派主义就还有藏身之地。

3. 全党整风运动的基本方法

针对党内存在的主观主义、宗派主义、党八股等问题，党提出了一系列方法举措。一是，确立理论联系实际的作风。要克服主观主义，必须以科学的态度对待马克思主义，发扬理论联系实际的马克思主义学风。毛泽东创造性地对中国成语"实事求是"做了新的解释，认为实事求是的含义是从客观存在的一切事物中探究事物的内部联系，这成了党的思想路线的通俗而又生动的表述。二是，确立密切联系群众的作风。加强调查研究是转变党的作风的基础一环。1941年8月，中央作出《关于调查研究的决定》及《关于实施调查研究的决定》。中央设立调查研究局，各中央局、区委、省委或工委也成立相应的调查研究机构。调查研究作为党的一项重要的工作制度被确立起来。三是，确立批评和自我批评的作风。批评和自我批评是党强筋壮骨的锐利武器。通过批评和自我批评，广大党员、干部弄清犯错误的环境、性质和原因，逐步取得思想

---

① 《毛泽东选集》(第三卷)，人民出版社，1991年，第827页。
② 同上，第821页。
③ 同上，第809页。

认识上的一致,提出努力的方向。针对党的历史中存在过的"残酷斗争、无情打击"的"左"倾错误,整风运动贯彻"惩前毖后,治病救人"的方针。毛泽东强调:"对于人的处理问题取慎重态度,既不含糊敷衍,又不损害同志,这是我们的党兴旺发达的标志之一。"①

4. 延安整风运动的重大意义

整风运动是一次深刻的马克思主义思想教育运动,收到了巨大的成效。它坚持马克思主义同中国实际相结合的正确方向,使实事求是的马克思主义思想路线在全党范围内深入人心。这是加强党的建设伟大工程的一大创造。通过整风运动,实现了在以毛泽东同志为核心的党中央领导下全党新的团结和统一,为抗日战争的胜利和新民主主义革命在全国的胜利,奠定了重要的思想政治基础。1945年4月23日,党的七大召开,确立了毛泽东思想为全党的指导思想。在解放战争后期,各解放区借鉴延安整风运动中的经验,针对一些地方党组织特别是农村基层党组织中存在的思想不纯、作风不纯和成分不纯的问题进行了整党工作,为人民解放战争的胜利提供了重要保证。据统计,截至1949年底,全国党员数量达到450万名,而解放战争时期到1949年入党的党员约有330万人以上,占73.33%。以毛泽东同志为核心的第一代中央领导集体,以马克思列宁主义为指导,联系党的政治路线,建设了一支领导人民夺取新民主主义革命胜利、建立社会主义制度的工人阶级先锋队,成功地实施了党的建设的伟大工程。

(四)新中国成立后:"我们决不当李自成"

1949年中华人民共和国成立,标志着压在中国人民头上的封建主义、官僚资本主义和帝国主义三座大山被推翻,中国开启了建设社会主义的伟大革命。这是一个划时代的历史起点,中国共产党实现了从领导人民为夺取全国

---

① 《毛泽东选集》(第三卷),人民出版社,1991年,第938页。

政权而奋斗的党向领导人民掌握政权并长期执政的党的根本性转变。在执政全国政权、从事和平建设的历史条件下,中国共产党仍然有建设一个什么样的党和怎样建设党的历史课题。和平年代党的建设怎么搞,过去的经验是否适用现在,以毛泽东同志为代表的中国共产党人进行了艰辛探索和实践。

1. 新中国成立初期:纠正"革命到头"思想

1949年3月5日,在中国革命胜利前夕,党中央召开西柏坡会议。毛泽东在会议上指出,中国革命胜利只是走完了万里长征的第一步,我们要把中国建设成一个伟大的社会主义国家,全党同志必须警惕敌人的糖衣炮弹,务必继续地保持谦虚、谨慎、不骄、不躁的作风,务必继续地保持艰苦奋斗的作风,迎接新的更加伟大的任务的到来。[①] 1949年3月23日,毛泽东率领中共中央机关乘汽车离开西柏坡前往北平。出发时,他对周恩来说:"今天是进京的日子,进京赶考去","我们决不当李自成"。[②]毛泽东对全党的告诫和要求,不是无的放矢。中国革命胜利后,党内部分人确实滋长了以功臣自居的骄傲自满情绪和官僚主义、命令主义作风。1950年5月1日,党中央发出《关于在全党全军开展整风运动的指示》,要求严格地整顿全党的作风。1950年下半年开始,全党整风运动分批进行,于年底结束。经过整风,干部、党员中的居功自傲情绪和"革命到头"思想得到纠正。1951年2月,中央发出《中共中央政治局扩大会议决议要点》,提出以三年时间进行一次整党。整党从1951年下半年开始,分期分批进行,1952年又结合"三反"运动进行到1954年春基本结束。经过整党,有41万人被开除出党或被劝告退党,党员人数由整党前的580万人发展到636.9万余人,组织成分和党员素质有了明显改善,思想建设和作风建设得到加强。在此期间,中国共产党也非常注重维护干部队伍的纯洁。1951年12月,"三反"运动中被揪出来的刘青山、张子善因贪污被判死刑。经过整风和整党

---

① 参见《毛泽东选集》(第四卷),人民出版社,1991年,第1438~1439页。
② 《毛泽东年谱(1893—1949)》(下卷),中央文献出版社,2013年,第470页。

运动,党中央从延安整风和党的七大以来形成的坚强团结,在执掌全国政权的条件下继续保持下来。

2. 党的八大及全党整风:"不整风党就会毁了"

1956年9月15日,党的八大召开。党的八大通过的《关于政治报告的决议》指出:经过社会主义改造,我们国内的主要矛盾发生变化,为了把中国从落后的农业国建设成先进的工业国,必须进一步巩固我们的党。根据党的八大精神和现实生活中党内外出现的新情况新问题,中央决定从整顿党的作风入手,克服官僚主义、宗派主义和主观主义。1957年4月27日,党中央正式发出《关于整风运动的指示》。毛泽东指出:"不整风党就会毁了。"①但是整风运动仅进行了半个月,对党的工作的批评意见如潮,有些言论甚至主张取消党的领导。这种局面是党执政以来未曾遇到过的。对此,中央发出指示,在全国范围内开展反右派斗争。由于错误估计了形势,反右派斗争被严重地扩大化了。反右派斗争扩大化最严重的后果是动摇和修改了党的八大关于我国社会主要矛盾的正确判断,把知识分子划分为剥削阶级。总的来说,十年建设时期党的建设取得了重大成就,从1956年党的八大召开到1965年底,全国党员数量从1073万人发展到1895万人,而且一批优秀中青年干部被提拔到省、地、县各级领导岗位。这对于党和国家的长远建设具有重大意义。同时,十年建设时期党的建设也遭受挫折,党和国家的政治生活逐渐不正常,个人专断、个人崇拜、个人凌驾于组织之上。造成这些失误的根本原因在于党和国家的领导体制存在弊端。正是这十年间"左"的错误在实践和理论上的积累和发展,导致了此后"文化大革命"这样全局性错误的发生。

3. "文化大革命"时期:采用阶级斗争的方法"重建"党组织

"文化大革命"开始后不久,整顿党的思想和组织被作为运动的一项重要内容。1967年10月,毛泽东在一个批示中说:"党组织应是无产阶级先进分子

---

① 《陈云年谱》(中卷),中央文献出版社,2000年,第381页。

所组成,应能领导无产阶级和革命群众对于阶级敌人进行战斗的朝气蓬勃的先锋队组织。"①随后这个批示被称为"五十字建党纲领"。纲领中把"对于阶级敌人进行战斗"作为建党的唯一宗旨,对领导国家的经济、文化建设却只字不提,这种建党方针显然是错误的。在整党建党中,要求党的组织按照这种方针进行整顿和吸收新党员,称其为"吐故纳新"。结果往往是一部分合格的党员不能恢复组织生活或被错误地开除党籍,而接纳的新党员中虽有一些各方面生产、工作的积极分子,但也有许多不合乎党员条件的造反派。由于指导方针的错误,这次整党建党问题很多。尽管如此,整党毕竟重新恢复了从中央各部门到地方的各级党组织,恢复了大多数党员的组织生活,这对稳定局势、推进工农业生产起了一定作用。"文化大革命"留下的重大历史教训之一就是必须制定正确的党的建设的方针和政策,不断加强执政党的建设,而不能采取阶级斗争的方法"重建"党的各级组织,不能把阶级斗争、路线斗争作为加强党的建设的主要内容和主要方法。

党的政治路线发生改变,党的组织路线也要随之改变,这是加强党的建设的一条基本经验。毛泽东成功解决了新民主主义革命时期建设一个什么样的党和怎样建设党的问题,但是没有解决在社会主义建设时期建设一个什么样的党、怎样建设党的命题。毛泽东仍然运用革命战争年代党的建设经验去建设和平建设年代的党,必定会出现理论与实践不相适应的问题。前事不忘,后事之师。马克思主义政党对自己的错误所抱的态度,是衡量这个党是否真正为民的一个最重要最可靠的尺度。党对自己包括领袖人物的失误和错误历来采取郑重的态度,一是敢于承认,二是正确分析,三是坚决纠正,从而使失误和错误连同党的成功经验一起成为宝贵的历史教材。正是因为这些历史教训,在改革开放新时期,中国共产党与时俱进地提出建设"党的建设新的伟大工程"的时代命题。

①　《中国共产党历史大事记(1921年7月—2011年6月)》,人民出版社,2011年,第107页。

二、与时俱进地建设新的伟大工程

"山重水复疑无路,柳暗花明又一村。"前途是光明的,道路是曲折的。这是一切正义事业发展的历史逻辑,也是加强党的建设的历史逻辑。在中国共产党成为执政党后,虽然毛泽东没能把党的建设伟大工程推进到党的建设新的伟大工程,但毛泽东领导全党加强党的建设的得与失,为改革开放新时期加强党的建设提供了经验教训镜鉴。改革开放以来,以邓小平同志为核心的党的第二代中央领导集体,开创了党的建设新的伟大工程;以江泽民同志为核心的党的第三代中央领导集体,把党的建设新的伟大工程推向了21世纪;以胡锦涛同志为总书记的党中央,以改革创新精神全面推进党的建设新的伟大工程。到党的十八大前,中国共产党已经成为改革开放和社会主义市场经济条件下领导国家建设的党。

(一)开创党的建设新的伟大工程

党的建设新的伟大工程是1994年党的十四届四中全会提出的,但是从党的十一届三中全会就已开始建设。20世纪70年代末,国际第三次科技革命浪潮方兴未艾,国内"文化大革命"刚刚结束,党的建设重创后仍处于停滞状态。世情、国情、党情的变化昭示着,党所进行的建设事业是新的伟大社会革命,党所加强的自身建设是新的伟大自我革命。能否在"文革"后抓住历史契机,是对党中央的重大考验。从1978年12月党的十一届三中全会到1989年6月党的十三届四中全会这11年,以邓小平同志为核心的党的第二代中央领导集体,围绕在改革开放和现代化建设条件下建设一个什么样的党、怎样建设党的问题,继续加强思想建设、组织建设、作风建设,重点加强制度建设,开创了党的建设新的伟大工程。

1. 在全党确立解放思想、实事求是的思想路线

1976年"文化大革命"结束后,中国处于向何处去的重大历史关头。此时的党内仍然受"左"的思想的禁锢,党的工作处于徘徊中前进的局面。为打破禁锢,邓小平从端正党的思想路线入手,积极推动真理标准问题大讨论,反复强调要完整准确理解毛泽东思想,大力倡导解放思想、实事求是。1978年12月召开的党的十一届三中全会,从根本上冲破了长期以来"左"倾错误的严重束缚,确立了邓小平在全党和党中央的核心地位,实现了党和国家中心从"以阶级斗争为纲"向以经济建设为中心的转移,做出了改革开放的伟大决策。1981年召开的党的十一届六中全会通过《中共中央关于建国以来党的若干历史问题的决议》,对党的历史经验作出科学总结,对毛泽东和毛泽东思想作出正确评价,党在指导思想上的拨乱反正胜利完成。之后,我们党将解放思想、实事求是贯穿于党的各项工作之中,实现马克思主义中国化的第二次历史性飞跃,创立邓小平理论。

2. 按照"四化"方针造就一支宏大的干部队伍

党的十一届三中全会后,我们党一再强调,正确的政治路线要靠正确的组织路线来保证。全党加快落实干部政策,大规模平反冤假错案,恢复一大批久经考验的老干部的领导职务。根据新时期干部工作面临的新情况、新问题,提出了实现干部队伍"革命化、年轻化、知识化、专业化"的"四化"方针,之后邓小平进一步提出群众公认和注重实绩的原则。1982年,党中央作出《关于建立老干部退休制度的决定》,国务院制定《关于老干部离职休养制度的几项规定》,废除了实际存在的领导职务终身制,建立起干部离退休制度。党的十二大决定建立顾问制,有效推动了新老干部的交替与合作。1982—1984年,通过大力推进机构改革,大规模调整各级领导班子,干部年轻化工作取得突破性进展。从1983年开始,建立第三梯队,加强了后备干部队伍建设。1987年,党的十三大提出建立国家公务员制度,大力加强干部教育与培训工作,恢复和新建各级党校和干部学校,大规模轮训干部,提高干部队伍

素质。通过实施这些措施,初步形成了一支以德才兼备的中青年干部为主体的党的干部队伍,为实现党在新时期的历史任务提供了组织保证。

3. 坚持一手抓改革开放和一手抓惩治腐败

我们党把执政党的党风问题提到有关党的生死存亡的高度来认识,强调把反对腐败贯穿于整个改革开放过程中。党的十一届三中全会重建了中央纪律检查委员会,并逐步恢复地方各级纪律检查委员会。加强党风廉政法规制度建设,制定了《关于高级干部生活待遇的若干规定》等重要规章。1983年党的十二届二中全会通过《中共中央关于整党的决定》,用三年多时间对党的思想、组织和作风进行了一次全面整顿。从1982年开始,采取有力措施严厉打击经济领域犯罪活动,着力纠正新形势下的各种不正之风。党中央和国务院陆续发出《关于打击经济领域中严重犯罪活动的决定》《关于严禁党政机关和党政干部经商、办企业的决定》《关于禁止领导干部的子女、配偶经商的决定》《关于坚决查处共产党员索贿问题的决定》《关于严格控制党政机关干部出国问题的若干规定》《关于党和国家机关必须保持廉洁的通知》《党员领导干部犯严重官僚主义失职错误党纪处分的暂行规定》等文件,同时查处了一批违法违纪案件,惩治了一批腐败分子,某些不正之风暂时有所收敛。

4. 依靠制度化建设使党的建设进入制度化轨道

我们党在吸取"文化大革命"期间民主集中制遭到严重破坏的惨痛教训,深刻认识到"制度是决定因素",从党的十一届三中全会开始,将党的制度建设提上重要日程,明确提出健全党内民主制度的要求,确立了在党纪和国法面前人人平等的原则。1980年召开的党的十一届五中全会通过了《关于党内政治生活的若干准则》,系统规定了正确处理党内关系的一系列原则,奠定了党内生活制度的基础。1982年党的十二大制定了新党章,完善了党的根本大法,明确了立党、治党、管党的根本依据。这一时期,邓小平和党中央突出强调健全民主集中制,加强党的集体领导,改革和完善党的领导制度。

从党的十一届五中全会重新设立中央书记处开始，逐步改革健全了中央领导机构和领导体制。党的十三大提出建立中央政治局常委会向中央政治局、中央政治局向中央全会定期报告工作的制度，之后又制定了中央政治局、政治局常委、中央书记处工作规则，使党中央的集体领导走上制度化轨道。同时，从中央到地方各级党委，逐步建立起集体领导和个人分工负责相结合的制度。除此之外，党的代表大会制度、党内选举制度、干部选拔任用制度、干部管理制度、基层组织制度、党员管理制度、党内监督制度等各方面的制度建设全面起步，并逐步走上正轨，从而使党走出一条在改革开放新时期依靠改革和制度化建设加强党的建设的新路子。

（二）把党的建设新的伟大工程推向21世纪

20世纪80年代末90年代初，东欧剧变和苏联解体先后发生，世界社会主义事业处于低谷，国内发生政治风波，而这次政治风波酝酿、发生、升级的过程表明，问题主要出现在党内。国际、国内的发展形势迫切要求我们党加强自身建设，提高领导水平。从1989年6月党的十三届四中全会到2002年11月党的十六大这13年，以江泽民同志为核心的党的第三代中央领导集体高举邓小平理论伟大旗帜，创立"三个代表"重要思想，坚持党要管党、从严治党的方针，采取一系列重大措施加强和改进党的建设，创造性回答建设什么样的党、怎样建设党的问题，成功把党的建设新的伟大工程推向21世纪。

1. 用邓小平理论和"三个代表"重要思想武装全党

针对一个时期党组织和党员队伍中存在的突出问题，1989年8月，中央在《关于加强党的建设的通知》中，要求全党深入进行思想政治教育。1992年初，邓小平发表南方谈话，全面深刻地阐述了党的思想路线、政治路线、组织路线。1992年，党的十四大提出坚持用邓小平建设有中国特色的社会主义理论武装全党的要求。1993—1994年，随着《邓小平文选》第1~3卷相继出版，在全党开展了学习《邓小平文选》的活动。1997年党的十五大确立了邓小平理论作为党的指导思想的重要地位,次年中央发出《关于在全党深入学习邓小平理论的通知》,一个深入学习邓小平理论的高潮在全党掀起。2001年7月,江泽民在纪念建党80周年大会上全面阐述了"三个代表"重要思想。从2000年冬到2002年,全国开展了"三个代表"重要思想学习教育活动。这一系列理论学习和思想教育活动,使全党对党的基本理论和基本路线有了一个更全面、更深刻的认识。

2. 通过完善民主集中制改进党的领导方式和执政方式

在发展社会主义市场经济的条件下,我们党毫不动摇地坚持并不断完善民主集中制。1994年党的十四届四中全会作出的《关于加强党的建设几个重大问题的决定》中,就新时期坚持和健全民主集中制的有关重要问题进行了阐述,并作出部署。1996年4月,中央颁布《中国共产党地方委员会工作条例(试行)》,规定了地方党委全委会、常委会和书记办公会的职责范围、议事规则和工作制度。1998年6月,江泽民提出建立"集体领导,民主集中,个别酝酿,会议决定"的党委内部议事和决策机制。2001年7月,江泽民在庆祝建党80周年大会上提出:"要进一步完善民主集中制的各项制度,进一步完善党的领导制度和工作机制,从制度体系上保证民主集中制的正确执行","要按照总揽全局、协调各方的原则,进一步加强和完善党的领导体制,改进党的领导方式和执政方式"。①

3. 通过干部人事制度改革建设高素质的干部队伍

1993年4月,国务院颁布《国家公务员暂行条例》,中国特色的公务员制度逐步建立。1994年党的十四届四中全会通过的《关于加强党的建设几个重大问题的决定》提出政治家应具备的"五条标准"。1995年2月,党中央颁布了《党政领导干部选拔任用工作暂行条例》,对干部选择任用的基本原则、基本程序、基本方法和扩大民主、强化监督等方面作出系统性规定。2000年6月,

---

① 《江泽民文选》(第三卷),人民出版社,2006年,第288页。

中央颁发《深化干部人事制度改革纲要》,对2001年到2010年的干部人事制度作出全面部署。2001年7月,修订颁布了《党政领导干部选拔任用工作条例》,完善了《暂行条例》的有关规定。这期间,我们党明确提出党管干部原则,提出按照民主、公开、竞争、择优的原则选拔任用各级领导干部,打破单一任命制,逐步推广差额选举、公开选拔、竞争上岗、公推公选、公推直选等竞争性选拔干部方式,探索完善干部考核制度、交流制度、聘任制度、公示制度、试用期制度、监督机制等。

4. 基层组织建设继续加强并向新兴领域深入推进

在农村党建方面,1994年11月,中央印发《关于加强农村基层组织建设的通知》,就整顿农村后进党组织的工作作出全面部署;1999年2月,中央下发《中国共产党农村基层组织工作条例》。学校党建方面,1996年3月,中央印发《中国共产党普通高等学校基层组织工作条例》。企业党建方面,1994年4月,中组部下发《关于加强股份制企业中党的工作的几点意见》;1997年1月,党中央发出了《关于进一步加强和改进国有企业党的建设工作的通知》,对国有企业党组织的地位作用及党的建设的目标、方针和原则作出明确规定。街道社区党建方面,1996年9月,中组部印发《关于加强街道党的建设工作的意见》。机关党建方面,1998年3月,中央制定《中国共产党党和国家机关基层组织工作条例》。党员教育管理方面,1994年4月,中组部、中宣部发出《关于加强和改进党员教育工作的若干意见》;1994年1月,中组部下发《关于加强党员流动中组织关系管理的暂行规定》。通过以上举措,扩大了党的工作的覆盖面,提高了党的基层组织的凝聚力和战斗力。

5. 在从严管党治党中大力加强党风和廉政建设

全党大力开展党的作风建设,不断加大惩治腐败的力度。在作风建设方面,1990年3月召开的党的十三届六中全会作出《关于加强党同人民群众联系的决定》,就改善党群关系作出一系列部署。2001年9月,党的十五届六中全会作出《关于加强和改进党的作风建设的决定》,提出了"八个坚持、八个反对"的要求。在反腐倡廉建设方面,1993年8月,中纪委召开二次全会,明确提出了党风廉政建设的指导思想、基本原则、工作重点和工作格局,初步形成了新形势下开展反腐败斗争的新思路。1997年9月,党的十五大提出反腐败要坚持标本兼治,并提出反腐败领导体制和工作机制。这期间,制定了《中国共产党纪律处分条例(试行)》《中国共产党党员领导干部廉洁从政若干准则(试行)》《关于党政机关厉行节约制止奢侈浪费行为的若干规则》《关于领导干部报告个人重大事项的规定》等一系列法规制度。这些制度的实行,为从源头上防治腐败提供了有力保障。

(三)以改革创新精神全面推进新的伟大工程

21世纪初,中国加入世界贸易组织,中国与世界的关系从此日益密切,党的建设方面放开了对其他社会阶层入党的限制,这对党的建设提出了新挑战。从2002年11月党的十六大到2012年11月党的十八大这10年,以胡锦涛同志为总书记的党中央坚持邓小平理论和"三个代表"重要思想的指导思想,提出科学发展观重大战略思想,把党的执政能力建设和先进性建设作为主线,以改革创新精神加强思想建设、组织建设、作风建设、制度建设、反腐倡廉建设,在新的起点上扎实推进了党的建设新的伟大工程。

1. 完善推进党的建设新的伟大工程的总体布局

总体布局是党的建设的"四梁八柱"。党的十六大以来,我们党以改革创新的精神加强党的建设,在积极探索的基础上,进一步完善了党的建设总体布局。在新民主主义革命时期,党的建设形成了思想建设、组织建设、作风建设的总体布局。改革开放后,我们党总结历史经验教训,形成了思想建设、组织建设、作风建设、制度建设的总体布局。党的十六大第一次提出"加强党的执政能力建设"这一重大命题,为此提出加强党的建设要实现思想建设、组织建设和作风建设有机结合起来,把制度建设贯穿其中。党的十七大第一次将反腐倡廉建设同思想建设、组织建设、作风建设、制度建设并列,纳入到总体布局之中,进一步丰富了党的建设总体布局的内涵。在新中国成立60周年之际,党的十七届四中全会作出《中共中央关于加强和改进新形势下党的建设若干重大问题的决定》,总结了党执政以来加强自身建设的基本经验,提出了提高党的建设科学化水平的新要求,根据党的十七大确立的党的建设的总体布局,就建设马克思主义学习型政党作出六项重大任务部署。

2. 积极推进党内民主建设

党内民主是政治体制改革和政治文明建设的重要内容。2002年11月,党的十六大提出"党内民主是党的生命,对人民民主具有重要的示范和带动作用"的重要论断。根据党的十六大的要求,各地扩大了市、县党代表大会常任制试点,积极探索党代表大会闭会期间发挥代表作用的途径和形式。各级党委逐步建立健全常委会向全委会负责、报告工作和接受监督的制度,推行地方党委讨论决定重大问题和任用重要干部票决制,进一步发挥全委会的作用。2004年9月,党的十六届四中全会提出建立和完善党内情况通报制度、情况反映制度、重大决策征求意见制度,逐步推进党务公开,增强党组织工作透明度的要求。同月,中央颁布《中国共产党党员权利保障条例》,为保障党员权利提供了党内法规保障。2007年,党的十七大进一步强调尊重党员主体地位、保障党员民主权利,提出实行党代表大会代表任期制,探索扩大党内基层民主多种实现形式等任务,将党内民主建设进一步推向前进。

3. 大力推进干部工作的科学化、民主化、制度化

党的十六大以来,我们党大力推进干部工作的科学化、民主化、制度化,有力促进了各级领导班子建设和干部队伍建设。在完善干部选拔任用机制方面,民主推荐、民主测评成为干部选拔任用的必经程序和基础环节,考察预告、任前公示和党的地方委员会全体会议无记名投票表决重要干部等制度全面推行。为进一步改进和完善干部考核评价工作,中组部于2006年7月印发实施《体现科学发展观要求的地方党政领导班子和领导干部综合考核评价试行办法》。为推进竞争性选拔干部工作的制度化和规范化,制定出台

了《公开选拔党政领导干部工作暂行规定》《党政机关竞争上岗工作暂行规定》等文件。为进一步完善干部人事工作法规制度体系，2006年8月制定了《党政领导干部交流工作规定》《党政领导干部任职回避暂行规定》和《党政领导干部职务任期暂行规定》。为提高干部素质，2007年1月党中央印发了《2006—2010年全国干部教育培训规划》，颁布《干部教育培训工作条例（试行）》；先后建立中国浦东、井冈山、延安干部学院和大连高级经理学院。这些机构与中央党校、国家行政学院形成一校五院的国家级干部教育培训新格局。

4. 把反腐倡廉建设放在更加突出的位置

党的十六大以后，党中央把坚决惩治和有效预防腐败作为党的一项重大政治任务来抓。2003年，党中央公布了《关于进一步改进会议和领导同志活动新闻报道的意见》《关于中央政治局同志出国访问的规定》。党的十六届四中全会提出"坚持标本兼治、综合治理、惩防并举、注重预防"的"十六字"方针。2005年1月，中央颁发了《建立健全教育、制度、监督并重的惩治和预防腐败体系实施纲要》。2008年6月，中央印发了《建立健全惩治和预防腐败体系2008—2012年工作规划》。从2003年开始，中央陆续出台了《中国共产党党内监督条件（试行）》《中国共产党纪律处分条例》《行政机关公务员处分条例》（2007年4月）、《中国共产党党员领导干部廉政从政若干准则》（2010年1月）等重要规章制度，有效推进了惩治和预防腐败体系建设；逐步建立了领导干部个人重大事项报告、述职述廉、民主评议、谈话诚勉制度和回复组织函询制度，加强了对领导干部的监督。从中央到地方普遍建立巡视制度，进一步健全了监督体制。党的十六大以来，各级纪检监察机关和检察机关重点查办了领导干部滥用职权、贪污受贿、腐化堕落、失职渎职案件，官商勾结、为黑恶势力充当"保护伞"、严重侵害群众利益的案件，对医药购销和医疗服务中的不正之风、不合理涉农收费、拖欠农民工工资、教育乱收费等进行了专项治理，有效遏制了不正之风的蔓延。

三、以自我革命精神推进伟大工程

"下野终知民意贵,凤凰浴火获重生。"当历史的接力棒传递到新一届中央领导集体手中,习近平向全世界作出"人民对美好生活的向往,就是我们的奋斗目标"①的庄严承诺。我们党是全心全意为人民服务的政党。党的十八大刚闭幕,习近平就在中国共产党第十八届中共中央政治局第一次集体学习时强调:"一个政党,一个政权,其前途和命运最终取决于人心向背。如果我们脱离群众、失去人民拥护和支持,最终也会走向失败。"②党的十八大以来,习近平从不讳疾忌医,直言历史周期率问题还在,提出要坚持从严管党治党,推进全面从严治党,创造性地回答了新时代建设一个什么样的党、怎样建设党的时代课题,开创了党的建设新的伟大工程新局面。

(一)时代背景:重提历史周期率问题

进入21世纪第二个十年,国际政治经济格局发生剧烈变动,世界秩序进入百年不遇的大转型时代,中国迎来实现中华民族伟大复兴的光明前景。与此同时,党的建设也面临着新情况、新问题、新挑战。爬到山半坡,不上则下;行至水中流,不进则退。世情、国情、党情的发展变化,迫切要求我们党把党的建设新的伟大工程推向新时代。

1. 立时代潮头:中国与世界正面临百年不遇的大变局

建立公正合理的国际秩序是人类孜孜以求的目标。现代国际秩序自建立以来,经历了360多年前欧洲国家建立的威斯特伐利亚体系、1815年拿破仑战争之后欧洲列强构建起来的维也纳均势、第一次世界大战结束后确立的凡尔赛-华盛顿体系、第二次世界大战结束后确立的雅尔塔秩序四个阶

---

① 《习近平谈治国理政》,外文出版社,2014年,第3页。
② 同上,第15~16页。

段。综观历史,国际秩序的演变都是在西方国家主导下通过战争的方式进行的,而且反映了新的大国力量对比和这些国家所奉行的价值观。

但是进入21世纪第二个十年,国际力量对比发生了深刻变化:一方面,以中国为首的新兴国家已经成为世界经济的骨干,它们迫切要求改变目前不合理的国际秩序和提高自己的话语权。另一方面,以美国为首的西方国家发展迟缓,它们不但无视新兴国家合理的利益诉求,还出现反全球化的政治浪潮,意图推卸国际公共品供给者的责任。旧秩序不会一朝瓦解,新秩序不会一夕重建。新旧秩序过渡期间,还存在局部失序的危险。中国共产党不仅是"为中国人民谋幸福的政党",也是"为人类进步事业而奋斗的政党"。①在当今世界大转型时代,中国日益接近世界舞台的中心,无论中国主观愿望与否,中国必须积极参与全球治理,实现外交战略思想从韬光养晦向奋发有为转变,从独善其身向兼济天下转变。那么中国能不能在全球治理过程中发挥积极有效的作用? 中国共产党能否领导中国推动国际秩序朝着和平与发展的方向转型? 这是国际形势波谲云诡的变化对我们党提出的重大课题和挑战。

2. 感国运变化:实现中华民族伟大复兴展现光明前景

实现中华民族伟大复兴是近代以来中华民族最伟大的梦想。中华民族拥有五千年灿烂的文明历史,是世界上最伟大的民族之一。但是欧洲工业革命兴起,中华民族逐渐落后,1840年鸦片战争后不仅遭受列强侵略,还被世人嘲笑是"东亚病夫"。中华民族一面英勇反抗,一面反复思考"中国向何处去"。中国共产党成立之初就肩负起振兴民族的伟大使命。在党的领导下,中华民族建立中华人民共和国,确立社会主义制度,推进改革开放和中国特色社会主义现代化建设,中国步入中等收入国家行列,实现中华民族伟大复兴展现出前所未有的光明前景。然而以往的发展方式积累了一系列深层次的问题

---

① 参见习近平:《决胜全面建成小康社会 夺取新时代中国特色社会主义伟大胜利——在中国共产党第十九次全国代表大会上的报告》,人民出版社,2017年,第57页。

和矛盾：经济结构不合理，区域、城乡发展失衡；7000万人口渴望脱贫，老龄化社会已经到来；部分行业产能过剩，资源环境的承载已近极限。中国面临全方位转型，如果转型失败，就会落入"中等收入陷阱"，几十年的发展成果将毁于一旦；如果转型成功，就会迈向高收入国家，中华民族伟大复兴将指日可待。中国共产党能否领导中国人民最终实现民族伟大复兴？这是对我们党的领导和建设提出的巨大挑战。

3. 察政党建设：落实从严管党治党的任务任重而道远

经过改革开放四十余年的努力，我们党以改革创新精神全面推进党的建设新的伟大工程，党的执政能力得到新的提高，党的先进性和纯洁性得到保持和发展，党的领导得到加强和改善。但是，与国内外形势发展变化相比，与党所承担的历史任务相比，党的领导水平和执政水平，党组织建设状况和党员干部素质、能力、作风都还有不小差距。在国内外发生复杂深刻变化的形势下，我们党在自身建设上面临许多风险挑战，同时党内仍然存在党的领导弱化、党的建设削弱、管党治党宽松软等问题，不正之风和腐败现象严重侵蚀党的执政根基。习近平执政以来多次提到历史周期率问题。2013年6月28日，习近平在全国组织工作会议上指出："对我们这样一个拥有八千五百多万党员、在一个十三亿人口大国长期执政的党，管党治党一刻不能松懈。如果管党不力、治党不严，人民群众反映强烈的党内突出问题得不到解决，那我们党迟早会失去执政资格，不可避免被历史淘汰。"[①]苏联解体殷鉴不远，能否把党重新管起来治起来关系党和国家的生死存亡，是对以习近平同志为核心的党中央的重大考验。

进一步海阔天空，退一步万丈深渊。历史周期率问题是我国历史上封建王朝摆脱不了的宿命。虽然我们党和国家的性质同封建王朝有着本质区别，但仍然存在发生历史周期率问题的风险。习近平重提历史周期率，绝不是说

---

① 《十八大以来重要文献选编》(上)，中央文献出版社，2014年，第349~350页。

我们党面临长期执政的重大危险,相反,而是居安思危、未雨绸缪,防患于未然。办好中国的事情关键在党。中国与世界面临的百年不遇大变局,决定了中国共产党必须领导中国将全球治理、国家治理、政党治理统筹起来,成为中国人民和中华民族的主心骨和领导核心。只有这样,才能不负人民重托、无愧历史选择。

(二)正本清源:全面从严治党开新篇

党的十八大以来,以习近平同志为核心的党中央从关系党和国家生死存亡的高度出发,立下"打铁还需自身硬"①的铮铮誓言,作出全面从严治党的重大战略。全面从严治党以作风建设破题,以重拳反腐破局,以党内监督作为重要抓手,以建章立制进行固本培元,不断加强党的领导和党的建设,坚决改变管党治党宽松软状况。到党的十九大之前,全面从严治党取得显著成效,我们党经历革命性锻造后焕发出新的强大生机活力,增强了肩负民族复兴使命的强大领导力量。

1. 坚决维护党中央权威和集中统一领导

以习近平同志为核心的党中央,旗帜鲜明坚持党的领导,坚决扭转党内存在的领导弱化、虚化、边缘化现象。比如,中央国家安全委员会、中央全面深化改革领导小组、中央网络安全和信息化领导小组、中央军委深化国防和军队改革领导小组相继成立,提高了决策和执行机制的权威性和效能。从2015年起,每年1月,中央政治局常务委员会听取全国人大常委会、国务院、全国政协、最高人民法院、最高人民检察院党组工作汇报,听取中央书记处工作报告。这是实现党中央集中统一领导的制度安排。此后,中央相继审议通过了《中国共产党党组工作条例(试行)》《中国共产党地方委员会工作条例》等法规,为党发挥总揽全局、协调各方的领导核心作用提供了坚强的组

---

① 《习近平谈治国理政》,外文出版社,2014年,第4页。

织制度保障。

2. 突出加强党的政治建设

党内存在的很多问题都是因为党的政治建设没有抓紧、没有抓实。以习近平同志为核心的党中央把党的政治建设摆上突出位置。2016年10月，党的十八届六中全会正式提出"以习近平同志为核心的党中央"，明确习近平的核心地位。这期间，我们党共立案审查违反政治纪律案件1.5万件，处分1.5万人，严格维护了政治纪律和政治规矩。党的十八届六中全会审议通过《关于新形势下党内政治生活的若干准则》《中国共产党党内监督条例》，为严肃党内政治生活指明了方向。党中央制定颁布《中国共产党党组工作条例（试行）》《中国共产党地方委员会工作条例》，完善和落实了民主集中制。这期间，中央纪委及时通报违纪违法典型案例，制作播放《永远在路上》《打铁还需自身硬》等纪录片，在全党营造了反对腐败、建设廉洁政治的良好氛围。

3. 持续加强党的思想建设

以习近平同志为核心的党中央把思想建设作为党的基础性建设抓紧抓好。这期间，全国各级党组织将党章党规作为每名党员、干部的必修课，依托主题党课、主题当日活动等载体，创新方式方法，使党员、干部将党章党规内化于心、外化于行。中央组织部印发《关于在干部教育培训中加强理想信念和道德品行教育的通知》。各级党组织广泛开展坚定理想信念的主题党课、主题党日活动，引导党员、干部自觉为实现中华民族伟大复兴中国梦而奋斗。各地区各部门在各类培训中加大党性教育比重，不断增强党性教育针对性实效性。中央办公厅印发《关于培训和践行社会主义核心价值观的意见》，以加强思想道德建设。我们党先后开展党的群众路线教育实践活动、"三严三实"专题教育、"两学一做"学习教育、"不忘初心、牢记使命"主题教育，探索出了加强党内集中性教育和经常性教育的有效途径。

4. 不断加强党的组织建设

以习近平同志为核心的党中央坚持从严治吏，提出新时期好干部标准和新时代党的组织路线,着力建设忠诚干净担当的高素质干部队伍,选人用人状况和风气明显好转;树立大抓基层的鲜明导向,以提升组织力为重点,着力强化基层党组织政治功能,确保党的路线方针政策和决策部署在基层得到贯彻落实。2013年6月,习近平在全国组织工作会议上首次提出"信念坚定、为民服务、勤政务实、敢于担当、清正廉洁"①的新时期好干部标准。这期间,我们党落实党管干部原则,坚决贯彻新时代好干部标准,把党内外、国内外各方面优秀人才集聚到党和人民的伟大奋斗中来。而且我们党树立大抓基层的鲜明导向,持续整顿软弱涣散基层党组织,推动基层党组织全面进步、全面过硬,引导广大党员发挥先锋模范作用和基层党组织战斗堡垒作用。

5. 持续推进党的作风建设

以习近平同志为核心的党中央把加强党的作风建设紧紧抓在手上,推动管党治党从宽松软走向严紧硬。2012年12月4日,中央政治局审议通过关于改进工作作风、密切联系群众的八项规定。2017年6月国家统计局调查显示,94.8%的受调查对象肯定党中央制定和落实中央八项规定的成效。2013年,党中央、国务院印发《党政机关厉行节约反对浪费条例》。中央决算报告显示,从2012年到2016年的5年,中央本级"三公"经费财政拨款支出分别为74.25亿元、70.15亿元、58.8亿元、53.73亿元、48.25亿元,"三公"经费逐年下降。这期间,党中央以钉钉子精神抓作风建设,紧紧盯住元旦、春节、端午、中秋、国庆等节假日不懈怠。从党的十八大到党的十九大,各级纪检监察机关共查处违反中央八项规定精神问题18.9万起,处理党员干部25.6万人。

6. 把纪律和规矩挺在前面

以习近平同志为核心的党中央坚持把纪律和规矩挺在前面。我们党制定和修订了廉洁自律准则、党纪处分条例、党内监督条例、问责条例、巡视工作条例等党内法规,形成了一整套党内纪律法规体系。从2015年到党的十九

---

① 《习近平关于全面从严治党论述摘编》,中央文献出版社,2016年,第122页。

大，全国纪检监察机关实践"四种形态"，用严明的纪律管党治党，共处理204.8万人次。其中，运用第一种形态批评教育、谈话函询95.5万人次，占46.7%，使红脸出汗成为常态；运用第二种形态给予纪律轻处分、组织调整81.8万人次，占39.9%；运用第三种形态给予纪律重处分、重大职务调整15.6万人次，占7.6%；运用第四种形态对严重违纪涉嫌违法立案审查11.9万人次，占5.8%。2013年，全国纪检监察机关立案17.2万件，给予党纪政纪处分18.2万人；2014年，立案22.6万件，给予党纪政纪处分23.2万人；2015年，立案33万件，给予党纪政纪处分33.6万人；2016年，立案41.3万件，给予党纪政纪处分41.5万人。

7. 党建制度改革深入推进

以习近平同志为核心的党中央以改革创新精神扎实推进党的工作和党的建设制度化、规范化、程序化。党的十八届三中全会、四中全会作出深化党的建设制度改革、形成完善的党内法规体系的战略决策；中央先后制定党内法规制定工作第一个、第二个五年规划，明确了到建党100周年时形成比较完善的党内法规制度体系的任务书、时间表、路线图；2017年，中共中央印发《关于加强党内法规制度建设的意见》。这期间，我们党共制定修订140多部，约占220多部现行有效中央党内法规的60%，党内法规制定工作推进力度之大、质量之高前所未有，带动了整个党内法规制定工作加速推进。中央专门建立党内法规工作联席会议制度，中央和地方的党委办公厅普遍建立了专门的党内法规工作机构，负责党内法规建设具体工作，党内法规建设领导体制进一步健全。

8. 惩治反腐败的力度空前

党的十八大以来，以习近平同志为核心的党中央以零容忍的态度重拳反腐，工作力度之大前所未有，取得成效之大前所未有。我们党以最坚决的态度减少腐败存量，最果断的措施遏制腐败增量。从党的十八大到党的十九大，共立案审查省军级以上党员干部及其他中管干部440人，处分局级干部

8900多人、县处级干部6.3万人。我们党坚决惩治群众身边的不正之风和腐败问题，截至2017年6月底，全国共处分乡科级及以下党员干部134.3万人，处分农村党员干部64.8万人。我们党加强反腐败国际合作，截至2017年底，"百名红通人员"已有50多人落网。我们党推进国家监察体制改革，在北京市、山西省、浙江省三个省市试点的基础上，全国省市县三级监察委员会已全部完成组建。经过持续努力，反腐败斗争压倒性态势已经形成并巩固发展。

（三）守正创新：推进伟大工程启新局

经过党的十八大五年来的努力，全面从严治党取得显著成就，我们党在革命性锻造中更加坚强有力。全面从严治党永远在路上。党的十九大以来，以习近平同志为核心的党中央重整行装再出发，发出新时代要有气象新作为的号召，立下"打铁必须自身硬"的誓言，不断推动全面从严治党向纵深发展。

1. 新时代党的建设面临的新情况新问题

党的十九大后，受国际国内环境各种因素的影响，我们党面临的执政环境仍然是复杂的，影响党的先进性、弱化党的纯洁性的因素也是复杂的，党内存在的思想不纯、组织不纯、作风不纯等突出问题尚未得到根本解决。一些党的干部理想信念"总开关"常年失修，"四个自信"没有筑牢。而实践证明，被查处的领导干部，无一不是理想信念动摇丧失，甚至世界观、人生观、价值观全面蜕变。一些党的干部仍然存在违反政治纪律和政治规矩、对党不忠诚的情况。一些党组织在党内政治生活上欠账过多，修复生态任务艰巨。"四风"反弹回潮隐患犹在，滋生腐败的土壤依然存在。在持续高压态势下，还有这么多问题在滋生着、繁衍着，利益输送现象仍然存在，领导干部被"围猎"、甘于被"围猎"问题还很突出。另外，党的队伍和自身状况发生重大而深刻的变化，迫切要求提高党的建设质量、增强党组织的政治功能和组织功能。而党内对全面从严治党仍然存在模糊认识和错误言论,必须把党的伟大自我革命进行到底。

2. 党的十九大与新时代党的建设总要求

2017年10月18日,党的十九大召开。作为党的最高决策机制和平台,党的十九大举旗定向、继往开来,不仅为党和国家事业的发展标新了方位,也为党的建设新的伟大工程的推进擘画蓝图。党的十九大报告制定了新时代党的建设总要求。关于党的建设总体目标,党的十九大报告提出"把党建设成为始终走在时代前列、人民衷心拥护、勇于自我革命、经得起各种风浪考验、朝气蓬勃的马克思主义执政党"①的总目标。相比之前,新时代党的建设总目标更加科学、具体且富有时代性。关于党的建设总体布局,党的十九大报告提出"全面推进党的政治建设、思想建设、组织建设、作风建设、纪律建设,把制度建设贯穿其中,深入推进反腐败斗争"②的总布局。把政治建设和纪律建设列入党的建设总体布局,把制度建设贯穿于其他各项建设之中,把反腐败斗争单列并兜底,总体布局更加科学。这是新时代推进党的建设新的伟大工程的总纲领和总遵循。

3. 继续深入推进党的建设新的伟大工程

2017年10月19日,习近平在参加党的十九大贵州省代表团讨论时强调,全面从严治党,"不能有初见成效就见好就收的想法"。党的十九大后,以习近平同志为核心的党中央按照新时代党的建设的总要求,以自我革命精神把党的建设新的伟大工程一以贯之地进行下去。

一是坚持和加强党的全面领导。习近平在党的十九大报告中指出,新时代坚持和发展中国特色社会主义的第一条基本方略就是"坚持党对一切工作的领导"。这进一步明确了党在治国理政大局中的领导核心地位。2018年3月

①② 习近平:《决胜全面建成小康社会 夺取新时代中国特色社会主义伟大胜利——在中国共产党第十九次全国代表大会上的报告》,人民出版社,2017年,第62页。

11日,党的十三届全国人大一次会议第三次全体会议表决通过的《中华人民共和国宪法修正案》第一次将"中国共产党领导是中国特色社会主义最本质的特征"写入国家根本法。中央全面深化改革领导小组、中央网络安全和信息化领导小组、中央财经领导小组、中央外事工作领导小组"升级"为委员会,中央全面依法治国委员会成立,部分党政机构整合重组,这为党总揽全局、协调各方提供了体制机制保障。国家监察委员会正式成立,有利于全面加强党对反腐败工作的集中统一领导。

二是全面从严治党向纵深发展。如果说党的十八大以来全面从严治党是正本清源,那么党的十九大以来全面从严治党是守正创新。在政治建设上,2018年6月29日,我们党进行十九届中央政治局第六次集体学习,学习如何加强党的政治建设。在思想建设上,2018年8月21日召开全国宣传思想工作会议。在组织建设上,2018年7月3日召开全国组织工作会议。2019年3月,党中央印发新修订的《党政领导干部选拔任用工作条例》。在作风建设上,党的十九大闭幕后不久,习近平针对形式主义、官僚主义的十种新表现作出指示。2019年以来,截至2月28日,全国查处违反中央八项规定精神的问题8108起,处理11607人,给予党纪政务处分8455人。在纪律建设上,新修订的《中国共产党纪律处分条例》印发施行。2019年1月31日,中共中央印发了《关于加强党的政治建设的意见》。在深入反腐败斗争方面,党的十九大以来,接受中央纪委国家监委审查调查的中管干部已超过20名。全面从严治党的系统性、创造性、实效性越来越强。

三是全面增强干部的执政本领。习近平在党的十九大报告中指出,我们党既要政治过硬,也要本领高强。为此,他提出党的干部要增强学习本领、政治领导本领、改革创新本领、科学发展本领、依法执政本领、群众工作本领、狠抓落实本领、驾驭风险本领八项本领。①在干部的执政本领中,提高政治本领

① 参见习近平:《决胜全面建成小康社会 夺取新时代中国特色社会主义伟大胜利——在中国共产党第十九次全国代表大会上的报告》,人民出版社,2017年,第68页。

是第一位的。2018年6月29日,习近平在十九届中央政治局第六次集体学习时强调,加强党的政治建设必须常抓不懈,其中最后一项是提高政治能力。①2019年1月21日,《中共中央关于加强党的政治建设的意见》专门论述如何提高党员干部政治本领指出:"党员干部特别是领导干部要加强政治能力训练和政治实践历练,切实提高把握方向、把握大势、把握全局的能力和辨别政治是非、保持政治定力、驾驭政治局面、防范政治风险的能力。"②党的执政本领在全面从严治党中扎实提高。

四、统揽"四个伟大"的根本保证

"沧海横流显砥柱,万山磅礴看主峰。"党的十八大以来,以习近平同志为核心的党中央确立了统筹推进"四个伟大"的战略部署。其中,全面从严治党是统揽"四个伟大"的根本保证。习近平在党的十九大报告中指出:"党的建设新的伟大工程,是引领伟大斗争、伟大事业、最终实现伟大梦想的根本保证。"③在新的历史条件下,只有充分认识全面从严治党对统揽"四个伟大"的重大意义,全面梳理党的十八大以来全面从严治党的成功实践和宝贵经验,认真分析新形势下党面临的风险挑战和自身存在的问题,继续推进党的建设新的伟大工程,不断推动全面从严治党向纵深发展,才能夺取新时代中国特色社会主义伟大胜利,不断迈向实现中华民族伟大复兴的宏伟目标。

(一)"四个伟大"的形成过程和基本内涵

党的十八大以来,以习近平同志为核心的党中央接过了实现中华民族

---

① 参见《把党的政治建设作为党的根本性建设为党不断从胜利走向胜利提供重要保证》,《人民日报》,2018年7月1日。
② 《中共中央关于加强党的政治建设的意见》,《人民日报》,2019年2月28日。
③ 习近平:《全面贯彻落实党的十九大精神以永远在路上的执着把从严治党引向深入》,《人民日报》,2018年1月12日。

伟大复兴中国梦的历史接力棒,把伟大斗争、伟大工程、伟大事业作为实现伟大梦想的根本路径,把伟大斗争、伟大工程、伟大事业和伟大梦想融为一体,形成了"四个伟大"思想。理解伟大工程对统揽"四个伟大"的重要意义,必须首先理解"四个伟大"的形成过程和科学内涵。

1. "四个伟大"的形成过程

在"四个伟大"正式提出前,习近平已经对伟大斗争、伟大工程、伟大事业、伟大梦想有过许多论述。比如,关于伟大斗争,党的十八大报告指出:"发展中国特色社会主义是一项长期的艰巨的历史任务,必须准备进行具有许多新的历史特点的伟大斗争。"[1]关于伟大工程,2012年11月17日,习近平在十八届中共中央政治局第一次集体学习时指出:"形势的发展、事业的开拓、人民的期待,都要求我们以改革创新精神全面推进党的建设新的伟大工程。"[2]关于伟大事业,2012年11月16日,习近平在《认真学习党章严格遵守党章》中指出:"坚定不移推进中国特色社会主义伟大事业。"[3]关于伟大梦想,2013年12月26日,习近平在纪念毛泽东同志诞辰120周年座谈会上指出:"为实现中华民族伟大复兴的中国梦,前进!"[4]

习近平完整论述"四个伟大"是在党的十八届六中全会后。2016年11月2日,习近平在《关于新形势下党内政治生活的若干准则》和《中国共产党党内监督条例》的说明中强调指出:"我们要更好进行具有许多新的历史特点的伟大斗争、推进中国特色社会主义伟大事业,就必须以更大力度推进党的建设新的伟大工程。"[5]在这次讲话中,伟大斗争、伟大事业、伟大工程被同时表述。这是"四个伟大"的雏形。2017年7月26日,习近平在省部级主要领导干部"学

①　习近平:《紧紧围绕坚持和发展中国特色社会主义　学习宣传贯彻党的十八大精神——在十八届中共中央政治局第一次集体学习时的讲话》,人民出版社,2012年,第13页。

②　同上,第10页。

③　习近平:《认真学习党章严格遵守党章》,《人民日报》,2012年11月20日。

④　习近平:《在纪念毛泽东同志诞辰120周年座谈会上的讲话》,人民出版社,2013年,第25页。

⑤　《习近平关于全面从严治党论述摘编》,中央文献出版社,2016年,第14页。

习习近平总书记重要讲话精神,迎接党的十九大"专题研讨班开班式上指出:"在新的时代条件下,我们要进行伟大斗争、建设伟大工程、推进伟大事业、实现伟大梦想,仍然需要保持和发扬马克思主义政党与时俱进的理论品格,勇于推进实践基础上的理论创新。"①这是"四个伟大"第一次被完整提出。2017年10月18日,习近平在党的十八大报告中郑重提出"四个伟大"的方针理论体系,并对如何推进"四个伟大"作出部署。在新的历史起点上,习近平郑重发出推进"四个伟大"的号召。

2．"四个伟大"的基本内涵

"四个伟大"作为治国理政的战略部署,具有丰富的内涵和严密的逻辑关系。"四个伟大"深刻回答了什么是新时代党的历史使命、怎样实现新时代党的历史使命这一重大理论和实践问题,进一步明确了党在新时代治国理政的总战略、引领全局的总蓝图、谋划工作的总坐标,体现了目标、路径、动力的高度统一,使我们党对自身肩负历史使命的认识达到了新的高度。

一是实现伟大梦想是我们党从成立那天起肩负的历史使命。实现中华民族伟大复兴是近代以来无数中华儿女梦寐以求的夙愿。之所以说实现中华民族伟大复兴是伟大梦想,是因为中国曾经是世界上最强大的国家之一,中华民族曾经是世界上最优秀的民族之一,而鸦片战争后中国开始落伍了,帝国主义列强的入侵一次又一次摧毁了中国人民寻求民族独立和复兴的努力。中国共产党成立后,接过了历史的接力棒,领导中国人民建立新中国,不可逆转地开启了中华民族走向伟大复兴的历史进程。到党的十八大以来,中华民族伟大复兴展现光明前景。历史实践证明,没有中国共产党,就没有中华民族伟大复兴。面向未来,中国人民仍然需要在党的领导下为实现伟大梦想而奋斗。

二是推进伟大事业是我们党完成民族复兴使命的道路选择。道路决定

---

① 《习近平谈治国理政》(第二卷),外文出版社,2017年,第62页。

命运。实现伟大梦想，必须寻找正确的道路。中国特色社会主义是植根中国大地、反映人民意愿、适应时代要求的社会主义，是全面建成小康社会、加快推进社会主义现代化、实现中华民族伟大复兴的必由之路。党的十八大以来，中国特色社会主义进入新时代。在新的时代条件下，我们党必须把实现人民对美好生活的向往作为奋斗目标，坚持用习近平新时代中国特色社会主义思想武装头脑，统筹推进"五位一体"总体布局，协调推进"四个全面"战略布局，坚持创新、协调、绿色、开放、共享的新发展理念，更好满足人民对美好生活的各个方面需要，将中国特色社会主义伟大事业一以贯之地推向未来。

三是进行伟大斗争是我们党不断取得伟大胜利的强大动力。斗争是人类社会进步的动力。社会是在矛盾运动中前进的，克服矛盾的过程就是斗争的过程。近代以后，中华民族复兴曾多次被打断。一部中国共产党的历史，就是领导中华民族进行伟大斗争史。中国共产党成立后，中国共产党人领导中国人民推翻三座大山，建立新中国，建设社会主义。改革开放后，中国共产党人在波云诡谲的国内外形势下觅得发展生机，成功带领中国渡过1989年国内政治风波、1998年亚洲金融危机、2003年非典、2008年世界金融危机、2018年中美贸易剧烈冲突、2020年新冠肺炎疫情取得推进伟大事业的一个又一个胜利。可以说，没有"直面惨淡人生""正视淋漓鲜血"的斗争精神，就不会有改革开放的伟大胜利。

四是建设伟大工程是我们党永葆先进性纯洁性的组织保证。特殊的国情，决定中国革命建设改革事业必须有一个坚强的领导核心。这是实现中华民族伟大复兴的根本前提。把党的建设作为一项伟大工程来推进，是中国革命胜利的重要法宝。改革开放是从"伟大的工程"到"新的伟大工程"的历史性转变，为开创和发展中国特色社会主义提供了坚强的政治保证和有力的组织保证。中国共产党的历史，就是党加强和改进自身建设、保持和发展先进性纯洁性，不断经受住各种困难和风险考验、发展壮大的历史。经过近百年奋斗探索,中国共产党已经发展成为有着9000多万名党员、充满盎然生机的马克思主义政党,14亿中国人民在中国共产党领导下满怀信心走向中华民族伟大复兴。

(二)起决定性作用的是党的建设新的伟大工程

在"四个伟大"中,起决定性作用的是党的建设新的伟大工程。党的建设新的伟大工程,是引领伟大斗争、伟大事业、最终实现伟大梦想的根本保证。只有通过全面从严治党、把党建设好建设强,党才能成为中国人民的主心骨,才能成为进行伟大斗争、推进伟大事业、实现伟大梦想的坚强领导核心,带领人民成功将新时代中国特色社会主义这场伟大社会革命进行到底。

第一,实现伟大梦想必须建设伟大工程。实现伟大梦想是新时代中国共产党的历史使命。中国共产党要肩负起这一伟大使命,就必须使自身强大起来,即必须建设好伟大工程。近百年来,我们党不忘初心、牢记使命,团结带领全国各族人民,跨过一道又一道沟坎,取得一个又一个胜利,创造一个又一个奇迹。历史已经并将继续证明,没有中国共产党的领导,中国特色社会主义事业就难以推进,民族复兴也必然是空想。我们党要始终成为时代先锋、民族脊梁,始终成为马克思主义执政党,自身必须始终过硬。过去四十多年,我们把握住了历史机遇,当今中国正处在由"大国"迈向"强国"的关键时期。但中华民族伟大复兴绝不是轻轻松松、敲锣打鼓就能实现的。全党必须准备付出更为艰巨、更为艰苦的努力。中国共产党要领导全国各族人民实现"两个一百年"奋斗目标,实现中华民族伟大复兴的中国梦,就必须紧密围绕党的基本路线,坚持党要管党、全面从严治党,加强党的长期执政能力建设、先进性建设和纯洁性建设,以自我革命精神全面推进党的建设新的伟大工程。

第二,推进伟大事业必须建设伟大工程。经过长期努力,以我国社会主要矛盾的变化和中国特色社会主义事业目标、环境、布局、成就、影响的重大变化为标志,中国特色社会主义进入新时代。在新的历史起点上,要续写好中国特色社会主义这篇大文章，必须把党这个核心领导力量建设好。面对世界多极化、经济全球化、社会信息化、文化多样化的深入发展，面对以经济实力、科技实力、文化实力、军事实力为主要内容的综合国力竞争的日趋激烈，面对我们党执政环境的深刻变化，面对党风廉政建设和反腐败斗争的继续深化，我们党的领导核心作用与推进国家治理体系和治理能力现代化的关系更加密切，党要管党、全面从严治党的任务越来越艰巨繁重。这些都要求我们坚持问题导向、保持战略定力，推动全面从严治党向纵深发展，不断提高党治国理政的水平。唯有如此，我们党才能在新的"赶考"、新的长征中，交出优异答卷，谱就中国特色社会主义事业崭新篇章。

第三，进行伟大斗争必须建设伟大工程。当今中国已到了关键节点，我们正在进行具有许多新的历史特点的伟大斗争，实现发展转型、完成改革攻坚、推动文化繁荣、赢得全球竞争，对我们的政治定力、治理能力和创造精神提出了整体性挑战和更高要求。走好新的长征路，还有许多"雪山""草地"需要跨越，还有许多"娄山关""腊子口"需要征服，这对党执政能力和领导水平是一个重大考验。正如党的十九大报告指出："全党要清醒认识到我们党面临的执政环境是复杂的，影响党的先进性、弱化党的纯洁性的因素也是复杂的，党内存在的思想不纯、组织不纯、作风不纯等突出问题尚未得到根本解决。"①全党同志务必保持清醒头脑、增强忧患意识，坚定不移全面从严治党，不断提高党的创造力、凝聚力、战斗力，使我们党永远立于不败之地。在全面从严治党这个根本问题上，决不能有初见成效就见好就收的倦怠，决不能跌入"抓紧—放松—再抓紧—再放松"的恶性循环。

第四，加强自身建设必须建设伟大工程。堡垒最容易从内部攻破。共产党人不惧任何风浪，不怕存在问题，就怕不能发现并解决自身的问题。如果我们党回避问题，积重难返，就总会有不堪重负的一天。全面从严治党，就是要

---

①　习近平：《决胜全面建成小康社会　夺取新时代中国特色社会主义伟大胜利——在中国共产党第十九次全国代表大会上的报告》，人民出版社，2017年，第61页。

同一切弱化损害先进性纯洁性的现象作斗争,祛病疗伤,激浊扬清,着力解决党自身存在的突出问题。作为正确的大政方针,全面从严治党已经取得成效,但要取得更大成效,重在坚持、难在坚持。改革开放以来的实践表明,管党治党只能紧不能松,否则党风廉政建设和反腐败斗争就会半途而废、前功尽弃,不正之风和腐败就会卷土重来,气焰更加嚣张;就会造成党内和社会上思想混乱,影响人民群众对党的信心和信任。党的十八大以来,我们以坚定决心推进全面从严治党,推动党和国家事业取得历史性成就、发生历史性变革,对党、对国家、对民族都产生了不可估量的深远影响。同时我们也要看到,这只是全面从严治党的一个良好开端,全面从严治党还远未到大功告成的时候,必须持之以恒推动全面从严治党向纵深发展。

(三)党的十八大以来全面从严治党的重要经验

党的十八大以来,以习近平同志为核心的党中央着眼于实现党的初心和使命,紧紧盯着管党治党宽松软问题,坚持发扬党历史上行之有效的经验做法,结合新的形势和实践不断创新,使党在革命性锻造中焕发出更加强大的生机活力,积累了管党治党新鲜而宝贵的经验,深化了管党治党的规律性认识,为新时代一以贯之地推进党的建设新的伟大工程提供了经验借鉴。

第一,坚持思想建党和制度治党同向发力。推进全面从严治党,既要解决思想问题,也要解决制度问题,二者刚柔相济、同向发力,就能产生一加一大于二的功效。党的十八大以来,我们党不断加强思想政治建设,连续开展党的群众路线教育实践活动、"三严三实"专题教育和"两学一做"学习教育、"不忘初心、牢记使命"主题教育,全党理想信念更加坚定。我们党以党章为根本遵循,把管党治党创新成果转化为法规制度,组织制定修改了一大批党内法规,取得了制度治党的明显效果。要把全面从严治党引向深入,一定要把思想建设作为基础性建设,把坚定理想信念作为根本任务,教育全党牢记党的宗旨;一定要尊崇党章、依规治党,把制度建设贯穿到党的各项建设之中,不断扎紧制度笼子,督促全党同志加强党性锻炼,为推进"四个伟大"而不懈奋斗。

第二,坚持使命引领和问题导向有机统一。使命是奋斗的方向,问题是时代的声音。作为一个马克思主义执政党,我们党既要有强烈的使命感,又要敢于和善于直面现实问题;既要立足当前、直面问题,在解决人民群众最不满意的问题上下功夫,又要着眼未来、登高望远,在加强统筹谋划、强化顶层设计上着力。党的十八大以来,我们党针对管党治党的突出问题,既拿出当下"改"的办法,又推进长久"立"的机制,打出一整套正风肃纪、反腐惩恶的组合拳,推出一系列事关长远、影响深远的战略举措。面对新时代新使命对党的建设提出的新要求新目标,我们要坚持以人民为中心的工作导向,树立并用好"靶向治疗"思维,从现实问题寻找破解难题的办法,把全面从严治党的思路举措搞得更加科学严密有效。

第三,坚持抓"关键少数"和管"绝大多数"紧密结合。要有效推进全面从严治党,必须坚持唯物辩证法,既讲"两点论",又讲"重点论"。领导干部是党的执政骨干,只有管住"关键少数",全面从严治党才有震慑力和说服力;广大党员是党的队伍的主体,管住这个"绝大多数",全面从严治党才能保持良好氛围和环境。党的十八大以来,全面从严治党一个显著特点是既对广大党员提出普遍性要求,用严格教育、严明纪律管住大多数,同时又对"关键少数"提出更高更严的标准,进行更严的管理和监督,严肃查处其中违纪违法的极少数人。要坚持从"关键少数"抓起,从高级干部严起,加强和规范党内政治生活,净化政治生态。同时要推动全面从严治党向基层延伸,以严的标准、严的措施约束党员、干部,使党永葆政治本色。

第四,坚持行使权力和担当责任不可分离。有权必有责,权责紧相联,没有离开责任的权力,权力有多大,责任就有多大。共产党的干部,要坚持以人民为中心,全心全意为人民服务,不能只想当官不想干事,只想揽权不想担责,只想出彩不想出力。领导干部既要有效行使权力,又要认真履行责任;既要有作为,又要有担当。党的十八大以来,我们党牢牢抓住管党治党责任的"牛鼻子",层层传导压力,把主体责任和监督责任一贯到底,形成了全党动手一起抓的生动局面。各级党组织和全体党员、干部要真正把落实管党治党政治责任作为最根本的政治担当,紧紧咬住"责任"二字,抓住"问责"这个要害,把党的领导体现到统筹推进"五位一体"总体布局和协调推进"四个全面"战略布局各个方面。

第五,坚持严格管理和关心信任相融相济。党和人民把权力交给干部,是对干部的信任,但信任不能代替监督。监督的出发点是对干部的关心、爱护和负责。党的十八大以来,我们党坚持真管真严、敢管敢严、长管长严,坚持把纪律挺在前面,坚持纪严于法、纪在法前,运用监督执纪"四种形态",以高压态势作为坚强后盾,在用好第一种形态上下功夫,强化日常管理监督,发现问题及时谈话函询、提醒纠正,让党员、干部真切感受到严管就是厚爱、治病为了救人,更加相信组织、信赖组织,更加严格地要求自己。党的干部是推进党和国家事业的中坚力量。要贯彻惩前毖后、治病救人的一贯方针,坚持维护党的纪律严肃性和信任爱护干部相统一,抓早抓小、防微杜渐,最大限度防止干部出问题,最大限度激发干部积极性。

第六,坚持党内监督和党外监督协同推进。作为一个长期执政、全面领导的党,我们党面临的最大挑战是如何有效监督手中所掌握的权力。全面从严治党是一场自我革命,必须探索出一条党长期执政条件下实现自我净化的有效路径,这关乎党和国家事业成败,关乎我们能不能跳出历史周期率。党的十八大以来,我们党坚持增强自我革命和自我净化能力,以党内监督带动其他监督,健全党内监督体系,发挥巡视监督利剑作用和派驻监督探头作用,实现党内监督全覆盖;深化国家监察体制改革,努力实现对所有行使公权力的公职人员监察全覆盖;积极畅通人民群众建言献策和批评监督渠道,充分发挥群众监督、舆论监督作用。我们要形成发现问题、及时纠偏的有效机制,不断增强党自我净化、自我完善、自我革新、自我提高的能力。

第二章

新时代建设伟大工程的总纲领

中国共产党在近百年的革命、建设、改革的奋斗历程中，能够从小到大、从弱到强，在挫折中奋起、在困难中成熟，能够领导人民进行新民主主义革命、建立社会主义新中国，进行改革开放新的伟大社会革命，找到中国特色社会主义道路，实现中国人民从站起来、富起来到强起来的伟大飞跃，根本原因就是始终高度重视并不断加强党的自身建设，不断把党的建设伟大工程推向前进。"中国特色社会主义进入新时代，我们党一定要有新气象新作为，关键是党的建设新的伟大工程要开创新局面。"如何继续推进党的建设新的伟大工程？党的十九大报告作出了科学论断，提出了新时代党的建设的总要求，实现了执政党理论建设的重大创新，形成了新的伟大工程的行动纲领。这表明我们党对执政党建设规律有了更高的把握和遵循，标志着我们党作为长期执政的当代中国马克思主义执政党，在领导中国特色社会主义伟大事业上越来越走向成熟和自信，在党的自身建设上也越来越走向成熟和自信。

一、新时代要有新气象新作为

党的事业前进一步,党的建设就要跟进一步,实现社会革命与自我革命同频共振,这是我们党进行革命和建设的一条重要经验。党的十九大以来,习近平反复强调,要把新时代坚持和发展中国特色社会主义这场伟大社会革命进行好,必须按照党的十九大提出的新时代党的建设总要求,一以贯之推进党的建设新的伟大工程。①党的历史使命没有完成,加强党的建设就没有止境。站在新的历史起点上,要以习近平新时代中国特色社会主义思想为理论指导,把党建设成始终走在时代前列、人民衷心拥护、勇于自我革命、经得起各种风浪考验、朝气蓬勃的马克思主义执政党,汇聚实现新时代党的历史使命的强大正能量。

(一)不忘初心 伟大工程担当新时代

一部新中国的历史,就是中国共产党带领人民团结奋斗的历史。从建党之初的50多名党员,到引领14亿中国人的世界最大执政党,从积贫积弱的旧中国,到走进世界舞台中央的全球第二大经济体,我们党近百年奋斗历程,就是推动中国由危亡走向复兴、带领人民由苦难走向幸福的历史征程。

从1840年鸦片战争以后,中国人民为了摆脱被剥削、被压迫、被奴役的地位,不断寻求人民解放、民族独立的道路。中国共产党诞生于民族危亡之际,自成立那一天开始,就把实现共产主义作为党的最高理想和最终目标,把实现中华民族伟大复兴始终不渝地作为党的历史使命,团结带领人民进行了艰苦卓绝的斗争,实现了民族独立、人民解放。党的奋斗历史就是为民族谋复兴的光辉历史。在庆祝中国共产党成立95周年大会上习近平提出:

---

① 《以时不我待只争朝夕的精神投入工作　开创新时代中国特色社会主义事业新局面》,《人民日报》,2018年1月6日。

"中国产生了共产党,这是开天辟地的大事变。"在近百年的奋斗历史中,中国共产党在挑战中砥砺奋进前行,团结带领全国人民历经千难万险,攻克了一个又一个看似不可能攻克的难关,创造了一个又一个彪炳史册的人间奇迹,实现了中华民族从"站起来"到"富起来"再到"强起来"的"三大历史性飞跃"。中国共产党和中华民族的前途命运紧密联系在一起,和中国人民的前途命运紧密联系在一起,已经成为一个不可分割的整体。历史和实践已经证明,只有中国共产党能够凝聚全国人民的"最大公约数",只有中国共产党能激发出全国人民最强大的生机活力。坚持党的领导是中国特色社会主义最本质的特征,中华民族已经在党的领导下走到了今天。

回顾历史,展望未来,习近平在庆祝中国共产党成立95周年大会上强调:"走得再远、走到再光辉的未来,也不能忘记走过的过去,不能忘记为什么出发。""不忘初心,牢记使命"体现了我们党一心为人民、一切为民族的奉献精神。立足新时代,站在新的起点上,决胜全面建成小康社会,奋力夺取新时代中国特色社会主义伟大胜利,实现中华民族伟大复兴梦想,更是离不开中国共产党。党的十九大报告指出:"经过长期努力,中国特色社会主义进入了新时代,这是我国发展新的历史方位。"作出这个重大政治判断,是改革开放以来我国社会发展进步的必然结果,也是立足当前中国发展历史方位做出的重大判断。习近平总书记用"三个前所未有"描述新时代的境况:"我们前所未有地靠近世界舞台中心,前所未有地接近实现中华民族伟大复兴的目标,前所未有地具有实现这个目标的能力和信心",在空间与时间、世界与历史的坐标上标示出当代中国在世界发展大势与民族复兴进程中的历史方位,科学回答了我们所处的方位、面临的环境和挑战。

"在中国特色社会主义新时代,完成伟大事业必须靠党的领导,党一定要有新气象新作为。"中国共产党的全部活动,可以归结为党的事业与党的建设两个类别。党的建设是党领导的伟大事业不断取得胜利的重要法宝。"办好中国的事情,关键在党,关键在党要管党、从严治党"。在革命建设改革的历程中,中国共产党始终与中国人民同呼吸、共命运,办好中国的事情,为中国人民谋幸福就是党的伟大事业的根本主旨。跨入新时代,中国面临的最大的事情,就是实现"两个一百年"的奋斗目标和中华民族伟大复兴的中国梦;最迫切的任务,就是到2020年要全面建成小康社会。在全面建成小康社会这个目标中,又包括了经济、政治、文化、社会、生态文明等各个方面的任务。在经济建设方面,最突出的就是到2020年国内生产总值和城乡居民人均收入比2010年翻一番。在社会建设方面,要致力于解决14亿人民的民生问题,包括老百姓的就业、收入、教育、医疗、养老和扶贫等问题。这些都是"中国的事情"。对于作为执政党的中国共产党来说,要领导好这一"伟大事业",就要推进党的建设新的伟大工程。两个"伟大"是辩证统一的关系。"伟大事业"离不开"伟大工程","伟大工程"必须围绕和服务于"伟大事业"。在实现"两个一百年"奋斗目标和中华民族伟大复兴中国梦的征程中,中国共产党只有从严要求自己,才能肩负起历史使命,赢得人民的信任和信心,战胜14亿人发展过程中所面临的各种风险和挑战。正是在这个意义上,建设伟大事业"关键在党,关键在党要管党、从严治党",只有全面加强党的建设,不断开创伟大工程新局面,才能确保党在坚持和发展中国特色社会主义的历史进程中始终成为坚强领导核心,为实现中华民族伟大复兴的中国梦凝聚磅礴力量。

(二)整装再出发　全面从严治党开创新局面

党的十八大以来,以习近平同志为核心的党中央正视党内的突出问题,以坚定决心、顽强意志、空前力度推进全面从严治党,把坚持和加强党的全面领导当作根本大事来抓。

针对如何树立党中央权威,加强党的集中统一领导,提高党的领导力,2016年1月,中央政治局常委会修订了《中国共产党地方委员会工作条例》,强调党的地方委员会必须始终在思想上政治上行动上同党中央保持高度一致,坚决贯彻执行党中央决策部署和上级党组织决定,坚决维护党中央权威,任何地方工作部署都必须以贯彻中央精神为前提，各地区各部门党委（党组）加强向党中央报告工作成为一个规矩。针对金融工作存在的问题，习近平主持召开全国金融工作会议，强调做好新形势下金融工作，必须加强党对金融工作的领导。要坚持党中央对金融工作集中统一领导，确保金融改革发展正确方向。针对军队建设存在的问题，习近平主持召开古田全军政治工作会议，强调坚持党对军队绝对领导是强军之魂，铸牢军魂是我军政治工作的核心任务，任何时候都不能动摇，明确军委主席负责制是党对人民军队绝对领导制度的"龙头"，并郑重写入党章，中央军委印发了《关于全面深入贯彻军委主席负责制的意见》等。

　　针对国有企业存在的党的领导、党的建设弱化、淡化、虚化、边缘化问题，2016年10月习近平主持召开全国国有企业党的建设工作会议，强调坚持党的领导、加强党的建设，是国有企业的"根"和"魂"，是我国国有企业的独特优势，明确新形势下必须坚持党对国有企业的领导不动摇，发挥企业党组织的领导核心和政治核心作用，保证党和国家方针政策、重大部署在国有企业贯彻执行，中央印发了《关于在深化国有企业改革中坚持党的领导加强党的建设的若干意见》，强调必须毫不动摇坚持党对国有企业的领导，毫不动摇加强国有企业党的建设，促进国有企业做强做优做大。针对一些党组织对群团工作不重视，领导不到位、不得力，既不指方向，也不交任务等问题，习近平主持召开中央党的群团工作会议，强调要切实保持和增强党的群团工作和群团组织的政治性、先进性、群众性，明确要求坚持党委统一领导、党政齐抓共管、部门各负其责、党员干部带头示范、群团履职尽责的工作格局。针对部分地方和高校对思想政治工作极端重要性认识不够，对高校作为意识形态前沿阵地的重要地位理解不到位等问题，习近平主持召开全国高校思想政治工作会议，强调办好我国高等教育，必须坚持党的领导，牢牢掌握党对高校工作的领导权，使高校成为坚持党的领导的坚强阵地，中央印发了《关于加强和改进新形势下高校思想政治工作的意见》等。通过这一系列重要论述和重大部署,澄清了模糊认识,把走弯了的路调直,树立起党中央的权威,弱化党的领导的状况得到根本性扭转。

强调打铁必须自身硬,坚持以党章为根本遵循,把政治建设摆在首位,思想建党和制度治党同向发力,统筹推进党的各项建设,推动全面从严治党向纵深发展。

以作风建设为切入口,坚持问题导向,保持战略定力,抓早、抓小、抓落实,狠抓作风。习近平在党的群众路线教育实践活动总结大会上的讲话总结了抓作风的经验,主要体现在以下四个方面:第一,突出重点、聚焦问题。形式主义、官僚主义、享乐主义和奢靡之风危害最大,群众反映强烈,最需要抓。第二,严明党的纪律,用纪律抓作风。各项规定既明确又具体,说清楚了就得照着执行,如果有人不照着做,就会付出代价。第三,领导带头、以上率下。习近平强调,要求别人做到的,自己首先做到;要求别人不做的,自己坚决不做。我们的体制有以上率下的作用,领导带的是好头,下面一定会跟着学、照着做。第四,抓好各项规定的落实。"一分部署,九分落实"。制度再好、规矩再严,不落实就是一句空话。从八项规定到反"四风"和"三严三实"的具体要求,党的作风建设从立规、践行到推向纵深发展,党风为之一新,社会风气大为好转。

以重拳反腐为全面从严治党破局,坚持"打虎"无禁区、"拍蝇"零容忍、"猎狐"撒天网,治标为治本赢得时间,持续量变产生质变。2017年10月19日,在党的十九大新闻中心举行的"加强党建工作和全面从严治党"记者会上,亮出了全面从严治党五年以来的反腐"成绩单":建立健全中国特色领导干部报告个人有关事项制度,依个人报告制度查核125万人次、处理12.5万人;坚持从严治理,抓早抓小抓预防,共提醒、函询、诫勉干部60多万人次;强化党组织领导和把关作用,全国市县乡换届中9300多名干部因审核不过被拦下来;推动能者上、庸者下、劣者汰的选人用人机制,调整县处级以上干部2.2万多人;聚焦主业主责,强化责任担当,五年来近1亿人次各级各类干部参加脱产培训；严把发展党员关口，五年间党员总数增加432万名年均增幅1.2%，实现了总量调控目标；坚持"老虎""苍蝇"一起打，查处省军级以上党员干部及其他中管干部440人；查处中央委员、候补中央委员43人，共处分基层党员干部27.8万人，追回外逃人员3453人。在2018年7月，中央纪委国家监委网公布了2018年上半年的反腐"成绩单"。数据显示，有10名中管干部、162名厅局级干部落马，反腐败高压态势仍在持续。持之以恒正风肃纪，不断推动作风建设向纵深发展。2018年12月3日，中央纪委国家监察网公布了落实中央八项规定精神六年以来的查处数据：截至2018年10月底，全国累计查处违反中央八项规定精神问题254808起，处理349552人，给予党纪政务处分206428人。在因违反中央八项规定精神被处理的党员干部中，省部级25人，地厅级3374人，县处级28532人，乡科级317621人。党的十八大以来，通过正风肃纪，解决了许多过去认为不可能解决的问题，刹住了一些过去被认为不可能刹住的歪风邪气，攻克了一些司空见惯的顽瘴痼疾，通过重拳反腐，"治病树""拔烂树"，不敢腐的目标初步实现，不能腐的笼子越扎越牢，不想腐的堤坝正在构筑，反腐败斗争压倒性态势已经形成并巩固发展，厚植了党的执政根基。

扎牢制度之笼，为制度治党提供根本保障。出台《中国共产党廉洁自律准则》，提出党员和党员领导干部努力践行的高标准，三年两次修订《中国共产党纪律处分条例》，明确画出纪律底线，不断推动制度建设与时俱进，提高纪律建设的政治性、时代性和针对性，纪律的篱笆越扎越紧；出台首部党内问责条例，实现问责工作的制度化、程序化，修订《党政领导干部选拔任用工作条例》、印发《关于防止干部"带病提拔"的意见》等，打造从严治吏、严格干部选拔任用的完整链条。党的十八大以来，党内法规建设的步伐不断加快。党中央把全面深化改革和制度创新有机结合起来，以党章为根本遵循，实践探索在前，总结提炼在后，共修订颁布了九十余部党内法规，使党内法规与国家法律协调衔接，依规治党和依法治国互相促进，相得益彰，全面从严治党越来越有规可循、有据可依，为九千多万党员确立了行为规范。

补足精神之钙，为思想建党打造牢固根基。2013年下半年开始至2014年，自上而下分批开展党的群众路线教育实践活动。2015年起，在县处级以上领导干部中开展"三严三实"专题教育。2016年，全面启动面向全体党员的"两学一做"学习教育活动。2017年，中共中央办公厅印发《关于推进"两学一做"学习教育常态化制度化的意见》，将"两学一做"学习教育常态化制度化，把全面从严治党落实到每个支部、每名党员，党的十九大审议通过的《中国共产党党章（修正案）》增写"两学一做"，将其作为党的基层组织的主要任务，要求融入日常，抓在经常，打铁趁热、环环相扣的思想政治建设，让党内教育从"关键少数"向广大党员拓展、从集中性教育向经常性教育延伸，筑牢广大党员的思想之基。自2019年6月开始，以县处级以上领导干部为重点，在全党自上而下分两批开展"不忘初心、牢记使命"主题教育活动。党内政治生活的规范、党内政治文化的改善、党内政治生态的修复，为全面从严治党向纵深发展提供了优良环境和土壤。

经过党的十八大以来的不懈努力，消除了党和国家内部存在的严重隐患，党的领导显著加强，党群关系明显改善，党在革命性锻造中更加坚强，为党和国家事业发展提供了坚强政治保证。其作始也简，其将毕也巨。步入新时代，习近平强调："要全面贯彻党的十九大精神，重整行装再出发，以永远在路上的执着把全面从严治党引向深入，开创全面从严治党新局面。"成绩来之不易，经验弥足珍贵，需要长期坚持、不断深化。中国共产党将继续以巨大的政治勇气和强烈的责任担当，继续大力弘扬激浊扬清、风清气正的党风政风，确保党始终走在时代前列，为夺取新时代伟大斗争的胜利汇集强大力量。

（三）立足历史新使命　管党治党展现新方略

实现中华民族伟大复兴是近代以来中华民族最伟大的梦想。中国共产党的初心和使命就是为中国人民谋幸福，为中华民族谋复兴。立足我国发展新的历史方位和我们党新时代的历史使命,党的十九大从党和国家事业发展全局出发,提出了新时代党的建设总要求,高屋建瓴地指明了新时代党的建设的方向,具有高度的思想性、理论性和很强的政策性、指导性,充分体现了党的十八大以来以习近平同志为核心的党中央坚持党的领导、加强党的建设、推进全面从严治党的创新成果和新鲜经验,丰富发展了马克思主义建党学说,进一步回答了"建设什么样的党、怎样建设党"这一历史性课题,提出了新时代党的建设目的、方针、主线、总体布局、目标,标志着我们党对执政党建设规律的认识达到新的高度,对于深入推进党的建设新的伟大工程具有纲领性作用。只有按照新时代党的建设新要求不断加强党的建设,保持党的先进性和纯洁性,提高党建质量,提升党长期执政的能力,才能夯实党执政的根基。

这是立足加强党的建设面临的新情况新问题提出的总纲领。习近平深刻指出:"全党要清醒认识到,我们党面临的执政环境是复杂的,影响党的先进性、弱化党的纯洁性的因素也是复杂的";党内还存在一些突出问题尚未根本解决。"四大考验"是长期的,而且是严峻的:执政考验,最怕脱离群众,执政时间越长,就越容易出现这方面问题。改革开放考验,在体制转轨过程中容易出现制度上的漏洞和空子。外部环境考验,在全方位开放条件下,外来的一些消极因素很容易影响党员干部。市场经济考验,如果把市场经济的原则的等价交换引入党内,搞权钱交易,会给党、给国家、给人民带来极其严重的后果。"四大考验"如果应对不力甚至经受不住,就容易发生"四种危险"甚至更大的危险。所以习近平一再强调:"全面从严治党永远在路上。"面对世情、国情、党情的深刻变化,精神懈怠危险更加尖锐地摆在全党面前。要把新时代中国特色社会主义事业推向前进,必须大力克服"四大危险",应对"四种考验",全面从严治党整装再出发,以永不懈怠的精神状态和一往无前的奋斗姿态扎实苦干,开拓党的建设新局面。

二、全面理解党的建设总要求

围绕新时代"建设什么样的党、怎样建设党"这一历史性课题，党的十九大报告提出新时代党的建设总要求是：坚持和加强党的全面领导，坚持党要管党、全面从严治党，以加强党的长期执政能力建设、先进性和纯洁性建设为主线，以党的政治建设为统领，以坚定理想信念宗旨为根基，以调动全党积极性、主动性、创造性为着力点，全面推进党的政治建设、思想建设、组织建设、作风建设、纪律建设，把制度建设贯穿其中，深入推进反腐败斗争，不断提高党的建设质量，把党建设成为始终走在时代前列、人民衷心拥护、勇于自我革命、经得起各种风浪考验、朝气蓬勃的马克思主义执政党。党的建设总要求丰富发展了马克思主义建党学说，明确了党的建设的目标、主线、布局和八项部署，构成了完整的党建理论纲目体系，是新时代加强党的建设新的伟大工程的总纲领。

（一）坚持新时代党的建设的根本原则

党的建设总要求开篇提出，要"坚持和加强党的全面领导"，阐明了党的建设的根本目的和根本原则，体现了"坚持党对一切工作的领导"的要求，对新时代坚定不移推进全面从严治党具有提纲挈领作用，是对面临新形势、新环境下的中国寻求新发展提出的根本要求，是确保党始终成为伟大事业的坚强领导核心的重要保证，也是对新时代下党领导的中国特色社会主义建设提出的根本要求。从"坚持党的领导"到"坚持和加强党的全面领导"，表述的变化体现重大意义。"坚持和加强"意味着不仅要在各领域坚定不移地坚定党的领导，而且要着力解决一些领域党的领导弱化、党的建设缺失、全面从严治党不力的问题，强化党的领导地位和核心作用。"全面"二字意味着坚持党对新时代中国特色社会主义建设一切工作的领导，只有真正做到党的全方位、贯穿始终的领导,才能充分发挥中国特色社会主义的本质优势。

中国是中国共产党领导下的社会主义国家,中国共产党是唯一的执政党,而且将长期执政,这既有深刻的历史原因,也有深厚的民意基础。中国共产党依靠拼搏奋斗、流血牺牲取得领导和执政地位,更以坚定的意志和持之以恒的精神坚守为人民谋幸福的初心,为民谋好利,为民执好政。在建设改革期间,制定和实施正确的理论和路线方针,卓有成效地推动国家建设发展,真正造福人民群众。虽然经历了许多曲折和挫折,但所取得的巨大成就是有目共睹、举世公认的,更是世所罕见的。拉美社在报道中国共产党迎来95岁生日时评论称:"中国共产党开启了历史上最成功的经济革命,是唯一将世界上最贫困国家之一变成第二大经济体的政党。"印度共产党总书记亚秋里也肯定了中国共产党的历史贡献。他指出:"中国共产党在过去几十年里坚持社会主义道路,不仅让人类历史上前所未有的众多人口脱贫过上小康富裕生活,而且把中国建成世界第二大经济体,实现了历史性的伟大创举。"俄罗斯《明日周报》网站刊发的《95年与人民同在》的文章中称:"30多年来,中国经济的快速发展令世界震惊,中国共产党用事实证明了其带领中国人民走上民族复兴与发展之路的能力。"①奥地利《趋势》杂志的文章《中国:龙的世纪》称,中国改革开放后,迎来的是一场史无前例的经济崛起。今天中国的人均国内生产总值(GDP)按购买力平价计算已经是40年前的近十倍。文章分析中国共产党为何成功?为什么中国共产党人做到了东欧国家没有做到的事情?得出的结论是得益于在20世纪八九十年代世界政坛动荡混乱的时期,就在俄罗斯实施休克疗法的时候,中国采取了长达几十年的渐进变革,在经济上允许原有的国有结构与相对活跃的私人活动并存,在政治上始终坚持中国共产党为唯一的领导权威。②

① 《"中共带领人民走在正确道路上"(国际论道)》,《人民日报海外版》,2016年7月27日。
② 参见《外媒看中国改革开放40周年:人类发展史上的奇迹》,《参考消息》,2018年1月2日。

在国际舆论看来,中国共产党以自身近百年的历程和成功领导一个幅员辽阔的国家的事实,完全推翻了共产主义思想和社会主义制度必将灭亡的谬论。越来越多的人包括其他国家的人、中国绝大多数人越来越深刻地认识到,在中国,中国共产党的领导和执政并不是可有可无的,而是必需的;没有哪一个政党或政治力量可以取代中国共产党的领导——没有能力和资格,更没有群众和社会基础。全球著名的知华派人士、美国的罗伯特·库恩博士称,中国人民选择中国共产党、选择社会主义发展模式是符合中国国情及发展需要的。"我相信至少是在现在,以及我们所能预见的未来,这是中国最理想的发展道路。任何一个政治体制都不是完美的,但是对于幅员辽阔、发展极不均衡的中国来说,这才是中国的最佳道路。"①所以习近平掷地有声地指出:"当今世界,要说哪个政党、哪个国家、哪个民族能够自信的话,那中国共产党、中华人民共和国、中华民族是最有理由自信的。"

党的十八大以来,为加大对党和国家事业全局中重要工作的直接领导力度和统筹协调能力,通过顶层设计与统筹协调,相继成立了中央国家安全委员会、中央全面深化改革领导小组、中央网络安全和信息化领导小组、中央军委深化国防和军队改革领导小组,提高了决策和执行机制的权威性和效能,提高了党把方向、谋大局、定政策、促改革能力和定力,推动各项事业稳步前进。新时代党的建设伟大工程就要继续坚持和加强党的全面领导,这是党的建设的出发点和落脚点,同样也是检验党的建设的根本标准。历史和实践都表明,党的建设不能脱离这一根本目标与原则而单纯谈自身建设,党的建设归根结底是要提高党的创造力、凝聚力、战斗力,推动实现党的伟大历史使命的。为此,党的建设必须紧紧围绕坚持和加强党的全面领导这一目标和原则,才抓住了根本,才会取得实际成效。

坚持"坚持和加强党的全面领导"的根本原则,就是要强调党的各级组织

---

① 《"中共带领人民走在正确道路上"》,《人民日报(海外版)》,2016年7月27日。

都要做到"两个坚决维护",都要服从党中央集中统一领导,确保党中央令行禁止,确保党总揽全局、协调各方的领导核心地位。习近平形象地说:这就像"众星捧月",这个"月"就是中国共产党。在国家治理体系的大棋局中,党中央是坐镇中军帐的"帅",车马炮各展其长,一盘棋大局分明。党中央是党的领导决策核心,必须有定于一尊、一锤定音的权威,这样才能"如身使臂,如臂使指,叱咤变化,无有留难,则天下之势一矣"。党中央作出的决策部署,党的各个部门要贯彻落实,人大、政府、政协、监察委、法院、检察院的党组织要贯彻落实,事业单位、人民团体等的党组织也要贯彻落实。党的地方组织要确保党中央决策部署贯彻落实,党组要发挥好把方向、管大局、保落实的作用。党的各级领导干部和广大党员干部都要强化党的意识和组织观念,要不折不扣贯彻落实党中央决策部署,推动各项工作部署落到实处,确保党中央政令畅通。习近平指出:"同党中央保持高度一致必须是全面的,在思想上政治上行动上全方位向党中央看齐,做到表里如一、知行合一;必须是具体的,不能光口头讲讲,要落实在各个方面、各项工作上;必须是坚定的,党中央提倡的坚决响应,党中央决定的坚决照办,党中央禁止的坚决杜绝,任何时候任何情况下都做到政治立场不移、政治方向不偏。"把党的领导作用贯穿于工作全过程,把党的领导贯穿于"五位一体"总布局和"四个全面"战略布局,充分发挥组织优势和党员先锋模范作用,充分发挥党总揽全局、协调各方的领导核心作用,保证党的路线方针政策贯彻落实,从根本上保障中国特色社会主义各项事业不断向前发展。

(二)坚持新时代党的建设的根本方针

党的建设总要求明确提出"坚持党要管党、全面从严治党",这是党的建设的指导方针,是坚持和加强党的全面领导的重要保证。邓小平曾讲:"共产党有没有资格领导,这决定于我们党自己。"历史和实践表明,全面从严治党的力度、效果与党的领导能力、执政能力提升之间具有明显的正相关性。如果管党不力、治党不严,人民群众反映强烈的党内突出问题得不到解决,党的执政根基就会动摇,党所肩负的历史使命就无法实现。为此,我们党要始终保持"勇于自我革命,从严管党治党"的鲜明政治品格,作为党的建设的一贯方针和要求。世界上没有任何一个政党像中国共产党这样,敢向自己开刀,勇于自我革命。这是我们党与世界上其他政党在党的建设上的根本区别。

坚持全面从严治党是党的十八大以来党的建设经验的再升华。党的十八大以来,我们之所以能够解决了许多长期想解决而没有解决的难题,办成了许多过去想办而没有办成的大事,使党和国家事业发生历史性变革,就是因为以习近平同志为核心的党中央,以对党对人民高度负责的担当精神推进全面从严治党,把"严"字作为管党治党的主基调、总要求和最强音,"严"字当头、严以贯之,讲认真、敢碰硬,把全面从严的精神贯彻到思想建设、作风建设、监督执纪、反腐工作等党的建设全过程、各方面,落实到党的组织体系的各部分、最末梢,在主体上做到广大党员全覆盖,在内容上形成系统性整合,在环节上做到衔接闭合,在责任上做到全落实,使管党治党宽、松、软、懒、散的现象得到有效纠正,切实增强了我们党的领导力。

历史和现实反复证明,治国必先治党,治党务必从严,从严必须全面,全面才是真严、才能长严。步入新时代,坚持和加强党的全面领导赋予各级党组织更多职权,也带来更大责任,要求更好地管党治党。这就要求我们必须坚持党要管党、全面从严治党的根本方针,坚持问题导向,保持战略订立,坚定不移推动全面从严治党向纵深发展,以此提高党自我净化、自我完善、自我革新、自我提高的能力,从根本上保证和促进党的全面领导。由此可见,党的十九大报告在从严治党前加上"全面"二字,不只是字面上的变化、语气上的加重,更重要的是理念上的升华。"全面"就是管全党、治全党,面向9000多万名党员、460多万个党组织,"一个也不能少",反映了党的十八大以来党的建设的经验,是对管党治党规律认识的深化,表明了党中央以永远在路上的决心和韧劲推进全面从严治党，推进党的建设指导方针的与时俱进。

（三）把握新时代党的建设的方法主线

新时代党的建设总要求明确提出"以加强党的长期执政能力建设、先进性和纯洁性建设为主线，以党的政治建设为统领，以坚定理想信念宗旨为根基，以调动全党积极性、主动性、创造性为着力点"。以"四个以"的形式指明了中国共产党执政的长期性和新时代党的建设的实践路径，呈现出党的建设的方法遵循，设计了党的建设系统工程的"工作路线图"和"施工方法论"，确保整个工程在建设过程中始终不走样。

以加强党的长期执政能力建设、先进性和纯洁性建设为主线。所谓"主线"即贯穿始终的"线索""线条"，对具体各项工作具有目的、方向上的指导作用。与原来对党的建设主线的表述相比，党的十九大报告增加了"长期"二字，这不是简单的文字变化，更体现了背景、内涵和实质的深刻变化，意义重大。强调"长期"二字，是着眼于未来中国特色社会主义兴衰成败、中华民族前途命运的战略考量提出的，表明我们党不仅要执政执好政，而且要长期执政执好政，凸显了"永远在路上"的思想内涵和实践导向，对党的执政能力建设提出了更高的要求。我们党要做好应对长期考验的准备，能够在不断变化发展的现实社会条件下始终保持政治定力和解决问题、化解风险的能力，能够不断保持自我净化、自我完善、自我革新、自我提高的能力，始终保持先进性和纯洁性，保持全面从严治党的长期性和持续性。为此，确立主线就为全面从严治党的部署和各项具体工作指明了治理目标和总遵循。

以党的政治建设为统领。"统领"即"统率领导"，即在地位上是第一位的和根本性的，意味着政治建设在新时代党的建设中占据优先和主导的地位，对党的建设其他方面内容具有引领作用，是其他建设的根和魂，决定党的建设的方向和效果。这是对党的建设历史特别是党的十八大以来党的建设宝贵经验的科学总结和理论升华。习近平深刻指出，党内存在的很多问题，原因都是党的政治建设没有抓紧、没有抓实、没有抓好。为此，"全面从严治党，必须注重政治上的要求"。落实"以党的政治建设为统领"的要求，关键是充分发挥其对于与思想建设、组织建设、作风建设、纪律建设、制度建设和反腐败斗争的领导作用，具体体现为思想建设以坚定政治信仰为着力点，筑牢中国共产党人的精神支柱和政治灵魂；组织建设以严格政治标准为着力点，选拔任用干部必须突出政治标准，发展党员突出把政治标准放在首位，党的基层组织建设突出政治功能；作风建设以夯实政治根基为着力点，紧扣民心这个最大的政治，坚决反对"四风"特别是形式主义、官僚主义，始终保持党同人民群众的血肉联系；纪律建设以严格政治纪律为着力点，树全党在政治方向、政治立场、政治言论、政治行动方面必须遵守的刚性约束；制度建设以涵养政治生态为着力点，切实做好党内法规制度的立、改、废、释工作，并抓好法规制度的执行；反腐败斗争以永葆政治本色为着力点，严厉惩治腐败尤其是政治腐败问题，深入查处政治腐败和经济腐败相互交织的案件，永葆共产党人的政治本色。①落实"以党的政治建设为统领"的要求，实质是维护党中央在党建工程中的权威性，把政治立场、政治路线、政治意识、政治文化、政治生态融合于党的各方面建设，不断提高全党同志的政治觉悟和政治能力，把党中央的各项部署落地生根。

以坚定理想信念宗旨为根基。"根基"即"基础"，是安身立命的根本。思想建设是党的基础性建设，在新时代党的建设伟大工程中具有基础性地位。坚定共产主义远大理想和中国特色社会主义信念，是全党保持团结统一的思想基础，是党员之间共同的精神纽带。党的事业是一项艰巨而长远的任务，全党必须团结一致、同心同德，才能凝聚战胜困难的精神力量。习近平形象地将理想信念比作共产党人精神上的"钙"，理想信念坚定，骨头就硬，没有理想信念，或者理想信念不坚定，精神上就会"缺钙"，就会得"软骨病"。在新的历

---

① 参见陈华兴、刘艳：《充分发挥党的政治建设的统领作用》，《人民日报》，2018年7月27日。

史条件下,坚定理想信念,关键是使党员、干部牢固树立共产主义远大理想和中国特色社会主义共同理想,坚定"四个自信",用习近平新时代中国特色社会主义思想武装全党,夯实安身立命的根本,筑牢思想根基。

以调动全党积极性、主动性、创造性为着力点。"着力点"即发力的集中点、工作的重点。"以调动全党积极性、主动性、创造性为着力点",即要求党的建设要把主要精力放在广大党员身上,调动每个党员干部干事创业的激情。积极性体现为广大党员、干部出于对党的事业的高度认同,在干事创业、为人民服务的过程中始终保持永不懈怠的精神状态和一往无前的奋斗姿态,具体体现为党员、干部富有激情、富有进取心的工作态度;主动性体现为党员、干部出于对党和人民的忠诚,主动为党分忧、为党尽职、为民造福的自觉自为状态;创造性体现为广大党员、干部秉持解放思想、实事求是的态度,坚持与时俱进、求真务实,以改革创新的精神创造性地开展工作。以调动全党积极性、主动性、创造性为着力点,强调发挥各级党组织和全体党员的能动作用,为推进党的建设和党的事业不断汇集能量。

"四个以"既是对党的十八大以来党的建设宝贵经验的科学总结和理论升华,又是对新时代党的建设提出的新思路新要求。准确把握新时代党的建设总要求,就要紧紧抓住"一条主线""一个统领""一个根基""一个着力点"的实践路径。

(四)明确新时代党的建设的总体布局

党的十九大报告在阐述新时代党的建设时,将传统党建理论体系的五大建设(思想建设、组织建设、作风建设、反腐倡廉建设、制度建设)发展为"全面推进党的政治建设、思想建设、组织建设、作风建设、纪律建设,把制度建设贯穿其中,深入推进反腐败斗争",形成了"5+2"的总体布局。这一总体布局将长期沿用的"思想政治建设"区分为政治建设和思想建设,凸显了政治建设在党的各项建设中的统领地位;新增"纪律建设",体现了管党治党要把纪律规矩挺在前面的实践经验；将制度建设贯穿党的各项建设之中，而不再与原来的四个建设并列，更加强调了制度建设的重要地位和保障作用；把反腐倡廉建设从原来的五大建设中独立出来专门表述，强调要"深入推进反腐败斗争"，表明反腐败斗争永远在路上，也表明了我们党坚定不移正风肃纪、夺取反腐败斗争压倒性胜利的坚强决心。党的建设总布局对新时代加强党的建设的基本内容、重点领域及其相互关系，是落实全面从严治党的根本举措。

在党的建设总体布局中增加政治建设、纪律建设，是党的十八大以来，以习近平同志为核心的党中央深入推进全面从严治党的经验总结，进一步深化拓展了党的建设总体布局，是对新时代加强党的建设伟大工程的重大创新。党的建设框架布局是随着党的时代任务不断发展变化的，围绕思想建设、组织建设和作风建设开展党建工作，是我们党在长期的革命、建设与改革过程中的经验。随着改革开放和现代化事业的深入推进，制度建设和反腐廉政建设的要求逐步凸显，党的十八大将二者纳入党的建设内容框架之中。党的十八大以来，在全面从严治党实践中，面对一段时期以来出现的管党治党宽松软问题，面对党内政令不畅、党的组织涣散、纪律松弛状况，突出讲政治的要求，以严明的纪律规矩管党治党，使党员、干部知敬畏、存戒惧、守底线，就显得尤为紧迫。为此，在总结五年来全面从严治党经验的基础上，党的十九大把政治建设和纪律建设纳入党的建设总体布局，形成了党建新框架，拓展丰富了党的建设的内容。

在"全面推进党的政治建设、思想建设、组织建设、作风建设、纪律建设，把制度建设贯穿其中，深入推进反腐败斗争"的总格局中，将政治建设放在首位，突出了政治建设的统领地位，反映出我们党对共产党执政规律的深刻认识。政治属性是政党的第一属性，而政治建设则是党保持自身政治属性的内在要求，是政党自身建设的内在要求。作为马克思主义政党，具有崇高政治理想、高尚政治追求、纯洁政治品质、严明政治纪律是中国共产党鲜明的政治特性。加强党的政治建设,首要是坚定政治方向,引导全党坚定理想信念、坚定"四个自信",推动全党把坚持正确政治方向贯彻到谋划重大战略、制定重大政策、部署重大任务、推进重大工作的实践中去,确保党和国家各项事业始终沿着正确政治方向发展;加强党的政治建设,要紧扣民心这个最大的政治,把赢得民心民意、汇集民智民力作为重要着力点;政治建设的基础性、经常性工作在于营造良好政治生态;加强党的政治建设,必须持之以恒坚决把反腐败斗争进行到底,不断提高各级领导干部特别是高级干部把握方向、把握大势、把握全局的能力,增强政治定力。在我们党的自身建设中,政治建设是最重要的一项建设,党的思想建设、组织建设、作风建设、纪律建设,以及贯穿其中的制度建设效果如何,最终必须落实到政治建设上来。

将制度建设由原来的"五大建设"之一调整为"把制度建设贯穿其中",更鲜明地体现了制度建设的地位、作用和要求。制度带有根本性、全局性、稳定性、长期性。要在一个14亿人口大国实现长期执政,加强党的建设尤其离不开制度建设作保障。党的十八大以来,党中央修订颁布了九十余部党内法规,既有力推动了党内法规体系建设,也为党的各项建设提供了有力的制度支撑。党的建设总要求提出把制度建设贯穿各项建设之中,有利于推动党的建设常态化长效化,有利于在党的建设各领域、全过程形成有效衔接、相互配合的制度体系,从而增强党的建设系统性和实效性。这体现了以习近平同志为核心的党中央对管党治党规律的深刻把握,为进一步提高管党治党科学化水平指明了方向。

深入推进反腐败斗争,为新时代如何进一步推进党风廉政建设和反腐败斗争提供了指针。党的十八大以来,以重拳反腐为全面从严治党破局,腐败蔓延势头得到遏制,反腐败斗争形成压倒性态势。进入新时代,反腐败斗争形势依然严峻复杂,党内存在的思想不纯、组织不纯、作风不纯等突出问题尚未得到根本解决,要夺取反腐败斗争压倒性胜利,需要付出更多的努力。强调"深入推进反腐败斗争"既表明要保持好反腐斗争来之不易的良好态势，又要采取发展性措施，拓展反腐败的工作领域，消除党和国家内部存在的严重隐患，需要全党做好思想上、行动上和制度上攻坚战和持久战的多方面准备，及时清理党的肌体中发现的腐败成分，化解反腐过程中遇到的矛盾和难题，强化不敢腐的震慑，以不懈努力换来海晏河清、朗朗乾坤。

党的建设总体格局将纪律建设纳入党的六大建设中，将纪律建设摆到党的建设前所未有的高度，是对我们党纪律严明的光荣传统的传承与弘扬，体现了党的十八大以来把纪律挺在前面的经验和要求，更好地适应了新时代党的建设总要求。我们党是靠革命理想和铁的纪律组织起来的马克思主义政党，纪律严明是党的光荣传统和独特优势。在改革开放时期，邓小平指出："我们这么大一个国家，怎样才能团结起来、组织起来呢？一靠理想，二靠纪律。组织起来就有力量。没有理想，没有纪律，就会像旧中国那样一盘散沙，那我们的革命怎么能够成功？我们的建设怎么能够成功？"当前，对于一个拥有九千多万党员的世界大党，党要管党、从严治党，靠什么管，凭什么治？就要靠严明纪律。如果不加强纪律建设，党的凝聚力战斗力就会大大削弱，党的领导能力和执政能力就会大大削弱。党面临的形势越复杂、肩负的任务越艰巨，就越要加强纪律建设，越要维护党的团结统一，确保全党统一意志、统一行动、步调一致向前进。纪律建设是党的建设的基础工程，伴随党的建设的全过程和各方面，无论是政治建设、思想建设，还是组织建设、作风建设都离不开纪律建设的保证。

（五）聚焦新时代党的建设的根本目标

围绕着建设马克思主义执政党的目标定位，党的十九大提出了党的建设目标的五个质性要求："把党建设成为始终走在时代前列、人民衷心拥护、勇于自我革命、经得起各种风浪考验、朝气蓬勃的马克思主义执政党"，这些质性要求都与马克思主义政党特殊的政治属性和组织属性分不开，提出了党与时代的关系、党与人民的关系，又秉承"打铁必须自身硬"的理念，体现了新时代中国共产党人的价值取向、政治定力和使命担当,为新时代党的建设指明了方向。

"始终走在时代前列"表征的是党的先进性要求,揭示的是党在世界形势深刻变化的历史进程中的领路人地位,反映的是党所具有的与时俱进的品质;"人民衷心拥护"揭示的是人民群众与党的关系,反映的是人民群众对党的认同度;"勇于自我革命、经得起各种风浪考验"表征的是党对自身存在与活动状态的自觉性和意志力,意味着党要直面自身问题,始终坚持真理修正错误;"朝气蓬勃"强调的是党的精神状态和创造活力,意味着要克服老化、固化和僵化,以改革创新的精神与时俱进,展现新气象、促发新作为。

新时代党的建设总要求是一个紧密联系、相互作用、相辅相成的有机整体。其中,根本原则是党的建设活动的总遵循;指导方针是引领党的建设沿着正确方向前进的保证;"主线"是贯穿党的建设各方面和全过程的"纲"和"魂";总体布局明确了党的建设框架格局和工作思路;总目标是党的建设工作的指向和检验标准。通过系统性构建,党的建设总要求回答了新时代建设一个什么样的马克思主义执政党、怎样建设马克思主义执政党的重大课题,是指导推进新时代党的建设伟大工程的总纲领。

三、准确把握党的建设新部署

在全方位概述新时代党的建设总要求的基础上,党的十九大报告明确了深入推进党的建设新的伟大工程八个方面的重点任务:把党的政治建设摆在首位、用新时代中国特色社会主义思想武装全党、建设高素质专业化干部队伍、加强基层组织建设、持之以恒正风肃纪、夺取反腐败斗争压倒性胜利、健全党和国家监督体系、全面增强执政本领。八项重点任务围绕党的建设"5+2"布局,突出了党的建设的主要矛盾和重点问题,以提升党的政治领导力、思想引领力、组织战斗力、自我净化力等为目标,规划部署推动全面从严治党向纵深发展、提升党的长期执政能力的实践路径,是新时代党的建设总要求的具体化。

(一)把政治建设摆在党的建设的首位,增强党的政治领导力

在新时代党的建设谋篇布局中, 突出强调要 "把党的政治建设摆在首位","旗帜鲜明讲政治",并对在推进党的政治建设过程中的主要任务作了系统部署,可以说既丰富了马克思主义执政党建设的理论宝库,又对新时代加强党的先进性和纯洁性建设具有重大的现实指导意义。

"旗帜鲜明讲政治是我们党作为马克思主义政党的根本要求。"从当代马克思主义政党政治和中国共产党党建的实践看,可以说,能否把政治建设放在首位和注重增强党的政治领导力关系党的兴衰成败。中国共产党自成立之日就制定了党的政治纲领和政治路线,无论在哪个历史阶段,都始终十分重视党的政治建设,把政治建设的基本原则贯穿于党的思想建设、组织建设、作风建设之中。中国共产党之所以能带领中国人民从"站起来""富起来"到"强起来",就是得益于党的政治建设的加强和政治领导力的不断提高。党的十八大以来,以习近平同志为核心的党中央着眼于增强党的政治导向、政治定力和政治引领,全面从严治党的卓著成效表明,新时代党的建设必须把政治建设摆在首位,政治建设抓好了,在政治方向、政治立场、政治大局上把握好,对党的其他建设就具有纲举目张的作用。

把党的政治建设摆在首位,首要任务是保证全党服从中央,坚持党中央权威和集中统一领导,全党要坚定执行党的政治路线,严格遵守政治纪律和政治规矩,在政治立场、政治方向、政治原则、政治道路上同党中央保持高度一致,把坚持正确政治方向贯彻到谋划重大战略、制定重大政策、部署重大任务、推进重大工作的实践中去,确保党和国家各项事业始终沿着正确政治方向发展。邓小平指出,"党一定要有领袖,有领导核心"。一个拥有9000多万党员、460多万基层党组织的大党,在14亿人口的大国长期执政,要治理好这样一个大党、大国,保证党的团结和集中统一至关重要,维护党中央权威至关重要。把党的政治建设摆在首位,以尊崇党章,严格执行新形势下党内政治生活若干准则,增强党内政治生活的政治性、时代性、原则性、战斗性为重要内容,以完善和落实民主集中制各项制度为制度依托,以弘扬忠诚老实、公道正派、实事求是、清正廉洁等为价值导向,以加强党性锻炼,不断提高政治觉悟和政治能力为提升路径,既有明确的问题导向和针对性,又把讲政治与开展严肃的党内政治生活结合起来,把全党的政治意识升华为党内政治文化,内化为全党的内心信念,外化为全党的行为自觉,凝聚为全党的政治生态,沉淀为全党的政治自信和政治定力,旗帜鲜明地高举马克思主义伟大旗帜,让党的路线方针政策融入新时代中国特色社会主义建设的实践。

(二)以习近平新时代中国特色社会主义思想武装全党,增强党的思想引领力

思想建设是党的基础性建设和固本工程,是我们党管党治党的宝贵经验和优良传统。党的十九大报告强调,要把坚定理想信念作为党的思想建设的首要任务。加强思想建设、坚定理想信念、牢记党的宗旨,必须弘扬马克思主义学风,用党的创新理论武装全党。

面临国内外的复杂形势,实现伟大梦想需要全党牢固树立理想信念,以坚定不移的精神毅力,强大的政治定力,把中国特色社会主义理论转化为生动的政治实践。这种定力来自于党强大的思想引领力。引领亦即方向,具有引领力的思想必须同时兼具方向性、创新性和实践性的特性。我们党始终重视思想理论的创新,始终重视把马克思主义理论与中国的具体实践相结合,解决中国特定历史时期的重大问题。毛泽东思想、邓小平理论、"三个代表"重要思想、科学发展观、习近平新时代中国特色社会主义思想,这些在继承中发展、在发展中创新的思想理论都起到了引领时代、指明方向的作用。

马克思曾经指出,任何科学的理论"都是自己时代的精神上的精华"。党

的十八大以来，以习近平同志为核心的党中央坚持和发展中国特色社会主义，不断深化对共产党执政规律、社会主义建设规律、人类社会发展规律的认识，形成了习近平新时代中国特色社会主义思想，系统地回答了新时代坚持和发展什么样的中国特色社会主义、怎样坚持和发展中国特色社会主义这个重大时代课题，开辟了马克思主义中国化新境界，是引领时代发展、坚定全党信念、凝聚民心力量的思想武器。用新时代中国特色社会主义思想武装全党，首要任务是坚定理想信念，解决好世界观、人生观、价值观这个"总开关"问题。这指明了思想建党工作的重中之重。在学习方法上要弘扬马克思主义学风，以"两学一做"学习教育制度为依托，加强党内学习，使广大党员深刻理解新时代中国特色社会主义思想的科学性、深刻性、系统性，把握新时代坚持和发展中国特色社会主义的基本方略，进而转化为实现新时代党的历史使命不懈奋斗的精神力量。

（三）强化组织建设，增强党的组织战斗力

习近平在全国组织工作会议上强调，党的力量来自组织。党的全面领导、党的全部工作要靠党的坚强组织体系去实现。只有加强党的组织建设，增强党的组织优势、组织功能，党组织才能具有强大的战斗力。在党的建设新部署中，围绕组织建设从高素质专业化干部队伍建设和加强基层组织建设两方面进行了重点部署，通过抓关键、抓人才、抓基础，为推进党的伟大事业提供组织保障。

"为政之要在人"，党员干部是党和国家事业的中坚力量。新时代开创党的建设新局面，实现伟大梦想必须依靠强有力的干部队伍。党的十九大报告提出建设高素质专业化干部队伍，从干部选拔、培养、储备、考评、激励、关爱多层面提出具体部署，强调干部选拔要突出政治标准，在选人用人上要提拔重用牢固树立"四个意识"和"四个自信"、坚决维护党中央权威、全面贯彻执行党的理论和路线方针政策、忠诚干净担当的干部。这一要求是"把政治建设摆在首位"的题中之义,是政治建设在党的建设中处于统领地位的具体体现。在干部培养方面,强调要围绕高素质专业化的要求,着力培养干部的专业能力和专业精神,增强干部队伍适应新时代中国特色社会主义发展的要求。坚持党管人才原则,实施更加积极开放有效的人才政策,把党内和党外、国内和国外各方面优秀人才集聚到党和人民的伟大奋斗中来。发挥基层党组织的战斗堡垒作用,确保党的路线方针政策和决策部署贯彻落实。习近平强调"基层是党的执政之基、力量之源"。新部署突出强调了基层党组织的基础性作用,明确了基层党组织、党支部的具体职责。针对一些基层党组织弱化、虚化、边缘化问题,提出"要以提升组织力为重点,突出政治功能",提高基层党组织的凝聚力和战斗力,切实在打基础、补短板上下功夫。

(四)持之以恒正风肃纪,保持党同人民群众的血肉联系,增强党的自我净化能力

中国共产党最大的政治优势是紧密联系群众,党执政后最大的危险是脱离群众。党的作风关乎人心向背和事业的兴衰。习近平强调:"党同人民群众的血肉联系是生命线。而维系这条生命线的重要纽带,就是我们党的作风。良好作风是密切联系群众的有效手段,是净化党内政治生态的重要基础,也是完成十九大擘画新蓝图的有力保障。"要始终保持党同人民群众的血肉联系,就必须着力增强党的自我净化能力,以正风肃纪、深入推进反腐的实际成效取信于民。新时代党的建设对持之以恒正风肃纪、夺取反腐败斗争压倒性胜利、健全党和国家监督体系等都作出重大部署,以永远在路上的坚韧和执着深入推进反腐工作,强化党的自我监督和群众监督,增强党自我净化能力,为党的长期执政赢得民心。

为此,围绕纠风反腐问题,新部署提出:牢牢抓住保持党同人民群众的血肉联系这个根本。保持党同人民群众的血肉联系,就要增强群众观念和群众感情,站稳人民立场,凡是群众反映强烈的问题都要严肃认真对待,凡是损害群众利益的行为都要坚决纠正,在真心实意为群众办实事、解难事中赢得群众信赖;要坚持以上率下,巩固拓展落实中央八项规定精神成果,继续整治"四风"问题,领导干部要带头转变作风,坚持身体力行,形成"头雁效应",坚决反对特权思想和特权现象。

强化纪律,深化标本兼治,夺取反腐败斗争压倒性胜利。标本兼治始终是反腐败斗争的基本原则。习近平强调,要"以猛药去疴、重典治乱的决心,以刮骨疗毒、壮士断腕的勇气,深入推进党风廉政建设和反腐败斗争"。在反腐败斗争压倒性态势已经形成的基础上,还要深化标本兼治,坚持重遏制、强高压、长震慑,铲除腐败现象的生存空间和滋生土壤。深化纪律建设,重点强化政治纪律和组织纪律,带动廉洁纪律、群众纪律、工作纪律、生活纪律严起来。强化纪律意识,运用监督执纪"四种形态",抓早抓小、防微杜渐。强化不敢腐的震慑,扎牢不能腐的笼子,增强不想腐的自觉。惩治、预防、教育、监督、制度并重,综合施策,才能充分发挥标本兼治的综合效应。

深化改革,不断健全党和国家的监督体系。中国共产党有着自我净化自我提高的强大基因,面对党内存在的突出问题,我们党从不讳疾忌医,而是以自我革命的政治勇气刮骨疗伤,激浊扬清。增强党自我净化能力,根本靠强化党的自我监督和群众监督。强化党的自我监督,充分发挥巡视利剑的震慑作用,紧盯党内政治生态,延伸放大震慑效果,建立巡视巡察上下联动的监督网,让监督利剑高悬、震慑常在。以党内监督带动和促进其他监督,建立更加科学、更加严密、更加有效的中国特色监督体系。

(五)着眼于党的新使命,增强党的执政本领

政治路线确定之后,干部就是决定的因素。在党的历史上,每当进入一个新的历史发展阶段,踏上新的历史征程,党的领导核心都会对全党提出新的能力和本领要求。早在1939年,毛泽东就提醒说:"我们队伍里边有一种恐慌,不是经济恐慌,也不是政治恐慌,而是本领恐慌。"党的十一届三中全会以后,邓小平多次强调加强党的领导,必须改善党的领导;强调要改革党和国家的领导制度、处理好法治和人治的关系、处理好党和政府的关系,把党的执政能力和领导水平问题同改革开放和现代化建设任务密切联系起来。他一再指出:实现现代化是一场深刻的伟大革命,全党必须再重新进行学习,除学马列主义、毛泽东思想之外,还要学经济学、学科学技术、学管理。在1990年前后,江泽民指出:我们的党是执政的党,党的领导要通过执政来体现。"我们必须强化执政意识,提高执政本领"。胡锦涛也屡屡强调,为了适应党和国家事业发展的需要,为了更好地承担起党和人民所赋予的重任,必须加强学习。习近平也屡屡强调:本领恐慌在党内相当一个范围、相当一个时期都是存在的。只有全党本领不断增强了,中华民族伟大复兴的"中国梦"才能梦想成真。

领导干部加强学习,根本目的是要提高我们党执政兴国的本领,提高为人民服务的本领,提高不断开创中国特色社会主义事业新局面的本领。站在中国特色社会主义新时代的历史方位上,面对人民日益增长的美好生活需要和不平衡不充分的发展之间的矛盾,新时代赋予的实现中华民族伟大复兴的新使命,都对执政党的执政能力和领导水平提出了新的更高的要求。这就要求党员领导干部都要把握好新时代的脉搏,通过学习增强执政本领,提高解决实际问题的能力和水平,克服前进道路上的艰难险阻,就能推动党的事业不断向前发展。中华民族伟大复兴,绝不是轻轻松松、敲锣打鼓就能实现的,必须充分认识到这场伟大斗争的长期性、复杂性、艰巨性,全党必须准备付出更为艰巨、更为艰苦的努力。推进党的建设新的伟大工程就是要通过不断增强执政本领,从而不断增强党的政治领导力、思想引领力、群众组织力、社会号召力,确保我们党永葆旺盛生命力和强大战斗力。这是进行具有许多新的历史特点的伟大斗争的需要。

党的十九大明确提出全面增强执政本领。"领导十三亿多人的社会主义大国,我们党既要政治过硬,也要本领高强。"执政本领是党的执政能力建设的具体化和操作化。

报告中把执政本领归纳概括为八个方面,即学习本领、政治领导本领、改革创新本领、科学发展本领、依法执政本领、群众工作本领、狠抓落实本领、驾驭风险本领,而且对每一项本领的具体要求都作了明确的阐述。从八项本领的内容来看,既要求在理论学习、社会治理、政治领导、改革发展上狠下功夫,也要在依法执政、联系群众、求真务实上作出努力,涵盖了政治领导、改革、发展、法治多领域,也涵盖了具体的群众工作、狠抓落实、驾驭风险这些相对具体的本领要求,要求党的领导干部要善领导、勤学习、锐改革、谋发展、用好权、心系民、保落实、驭风险。

这些本领要求都有很强的现实针对性:增强学习本领,反对形式主义学习,强调要"真懂""真学""真信""真用";增强政治领导本领,核心是提高对党的路线方针政策的理解能力和执行能力,关键在于提高思维能力,增强战略思维、创新思维、辩证思维、法治思维和底线思维这五项思维能力。这五项思维归根到底就是唯物辩证思维,既要唯物地也要辩证地思考国际国内的问题,把问题导向和目标导向结合起来,才能制定正确的方针政策;改革创新本领,这项本领为增强党的领导和执政提供动力,针对党内出现庸官懒官"为官不为"的问题,激发领导干部创新能力和改革锐气;科学发展本领,是指领导干部必须按照新发展理念提高推动科学发展的能力。

面临新时代的社会主要矛盾和发展要求,不能再按照老一套来领导和执政了,不能简单"以GDP论英雄",必须贯彻落实新的发展理念,树立科学的政绩观;依法执政本领,依法执政不仅仅是指依照国法执政,而且也包括依据党规党纪执政;群众工作本领,改善党群关系、干群关系,着力解决基层发生在人民群众身边的一些问题;狠抓落实本领,针对目前方针政策落实过程中存在的形式主义和官僚主义问题;驾驭风险本领,应对执政过程中的"四大考验""四大危险",提高我们党长期执政的能力。从逻辑关系来看,八项执政本领是相互联系的一个整体,这其中学习本领是前提,政治领导本领是统帅,改革创新本领是动力,科学发展本领是核心,依法执政本领是保障,群众工作本领是基础,狠抓落实本领和驾驭风险本领是落脚点。实现新时代中国共产党肩负的伟大历史使命迫切需要增强执政本领,面对危险和风险考验必须要增强政治定力,提升发展能力。

四、以自我革命推动社会革命

习近平在学习贯彻党的十九大精神研讨班开班式上强调,在新时代,我们党必须以党的自我革命来推动党领导人民进行的伟大社会革命;要把新时代坚持和发展中国特色社会主义这场伟大社会革命进行好,我们党必须勇于进行自我革命,把党建设得更加坚强有力。以党的自我革命来推动党领导人民进行的伟大社会革命,这既是我们党领导人民进行伟大社会革命的客观要求,也是我们党作为马克思主义政党建设和发展的内在需要。

(一)勇于自我革命是我们党最鲜明的品格

勇于自我革命是马克思主义政党的本质属性和内在要求。马克思主义政党的革命性是无产阶级实现自身解放和解放全人类的根本特征和属性。马克思、恩格斯在《共产主义者同盟中央委员会告同盟书》中就写道,无产阶级政党要"不间断地进行革命"。马克思、恩格斯进一步指出,革命之所以必需,不仅是因为没有任何其他的办法能推翻统治阶级,而且还因为推翻统治阶级的那个阶级,只有在革命中才能抛掉自己身上的一切陈旧的肮脏的东西,才能成为社会的新基础。马克思主义在本质上是批判的和革命的,这一点不仅表现在它对各种错误思潮的批判,也突出地表现在它对自身的要求。马克思主义政党是革命政党,要保持革命性,将自己建设得坚强有力,必须勇于进行自我革命。这是因为工人阶级政党除代表工人阶级的根本利益外,还代表各民族广大人民群众的根本利益。习近平在省部级主要领导干部学习贯彻党的十八届六中全会精神专题研讨班开班式上强调："我们党之所以有自我革命的勇气,是因为我们党除了国家、民族、人民的利益,没有任何自己的特殊利益。"勇于自我革命,坚持真理,修正错误,是马克思主义政党鲜明的政治品格,也是马克思主义政党建设和发展的内在需要。这种内在需要,首先是保持共产党人先进性的需要。《共产党宣言》指出:"在实践方面,共产党人是各国工人政党中最坚决的、始终起推动作用的部分;在理论方面,他们胜过其余的无产阶级群众的地方在于他们了解无产阶级运动的条件、进程和一般结果。"党在理论和实践上的先进性表明,马克思主义政党要比世界上其他政党站得高、看得远。这个特质和优势的获得,不是一蹴而就的,也不是一劳永逸的。它是在马克思主义指导下得到的,是在革命斗争的大风大浪中锻炼造就出来的,是在长期历史实践过程中积累起来的。无论是在革命战争年代还是在社会主义现代化建设时期,中国共产党人始终在马克思列宁主义革命理论指导下,以中国革命建设发展的具体实践为依据,找到了中国道路和党的建设的成功之路。过去先进不等于现在先进,现在先进不等于将来先进,将来先进不等于永远先进。中国共产党的历史、国际共产主义运动的历史中,正反两方面的经验教训都充分证明了这一点。高扬自我革命精神,我们党才能革故鼎新、守正出新,不断给党和人民的事业注入生机活力。

(二)党的自我革命是推动伟大社会革命的根本保证

党的自我革命是中国能进行好社会革命的前提条件。习近平在重要讲话中将新时代中国特色社会主义纳入中国共产党领导的社会革命的历史谱系中,阐释了其一脉相承的内在联系。一部中国共产党的奋斗历史,就是一部党领导人民进行伟大社会革命的历史。从民族民主革命到社会主义革命到改革开放建设有中国特色的社会主义到进入新时代中国特色社会主义,都是中国共产党领导中国人民进行伟大社会革命的不同阶段。在不同阶段,革命的形式、手段、途径、内容、对象等都可能存在差异,有时甚至会发生很大的变化,但是这些不同阶段的根本指向和目标都是一致的,主题是一以贯之的,都是要为国为民,在中华民族的历史维度上彻底变革中国社会,为人民谋幸福为民族谋复兴。中国共产党领导的这场伟大社会革命具有社会主义和中华民族伟大复兴的双重意涵。正如习近平在讲话中强调指出的,"新时代中国特色社会主义是我们党领导人民进行伟大社会革命的成果,也是我们党领导人民进行伟大社会革命的继续,必须一以贯之进行下去"。没有中国共产党的自我革命,就不能进行好社会革命,社会革命事业也注定不会完成。一定意义上说,新时代中国特色社会主义就是中国共产党通过自我革命来完成社会革命的道路,做好中国的事情,关键在中国共产党;进行好社会革命这项事业,关键也在于党的建设这项伟大工程,在于中国共产党能否勇于自我革命。

党的自我革命是伟大社会革命的推进器。在勇于自我革命中推进党的建设新的伟大工程,是我们党领导人民进行伟大社会革命的客观要求。"四个伟大"中起决定性作用的是在自我革命精神推动下的党的建设新的伟大工程。"决定性作用"就是要以党的建设确保伟大事业的推进方向,为伟大事业增强推进力量。

一是通过党的自我革命把好社会革命的推进方向。改革开放四十多年来,中国共产党带领人民不断开辟中国特色社会主义事业新境界,在命运攸关的历史转折点举旗定向,在决定成败的发展关键期把舵领航,持续夯实道路自信、理论自信、制度自信、文化自信的根基。方向决定道路,道路决定命运。新时代继续推进中国特色社会主义伟大事业,必须坚持全面加强党的领导,以党的自身建设强有力地不断增强"四个意识",树立中央权威,保持政治定力,应对重大挑战、抵御重大风险、克服重大阻力、解决重大矛盾,坚定不移地把新时代中国特色社会主义的谋篇部署落地落实。新时代伟大社会革命就有了坚定正确的政治方向,前进的道路就不会发生偏离。

二是通过党的自我革命为伟大社会革命增强推进力量。作为人类社会、世界历史上最为深刻的变革,社会主义、共产主义运动需要有觉悟的先进分子组成的先锋队组织来引领、推动。在推动中国社会主义事业的历史进程中,作为这场社会革命领导者的中国工人阶级先锋队、中国人民和中华民族的先锋队时刻更需要保持先锋队的特性和本色,保持先锋队的先进性和纯洁性,才能为推进伟大社会革命提供坚强的政治领导力量和强大的推进力量。党的十八大以来,我们党以勇于自我革命的精神,紧紧抓住"关键少数",面向全党九千多万名党员,从严从实、从细从长,不断推动全面从严治党向纵深发展,为推进党的伟大事业打造信念过硬、政治过硬、责任过硬、能力过硬、作风过硬的执政骨干和党员队伍。继续推进伟大社会变革,决胜全面建成小康社会、实现中华民族伟大复兴的历史使命,仍然依靠我们的革命队伍克服"赶考"路上的种种考验和危险,继续发挥彻底的自我革命精神,固本培元,开拓创新,以自我革命的政治勇气打造和锤炼自己,成为带领人民攻坚克难、实现伟大梦想的坚强力量。

(三)以党的自我革命把伟大社会革命不断推向前进

永葆党的革命精神,推动新时代伟大社会革命。"不忘初心,牢记使命,就不要忘记我们是共产党人,我们是革命者,不要丧失了革命精神。"各个时期伟大社会革命的性质和内涵不同,但贯穿其中的是党的革命精神,革命精神是推动伟大社会革命的精神力量。新时代我们党领导人民进行的伟大社会革命,意味着要实现的是中国社会的全方位的变革,不仅是生产力的发展,也包括生产关系、上层建筑的变革;不仅是经济体制,也包括政治体制、社会体制、文化体制甚至生态文明体制的变革。它不只是某个要素的改变、某个方面的改变,而是社会各个领域、社会结构各个要素、社会生活各个方面的根本变革,意味着对经济关系、政治制度、社会生活、文明方式、价值观念,以及人的。社会全面变革是要实现中国社会全面的现代化,经济、政治、文化、社会等各方面的现代化，不仅是工业、农业、国防和科学技术，还有国家治理体系和治理能力等方面的现代化。全方位、深层次的伟大变革，只有以彻底的自我革命精神，以巨大的政治担当正视自身的问题，勇于改正缺点，党的建设坚强有力，才能勇于把伟大社会革命继续推进下去。为此，习近平不断强调，共产党人不要忘记了革命精神。革命在中国不仅仅是历史活动，还是一种沉淀下来的精神气质。它是不因循守旧、追求积极变革的精神，它是不畏艰难险阻、勇于奋斗拼搏的精神。这种精神是改革开放、全面深化改革所需要的，也是中国社会进步任何时刻都需要的。作为马克思主义的无产阶级政党，中国共产党是靠"革命"起家的，革命是共产党人的事业，革命环境中孕育的红色革命精神是引领党和社会发展的一面高扬的旗帜。

补足精神之"钙"，为党的自我革命和伟大社会革命提供不竭的精神动力。无产阶级政党坚持以马克思主义为指导，是在无产阶级反抗资产阶级的残酷剥削和压迫的斗争中逐渐形成和发展起来的。对马克思主义的信仰，对社会主义和共产主义的信念是共产党人的政治灵魂，是共产党人经受住任何考验的精神支柱。我们党之所以能永远保持革命精神，经受一次次挫折而又一次次奋起，归根到底是因为有坚定的理想信念。推进新时代伟大社会革命，必须保持革命的战略定力，在不断地学习中补足精神之"钙"。学习马克思主义经典著作，掌握马克思主义基本理论，打牢历史唯物主义根基；学习马克思主义中国化最新成果——习近平新时代中国特色社会主义思想，掌握马克思主义立场、观点和方法，提高"四种思维"能力，始终保持政治上的清醒和坚定；学习党的历史、中国革命历史，弘扬党的优良传统和作风；学习革命先烈和革命领袖的坚定信念和人格风范，从中汲取精神力量。通过学习铸牢信仰之基、补足精神之钙，铸就推动伟大社会革命与自我革命的信念力量。

坚定不移全面从严治党，协同推进"两个伟大革命"。我们党领导人民进行伟大的社会革命和领导全党进行伟大的自我革命是相互联系、相辅相成的,党的自我革命必须紧密结合中国特色社会主义伟大事业来进行,伟大的自我革命是伟大的社会革命的重要前提和坚强保障。坚定不移从严治党是协同"两个伟大革命"的关键,它既是我们党在新时代进行伟大社会革命的必然要求,也是党的伟大自我革命的重要经验,是提升新时代党的建设质量的必然要求,必须一以贯之、坚定不移抓下去。改造社会的伟大事业砥砺艰辛、永无止境,管党治党的自我革命与之偕行、不能止步。时代是出卷人,我们是答卷人。做好新时代的"答卷人",我们党必须秉持自我革命的精神,以新时代党的建设总要求为纲领,始终做到"两个坚持",突出党建主线,强化政治建设的统领地位,筑牢理想信念的根基,以调动全党积极性、主动性和创造性为着力点,把握党的建设"总体布局",推进全面从严治党向纵深发展,不断提高党的建设质量,协同推进"两个伟大革命",为我们党跳出历史周期率提供强大动力。

第三章

把党的政治建设摆在首位

　　党的政治建设是党的根本性建设,决定党的建设的方向和效果。"把党的政治建设摆在首位",深刻阐释了党的政治建设在党的建设新的伟大工程中的基础性根本性地位。中国共产党是中国特色社会主义事业的坚强领导核心,要实现新时代党的建设总目标,必须把政治建设放在首要位置,以保证党的建设始终在正确的方向上前进。如果在政治方向、政治原则、政治路线上出现偏差或含糊不清,就势必会造成严重后果,党的其他方面的建设也就无从谈起。全面加强党的政治建设,对于新形势下推进党的建设新的伟大工程,推动全面从严治党向纵发展,确保党始终成为中国特色社会主义事业的坚强领导核心,推进实现中华民族伟大复兴,具有重大而深远的意义。

一、把党的政治建设摆在首位

　　党的政治建设,就是党为了实现自己的政治主张,在政治方面所制定和执行的一系列工作,包括正确制定党的纲领和党的政治路线,正确制定与之相适应的方针政策,并且运用党的纲领、路线、方针、政策统一全党的思想和行为,确保全党在思想上和政治上高度一致,使全党步调一致地沿着正确的政治方向前进,使党在政治上永葆先进性。提出把政治建设摆在首位、作为统领,从根本上说是由政治建设在全面从严治党中的核心地位所决定的,是由党的性质、宗旨所决定的,是由新时代党的使命任务目标所决定的。抓好了政治建设这个关键,就把握住了党的建设灵魂,就能更好地带动党的建设和党的事业健康发展。

（一）旗帜鲜明讲政治是建设马克思主义政党的内在要求

政党是政治组织,政治属性是政党第一位的属性。现代意义上的政党,是有着共同的政治纲领、政治路线,为着共同的政治目标而组成的政治组织。政治组织的属性决定着任何政党都必须重视政治建设,并按照政治规律开展政治活动,使自己的活动符合政治规律。从近代政党发展史来看,无论是资产阶级政党,还是马克思主义政党,尽管不同政党在政治纲领、政治路线上各不相同,政治目标、政治使命也迥然各异,但必须保持政治本色则是没有任何区别的。因此,无论是从政党的政治属性来考察,还是从中外政党制度的历史实践来理解,鲜明的政治本色都是现代政党的显著特点。

马克思主义政党是有着严密组织体系、肩负有政治使命的新型政党。旗帜鲜明讲政治是马克思主义政党的根本要求和基本原则。中国共产党是中国工人阶级的先锋队,同时也是中国人民和中华民族的先锋队,是中国特色社会主义事业的坚强领导核心,是由具有共产主义觉悟的先进分子基于共同理想、目标、纲领和严格的纪律组织起来的马克思主义政党。党的最高理想是实现共产主义。党的性质、宗旨、目标、任务决定了我们党必须旗帜鲜明讲政治,必须始终坚守共产主义和社会主义政治理想,坚定政治信念,全党必须坚定执行党的政治路线,严格遵守政治纪律和政治规矩。

新时代新征程,中国共产党作为一个以为中国人民谋幸福、为中华民族谋复兴为初心使命的政党,一个具有崇高政治理想和政治追求的政党,一个具有优良政治品质和严明政治纪律的政党,必须始终坚持把党的政治建设摆在首位,始终在把准政治方向、加强政治领导、筑牢政治根基、防范政治风险、涵养政治生态、永葆政治本色等方面切实抓好政治建设。唯有如此,我们党才能始终保持在政治上的先进性,在完成政治使命的奋斗中锻造得更加坚强有力,不断领导中国人民从胜利走向新的胜利。如果中国共产党丧失了政治上的先进性,其先进性和纯洁性就无从谈起。因此,党的政治建设在党的建设中具有核心地位,决定党的建设方向和效果。

中国共产党无论从名称、指导思想,还是奋斗目标、政治立场等方面都旗帜鲜明地讲政治,从不讳言自己的政治属性。政治建设在党的建设的整体布局中具有统领地位、核心地位,是党的建设的内在要求。只有把党的政治建设摆在首位,始终加强党的政治建设,才能保证党在政治方向上正确、政治原则上坚定,才能使全党在思想上统一,行动上一致,凝聚全党智慧和力量,为实现党的目标使命而团结奋斗。只有以党的政治建设为统领,加强党的各项建设,才能把党建设得更加坚强有力,推动党和国家各项事业快速发展,实现党在新时代的目标使命。

(二)注重政治建设是中国共产党优良传统的继承发扬

党的十八大之前,我们党虽然没有明确地强调党的政治建设这一概念,但并不表明我们党不重视政治建设,相反,我们党在长期革命建设改革的进程中一直高度重视党的政治建设,并且始终把党的政治建设摆在重要位置,这成为我们党的优良传统和政治优势。回顾我们党近百年的历史,政治建设一直被放在党的建设的重要位置,并根据中心任务的不同确定不同时期的重点建设内容。

在新民主主义革命时期,建党之初就围绕着党的政治属性,在党的一大、二大、三大上都明确列出组织建设和纪律建设的政治要求。1929年12月,在具有历史意义的古田会议上,毛泽东就根据建党建军实际提出思想建党、政治建军的重大政治原则,要求从政治上思想上把党的队伍组织起来、武装起来。1945年,毛泽东在《论联合政府》中指出:我们共产党人从来不隐瞒自己的政治主张。我们的将来纲领或最高纲领,是要将中国推进到社会主义社会和共产主义社会去的,这是确定的和毫无疑义的。在长期的革命实践中,毛泽东不断丰富党的政治建设思想,他强调党的建设同党的政治路线是密切联系的,党的建设的关键是制定和贯彻执行党的政治路线,正确的政治路线是实现党正确领导的保证。刘少奇在总结党的建设历史的基础上,更是把思想上建党和政治上建党并称为毛泽东基本的建党思想。这一时期,由于我们党紧紧围绕政治路线加强党的建设,使党不断由小变大、由弱变强,逐步发展、壮大、成熟,真正成为一个思想上、政治上、组织上全面巩固的马克思主义政党,保证了新民主主义革命在全国的胜利。

改革开放后,在建设中国特色社会主义的不同历史时期,我们党依然非常重视党的政治建设,始终把政治建设作为党的建设的重要内容和基本原则。邓小平结合中国社会主义现代化建设实际强调指出,实现现代化的前提,首先是要有一条坚定不移的、贯彻始终的政治路线。他反复强调党的建设要坚持正确的政治方向,全党同志要坚持四项基本原则不动摇。他曾明确指出,"到什么时候都得讲政治"。江泽民结合国内外形势发生重大变化的实际,具体论述了党的政治建设内涵,提出了党的政治建设的六个关键环节,即政治方向、政治立场、政治观点、政治纪律、政治鉴别力、政治敏锐性。

党的十八大以来,习近平在推进全面从严治党的伟大工程中把党的政治建设作为一项根本性建设,大大丰富和发展了党的政治建设思想,提出并强调了"政治方向""政治理想""政治定力""政治立场""政治意识""政治底线""政治纪律""政治规矩""政治生态""政治鉴别力""政治敏锐性""政治生活"等一系列党的政治建设方面的概念。在坚定政治信仰、增强"四个意识"、严明政治纪律和政治规矩、加强和规范党内政治生活、净化党内政治生态等方面着力,使全面从严治党取得明显成效,党风政风社风明显好转。把党的政治建设摆在重要位置,有力地加强和改善了党的领导,保证了党中央权威和党的集中统一领导，保障了党的各项事业稳步推进。实践表明，党的政治建设决定党的建设方向和效果，什么时候注重党的政治建设，党的创造力、凝聚力、战斗力就会显著增强，党就充满生机活力；什么时候削弱党的政治建设，党的其他各方面建设就难以取得预期效果，党领导的事业就会受到影响。党的十九大提出把党的政治建设纳入新时代党的建设总要求，强调以党的政治建设为统领，全面推进党的政治建设、思想建设、组织建设、作风建设、纪律建设，把制度建设贯穿其中，深入推进反腐败斗争。这是我们党对十八大以来全面从严治党成功经验的科学总结，是重大的建设理论创新。

随着我们党领导的革命、建设和改革事业不断前进，党的建设的内涵与外延、内容和形式、任务和目标也随时间推移而不断丰富和发展，与时俱进地发生了巨大变化，但加强党的政治建设的主题始终没变。中国特色社会主义进入新时代，要求党要有新气象新作为，要求我们一以贯之地以党的政治建设为统领，全面推进党的其他方面建设。

（三）注重党的政治建设是解决党内突出问题的现实需要

坚持问题导向，有的放矢地解决党内突出问题，是我们党加强自身建设的宝贵经验。党的十八大以来，全面从严治党成效显著，党的建设总体状况是好的，但同时也要看到，党的建设还存在一些亟待解决的突出问题。当前我们党面临的"四大考验""四种危险"将会是长期的、尖锐的，影响党的先进性、弱化党的纯洁性的因素也是复杂的，党内存在的思想不纯、政治不纯、组织不纯、作风不纯等突出问题尚未得到根本解决。把党的政治建设摆在首位，在现阶段仍然具有极强的紧迫性和现实针对性。

近些年来，随着社会转型的加剧、市场经济的深入发展，一些党员、干部政治意识和政治观念淡漠，政治纪律和政治规矩缺失，在政治立场、政治方向、政治原则、政治道路等方面出现了严重问题。有的党员、干部不能自觉抵制商品交换原则对党内生活的侵蚀，不能严格执行党内政治生活准则，使本应严肃的党内政治生活失去原则性，缺少战斗性；有些地方和单位宗派主义、圈子文化、码头文化盛行，形形色色的个人主义、分散主义、自由主义、本位主义、好人主义还在一定程度上存在，使党内政治生态受到严重污染，等等。

从本质上看，我们党在新时代面临的这些矛盾和问题，归根结底都是政治上的问题。习近平指出，党内存在的很多问题，原因都是党的政治建设没有抓紧、没有抓实、没有抓好。这些问题的存在和盛行，严重损害了党中央权威和党的集中统一领导，必须从加强党的政治建设入手加以认真解决。如果政治立场不够坚定，政治方向不够明确，党员干部的理想信念就会动摇滑坡，就难以在思想上形成高度统一，更谈不上在组织上的统一。如果政治原则、政治制度得不到很好地认同和落实，各种损害党的肌体健康的细菌病毒就会滋生蔓延，党内政治生态就会受到污染，歪风邪气盛行，忠诚老实、公道正派、实事求是、清正廉洁等正确价值观就得不到很好地弘扬，民主基础上的集中和集中指导下的民主就不能很好地结合起来。实践证明，没有政治建设提供的基础和保证，制度建党的目标就不能实现，制度的执行力就会大打折扣。只有把党的政治建设摆在首位，党的各项建设才能同向发力、同频共振、协调推进，才能始终保持党的先进性和纯洁性，不断推进党的建设新的伟大工程。只有把党的政治建设摆在首位，才能从源头上解决这些党内存在的突出问题，使各级干部在大是大非面前旗帜鲜明，在风浪考验面前无所畏惧，在各种诱惑面前立场坚定，在关键时刻靠得住、信得过、能放心，承担起时代赋予的崇高使命。

（四）党的政治建设是统揽推进"四个伟大"的重要保障

新时代新要求，我们党要领导和团结全国各族人民决胜全面建成小康社会，实现中华民族伟大复兴，承担起新时代的历史使命，就必须统揽推进"四个伟大"，全面建设社会主义现代化强国。当前，我国发展站在了新的历史起点上，发展势头良好，但同时也要看到中华民族伟大复兴绝不是轻轻松松、敲锣打鼓就能够实现的，必须进行具有许多新的历史特点的伟大斗争。

"四个伟大"起决定性作用的是党的建设伟大工程。只有加强党的全面领导，不断增强"四个意识"，提高"四自能力"，把党建设得更加坚强有力，才能在新的时代条件下团结带领全国各族人民有效应对重大挑战、抵御重大风险、克服重大阻力、解决重大矛盾，奋力夺取新时代中国特色社会主义伟大胜利，逐步实现中华民族伟大复兴的中国梦。如果离开了党的坚强领导，进行伟大斗争、推进伟大事业、实现伟大梦想，只能是镜花水月式的空想。新时代，我们党要团结带领全国人民进行伟大斗争、推进伟大事业、实现伟大梦想，就必须建设伟大工程，始终保持全面从严治党永远在路上的高度政治清醒和政治定力，以更大的决心、更大的力度、更实际的举措，坚持不懈抓党的政治建设，层层落实管党治党政治责任，推进全面从严治党向纵深发展。

当前，我们党正肩负着带领全国各族人民实现"两个一百年"奋斗目标、实现中华民族伟大复兴的历史使命，同时也面临着团结带领人民有效应对重大挑战、抵御重大风险、克服重大阻力、解决重大矛盾的历史任务。党所肩负的任务使命繁重而艰巨，党必须领导中国人民进行具有许多新的历史特点的伟大斗争。比如，在中国由大国走向强国的进程中，如何有效应对以美国为首的西方国家对我国的遏制、挤压和干扰，同各种敌对势力作斗争；在全面深化改革的背景下，如何突破各种既得利益藩篱，同各种落后思想和利益集团作斗争；面对各种利益诱惑和社会思潮，如何同"左"的、右的等各种错误思想倾向作斗争；在各种腐朽文化、落后文化不断侵袭主流思想文化阵地的背景下，如何打好主动仗，开展意识形态领域的斗争；面对永远在路上的党风廉政建设，如何推动全面从严治党向纵深延伸，同各种腐败行为作斗争，等等。这一系列斗争，对象复杂、对抗激烈、对策两难，对党提出艰巨挑战，与党所承担的历史任务相比，党员干部政治素质、政治能力还有不小差距。这就要求党必须把政治建设摆在首位，要求全党同志不断提高政治觉悟和政治能力，自觉维护党中央权威和集中统一领导，坚定执行党的政治路线，严格遵守政治纪律和政治规矩，确保党在政治上的坚强有力，能够从政治上解决好上述问题，从而带领全国人民排除"左"的和右的等各种错误思想干扰，始终朝着正确的方向前进。在复杂严峻的形势之下，在艰巨繁重的任务面前，只有坚定不移加强党的政治建设，自觉维护党中央权威和集中统一领导，才能把全党9000多万名党员、460多万个基层党组织凝聚起来，把全国各族人民团结起来，形成建设社会主义现代化强国的磅礴力量，完成党在新时代的伟大使命。

二、坚决维护核心是党的政治建设的首要任务

党的十九大作出了"保证全党服从中央，坚持党中央权威和集中统一领导，是党的政治建设的首要任务"的科学论断。习近平在主持十九届中央政治局第六次集体学习时强调，把党的政治建设作为党的根本性建设，为党不断从胜利走向胜利提供重要保证。这些重要论述为新时代党的政治建设的实践提供了科学理论的指引。为完成这一首要任务，我们必须把党的政治建设摆上突出位置，在坚定政治信仰、增强"四个意识"、维护党中央权威和集中统一领导、严明党的政治纪律和政治规矩、加强和规范新形势下党内政治生活、净化党内政治生态等方面做出更多努力。

（一）牢固树立"四个意识"，自觉维护核心

党的十九大将"牢固树立政治意识、大局意识、核心意识、看齐意识，坚定维护以习近平同志为核心的党中央权威和集中统一领导，保证全党的团结统一和行动一致，保证党的决定得到迅速有效的贯彻执行"写入党章，具有深刻现实意义和深远历史意义。维护核心是新时代党的政治建设的首要任务。我们党的党内政治生活状况总体是好的，但还存在一些不容忽视的问

题,维护核心正是解决突出问题的现实需要。自从确定了"以习近平同志为核心的党中央"以来,党的政治建设成效显著,但还存在老问题和新情况,所以为了巩固成效、防范风险,必须将维护核心作为党的政治建设的首要任务。

自觉维护核心是马克思主义建党学说的根本观点。马恩在总结巴黎公社失败的教训时深刻指出:"巴黎公社遭到灭亡,就是由于缺乏集中和权威。"恩格斯专门发表著名的《论权威》一文,指出:权威和服从不是由人的主观愿望确定的,而是社会发展的客观要求。无产阶级无论是在革命时期还是在夺取政权以后,都必须维护无产阶级专政的权威,利用这个权威推翻资产阶级的统治,建立无产阶级新政权,并运用这个政权去组织社会主义建设。

自觉维护核心是苏共兴衰经验教训的历史总结。列宁指出:"在历史上,任何一个阶级,如果不推举出自己的善于组织运动和领导运动的领袖和先进代表,就不可能取得统治地位。"他还指出:"群众是划分为阶级的,阶级通常是政党来领导的,政党通常是由最有威信、最有影响、最有经验、被选出担任最重要领导职务而称之为领袖的人们所组成的比较稳定的集团来主持的。"他还首次提出了"党内民主集中制原则",严肃批评了不要权威、不要纪律、不要政治领袖的主张。列宁关于政治领袖的主张,被十月革命的胜利所证明,是正确的。正是有了以列宁为核心的布尔什维克党的领导,革命方向才能明确,革命群众才能团结,革命武装才能有战斗力,十月革命才能胜利。革命胜利后,苏共进行了卓有成效的社会主义建设,但为何会落得亡党亡国的结局呢?习近平指出了苏共灭亡的原因:这个党的民主集中制被抛弃了,政治纪律被动摇了,党中央的权威没有了,"谁都可以言所欲言、为所欲为",党内思想混乱、纪律松弛,在这种情况下,"哗啦啦轰然倒塌",也就成为难以逃脱的命运了。①

维护核心是中国共产党的宝贵经验。遵义会议前,党中央没有坚强的领

① 学习时报特约评论员:《中国共产党的郑重选择——论六中全会明确习近平总书记的核心地位》,《学习时报》,2016年10月31日。

导核心,致使革命事业屡屡遭受挫折,遵义会议确定了毛泽东在党中央的领导地位,标志着党的政治建设开始走向成熟。此后,中国共产党带领中国人民实现了中国从几千年封建专制政治向人民民主的伟大飞跃,实现了中华民族由近代不断衰落到根本扭转命运、持续走向繁荣富强的伟大飞跃。邓小平曾指出:"任何一个领导集体都要有一个核心,没有核心的领导是靠不住的。第一代领导集体的核心是毛主席,因为有毛主席作领导核心,'文化大革命'就没有把共产党打倒。第二代实际上我是核心。因为有这个核心,即使发生了两个领导人的变动,都没有影响我们党的领导,党的领导始终是稳定的。"维护核心是中国共产党在长期发展中积累的宝贵经验。

实践反复证明,只有增强政治意识、大局意识、核心意识、看齐意识,自觉在思想上、政治上和行动上同以习近平同志为核心的党中央保持高度一致,才能使我们党更加团结统一、坚强有力,完成时代赋予的崇高使命。

(二)严守党的政治纪律和政治规矩

在所有党的纪律和规矩中,政治纪律和政治规矩是居于首位的,是最根本、最重要的纪律和规矩,是遵守党的全部纪律和规矩的基础。政治纪律和政治规矩是全党在政治方向、政治立场、政治言论、政治行动方面必须遵守的约束性规定。政治纪律是《中国共产党纪律处分条例》中明文规定的,是刚性约束;政治规矩是未明文列入党纪的不成文纪律,是自我约束。

习近平新时代中国特色社会主义思想提出了党的政治建设是党的根本性建设,对严守党的政治纪律和政治规矩提出了理论指引,这为新时代全体党员讲规矩守纪律明确了方向、划定了重点。严守党的政治纪律和政治规矩是全面从严治党的根本性基础,是党内政治生活的重要内容,是全党统一行动、令行禁止的重要保障。

严守党的政治纪律和政治规矩,必须维护党中央权威,必须维护党的团结,必须遵循组织程序,必须服从组织决定,必须管好亲属和身边工作人员。

习近平提出的这"五个必须"是严守党的政治纪律和政治规矩的行动指引。

第一，必须维护党中央权威。这是党的政治纪律和政治规矩的核心要求。必须坚持党员个人服从党的组织，少数服从多数，下级组织服从上级组织，全党各个组织和全体党员服从党的全国代表大会和中央委员会。要在思想上、政治上、行动上与党中央保持高度一致。思想上要牢固树立"四个意识"，对中央精神要学懂弄通，切不可一知半解，切不可断章取义，切不可主观臆测；政治上要坚决服从党中央指挥，绝不可妄议中央，绝不可阳奉阴违，绝不可口是心非；行动上要坚决贯彻落实中央精神，绝不能敷衍了事，绝不能自行其是，绝不能有令不行、有禁不止。必须自觉防止和反对个人主义、分散主义、自由主义、本位主义。

第二，必须维护党的团结。团结是我们党在长期的革命、建设和改革过程中形成的优良传统和制胜法宝。坚决反对圈子文化，反对团团伙伙，反对拉帮结派。必须坚持五湖四海，坚持大局为重，坚持凝心聚力。维护党的团结要从组织角度和个人角度双向发力。组织上着力解决党的领导弱化、党的建设缺失、全面从严治党不力等突出问题，不断提升党组织的领导力和凝聚力。个人要着力解决党的观念淡漠、组织涣散、纪律松弛等突出问题，切实发挥党员的先锋模范作用，发挥领导干部的率先垂范作用。

第三，必须遵循组织程序。组织程序能够确保组织有序运行，确保公平公正，确保步调一致。遵循组织程序是严守政治纪律和政治规矩的具体行为表现。党员干部要不断强化程序意识，不能怕麻烦、图省事，不能我行我素，不能越权办事，更不能先斩后奏。坚持民主集中制原则是遵循组织程序的前提。民主集中制是党的根本组织原则，凡属重大问题，要按照集体领导、民主集中、个别酝酿、会议决定的原则，由集体讨论、按少数服从多数作出决定。在研究工作时充分发表意见，决策形成后一抓到底，不得违背集体决定自作主张、自行其是。重大问题该请示的一定要请示，该汇报的一定要汇报。

第四，必须服从组织决定。服从组织决定是确保全党集中统一的"刚性规定",还是检验党员干部政治上合格不合格的试金石。党员要在思想上认同组织、信任组织,形成服从组织决定的思想自觉;要在政治上依靠组织、维护组织,形成服从组织决定的政治自觉。绝不能搞非组织活动,绝不能向组织讨价还价,更不能欺骗对抗组织。作为中国共产党党员要时刻牢记党员是组织中的一员,我们的组织是政治组织,政治上的服从正是党员政治本色的体现,也是党员区别于其他团体成员的鲜明特征。

第五,必须管好亲属和身边工作人员。领导干部特别是高级干部必须注重家庭、家教、家风,教育管理好亲属和身边工作人员。这是党规对领导干部的要求,也是领导干部基本的政治操守。领导干部不但不能成为其亲属和身边工作人员的"保护伞",反而要成为他们的"警戒线",经常对其进行教育管理,帮助他们提高政治觉悟。很多违反政治纪律和政治规矩的领导干部都对其亲属和身边工作人员采取了纵容包庇的态度,最终害人害己。党规党纪都明确要求,领导干部必须保持清正廉洁的政治本色,绝不能利用职权或影响力为家属亲友谋求特殊照顾,坚决抵制亲属和身边工作人员的不良影响,并将有关情况报告党组织。

严守政治纪律和政治规矩要明规于前、威刑于后。一方面,党员个人要牢记党章、党规、党纪中明文规定的政治纪律和政治规矩,要经常以习近平提出的"七个有之"的行为表现为镜鉴,将"七个有之"作为严守政治纪律和政治规矩的"正冠镜"。领导干部更要以身作则、率先垂范。另一方面,各级党组织要旗帜鲜明地提出政治纪律和政治规矩的具体要求,要经常性地对党员干部进行教育引导,营造出风清气正的政治生态,要对不守政治纪律和政治规矩的行为严厉打击,对责任主体严肃处理。

(三)健全加强党内法规制度体系

党的十八大以来,中央高度重视党内法规体系建设,从八项规定开始出台了多部党内法规,以党章为根本,以民主集中制为核心,以准则、条例等中央党内法规为主干，由各领域各层级党内法规制度组成的党内法规体系基本建成，制度的"笼子"不断扎紧扎密扎牢，为全面从严治党提供了制度保障。加强党的政治建设就必须坚持制度治党、实施依规治党。党的体制机制能正常运转，中央的命令和决策能得到贯彻执行，就需要党内法规能够认真地贯彻执行。

习近平在中共中央政治局第六次集体学习时指出，"要建立健全坚持和加强党的全面领导的组织体系、制度体系、工作机制，切实把党的领导落实到改革发展稳定、内政外交国防、治党治国治军等各领域各方面各环节"。论述了建立健全党的全面领导的制度体系的任务。党内法规制度体系建设必须坚持正确的政治方向，注重科学规划，坚持问题导向，加强理论研究。

第一，要坚持正确政治方向。新时代党内法规制度体系建设必须以习近平新时代中国特色社会主义思想为指引，坚持以新修订的党章为根本遵循，要坚持以人民为中心的发展理念，确保坚定维护以习近平同志为核心的党中央权威和集中统一领导，确保党的全面领导深深扎根于人民群众中，确保党的领导更加坚强、党的执政地位更加巩固。

第二，是注重科学规划。《关于加强党内法规制度建设的意见》和《中央党内法规制度工作第二个五年规划（2018—2022年）》毋庸置疑地成为健全加强党的全面领导法规制度体系的指导性文件。《关于加强党内法规制度建设的意见》明确：党的组织法规制度是从"主体"的角度设定各级党组织的产生、配置其职责、规范其运行；党的领导法规制度侧重从"行为"的角度规范党的领导和执政活动；党的自身建设法规制度也是从"行为"的角度出发，但它解决的是党的思想、组织、纪律、作风等建设问题；党的监督保障法规制度则是从"监督保障"的角度解决党内监督、问责、执纪和党的机关运行保障等问题。这样就形成了一个既包含党委（党组）、党的工作部门、国家政权机关、政协、军队、各种企事业单位、社会组织、群众等主体，又涵盖党的各方面建设、经济社会事务、宣传、政法等各方面领导工作，以及党内监督保障等工作的三位一体的党内法规制度体系。这就是一横一纵、立体式、全方位发挥党总揽全局、协调各方的领导核心作用的制度体系。《中央党内法规制度工作第二个五年规划（2018—2022年）》强调要完善党的组织法规和领导法规，制定和修订各级党组织的工作条例，党中央领导全面深化改革工作、经济工作、法治工作等方面的规定，以及宣传、机构编制、群团等工作条例。这些规划都为党内法规制度体系的建设提供了科学依据。

第三，要坚持问题导向。健全党内法规制度体系过程中，应当牢牢锁定解决新时代坚持和加强党的全面领导过程中出现的问题，把握节奏、有缓有急，对于局部性的、迫在眉睫的问题还是要坚持效率优先，对于关乎大局的问题，既使紧迫也必须统筹兼顾。发现制度短板和漏洞是坚持问题导向的前提条件，所以调查研究这项基础性工作必须扎扎实实做好。

第四，要加强理论研究。对于党内法规体系的理论研究成果并不丰富，特别是关于条例、规则、细则、办法等处于下位的党内法规的研究更是少之又少。没有理论支撑，容易导致党内法规制度体系缺乏系统性和全面性。理论研究可以提高法规间的配套衔接，可以有效总结实践经验和创新探索，可以提高党内法规制度体系的全面性、系统性、协调性。

（四）坚决同违反党中央权威和集中统一领导的行为作斗争

习近平主持中共中央政治局第六次集体学习时强调："坚持党的政治领导，最重要的是坚持党中央权威和集中统一领导。"各级党组织、纪检部门和全体党员在完成这项最重要任务的同时，必须擦亮慧眼，正确甄别出危害党中央权威和集中统一领导的行为；必须鼓足勇气，勇于同危害党中央权威和集中统一领导的行为作斗争；必须增长能力，善于同危害党中央权威和集中统一领导的行为作斗争。

第一，增强同危害党中央权威和集中统一领导行为作斗争的责任担当。党员干部要强化责任意识，不要认为坚决同危害党中央权威和集中统一领导行为作斗争是"得罪人",也不可有事不关己高高挂起的"旁观者"心态。坚决同危害党中央权威和集中统一领导行为作斗争是每一个共产党员政治责任,是责无旁贷的。畏首畏尾是懦弱,袖手旁观是失责。殊不知,不去得罪那些危害党中央权威和集中统一领导的人,就是为党和人民的事业埋下了隐患,不去反对、制止、肃清危害党中央权威和集中统一领导的行为,就是对同志的不负责任,是对党和人民的不负责任。一旦出现了分裂党和阻碍中央大政方针的问题,事业就会受损,党和国家的利益就会受损,包括我们自己在内广大人民的利益必然也会受损。一旦出现了党中央令不行禁不止的问题,山头林立、各自为政的局面就会形成,四分五裂的风险就会加大,组织就会成为一盘散沙,彻底失去战斗力。

第二,党组织要为勇于担责的党员提供后盾保障。各级党组织和纪检部门是坚持同危害党中央权威和集中统一领导行为作斗争的第一责任主体,也是激发党员作斗争的主要力量。所以各级党组织和纪检部门在坚持同危害党中央权威和集中统一领导作斗争的同时,还要为党员参与斗争营造良好的氛围,为斗争英雄提供必要而充分的保障,要给予斗争英雄荣誉和奖励,激发斗争勇气,积极宣传斗争的胜利成果。

第三,建立长效机制,持续发力,久久为功。同危害党中央权威和集中统一领导行为的斗争是一项长期的、尖锐的、复杂的斗争,不可急于求成。要健全工作体系、强化责任落实,明确主体责任和监督责任,明确领导干部的领导责任和全体党员的直接责任,坚持守土有责、守土尽责,努力形成既各司其职又齐抓共管的工作格局。要确保"危害"行为露头就打,形成强大的震慑力,同时加强宣传教育,努力从源头上铲除危害行为的滋生土壤。

三、全面净化党内政治生态

加强党的政治建设,必须营造一个好的政治生态。全面净化党内政治生态,是我们党面对的新形势新任务新挑战新要求,对自身建设提出的重大举措, 是加强党的政治建设必须解决的一个关键问题。全面净化党内政治生态,要着力坚持和完善民主集中制,认真开展批评和自我批评,抓好领导干部这个关键少数, 培育积极健康的政治文化, 不断推进党内政治生活规范化、党内关系正常化,为全面从严治党打下坚实基础。

(一)坚持和健全民主集中制

民主集中制是我们党的根本组织制度和领导制度, 是马克思主义政党的一大创举,也是加强党的政治建设的重要内容。我们党在长期的革命和建设实践中,民主集中制在组织全党力量、统一全党思想、规范全党政治行为等方面发挥了巨大的作用。

坚持和完善民主集中制是抓住机遇、应对挑战、建设高素质专业化干部队伍的客观需要。当前国际形势风云变幻,国内改革发展任务艰巨繁重,给我们带来新的机遇与挑战,我国正处在全面建成小康社会决胜阶段,中国特色社会主义进入关键时期的重要战略机遇期。在世情、国情、党情发生深刻变化的新形势下,在严峻的"四大考验"和"四种危险"面前,一些党员干部作用发挥不够,在牢固树立四个意识、维护党中央权威和集中统一领导方面暴露出一些问题。在这种形势下,加强党员干部政治建设显得尤为重要和迫切。经验告诉我们,民主集中制作为党和国家的根本组织制度和领导制度, 是加强党员干部政治建设的核心内容, 是领导班子实现集体领导的重要形式。我们要站在党和人民事业发展的高度,从应对新形势下党面临的风险和挑战出发,从推进国家治理体系和治理能力现代化的迫切要求出发,增强民主集中制观念,提高贯彻民主集中的本领,把党员干部建设成为政治上靠得住、工作上有本事、作风上过得硬、人民群众信得过的高素质专业化干部队伍。扎实推进党的政治建设,锻造强有力的领导班子,必须不折不扣地坚持和健全民主集中制,用制度增强党的战斗力、凝聚力和创造力,保证党的政治建设扎实推进和有效实施。

1. 加强民主集中制理论研究，科学理解和把握民主集中制理论的基本内涵

为进一步澄清个别党员干部对民主集中制的模糊认识，要组织各级干部和科研力量，围绕"怎样当好一把手"，"如何正确处理民主集中制和行政首长负责的关系"等一系列与民主集中制有关的重大理论问题进行系统学习和深入研究，科学理解和把握民主集中制的基本理论和基本观点，熟悉掌握基本原则、程序和方法，提高贯彻民主集中制的能力素质，为坚持民主集中制打下坚实的思想理论基础。当前要特别注意研究以下三个重大问题：

一是深刻理解和把握民主集中制的含义。从民主集中制的基本内容来分析其实质，应该理解为少数服从多数。比如，在四个服从原则中，少数服从多数是基础；在民主选举原则中，少数服从多数是前提；集体领导，也是要服从多数人的意见，等等。可以说，没有少数服从多数就没有民主集中制。从违反民主集中制的表现看，不论是独断专行，还是极端民主化，本质上都是违背了少数服从多数原则。

二是深刻理解和把握民主集中制的运行程序。以往民主集中制的运行程序被解释为民主和集中先后相继的两个阶段，这在理论上是不科学的。民主集中制的运行程序应分为准备、决议、执行三个阶段。准备阶段是某项决定在正式召开会议之前，进行认真调查研究，征求各方面意见，酝酿协商以形成决定和决议的草案阶段；决议阶段是准备工作做好后召开正式会议，对议题或议案展开讨论，然后进行投票表决阶段；执行阶段是按多数人意见做出决议后，要在组织上和行动上服从和贯彻执行，使之见之于实践的阶段。严格按照这种运行程序办事，对于党组织建设、干部任免和领导决策都有着极其重要的意义。

三是深刻理解和把握民主集中制的使用范围。民主集中制是我们党的根本组织制度和领导制度。从领导体制角度看，实行委员会制的地方，委员

会的形成和委员会的决策,都必须严格实行民主集中制,而实行行政首长负责制的地方,就不是完全按民主集中制决策。因为行政首长只能为自己的意志负责而不能为他人的意志负责,因而只能按自己的意志决策。当然行政首长必须有民主作风、走群众路线。这是正确决策的前提。在实行首长负责制的地方,党组织自身无疑要实行民主集中制,也要服从党组织的管理和监督。同样,首长负责制的单位对于重大问题需要集体决策,自然要采取民主集中制的决策方式,这时行政首长只是决策的主持人,集体决策最终要由集体负责。

2. 加强民主集中制理论教育,增强贯彻民主集中制的自觉性

一是深化民主集中制重要性教育。要把民主集中制能否贯彻执行提到事关党的政治建设、事关党和国家前途命运的高度来认识。我们党的历史一再证明,民主集中制坚持得好,政治方向就正确,党的事业就能兴旺发达,否则就会受到挫折。

二是深化民主集中制基本理论教育。民主集中制应该作为系统理论来把握。要认真学习马克思主义经典作家关于民主集中制的论述,了解民主集中制的由来和发展,领会民主集中制在建党原则上的重大意义;要深入学习《党章》《关于新形势下党内政治生活的若干准则》和党中央有关民主集中制的一系列条文规定等,掌握民主集中制的具体内容和规范要求。

三是深化准确理解民主集中制教育。在当前是否要坚持民主集中制的问题上曾出现过四种主要错误认识。比如,认为民主集中制是战争年代和计划经济的产物,是已经不合时宜的"过时论";认为民主集中制与市场经济的要求是相悖的和对立的"对立论";主张实行首长负责制代替民主集中制"替代论";认为对民主集中制应逐步淡化的"淡化论"等。这些观点是十分错误和有害的,必须教育党员深刻认识这些错误观点的严重危害性,使其在工作中能够认真加以纠正,确保民主集中制的有效贯彻执行。

3. 加强党员干部的实践锻炼，在实践中培养贯彻民主集中制的意识和素养

一是增强主体意识，夯实贯彻民主集中制的认识基础。深入开展民主集中制教育，充分认识党内权力来自于党员委托，从思想上克服等级观念、特权思想和领导本位的错误认识，做到决策科学化、民主化；运用三会一课和党日活动等阵地加大对党员主体地位和权利的教育引导，激发党员干部主动参与党内事务和依法行使权利的热情；利用网络报刊等媒体大力宣传尊重党员主体地位同保障党员民主权利的重要性，坚决杜绝侵犯党员权利和压制党员批评检举的现象，增强党员对党的认同感和向心力，使党员干部能够充分享受权利，并认真履行义务。

二是锤炼领导干部民主素养，提升党内民主建设的内驱动力。加强民主素质锻炼，要把民主素养的提高融入工作、学习和生活中。注重锤炼党员思想作风和党性观念，以坚定的党性保证民主权利的正确行使，以民主权利的正确行使锻造党员领导干部的党性修养。

三是保障党员权利，形成党内民主建设的长效机制。落实党务公开制度，重点在公开制度、公开范围、公开程序和公开渠道上下功夫，让党务在"阳光"下公开透明地运行；坚持群众路线，健全党内情况通报制度和重大决策征求意见制度，营造党内不同意见平等讨论的环境，使班子成员真正能够参与党内决策；严格落实民主生活会和民主评议等监督制度，建立健全党内检举制度，为党员行使检举权提供顺畅的渠道和严密的保护措施，让党员切实感到自己"是党的人"，自觉"在党爱党、在党为党、在党言党"，积极参与到大力推进党内民主建设中来。

4. 完善体制机制，建立民主集中制教育长效机制

完善体制机制，是贯彻落实民主集中制的关键和保障。只有使民主集中制教育制度化、规范化，才能确保党员干部在贯彻落实民主集中制时做到自觉自愿。为贯彻落实好民主集中制，要坚持不懈地梳理完善现有制度，把一

些行之有效、实践证明是好的做法上升为制度,转化为长效机制。

一是建立完善的教育管理机制。建立目标管理制度,通过教育目标管理促使各级党员干部贯彻民主集中制的水平得以提升,形成真学、真懂、真信、真用的良好风气;建立教育过程管理制度,通过建立常态化、多样化的民主集中制教育培训制度,使日常教育、脱产教育和短期集中培训有机结合,并在培训时间上做出明确的规定,不断增强教育的针对性和实效性;建立严格的教育考核制度,把民主集中制教育情况纳入到干部考核指标体系,落实到平时考核与年度考核中。把学与考核、学与使用、学与晋升紧密结合起来,构建民主集中制教育考核评价的制度体系,使民主集中制教育形成长效机制。

二是建立坚实的教育保障机制。建立激励保障机制,把党员干部民主集中制教育情况的考核与干部的奖惩、评优、晋升和使用挂起钩来,强化考核结果的应用,形成正确的用人导向,从而激励和带动党员干部认真贯彻民主集中制;建立科学的考核评价保障机制,建立教育的考核指标体系,既要管用,可操作,又不能太烦琐,要妥善处理好"工学"之间的关系,统筹兼顾,合理安排,重在提高教育质量,防止新的形式主义;建立教育氛围营造机制,通过宣传教育,不断提高党员干部的认识水平,使广大党员深刻认识到民主集中制的真正内涵与特征,体会到贯彻民主集中制的重要性和紧迫性。

三是建立教育方法改进机制。在坚持过去有效做法的基础上,积极探索富有时代特点的新方式。要将党员个人自学与党组织集中教育有机结合起来,要求党员干部制订教育计划和目标,在个人自学的基础上,定期组织好集体教育,严格规范管理,增强教育效果;改进集体教育形式,开展研讨式教育,避免正襟危坐,只谈大道理,或者只听传达文件,而是要开展自由平等的交流和研讨;改进教育培训方式,开展互动式教育,加强和改进专题讲座、报告会、专题电视片、主题教育等方式,多采用互动交流、案例教学、现场观摩、自主选学等现代培训教育方式,增强教育的吸引力;重视反馈结果,对好的方面要继续发扬,不好的应及时改正,使民主集中制教育良性循环起来。

（二）用好批评和自我批评这个有力武器

批评和自我批评是我们党强身治病、保持肌体健康的锐利武器，也是加强和规范党内政治生活的重要手段。我们党作为马克思主义政党，多次把批评和自我批评作为解决自身不足的有力武器，并把批评和自我批评培育成党的优良作风。时至今日，批评和自我批评已成为我们党最深厚的优良传统之一，成为我们党最具生命活力的精神要素之一。

回顾我们党九十多年的历史，我们党就是在虚心接受批评、勇于自我批评的过程中发展壮大的。党的建设实践表明，什么时候批评和自我批评武器运用得好，党内风气就好，党组织的凝聚力战斗力创造力就强，党领导的事业就蓬勃发展；反之，什么时候批评和自我批评武器运用得少、运用得不当，党内错误就难以得到纠正，党领导的事业就会遭受损失。可以说，批评和自我批评是我们党保持肌体健康的有力武器，是我们党不断改造提升自己的有力武器，是我们党推进党和国家事业不断发展的有力武器。无论党所面临的环境、所处的历史方位发生什么样的变化，批评和自我批评这个锐利武器决不能忘，决不能变，决不能丢。

用好批评和自我批评这一有力武器，切实解决党内批评难问题，必须采取多项措施，综合施策。

第一，加强教育引导，增强党员干部运用批评和自我批评这一思想武器的自觉性。思想认识上的问题，需要通过思想教育和思想政治工作来解决。解决当前存在的批评难问题，就要抓住思想教育这个基础和关键，教育引导广大党员干部切实增强党性意识，不断提高他们的政治觉悟，消除思想顾虑，卸下心理包袱，站在维护党和人民利益的高度，去自觉地运用批评和自我批评这一思想武器，坚持真理、修正错误。使批评和自我批评触及脸面、触及思想、触及灵魂，实现党的自我净化、自我完善、自我革新是深入推进作风建设的重要内容。实践证明，促进作风建设的关键是班子，而班子的关键是

"一把手"。

第二,创新方式方法,提高党内政治生活的原则性和战斗性。党的各级工作部门要提高认识,严格按照相关制度规定,根据中央统一部署,围绕党内重大活动安排,抓好本单位、本部门、本系统党内批评的组织实施,重点要抓好如下三方面工作:一是抓好宣传引导。各级党组织要在职责范围内加强宣传,教育引导党员打消顾虑,在全党营造敢于揭露矛盾、敢于开展积极思想斗争和敢于批评的良好舆论氛围。二是抓好统筹规划。各级党委要以党章和党内相关法规为遵循,牵头负责将批评与自我批评列入党内生活开展的必备内容,结合部门、单位、系统实际和现状,将开展批评和自我批评的情况作为考核党建工作的重要内容,进行统一设计和规划。三是抓好发扬民主。坚持走程序不走过场,用好现有的党内组织生活手段,如党的各级代表大会、"三会一课"、民主生活会等,围绕阶段性党建工作主题,拓展方式,鼓励党内各种不同意见在会上自由讨论、充分表达,推动批评与自我批评日常化、常态化。

第三,完善制度设计,为党内批评的顺利开展提供制度遵循。用制度倒逼思想解放,破除官本位思想和种种既得利益的干扰,使公开批评有制度保障,是解决批评难问题的治本之策。建议尽快出台制定一部《中国共产党党内批评条例》,对改革开放以来党内批评的新发展,尤其是党的十八大以来批评工作开展的新实践新经验,以党内法规的形式予以固化,同时明确党内批评的性质、地位、作用和制度措施等。在条例中,应着重体现如下四方面内容:一是坚持正确方向,体现批评的原则性。党内政治生活中的批评和自我批评是在中国共产党领导下的批评,体现着对党的忠诚,真批实评要遵循"团结—批评—团结"的原则,讲究实事求是,要本着对事业和同志高度负责的态度,从关心、帮助、团结同志的愿望出发,使批评的战斗性存在于对事实既讲原则又讲分寸的剖析之中。二是坚持问题导向,体现批评的针对性。针对目前批评制度存在的缺陷,对相关保障机制和约束机制专列章节,特别要建立对勇于批评者的有效保护措施和激励机制,以及对打击报复者的处罚措施和问责制度,规范批评监督,切实保障党员权利。三是兼顾全局,体现批评的系统性。将批评与自我批评纳入党代表议事制度、党代表联系党员、征集党员意见、党员参加党内听证会咨询会制度、党员及其代表对党的部门工作督查制度、党员参与党内管理的制度条款,保障党员在对党内事务的广泛参与中行使批评权利;将吸纳党外批评列入条款,坚持党内批评与群众批评、舆论批评等相结合,形成批评合力,扩大批评的群众性。四是注重实效,体现批评的操作性。建立党内批评报告制度,将批评和自我批评开展、考核情况纳入民主生活会报告制度、检查制度和通报制度中;推进党务公开制度,增加批评工作透明度;完善党内批评回复制度,无论对于党员署名、实名的批评意见还是匿名意见,党组织均应责成相关部门和人员给予明确回复。

第四,开展监督问责,为党内批评的有效开展提供政治保证。充分发挥好党委(党组)全面监督、纪律检查机关专责监督、党的工作部门职能监督、党的基层组织日常监督、党员民主监督的党内监督体系联动作用,让严格的监督和严肃的问责成为助推"批评难"问题化解的催化剂。做好对批评规范管理的监督检查,落实党委在监督党内批评工作中的主体责任。各级党委应主动履行指导、检查和督查职能,对班子建设提出要求时要细化批评和自我批评要求,积极参与下级党组织的民主生活会,定期查阅下级党组织生活会记录,征求党员群众意见;大力宣传和推广开展党内批评的先进组织和党员,通报批评差的组织和党员,对明知有问题而不愿或不敢揭露矛盾的组织和党员要重点帮助、整顿,做到层层有计划、有督促、有检查;实行双层或多层监督,将监督者的业绩与其所监督的党组织进行党内批评的好坏挂钩,对监督不力者,追究监督者责任;在考核干部时,将能否开展党内批评作为重要指标,对在原则性问题上不怕得罪人的干部给予支持、鼓励、保护和重用,确保批评与自我批评在各地区、各部门党内政治生活开展中的常态化。

（三）抓好领导干部这个"关键少数"

党的十八大以来，以习近平同志为核心的党中央坚定推进全面从严治党，党风政风社风明显好转，党内政治生态得到净化，开创了党和国家事业发展新局面。我们之所以能够在短期内取得如此重要的阶段性成果，可供总结的经验很多，但其中重要的一点就是我们在净化政治生态中抓住了领导干部这个"关键少数"。

领导干部是党和国家事业的领导者、组织者和实施者，是执政的骨干，对一个地方的政治生态发挥着表率示范作用，他们的思想状况和行事方式直接影响着一个地方的政治生态。领导干部就像火车头，在遵纪守法上以身示范、带了好头，广大党员就会学有榜样、干有标杆，在潜移默化中引导党风、政风及社会风气持续好转，进一步营造健康良好的政治生态。反之，如果领导干部带不好这个头，就会使党的纪律规矩形同虚设，贪污腐败层出不穷，形成政治生态污染源。因此，抓住了领导干部这个关键，就抓住了净化政治生态的关键。在我们党近百年的光辉历程中，在革命、建设和改革的各个重大历史时期，从严管理党的领导干部、发挥领导干部的带头作用，一直是我们党的优良传统和政治优势，也是我们净化政治生态、引领社会风气的重要历史经验。

在全面从严治党的全新语境下，党的领导干部要自觉承担起全面净化政治生态重任，切实发挥好"关键少数"作用，形成巨大"头雁效应"，推动政治生态全面好转。

第一，抓好思想教育这个根本，不断加强领导干部思想政治建设。思想是行动的先导。党的领导干部要坚定理想信念，自觉做共产主义远大理想和中国特色社会主义共同理想的坚定信仰者，苦干实干，不骄傲、不自满、不消沉、不动摇，永葆共产党人政治本色。要自觉增强政治意识、大局意识、核心意识、看齐意识。在政治方向上，要始终与党中央保持高度一致。在政治立场上，要自觉站在党和国家大局高度思考问题，毫不动摇地贯彻落实中央的决策部署。在政治行为上，要坚决维护习近平总书记的核心地位，不折不扣贯彻落实党中央的各项决策部署，主动向党中央看齐，向党的理论和路线方针政策看齐，向党中央的各项决策部署看齐，确保党和国家的各项事业始终沿着正确的政治方向前进。

第二，抓好制度治党，不断提高党内法规制度执行力。一是要完善法规制度的制定。法规制度具有根本性、全局性、稳定性和长期性，是全面从严治党的关键所在。逐步健全以党章为核心的各项党内法规制度，形成用制度管人、用制度管事、用制度管权的有效制度体系。二是要提高制度执行力。制度的生命力在于执行。我们既要建制度立规矩，又要抓落实抓执行，让制度生威，让铁规发力，确保各项法规制度落地生根。要加强法规制度执行情况的监督坚持，确保制度出台一个就执行好一个，让制度成为真正的高压线。以零容忍的态度狠抓制度执行，对制度执行不到位的，发现一起就严肃查处一起。

第三，领导干部要自觉做各项工作的表率。一是做遵纪守法的表率。领导干部要带头遵守国家各项法律、党内各项法规，善于用法治思维谋划工作，用法治方式解决矛盾，不断增强依法办事、依法执政的能力和水平，自觉在守纪律、讲规矩上起模范作用，自觉维护党中央权威和集中统一领导，坚决不搞小圈子、小山头、小团伙，绝不散布违背党的理论、党的路线方针政策的言论，绝不公开发表与党中央决定不一致的言论，绝不泄露党的秘密，绝不参与非法组织活动，切实担负起维护党的政治纪律和政治规矩的责任。二是做发扬民主的表率。领导干部要自觉发扬民主，把自己当成班子平等一员，不搞一言堂、家长制，按程序决策、依规矩办事，善于听取不同声音，正确对待不同意见。三是做担当负责的表率。领导干部要支持其他干部在职责范围内独立开展工作，为敢于担当负责的干部担当负责，撑腰鼓劲，带头建立健康的党内关系，调动和激发干部工作的积极性、主动性和创造性。四是做自觉接受监督的表率。领导干部要在一定范围公开个人有关事项,自觉接受党内外监督。要主动鼓励其他干部多提醒、多批评,发现问题及时解决,确保党内监督真正落到实处。

(四)培育积极健康的党内政治文化

党内政治文化是一个政党在长期政治实践中逐渐形成的比较稳定的并被其成员自觉接受和践行的政治信念、政治认知、政治态度、政治情感、政治价值等基本价值判断。党内政治文化具有价值导向、形象塑造、政治教化、激励约束、凝聚引领等重要功能。加强新时期党内政治文化建设,是建设马克思主义政党的本质要求,是解决党内突出问题、深化全面从严治党的治本之策。

党的十八大以来,以习近平同志为核心的党中央明确提出党内政治文化对政治生态具有潜移默化的影响,大力加强党内政治文化建设,党内政治文化建设取得新成效,党内政治生态呈现新气象。党内政治文化建设状况总体上是健康的,主流是好的,但与全面从严治党的新要求相比,还存在一定的差距和不足。比如,少数党员理想信仰缺失,缺乏对中国特色社会主义信心,不信理想信金钱,不信马列信鬼神。部分党员爱党、为党、护党意识不强,不能发挥共产党员先锋模范作用。少数党员缺乏为民情怀,真诚为群众服务动力不足,喊口号多、唱高调多,对群众疾苦关心不够,慢作为、不作为习以为常,等等。这些问题虽然只在少数党组织和党员干部身上存在,但却严重侵蚀了整个党的思想基础,严重损害了党内政治生态,必须下大力气予以铲除。

第一,加强顶层设计,实施文化强党战略工程。一方面,党内政治文化建设是一项长期的复杂的系统工程和战略任务,需要从顶层设计入手,做好谋篇布局。大力推动各地分层次、分类别地制定党内政治文化建设中长期发展规划,列出明确的时间表、任务图。另一方面,建设一个强大的政党,需要充分发挥党内政治文化的牵引作用,在思想建党与制度治党相结合的基础上,大力实施文化强党战略,以文育人、以文化人,用健康的党内政治文化塑造风清气正的党内政治生态,确保全面从严治党由治标向治本转变,由治污向清源迈进。

第二,大力倡导和弘扬共产党人核心价值观。一是忠诚老实的价值观。党员干部要坚持不懈用习近平新时代中国特色社会主义思想武装头脑,在读原著、学原文、悟原理上下功夫,不断打牢忠诚老实的思想基础。同时,要进一步强化党章党规意识,认真学习党章党规,自觉遵循党章党规,作为规范党员言行、指导党员工作的依据和遵循。二是公道正派的价值观。党员干部要以"公"为先,以"正"为本,公道处事、公正用权、公平待人,一切事情从党、国家和人民利益出发,始终做到坚持"公""正"原则不动摇,政策执行不走样,程序遵守不变通。三是实事求是的价值观。大力营造党内讲真话、讲心里话的良好氛围,用好批评和自我批评这个有力武器,欢迎批评,鼓励批评,让批评和自我批评成为常态。党的各级领导机关和领导干部要以身示范,广开言路听取各方面意见建议,特别是要善待不同意见。进一步改进和完善干部考核工作,真正使那些说实话、办实事的好干部受到褒奖和重用,使那些搞"形象工程"、做表面文章的干部受到批评和惩处。四是清正廉洁的价值观。进一步发挥正面典型的引领作用,反面典型的警示作用,引导广大党员干部守护好清正廉洁的做官做人做事底线,秉公办事、依法履责、谨慎用权。

第三,创新方式方法,健全加强党内政治文化建设体系。一是健全党内组织文化建设标准体系。在系统全面总结党内政治文化建设经验、借鉴世界上其他政党政治文化建设理念和做法的基础上,完善符合我国国情党情的政治文化建设标准体系,完善建设布局,确定建设重点,对党内政治文化建设的目标任务、载体形式、方法路径、运行机制等相关问题提出明确目标要求,从思想、行为、制度等多个层面作出具体规定。二是健全党内政治文化建设治理体系。加大对党内不良政治文化的整治力度,全面剖析党内"负面文化"的特点、危害、根源,旗帜鲜明地抵制和反对厚黑学、官场术等腐朽庸俗的负面文化,激浊扬清、扶正祛邪,坚决铲除个人主义、好人主义、自由主义、分散主义、本位主义等不良文化的土壤。三是健全党内政治文化方式方法创新体系。党内政治文化要主动适应社会发展需要,在内容形式、载体渠道、方法手段、体制机制等方面加大创新力度,最大限度释放创新潜力、激发创新动力、增强创新活力。加大对现有文化资源的整合力度,构建"全方位、立体化"宣教格局。四是健全党内政治文化拓展覆盖体系。采取多种形式,推动党内政治文化进机关、进企业、进军队、进校园、进家庭,推动党内政治文化由党内向党外延伸,引导广大群众向党员看齐。加强网上马克思主义阵地建设,加强新旧媒体的协同融合,实现传统媒体与新媒体的高度融合、同频共振,进一步增强党内政治文化的吸引力、感染力和说服力。

第四,建立健全党内政治文化建设体制机制。一是健全运行机制。在各级党委的统一领导下,加强对党内政治文化的研究谋划,协调统筹,构建由党委主导、相关部门协调落实的工作机制,确保形成权责清晰、分工明确、运行高效的党内政治文化运行机制。二是健全落实责任机制。将党内政治文化建设纳入各级党委履行主体责任的重要内容,坚持党内政治文化建设状况与全面从严治党各项工作同谋划、同部署、同考核,进一步强化问责,对党内政治文化推进不力的,要严格追究责任。三是健全人才保障机制。加大党内政治文化建设要紧紧抓住专业化队伍建设这个关键。既要加大政治文化在党务干部考核选用中的权重,又要不断把政治文化作为干部培训内容,开展多种形式、全面覆盖的培训教育,进一步提升党员干部的政治文化素质。四是健全智力支撑机制。进一步加强对党内政治文化建设的研究,为加强新时期党内政治文化建设提供坚实理论支撑。

四、不断提高党员干部的政治能力

所谓政治能力，就是领导干部把握政治方向和全局的能力，就是驾驭政治局面、防范政治风险的能力和水平。政治能力在领导干部各种能力中起着牵头管总作用。党的十八大以来，以习近平同志为核心的党中央在治国理政实践中，坚持旗帜鲜明讲政治，注重提高党员干部政治能力，善于从政治的角度思考和解决问题。党的十九大报告明确指出，"旗帜鲜明讲政治是我们党作为马克思主义政党的根本要求"。讲政治，不仅是一个态度和觉悟问题，更是一个能力水平问题。提高政治能力，对于新时期领导干部适应新形势新要求新任务，推动党和国家事业发展具有重要意义。

（一）筑牢理想信念的政治灵魂

习近平多次强调，对马克思主义的信仰，对社会主义和共产主义的信念，是共产党人的政治灵魂，是共产党人经受住任何考验的精神支柱。理想信念是一种坚定并努力践行的心理态度，是一个人世界观、人生观、价值观在奋斗目标上的集中体现。共产党人的理想信念就是为实现共产主义远大理想而不懈奋斗。作为中国共产党的党员，任何时候都必须坚定理想信念，坚守共产党人的政治灵魂。

理想信念是共产党人战胜艰难险阻的精神力量。在长期的奋斗实践中，中国共产党之所以能够由小变大，由弱变强，从胜利走向新的胜利，就是因为我们是一个有信仰的政治组织。在中国共产党的历史上，我们经历过史无前例的长征，经历过南方八省的游击战争，经历过白山黑水的战争……但我们都坚持了下来，创造了人类历史的奇迹，原因何在？就是因为我们的党员有理想有信念。邓小平曾说："为什么我们过去能在非常困难的情况下奋斗出来，战胜千难万险使革命胜利呢？就是因为我们有理想，有马克思主义信念,有共产主义信念。"在和平建设和改革开放新时期,理想信念同样引领着无数共产党员在各自岗位上做出惊人壮举。我们党九十多年的奋斗历程充分证明,共产主义的理想信仰,是我们党能够战胜各种艰难险阻的力量源泉和精神动力,是我们党取得一个又一个胜利的根本所在。

理想信念是我们党战胜艰难险阻,始终保持正确的政治方向,始终阔步前行的精神动力。党员干部自觉坚定理想信念,对于全面建成小康社会、实现中华民族伟大复兴中国梦具有重要意义。

第一,必须深刻认识和把握马克思主义的真理性。理想信念不是凭空就能产生的,需要建立在对理论的理性认知上,建立在对人类社会发展规律的正确认识基础上。一般来说,对真理认识得越深刻、越清晰,理想信念也就越坚定。马克思主义揭示了人类社会发展的规律和趋势,为人类提供了最科学、最严谨、最完整的世界观和方法论。我们党之所以能够完成近代中国各种政治力量不能完成的历史任务,就是因为我们党始终坚持把马克思主义作为自己的行动指南,并在奋斗实践中不断丰富和发展。中国特色社会主义理论体系是马克思主义基本原理和中国具体国情相结合的创新成果,是根植于中国本土、反映中国人民意愿、适应时代发展要求、指导中国成功实践的理论武器。历史和现实都启示我们,只有社会主义才能救中国,只有中国特色社会主义才能发展中国。作为中国共产党的干部,一定要真正领会和把握贯穿于习近平新时代中国特色社会主义思想之中的马克思主义立场、观点、方法,始终坚定对共产主义的信仰,对中国特色社会主义的信念。

第二,必须深刻认识和把握中国特色社会主义的制度优势。中国特色社会主义制度是马克思主义基本原理与中国具体实际相结合的产物,是发展当代中国各项事业的根本保障,是具有明显制度优势和鲜明中国特色的先进制度。这一制度既坚持科学社会主义的共性原则,又符合中国发展的个性实际,符合人类社会发展规律和中国最广大人民的根本利益。九十多年来,随着中国在政治、经济、文化等方面的全方位飞跃,我们取得了其他国家无法比拟的历史性成就和历史性变革，中国特色社会主义制度显示出了勃勃生机和巨大的优越性。今天的中国，在中国特色社会主义制度的保障下，实现了政治稳定、经济繁荣、社会和谐、人民团结，"中国之治"同西方世界的"西方之乱"形成了鲜明对比。展望未来，我们只有坚持中国特色社会主义制度这一最大政治优势，才能战胜一切艰难险阻、早日实现建设社会主义现代化强国的目标。

第三，必须深刻认识和把握中国特色社会主义道路的科学性。走什么样的道路，始终是关系党和国家事业兴衰成败的第一位问题。回顾历史，中国共产党领导中国人民经历长期的实践探索、奋斗牺牲，坚持走自己的路，成功开辟了一条改变中国人民命运和中华民族前途的中国特色社会主义道路。新中国成立以来，特别是改革开放四十多年来，我国的经济实力、科技实力、综合国力大幅度跃升，人民生活改善显著，中国的国际地位空前提高。时至今日，我国经济总量已经是名副其实的世界第二大经济体，我们为世界经济增长做出了越来越大的贡献。这种在人类发展史上罕见的发展和巨变，雄辩地证明：中国特色社会主义道路是实现社会主义现代化的必由之路，是中国人民创造美好生活的必由之路，是一条符合中国实际国情的成功之路、胜利之路、复兴之路。面对新时代新形势新要求，坚定理想信念最直接、最具体的体现，就是坚定不移走中国特色社会主义道路，坚定理论自信、道路自信、制度自信、文化自信。

(二)永葆对党忠诚的政治自觉

对党忠诚是党员入党宣誓时的郑重承诺，是共产党人必备的优秀品格。对党忠诚既是一个严格的政治标准，更是一个修身做事的实践要求。真正的忠诚不是外在强迫的，而是源于内心自觉自愿的，是一种发于内而形于外的真诚情感。能否始终坚守政治立场和政治追求，既是检验对党是否忠诚的核心标准，也是衡量一名党员对党是否忠诚的决定性标准。永葆对党忠诚的政治自觉,就是要永葆对党的理想使命的自觉,永葆对党和国家事业的初心初衷。

中国共产党作为一个由无数有共同理想和价值追求的先进分子组织起来的马克思主义政党,从来都把坚守政治立场当作实现自身使命目标的根本性问题。作为党内根本大法,《中国共产党章程》在开篇中就明确规定党的政治性质,即"中国共产党是中国工人阶级的先锋队,同时是中国人民和中华民族的先锋队",阐述了"坚持党和人民的利益高于一切"这样的政治立场,阐述了"有共产主义觉悟的先锋战士"这样的政治追求。回顾总结党的历史,我们党正是靠着党员的忠诚,才保持了全党的思想统一和行动的一致,才引领了中国前进的正确方向。我们党正是因为拥有千百万有着共同政治立场和政治追求的忠诚党员,才赢得了中国革命建设和改革事业的伟大胜利。

在新的历史条件下,只有坚守党的的政治立场和政治追求,我们党才能推进全面从严治党,保持中国共产党人的奋斗精神和奋斗状态,始终保持党的先进性和纯洁性,锻造出一支忠诚、干净、担当的党员高素质专业化干部队伍。

第一,要不断强化"四个意识"。旗帜鲜明讲政治是中国共产党作为马克思主义政党的根本要求,是党的十八大以来全面从严治党的鲜明特点。对共产党人来说,要把旗帜鲜明讲政治始终作为根本性的大问题。如果党员在政治上不过硬,四个意识树立不牢固,讲对党忠诚就是一句空话。作为中国共产党的一员,要不断强化"四个意识",始终对党忠诚,自觉维护习近平总书记的核心地位,在思想上、政治上、行动上同党中央保持高度一致,做到思想上认同核心、政治上维护核心、组织上服从核心、行动上紧紧跟随核心。无论任何情况任何时候,都要在政治上站得住、靠得住,对党绝对忠诚老实,听从党的指挥、为党尽职尽责,决不做"两面人"、不搞"两面派",决不自行其是、阳奉阴违,决不我行我素、自作主张,决不妄评妄议、口无遮拦,决不搞团团伙伙、结派拉帮。

第二，要锤炼共产党人优良作风。党的作风关系党的形象，事关人心向背，事关党的兴衰成败。共产党人要做到对党绝对忠诚，就必须自觉主动、毫不松懈、毫不动摇地加强作风建设，锤炼过硬作风。要坚持以人民为中心的价值取向，始终把人民放在心中首要位置，在为人民奋斗中提高政治站位、完善自身人格、提升工作能力，保持党同人民群众的血肉联系。要始终保持旺盛斗志，永不自满，永不懈怠，在实干苦干中强化责任担当，以钉钉子精神开拓前进、担当尽责。坚决防止和杜绝各种脱离群众的形式主义和官僚主义，防止办事敷衍拖沓，杜绝庸政懒政怠政等"四风"问题新表现新变种。

第三，要不断增强能力本领。把对党的忠诚落到实处，关键要有能力本领。缺少能力本领，光有主观意愿和工作热情是不够的。在我们党领导中国人民建设社会主义现代化强国的新征程上，新情况新问题新矛盾会不断涌现，层出不穷，不了解不熟悉的东西会越来越多。"本领恐慌"问题会长期存在、"能力不足"危险也会时常出现。共产党人要做到对党忠诚，就必须具备过硬的能力本领。这就要求党的干部不断加强学习锻炼，在实践中努力增长才干，掌握科学世界观和方法论，不断提高政治理论素养。

第四，要永葆共产党人忠诚本色。共产党人要做到对党忠诚，始终成为时代先锋和民族脊梁，就必须持之以恒地加强党性锻炼，持之以恒地提升政治站位，加强政治能力。要做政治上的明白人，在政治上时刻保持清醒，在大是大非面前、重大原则问题面前决不含糊。时时牢记共产党员是自觉的第一身份、为党工作是自己的第一职责，真正做到在党言党、在党忧党、在党护党、在党为党，以永不懈怠的精神状态、一往无前的奋斗姿态，切实肩负起新时代赋予共产党人的历史使命。要以更严的自律精神，慎初慎独慎微，从小事上严格约束自己，从小节上认真规范自己，堂堂正正做人、干干净净做事，主动接受各方面监督，增强政治定力，把好洁身关，始终保持共产党人的浩然正气和忠诚本色。

（三）坚守清正廉洁的政治底线

坚决反对腐败、建设廉洁政治，是我们党一以贯之的鲜明立场，是我们党作为一个马克思主义政党区别于其他政党的重要标志。党的十八大以来，以习近平同志为核心的党中央坚决反对腐败，反复强调保持党员干部清正廉洁的政治本色。这对于维护中国人民的根本利益，统揽推进"四个伟大"具有重大而深远的意义。

保持干部清正廉洁是巩固党的执政基础的坚强保证。中国共产党是推进中国特色社会主义伟大事业的领导核心。在新的历史条件下，中国共产党所处的历史方位、执政环境和队伍结构都发生了重大变化，党所面临的"四大考验"和"四种危险"更加尖锐地摆在了我们面前。党风廉政建设和反腐败斗争形势依然严峻复杂，夺取反腐败斗争彻底胜利依然任重而道远。成功应对"四大考验"和"四种危险"，关键取决于我们能否彻底根除腐败这一损害党的肌体健康的最大毒瘤，建设廉洁政治，有效解决党面临各种新挑战新问题新矛盾，实现干部清正、政府清廉、政治清明，确保党始终站在时代和历史的前列，引领中国社会前进的正确方向。

坚决反对腐败，坚守清正廉洁政治底线是一项长期的政治任务，更是贯穿党员一生的重大课题，要求我们把思想和行动统一到党中央关于保持干部清正廉洁本色的部署要求上来，在贯彻落实上下功夫。

第一，着力坚守政治理想，夯实保持干部清正廉洁的思想根基。理想信念是共产党人安身立命的根本，是精神上的"钙"。理想信念的动摇是最危险的动摇，理想信念上的滑坡是最危险的滑坡。许多干部在保持清正廉洁上出问题，从根本上说还是理想信念出现了动摇，精神世界长出了杂草。因此，党员干部要把坚守政治理想作为思想建党的首要任务抓紧抓好，始终在理想追求上保持政治定力，自觉做远大理想和共同理想的坚定信仰者和忠实践行者，切实把牢思想和行动上的"总开关"。

第二，始终坚持对党忠诚，牢牢把握保持干部清正廉洁的根本要求。忠诚是对干部第一位的要求，对党忠诚则是做好各项工作的根本出发点和重要生命线。做到对党忠诚，就要严守党的政治纪律和政治规矩，大力开展政治纪律和政治规矩培训教育，引导党员干部不触碰党内法规的"红线"和"底线"，始终在党的纪律和规矩之下行动，始终在政治上做明白人，始终在政治方向、政治立场上坚定正确。无论在任何时候任何情况下，都始终在思想上和行动上与党中央保持高度一致，以实际行动确保党中央令行禁止、政令畅通。

第三，坚守共产党人核心价值观，打牢保持干部清正廉洁的道德基础。思想纯洁是中国共产党保持纯洁性的根本和关键，道德高尚是党员干部清正廉洁的前提和基础。党员干部继承和发扬党的优良传统，倡导弘扬中华民族传统美德，始终保持高尚道德情操和健康生活情趣，远离各种低俗趣味的价值观，真正做崇高道德的示范者、诚实守信的引领者、公平正义的维护者。自觉抵制各种歪风邪气，坚守共产党人的高尚操守，不断夯实党员干部廉洁从政的道德根基，筑牢拒腐防变的道德堤坝。

第四，带头树立良好家风，落实保持干部清正廉洁的重要责任。党员领导干部特别是高级干部的家风，是领导干部作风的重要体现，不是党员干部个人小事、家庭私事。党员干部养成良好家风，是党员领导干部加强廉政建设的应尽义务和庄严责任。党员干部特别是领导干部严格教育管理监督亲属子女和身边工作人员，发现问题时及时提醒、发现错误坚决批评纠正。党员干部不得利用职权或影响力为家属亲友谋求特殊照顾，禁止家属亲友插手职权范围内的工作。党员干部要带头注重搞好家庭、家教、家风，传承和弘扬好的家风，用廉洁奉公的好家风引领和涵养好的社会风气。

（四）强化勇于负责的担当精神

敢于担当是中华民族传承下来的优秀品质，是中国共产党的优良传统和政治优势,是党员干部的鲜明印记和必备素质。习近平多次强调,领导干部要有强烈的担当意识。在建设社会主义现代化强国的新征程中,无论是任何时候任何情况下,都需要党员干部特别是领导干部担负起时代重任。今天,走好新征程就要在全党范围内营造崇尚担当、敬重担当的生动氛围,真正使勇于负责、敢于担当、敢于作为在干部队伍中蔚然成风。

当前,我国正处在一个经济社会大转型、国家风云剧烈变幻的时代,需要我们在前进中积极探索,总结经验,走出一条符合中国国情发展和崛起的路径。这就需要各级党员干部尤其是领导干部牢牢树立敢于担当的品格,在实践中自觉锤炼勇于探索、敢于担当的修养,以改革创新精神直面困难风险挑战,切实做到有激情、敢负责、敢作为,切实改变不求有功、但求无过的为官不为思想,切实破解经济社会发展中的各种难题,推动各项工作再上新台阶。

强化担当精神,就要以习近平的系列重要讲话精神为指导,认真学习领会蕴含于其中的观点方法,认真解决前行道路上的各种矛盾困难,把担当精神体现到具体工作实践中。

第一,要培养敢于担当的政治品格。党员干部要以"避事"为耻,以"担当"为荣,把高标准尽职尽责作为基本要求,切实做到日常工作能尽责、困难面前敢负责、出现过失勇担责,而不能因为考虑自身得失而畏首畏尾、裹足不前。党员干部如果只谋当官不思干事、只想揽权不思担责、只图出彩不思出力,就不配做一个合格的共产党员,更不配做一名合格的领导干部。因此,党员干部要具备不计得失、敢作敢为的崇高思想境界,勇于担责、敢于拍板。

第二,要锤炼善于担当的工作本领。担当是一种品性,更是一种能力。能力不足,就会空有担当之心而无担当之力。如果干部知识老化、能力欠缺、本领不强,遇见难事就难免东躲西藏、上推下卸、左支右绌,敢于担当就会沦为一句空话,成为装腔作势的"花架子"。因此,党员干部必须加强理论学习,加快知识更新,强化实践锻炼,以高素质强能力履好责、挑好担。要敢于"涉险滩",啃"硬骨头",更要善于解决难题、推进工作。

第三,是完善敢于担当的体制机制。坚持原则、敢于担当,往往意味着得罪人,意味着可能会丢掉选票。要完善干部选拔任用机制,多选拔那些勇于担当、善于创新的干部。根据岗位特点和工作实际,适当赋予干部"试错权",客观公正地评价和看待担当者的过失,主动为其撑腰鼓劲。对拍脑门决策、拍胸脯蛮干的胡作为乱作为者,要及时进行匡正纠偏、诫勉谈话;对日常工作不负责任、关键时刻畏首畏尾的干部,要严肃批评问责。通过建立健全担当作为的体制机制,激励约束更多的党员干部积极作为,真正作为,引导党员干部在坚守政治立场政治追求、砥砺共产党人忠诚品格上不断达到新的更高境界。

第四章

思想建设是党的基础性建设

　　思想建设是党的基础性建设和灵魂工程。注重和善于从思想上建党,是中国共产党的光荣传统和重大优势,也是中国共产党能够自始至终保持思想统一和强大生命力的重要保障。党的十九大在深入把握和科学总结中国共产党九十多年党的建设经验的基础上作出了"思想建设是党的基础性建设"的重大论断,这为在新时代加强党的思想建设提供了基本遵循。把加强思想政治建设摆在首位,目的是培元固本,引导党员特别是领导干部筑牢信仰之基、补足精神之钙、把稳思想之舵。对于各级党员干部来说,加强思想建设的重点是坚定理想信念,常修为政之德,驰而不息地推进党的建设新的伟大工程。

一、坚定理想信念补足精神之"钙"

　　中国共产党是依靠崇高的理想和共同的信念而凝聚起来的政党。对共产主义的崇高信仰和中国特色社会主义的共同理想是中国共产党人的政治灵魂和安身立命之本。党的十九大在党的历史上第一次鲜明地把坚定理信念作为思想建设的首要任务向全党提了出来, 指出:"要把坚定理想信念作为党的思想建设的首要任务"①,这为新时代如何开展党的思想建设指明了基本路径。当前,中国特色社会主义已经进入新时代,我们比历史上任何时期都更接近、更有信心和更有能力实现中华民族伟大复兴的目标。然而我们也必须清醒和深刻认识到,在前进的道路上绝不会一帆风顺,而必将面临前所未有的风险和挑战,全党同志必须始终不渝地坚定理想信念。

(一)坚定理想信念的极端重要性

党的十八大以来,以习近平同志为核心的党中央高度重视理想信念问题,并从不同角度和视角对坚定理想信念的极端重要性进行了论述,形成了既具有十分鲜明的理论色彩、论述方式,又极为生动活泼且极易为广大党员和人民群众所接受的重大成果。

第一,理想信念是共产党人的精神之"钙"。把理想信念比喻为共产党人精神之"钙",这是习近平对理想信念重要性的最为形象说法。这一说法最早出现于2012年11月17日习近平在中国共产党十八届中央政治局第一次集体学习时。习近平在这次政治局集体学习时鲜明地指出:"理想信念是共产党人的精神之钙。"他还特别强调说,一旦共产党人"没有理想信念,或理想信念不坚定,精神上就会'缺钙',就会得'软骨病'"②。在党的历史上,习近平首次把理想信念比喻为共产党人的精神之钙,从而彰显了他对理想信念重要性的深刻认知。我们知道,钙是一种金属元素,以化合物的状态存在于大自然,其在工业、建筑工程及医药上用途很大。在人体中,钙的含量约占人体质量的1.4%,如果人体钙含量不足则会导致血管硬化、神经衰弱、肌肉收缩等问题发生,严重影响人的生长发育和健康。所以人体生命的重要支柱元素就是钙。习近平把人的生命元素"钙"引入共产党人精神领域,既非常形象又非常

---

① 《习近平总书记在学习贯彻党的十九大精神研讨班开班式上发表的重要讲话》,《人民日报》,2018年1月6日。
② 《习近平谈治国理政》,外文出版社,2014年,第414页。

通俗地向全体党员说明了理想信念对共产党员精神世界的决定性作用,同时也告诉共产党员理想信念动摇和缺失的现实潜在危险性,还告诉全体共产党员坚定理想信念也不可能一蹴而就和一劳永逸。当前绝大多数共产党员和领导干部都有十分坚定的理想和信念,他们对共产主义和中国特色社会主义发自内心的认同并能够为之不懈奋斗。然而不容置疑的是,也有相当一部分共产党员甚至是领导干部理想信念存在严重的模糊、怀疑甚至丧失问题。比如,有的党员领导干部笃信鬼神却不信马列,参与封建迷信活动;有的党员领导干部则对马克思主义理论、社会主义运动、中国特色社会主义不真信,丢掉了共产主义理想和社会主义信念;也有的党员领导干部只讲金钱却不讲信仰,只要"实惠"唯独不要"主义",等等。针对这些问题和情况,习近平把理想信念比喻共产党人精神之"钙"的重大论述显然是一剂良药,这对成功化解"四种危险"、有效应对"四大考验"、在"四个伟大"中坚持正确的政治方向将具有极其重大的指导意义。

第二,理想信念是成为好干部和铁一般干部的首要标准。"好干部"是习近平反复倡导和提倡的。那么何为"好干部"?习近平在2013年6月全国组织工作会议上向全党提出了他心中的"好干部"标准。习近平心中的"好干部"就是这"20字标准",即信念坚定、为民服务、勤政务实、敢于担当、清正廉洁。由此可见,在习近平看来,"好干部"首先必须信念坚定。所以今天我们评判一名干部究竟是不是好干部,首先衡量其信念是否坚定,"是不是好干部首先看理想信念是否坚定这一条"①。2015年12月,在全国党校工作会议上,习近平又提出了"四铁"干部,即铁一般信仰、铁一般信念、铁一般纪律、铁一般担当。不难看出,在习近平看来,坚定理想信念这也是"四铁"干部的首要标准。今天,"理想信念坚定"作为好干部和"四铁"干部的首要标准,就是要求他们能够真正做到在大是大非面前绝对旗帜鲜明而绝不含糊,在大风大浪面前绝对

---

① 《十八大以来重要文献选编》(上册),中央文献出版社,2014年,第338页。

稳坐钓鱼台而无一丝畏惧,在利益诱惑面前政治立场绝对丝毫不移。进入新时代,作为党的"好干部"和"四铁干部",必须坚决用理想信念铸就金刚不坏之身,做到政治合格,忠于党、国家和人民,抵制住权力、利益、金钱、美色等诱惑,始终坚持全心全意而不是半心半意为人民服务,坚持慎思、慎独、慎微,志愿为实现民族复兴的"中国梦"而奋斗。

第三,理想信念是国家与民族的精神支柱。中华民族历经五千多年的艰难岁月,经受住屡次挫折而又一次次能够奋起,能够把56个民族14亿人紧紧团结与凝聚在一起,就是因为我们始终有着共同坚守的理想信念。对此,习近平做过深刻总结。他多次强调:"一个国家,一个民族,要同心同德迈向前进,必须有共同的理想信念作支撑。"①因此我们可以说,理想信念置于国家与民族就其重要性而言,无论怎么讲、怎么高估都不为过,它是一个国家和民族实现繁荣昌盛的根本的精神支柱。回顾历史,无论是波澜壮阔的革命战争岁月,还是如火如荼的社会主义建设时期,抑或是风起云涌的改革开放新时期,无数中华儿女之所以能够前赴后继办成常人很难办成的大事、创造令人无法想象的人间奇迹,能够在重大挫折与逆境中实现升华与逆转,就是因为他们有坚定与崇高的理想信念。进入新时代,要使海内外全体中国人民能够心往一处想、劲往一处使,更加需要一个能够代表全体中国人民根本利益、为全社会各个阶层所发自内心的能够广泛认可与自愿接受的共同理想信念。毫无疑问,这个共同理想就是坚定中国特色社会主义共同理想。

(二)衡量理想信念坚定的客观标准

一名共产党员或领导干部究竟有没有坚定的理想信念? 这个问题在很长一段时期曾严重困扰着我们中国共产党人。针对这一问题,习近平向全党提出了较为具体和直观的衡量和判断准则,这就是"四个能否",即"看他能否

---

① 《习近平谈治国理政》(第二卷),外文出版社,2017年,第323页。

坚持全心全意为人民服务的根本宗旨,能否吃苦在前、享受在后,能否勤奋工作、廉洁奉公,能否为理想而奋不顾身去拼搏、去奋斗、去献出自己的全部精力乃至生命"①。围绕这"四个能否"标准,习近平还进一步做了很多具体论述。深入总结和归纳习近平对衡量和判断共产党员是否具有坚定理想信念的重要论述,其具体内容主要是:

第一,核心标准:全心全意为人民服务的宗旨意识。习近平多次强调:"领导干部是否坚定理想,就是看他是否坚持履行为民服务的宗旨。"②所以在习近平看来,衡量和判断共产党员是否具有坚定理想信念的首要标准就是看其是否坚持履行为民服务的宗旨。中国共产党自成立之日起,就将全心全意为人民服务作为自己的最根本宗旨。围绕这一根本宗旨,还形成了根本的工作方法和领导方法,这就是"一切为了群众、一切依靠群众、一切从群众中来、一切到群众中去"。因此全心全意为人民服务,一切以人民利益作为每一个共产党员工作的最高准绳。所以认真地践行和贯彻党的全心全意为人民服务的根本宗旨,实际上就是坚定党的理想信念在行动上切实落地的根本表现和客观要求。为此,这就要求党员领导干部要坚定人民至上理念,尊重人民主体地位,以人民为中心,做到立党为公、执政为民;要千方百计掌握广大人民群众的现实需求、利益诉求和广泛要求,切实掌握广大人民群众的思想动态和实际困难并帮助他们解决实际困难;要加快党群干群关系融合建设,推动党员干部走基层,拉近与人民群众的关系,实现党群干群之间心连心交流、面对面倾听。

第二,根本标准:坚定不移的政治定力。党员领导干部在重大政治考验时的政治定力是否坚定不移,这是衡量和判断党员干部理想信念究竟是否坚定的根本标准。习近平在很多重大场合都多次强调这个问题。正如他所指出

① 《习近平谈治国理政》,外文出版社,2014年,第39页。
② 《十八大以来重要文献选编》(上),中央文献出版社,2014年,第116页。

的:党员领导干部理想信念是否坚定,"主要看其在重大政治考验面前有没有政治定力"①。所谓在重大政治考验面前保持坚定不移的政治定力,就是能够在乱花渐欲迷人眼的政治思潮中能够正确把握航向、及时排除各种干扰、坚决抵制和消除各种疑惑,始终坚持对党对人民的忠贞立场,自觉做到坚定"四个自信",牢固树立"四个意识",切实提升拒腐防变"免疫力",严守政治规矩,勇于担当、敢负责任,做政治上的明白人。党员领导干部是否具有坚定不移的政治定力,归根到底是党性问题,是能否严于律己的内心自觉,理论上是否能够十分清醒。因此,这就要求党员领导干部必须认真学习马克思列宁主义、毛泽东思想、邓小平理论、"三个代表"重要思想、科学发展观,以及习近平新时代中国特色社会主义思想,做真懂、真信、真用的共产党员;要始终坚持四项基本原则和坚持改革开放,全面贯彻执行党的思想路线、政治路线、组织路线和群众路线;要坚决与党中央保持高度一致,坚决做到"两个维护",保证中央政令畅通。

第三,外延标准:勤政廉洁的执政形象与工作作风。一个群体的形象与作风,是这个群体最为鲜明的外在展现。党的形象与作风绝不是抽象的,而是由全体共产党员特别是具有示范和带头效应的成千上万广大领导干部的形象与作风凝聚而成并表现出来的。党的作风与形象绝非小事,而是直接关系到人心向背、党的执政地位及党的生死存亡,甚至也关系和决定着整个国家、人民及民族的命运。衡量和判断党员干部理想信念是否坚定的最鲜明标志,就是看他们的执政形象和工作作风是否勤政廉洁,这也是老百姓有效评判一个政党的形象和作风的晴雨表。党员领导干部只要能够敢于担当、勤政廉洁、积极作为、严于律己、宽以待人、不思妄取,以廉当福、两袖清风、全身正气、以上率下,发挥示范引领作用,广大人民群众就会发自内心地拥护之和信任之,我们党就有稳如磐石的执政地位。

---

① 《十八大以来重要文献选编》(上),中央文献出版社,2014年,第340页。

（三）坚定理想信念的具体途径

当今时代是新情况、新矛盾、新问题、新经验、新事物层出不穷的时代。党的思想建设唯有与时俱进、开拓创新，才能使我们党永远保持先进性、不断增强创造力，更好地担当起党的历史使命。

第一，注重思想理论建设，用马克思主义理论武装头脑。习近平反复强调："崇高信仰、坚定信仰不会自发产生"，因而他指出："要练就'金刚不坏之身'，必须用科学理论武装头脑。"①习近平还特别强调："坚定的理想信念，必须建立在对马克思主义的深刻理解之上。"②为此，他对领导干部尤其是高级干部提出了系统地学习与掌握马克思主义基本理论的要求。他说："对领导干部特别是高级干部，要把系统掌握马克思主义基本理论作为看家本领。"③这是因为马克思主义是具有与时俱进品格的科学理论，共产主义远大理想和中国特色社会主义共同理想，完全是建立在马克思主义所科学揭示的人类社会发展一般性和客观性规律基础上的。只有深刻领会和系统掌握了马克思主义的基本原理，以及所蕴含的立场、观点和方法，才能坚定立场，才能确保理想信念不动摇。所以党的十八大以来，以习近平同志为核心的党中央尤为重视对马克思主义理论的学习。比如，2013年12月3日，中央政治局带头先后学习了历史唯物主义基本原理和方法论；2015年1月23日，中央政治局带头先后学习了辩证唯物主义基本原理和方法论；2015年11月23日，中央政治局带头先后学习了马克思主义政治经济学基本原理和方法。全党上下应以党中央为榜样，向党中央看齐，注重思想理论建设，用马克思主义理论武装头脑。

第二，以经济建设为中心，筑牢理想信念的强大物质支撑。坚定理想信念，可以通过注重思想理论建设，用马克思主义理论武装头脑，将其内化为广

---

①③　《习近平总书记系列重要讲话读本》，学习出版社，2016年，第108页。
②　习近平：《在庆祝中国共产党成立95周年大会上的讲话》，《人民日报》，2016年7月2日。

大人民群众及党员个人的精神追求,并进一步转化为他们的自觉行动。但是这种方式对少数先进分子可以,对绝大多数人并非十分有效,短时间可以,较长时间则效果往往会打折扣。"不重视物质利益,对少数先进分子可以,对广大群众不行,一段时间可以,长期不行。"①与此同时,共产主义的理想信念作为一种社会意识形态,它的实现也是以物质生产力的充分发展和高度发达为前提的。正如习近平反复强调的,"共产主义只有在社会主义社会充分发展和高度发达的基础上才能实现"。他还强调:"没有人民生活不断改善,空谈理想信念,空谈党的领导,空谈社会主义制度优越性,空谈思想道德建设,最终意识形态工作也难以取得好的成效。"②因此,要坚定广大共产党员的理想信念,还必须以经济建设为中心,从而为筑牢理想信念提供强大的物质支撑。只有这样,人民群众对社会主义和共产主义的理想信念才能牢不可破和坚定不移。

第三,严格党的纪律规矩,强化理想信念的体制机制保障。党的纪律规矩是教育广大党员干部不忘初心、牢记使命及提升党性和端正党风的锐利武器。习近平多次指出:"理想信念是'主心骨',纪律规矩是'顶梁柱',没有了这两样,必然背离党的宗旨,做人做事就会走偏走邪,思想就会百病丛生,人生就会迷失方向。"③因此要坚定理想信念,还必须与之有纪律规矩这样的硬性约束作为配套,需要体制机制的保障与促进。当前亟须做到以下三点:一是扎紧扎实党规党纪笼子,把党的纪律规矩刻印在全体党员脑海中,为坚定理想信念提供纪律规矩保证。二是以严格执行铸造良好纪律规矩行为的践行度,让党的纪律规矩成为每个党员干部的自觉行动。三是建立健全不合格党员"退出"机制。要下大力气及时驱除混进党内来的人,对不合格党员坚决

①　《邓小平文选》(第二卷),人民出版社,1994年,第146页。
②　《习近平关于社会主义经济建设论述摘编》,中央文献出版社,2017年,第5页。
③　《习近平总书记重要讲话文章选编》,中央文献出版社、党建读物出版社,2016年,第338页。

进行组织处理,确保队伍的纯洁性和战斗力。

第四,在社会实践中锤炼,将理想信念和现实工作统一起来。在习近平看来,作为共产党员,如果只有共产主义远大理想和中国特色主义共同理想,但却不能够与岗位工作相结合进行切实的工作,那么其只能是空谈家,根本不是合格的共产党员。正如他反复强调的:"没有远大理想,不是合格的共产党员;离开现实工作而空谈远大理想,也不是合格的共产党员。"①从根本意义上讲,理想信念不仅仅是一种思想认识问题,更是一种客观实践问题,理想信念坚定的共产党员必然是主观认识和客观实践的辩证统一体。崇高理想和坚定信念绝不是与生俱来的,更不是一劳永逸的,今天坚定理想信念,既要学而信,更要起而行,知行合一,在社会实践中不断锤炼,将远大理想和现实工作统一起来。

二、不忘初心牢记使命接续奋斗

党的十九大指出:"只有不忘初心、牢记使命、永远奋斗,才能让中国共产党永远年轻。"②这一重大论述深刻而又鲜明地昭示了新时代中国共产党人在政治上的自觉清醒。中国特色社会主义进入新时代,新时代的蓝图也已经绘就。站在新时代,我们要不忘初心、牢记使命、接续奋斗,创造属于新时代的伟大业绩。

(一)中国共产党人的初心和使命的丰富内涵

"中国共产党人的初心和使命,就是为中国人民谋幸福,为中华民族谋

---

① 《十八大以来重要文献选编》(上),中央文献出版社,2014年,第116页。
② 《习近平总书记在学习贯彻党的十九大精神研讨班开班式上发表的重要讲话》,《人民日报》,2018年1月6日。

复兴。"①这是习近平在党的十九大上向全体共产党员发出的庄严宣誓。中国共产党人的初心和使命内涵极其丰富,具体如下:

第一,牢记党的最高理想和最终奋斗目标是实现共产主义。"中国共产党一经成立,就把实现共产主义作为党的最高理想和最终目标。"②这是因为,中国共产党自成立之日起,就深刻地认识到:相比较原始社会、奴隶社会、封建主义社会,以及资本主义社会,共产主义社会是符合人类社会发展的客观和内在规律,是人类社会发展的历史必然趋势,也是人类最美好、最崇高、最幸福、最进步的社会形式。因此,中国共产党自成立起就将实现共产主义作为最高理想和最终奋斗目标写在了自己的旗帜上,并身体力行进行了艰苦卓绝的奋斗和探索,最终经过28年的浴血奋战,完成了新民主主义革命,又经过社会主义改造建立起了社会主义基本制度。特别是改革开放四十多年来,我们又开创和发展了中国特色社会主义,实现了人类历史发展史上的"中国奇迹"。虽然人类最终走向共产主义是不可逆转的历史总趋势,但道路却是充满曲折与反复的。尤其是苏联解体、东欧剧变的阴影像恶魔似的困扰着人们对共产主义理想信念的固守,这使很大一部分人对社会主义产生了严重的怀疑和迷惑。对此,我们必须看清楚社会主义代替资本主义是真正的历史大趋势,不能因为东欧剧变及社会主义在全球的暂时低迷而失去对共产主义理想社会的信心,更不能跨越我国社会主义初级阶段的历史发展阶段而搞盲目"冒进"和"抢跑",提前进入社会主义社会,必须认识到实现共产主义社会将是一个长期的历史过程,需要一代又一代人的中国共产党人为之不懈奋斗。

第二,牢记对人民的赤胆忠诚,不要丧失革命精神。习近平多次强调:不忘初心,牢记使命,"就是不要忘记我们是共产党人,是革命者,不要丧失了

---

① ②   习近平:《决胜全面建成小康社会 夺取新时代中国特色社会主义伟大胜利》,《人民日报》,2017年10月28日。

革命精神"①。中国共产党自成立之日起，就把对人民的赤胆忠诚之心深深融入了自己的血液和骨髓中，与最广大的人民群众建立起了密不可分的血肉联系，自觉地把人民放在心中最高位置，自始至终坚信党的根基与力量均在人民，坚持一切为了人民、一切依靠人民，恪守立党为公、执政为民情怀，坚持权为民所用、情为民所系、利为民所谋，把人民拥护、赞成、高兴和答应作为自己一切工作的标准，由此也赢得了广大人民群众对党的伟大事业的大力支持，先后取得了革命、建设和改革的辉煌成就。进入新时代，不少困难和挑战仍然摆在我们面前，如经济发展不平衡不充分，脱贫攻坚任务较为艰巨，社会矛盾、社会冲突和党群干群问题交织叠加，国家安全面临新情况新问题，地缘政治风险因素增加，生态环境保护任重道远，意识形态领域斗争十分严峻复杂，党的建设方面还存在较为突出薄弱环节，等等。为此，我们必须牢记对人民的赤胆忠诚，始终坚持人民立场，自觉拜师人民，汲取人民智慧，不断进行自我革命，自觉增强忧患意识，永不停滞、励精图治、发奋作为，直面任何艰难险阻，勇于和敢于打造和锤炼自己，敢为人先，充满朝气、再接再厉、昂扬向上、激情飞扬、一往无前。

第三，牢记保持谦虚谨慎、不骄不躁、艰苦奋斗作风。"全党同志一定要不忘初心、继续前进，永远保持谦虚、谨慎、不骄、不躁的作风，永远保持艰苦奋斗的作风。"②习近平在庆祝中国共产党成立95周年大会上向全党提出的"两个永远"，也就是毛泽东在党的七届二中全会上率先提出来的"两个务必"。毛泽东当时提出"两个务必"的时代背景是：解放战争即将胜利结束、全国性的胜利即将到来，中国共产党也即将由一个革命党转变为全国性的执政党，这就给毛泽东提出了一个重大而又不得不面临的时代课题，即：中国共产党如何能够经受住从革命到建设、从夺取政权到执掌政权、从局部执政

---

① 《习近平总书记在学习贯彻党的十九大精神研讨班开班式上发表的重要讲话》，《人民日报》，2018年1月6日。

② 习近平：《在庆祝中国共产党成立95周年大会上的讲话》，《人民日报》，2016年7月2日。

到全国执政这样一个崭新的考验而永不变色？为此，在毛泽东看来，最根本的是做到"两个务必"。可以说，夺取国家政权十分艰难，巩固国家政权并能够永葆长期执政地位更是十分艰难。中国特色社会主义进入新时代，中国共产党能否一以贯之地坚持"两个务必"，这是中国共产党能否赢得长期执政这场严峻考验的最为关键因素。为此，必须增强忧患意识，坚决反"四风"，克服不思进取、骄傲自满、小富即安情绪思想和作风，励精图治，加强党的先进性纯洁性建设，以避免发生"政怠宦成""人亡政息"的历史悲剧。

（二）新时代不忘初心、牢记使命的价值意蕴

党的十九大明确指出：要"在全党开展'不忘初心、牢记使命'主题教育。"①这是以习近平同志为核心的党中央向全党作出的新部署和提出的新要求，也是当前全党政治生活的重大命题。今天我们开展不忘初心、牢记使命主题教育活动将具有十分重要的意义。

第一，这是对全党上下进行共识再凝聚，有助于为实现"中国梦"而凝神聚力。实现中华民族伟大复兴的中国梦，这是党的十八大以来以习近平同志为核心的党中央对全党和全体中国人民的最为庄严的承诺，是党和国家高瞻远瞩、开拓创新、面向世界与未来发展发出的最为强烈和最为重要的政治宣言，充分体现和彰显了中国共产党人高度与自觉的价值使命和责任担当，为新时代为把中国特色社会主义推向新的历史发展阶段提供了强大的精神支柱。历史已经告诉我们，实现中华民族伟大复兴的中国梦，凝聚了一代又一代中国人和共产党人特别是无数革命先烈的夙愿，进而也为之而进行了百折不挠、顽强拼搏、勇往直前和前仆后继的艰苦奋斗。目前，经过几代人特别是中国共产党人一代又一代的接续奋斗，"我们比历史上任何时期都更接近中华民族伟大复兴的目标，比历史上任何时期都更有信心、有能力实现这

---

① 习近平：《决胜全面建成小康社会　夺取新时代中国特色社会主义伟大胜利》，《人民日报》，2017年10月28日。

个目标。"①然而在我们这样一个历史极其悠久、国土极其广袤、人口极其众多、思想极其繁杂、利益纠纷极其复杂的国家探索实现民族伟大复兴之道，将仍然是一项极为艰难而艰巨的重大任务。历史充分证明，如果不能够把亿万人民凝聚起来，那么要实现中华民族伟大复兴的中国梦，那无异于痴心妄想和痴人说梦。党的十九大决定在全党开展"不忘初心、牢记使命"主题教育，无疑是对全党上下进行共识再凝聚，把集结号吹起来，使全党上下心往一处想、劲往一处使，让全党行动起来和发挥表率作用，领导和团结全国人民为实现中华民族伟大复兴的中国梦而凝神聚力。

　　第二，这是对全党上下进行理论再武装，有助于推进全面从严治党向纵深发展。习近平在党的十九大报告"过去五年的工作和历史性变革"一部分对党的十八大以来全面从严治党的成就给予了明确肯定，他强调："全面从严治党成效卓著"，并从加强党的领导和党的建设、尊崇党章、坚定理想信念、贯彻新时代好干部标准、完善党内法规制度体系、解决人民群众反映最强烈的突出问题、坚决反对特权、巡视全覆盖、反腐无禁区九个方面进行及时总结。当然全面从严治党在取得重大成就的同时，以习近平同志为核心的党中央也清醒地认识到，党的建设目前仍存在不少薄弱环节和突出问题需要解决。所以习近平在党的十九大报告中，站在新时代前沿向全党发出伟大号召，即"要坚持问题导向，保持战略定力，推动全面从严治党向纵深发展"②。如何才能有效推动全面从严治党向纵深发展？从管党治党的优良传统和成效来看，在相对集中的一段时间内，通过开展集中形式的思想教育活动，及时整顿和纠正党员领导干部在思想作风和工作作风中存在的各种不良现象，无疑是一项行之有效的好方法和好举措。比如党的十八大以来，以习近平同志为核心的党中央先后在党内开展的三大主题教育，即党的群众路线

①②　习近平：《决胜全面建成小康社会　夺取新时代中国特色社会主义伟大胜利》，《人民日报》，2017年10月28日。

教育实践活动、"三严三实"专题教育和"两学一做"学习教育,都取得了十分重大的成就,由此党员领导干部的思想作风和工作作风得到明显好转。进入新时代,我国社会主要矛盾已经发生根本性变化,党和国家的工作将面临不少重大困难和挑战,特别是推动全面从严治党向纵深发展将面临很多新问题新情况。这就迫切需要对全党上下进行理论再武装。党的十九大决定在全党开展"不忘初心、牢记使命"主题教育,无疑是对全党上下进行理论再武装,有助于推进全面从严治党向纵深发展。

第三,这是对全党上下进行党建再动员,有助于使党永远保持先进性和纯洁性。"只有不忘初心,牢记使命,永远奋斗,才能让中国共产党永远年轻。"①这里的"永远年轻"可以理解为永远保持党的先进性和纯洁性。中国共产党作为以马克思主义为指导思想的无产阶级先进政党,怎么才能永远保持年轻?党的革命、建设和改革史充分说明,保持党永远年轻的重要法宝和重要途径是能够永远做到"不忘初心、牢记使命"。这是因为只有不忘初心、牢记使命,方能让党在瞬息变化的实践基础上不断顺应时代潮流和时代发展变化,并进行与时俱进的理论创造和理论创新,从而实现党的指导思想和行动指南的与时俱进,确保指导思想和行动指南永立时代前沿和永葆生机与活力;只有不忘初心、牢记使命,方能使党根据不同的历史方位和历史特点,满足不同历史时期不同人民群众的不同需求,使党能够自始至终地获得最广大人民群众的信任、拥护和支持;只有不忘初心、牢记使命,方能使党在喧嚣和激荡的历史风云变幻中保持清醒、镇定与从容自信,不畏浮云遮望眼,越是艰险越向前,勇于担当、积极作为、永远奋斗;只有不忘初心、牢记使命,方能使党敢于并勇于壮士断腕、自我革命,不断增强党自我净化、自我完善、自我革新、自我提高的品格和能力,永不僵化、永不停滞、永不懈怠,砥砺前行、善作善成、一往无

---

① 习近平:《铭记党的奋斗历程时刻不忘初心 担当党的崇高使命矢志永远奋斗》,《人民日报》,2017年11月1日。

前、奋斗前进,锻造出永远保持先进性和纯洁性的中国共产党。因此,党的十九大决定在全党开展"不忘初心、牢记使命"主题教育,无疑是对全党上下进行党建再动员,有助于使党永远保持先进性和纯洁性。

(三)牢记初心,担当使命,锤炼继续奋斗意志

2016年7月1日,习近平在庆祝中国共产党成立95周年大会上向全党提出了"坚持不忘初心、继续前进"的八个方面要求。习近平在党的十九大上又向全党提出了实现伟大梦想的三大途径,即:"实现伟大梦想,必须进行伟大斗争""实现伟大梦想,必须建设伟大工程""实现伟大梦想,必须推进伟大事业"。①进入新时代,我们必须牢记初心、担当使命,锤炼继续奋斗意志。这就要求亟须做到以下三个方面:

1. 解放思想,直面问题不回避

习近平反复强调:"要有新突破,就必须进一步解放思想。"他还进一步指出:"要始终实事求是,勇于直面问题。"可以说,形势越严峻,困难就越多,就越需要解放思想。进入新时代,我国的发展已经站在一个新的时代起点上,需要进一步解放思想,从而以思想大解放促进和带动社会大发展。然而在解放思想的过程中,目前在社会上也存在不讲客观规律性、脱离客观实际、背离求真务实精神的问题。从本质上而言,这绝不是解放思想和思想解放,而是痴心妄想和胡思乱想。因此,我们讲的解放思想和思想解放必须建立在实事求是和求真务实基础之上,把敢想敢干与求真务实统一起来。进入新时代,要想迈出新步伐,必须从我国的实际出发,特别是要从我国现在存在的突出问题出发,做到敢想敢干与求真务实的统一。那么我国现在存在哪些突出问题呢? 党的十九大从发展不平衡不充分、民生领域存在短板、社会文明水平

---

① 习近平:《决胜全面建成小康社会 夺取新时代中国特色社会主义伟大胜利》,《人民日报》,2017年10月28日。

问题、社会矛盾和问题交织叠加、意识形态领域斗争、改革部署和重大政策落实、党的建设七个方面进行了归纳和总结。为此必须直面这些现实问题不回避，要在解放思想和思想解放的过程中不断解决这些现实问题，从而使中国特色社会主义道路越走越宽广、越走越具有生命力。

2. 顺应世界发展潮流，改革开放不停步

习近平指出："中国要发展，必须顺应世界发展潮流。"历史经验充分告诉我们，对世界发展趋势的判断和把握是否正确，将极大地影响和决定党和国家的战略决策和战略选择。自20世纪70年代以来，和平与发展逐渐成为时代的两大主题，第四次科技革命浪潮正在悄然兴起，但苏联共产党仍坚持"战争与革命"的时代观，奉行"国防优先"政策，继续扩军备战，导致国民经济结构失衡，国力由盛而衰。苏共没有把握住世界发展的大趋势，错失发展良机，为我们提供了深刻的教训。我们要清醒地看到，世界要和平，国家要发展，社会要进步，这是不可逆转的历史趋势。然而天下并不太平、世界并非风平浪静。特别是以美国为首的极个别西方发达国家，凭借经济、科技乃至军事上的优势，肆意干涉别国内政，大搞"单边主义"，霸权主义和强权政治有新的发展。国内外意识形态领域的斗争仍然十分复杂和激烈，资本主义和社会主义的较量和斗争一天也没有停止过，将来也不可能悄无声息的停止。国际敌对势力不愿意看到一个强大的中国屹立在世界的东方，加紧推行"西化""分化'战略图谋，极力推行他们的价值观念和生活方式，并利用所谓民族、宗教、人权等问题不断制造麻烦，干涉我国内政，渗透与反渗透，颠覆与反颠覆，斗争更加复杂、更加尖锐。为此，我们必须不忘改革开放初心，毫不动摇坚持改革开放政策，做到改革不停顿、开放不止步，进一步提升改革开放质量和水平。

3. 撸起袖子加油干，主动担当作为

"历史只会眷顾坚定者、奋进者、搏击者，而不会等待犹豫者、懈怠者、畏

难者。"①新时代是广大党员领导干部大显身手、担当作为、开创伟业的时代，这就需要一大批善于攻坚克难、敢于担当、敢于碰硬、主动作为、真抓实干的党员领导干部，这是做好新时代一切工作的根本前提。然而目前少数党员领导干部却抱着"只要不出事、宁愿不做事""多一事不如少一事"等心态，不敢担当不敢作为，发生了"为官不为"问题。"为官不为"问题的危害极大，将极易延误新时代中国特色社会主义伟大事业的发展。为了解决部分党员领导干部中存在的"为官不为"问题，2018年5月，中共中央办公厅印发了《关于进一步激励广大干部新时代新担当新作为的意见》。《意见》提出：要建立容错纠错机制、改革干部考核评价机制、严管与厚爱相结合、切实为敢于担当的干部撑腰鼓劲，以凝聚形成新时代创新创业的强大合力。这对调动广大干部在新时代干事创业的积极性、主动性和自觉性意义十分重大。客观地讲，在实现中华民族伟大复兴的征程中，既面临难得的发展机遇，同时也面临前所未有的挑战。面对困难与挑战，绝不能打退堂鼓，而应迎难而上不畏难，坚持"干"字当头、勇担社会责任，树立主动担当意识，自觉担当作为，撸起袖子加油干，切实承担起新时代赋予的使命。

三、用党的创新理论武装头脑

党的十九大明确指出：用党的创新理论武装头脑。历史和现实都证明，任何一个政党要永立时代潮头，一刻也离不开理论创新和理论武装。我们党向来注重理论创新和理论武装，在长期的革命、建设和改革中，先后形成了毛泽东思想、邓小平理论、"三个代表"重要思想及科学发展观等与时俱进的创新理论。党的十八大以来，以习近平同志为核心的党中央大力推进理论创新，形成和创立了习近平新时代中国特色社会主义思想，实现了党的指导思

---

① 习近平：《决胜全面建成小康社会 夺取新时代中国特色社会主义伟大胜利》，《人民日报》，2017年10月28日。

想的又一次与时俱进，必须长期坚持并落实到位。

（一）习近平新时代中国特色社会主义思想是科学的理论体系

习近平新时代中国特色社会主义思想的内涵相当丰厚，包括经济、政治、法治、科技、文化、教育、民生、民族、宗教、社会、生态文明、国家安全、国防和军队、"一国两制"和祖国统一、统一战线、外交、党的建设等各方面。其中，最为重要、最为鲜明、最为核心的是党的十九大报告总结归纳的"八个明确"和"十四个坚持"。"八个明确"主要是从理论上鲜明回答"新时代坚持和发展什么样的中国特色社会主义"，而"十四个坚持"的基本方略则是从实践上鲜明回答"新时代怎样坚持和发展中国特色社会主义"，由此构成了逻辑严密的科学理论体系。

1."八个明确"回答了"新时代坚持和发展什么样的中国特色社会主义"的时代课题

在习近平新时代中国特色社会主义思想体系中，"八个明确"主要侧重的是对"新时代坚持和发展什么样的中国特色社会主义"这一时代课题的揭示和回答。一是明确新时代坚持和发展中国特色社会主义的总任务是实现社会主义现代化和中华民族伟大复兴；二是明确新时代我国社会主要矛盾是人民日益增长的美好生活需要和不平衡不充分的发展之间的矛盾；三是明确中国特色社会主义事业总体布局是"五位一体"、战略布局是"四个全面"；四是明确全面深化改革总目标是完善和发展中国特色社会主义制度、推进国家治理体系和治理能力现代化；五是明确全面推进依法治国总目标是建设中国特色社会主义法治体系、建设社会主义法治国家；六是明确党在新时代的强军目标是建设一支听党指挥、能打胜仗、作风优良的人民军队；七是明确中国特色大国外交要推动构建新型国际关系，推动构建人类命运共同体；八是明确中国特色社会主义最本质的特征是中国共产党领导。

2. 十四条基本方略回答了"新时代怎样坚持和发展中国特色社会主义"的时代课题

在习近平新时代中国特色社会主义思想体系中，十四条基本方略主要侧重的是对"新时代怎样坚持和发展中国特色社会主义"时代课题的揭示和回答。正确理解习近平新时代中国特色社会主义思想中的基本方略，需要从两个层面来全面把握。第一个层面是坚持和发展中国特色社会主义的"总方略"，它包括"坚持党对一切工作的领导""坚持以人民为中心""坚持全面深化改革"。第二个层面是坚持和发展中国特色社会主义的"具体方略"，它包括在经济建设领域必须"坚持新发展理念"，建设现代化经济体系；在政治建设领域必须"坚持人民当家作主"和"坚持全面依法治国"；在文化建设领域必须"坚持社会主义核心价值体系"；在社会建设领域必须"坚持在发展中保障和改善民生"；在生态文明建设领域必须"坚持人与自然和谐共生"；在国家安全领域必须"坚持总体国家安全观"；在国防和军队建设领域必须"坚持党对人民军队的绝对领导"；在港澳台工作领域必须"坚持'一国两制'和推进祖国统一"；在外交领域必须"坚持推动构建人类命运共同体"；在党的建设领域必须"坚持全面从严治党"。

(二)习近平新时代中国特色社会主义思想具有鲜明的风格特点

习近平新时代中国特色社会主义思想同马克思列宁主义、毛泽东思想、邓小平理论、"三个代表"重要思想、科学发展观是一脉相承的，是我们党在实践中丰富和发展马克思主义所取得的重要的理论创新成果，具有鲜明的风格特点。

1. 习近平新时代中国特色社会主义思想具有鲜明的继承性

党的十八大以来，以习近平同志为核心的党中央，以马克思主义政治家理论家敏锐的洞察力和宽广的世界眼光，在建设有中国特色社会主义的伟大实践中，科学判断当今国际局势的深刻变化、敏锐把握国内外形势的深刻变化、深刻总结党成立以来的历史经验，以及世界社会主义运动的经验教训、准确把握我们党所处的历史方位，紧紧围绕"新时代坚持和发展什么样的中国特色社会主义、怎样坚持和发展中国特色社会主义"这个主题，提出了一系列新思想、新观点、新论断，创立了习近平新时代中国特色社会主义思想。习近平新时代中国特色社会主义思想同马克思列宁主义、毛泽东思想、邓小平理论、"三个代表"重要思想、科学发展观是一脉相承的，是我们党在实践中丰富和发展马克思主义所取得的重要的理论创新成果，是党的历史经验的深刻总结，反映了新时代的发展要求，旗帜鲜明地坚持和捍卫了马克思列宁主义，继承和吸收了中华民族优秀传统文化，充分吸收了世界各国优秀文明成果，科学回答了"新时代坚持和发展什么样的中国特色社会主义、怎样坚持和发展中国特色社会主义"等重大理论和实践问题，作出了符合新时代特点的一系列重大判断和未来发展战略，书写了该思想坚守真理、传承文明的理论品格，是我们党新时代必须长期坚持的指导思想。

2. 习近平新时代中国特色社会主义思想具有鲜明的创造性

习近平新时代中国特色社会主义思想不仅没有丢掉"老祖宗"，而且没有对"老祖宗"进行简单重复，而是立足中国特色社会主义进入新时代这一时代特点，着眼新时代世情国情党情的新变化、新特点、新挑战，直面实现中华民族伟大复兴道路上的各种风险、困境、难点以及矛盾，讲了许多老祖宗从来没有讲过的新话，为新时代中国特色社会主义增添了新理念、新思想、新观点、新战略，具有强烈的现实针对性，开辟了当代中国马克思主义发展新境界，是马克思主义中国化最新理论成果，是指导新时代中国特色社会主义向前发展的鲜活理论。这一科学理论的创新性，鲜明体现在习近平治国理政新理念、新思想、新战略中，具体体现在关于改革发展稳定、内政外交国防、治党治国治军等一系列实践中。比如：在经济建设领域提出"经济发展新常态"思想、"供给侧结构性改革"理念、"一带一路"倡议、"构建开放型经济新体制"等；在政治建设领域提出"不把民主当成用来作摆设的装饰品""不幻想突然就搬来一座政治制度上的'飞来峰'"等;在文化建设领域、社会建设领域及生态文明建设领域提出"文艺创作不能有'高原'缺'高峰'""坚持精准扶贫、精准脱贫""绿水青山就是金山银山"等;在党的建设领域提出"纪严于法、纪在法前""不忘初心、继续前进""把党的政治建设摆在首位"等。这些都是开时代先河的重大的理论和实践创新。

3. 习近平新时代中国特色社会主义思想具有鲜明的时代性

"一切划时代的体系的真正的内容都是由于产生这些体系的那个时期的需要而形成起来的。"①马克思主义之所以永远具有鲜活而持久的生命力,根本原因在于它具有因时而变、与时俱进的内在基因和理论品格。习近平新时代中国特色社会主义思想是以习近平同志为核心的中国共产党人在建设有中国特色社会主义的伟大实践中,科学判断当今国际局势、敏锐把握国内外形势的深刻变化、深刻总结党成立以来的历史经验,以及世界社会主义运动的经验教训、准确把握我们党所处的历史方位、围绕"新时代坚持和发展什么样的中国特色社会主义、怎样坚持和发展中国特色社会主义"这个主题,继承历史、立足现实、着眼未来,对变化了的世情国情进行科学分析、对自身状况进行深刻思考的产物,具有历史必然性和现实客观性。这一思想以马克思主义的宽广视野,深入洞察新时代风云,正确顺应新时代潮流,准确把握新时代大势,着力凝聚新时代精髓精神,站在人类发展时代前沿,着眼新时代人类发展和世界前途,认真倾听新时代声音,以科学思维审视新时代,积极解决新时代新课题,表现出深刻的新时代意识,开辟了马克思主义新境界、中国特色社会主义新境界,彰显了中国共产党与时俱进的思想理论品质。

---

① 《马克思恩格斯全集》(第3卷),人民出版社,1960年,第544页。

（三）为推动习近平新时代中国特色社会主义思想落到实处提供保障

推动习近平新时代中国特色社会主义思想往深里走、往实里走、往心里走，这是当前和今后一个时期的重要政治任务。为此，必须突出重点、抓住关键，做到以下三点：

1. 构建有效管用、简便易行的选人用人机制

政治路线确定之后，干部就是决定因素。领导干部是贯彻落实习近平新时代中国特色社会主义思想的组织者、决策者、执行者和示范者，其对习近平新时代中国特色社会主义思想的认识程度、执行力度、推行广度、实践深度直接关系贯彻落实习近平新时代中国特色社会主义思想的成效。因此，贯彻落实习近平新时代中国特色社会主义思想，关键是构建有效管用、简便易行的选人用人机制，为贯彻落实习近平新时代中国特色社会主义思想提供人才支撑。这就要求：

第一，树立科学选任导向，只有真正把真心想干事、勤奋会干事、担当能干事、踏实真干事、无私敢干事、务实干成事的领导干部精准选出来和科学用起来。

第二，推进选任工作民主化，让"多数人选少数人"，避免"少数人选少数人"，从而确保优秀人才胜出。

第三，创新选任方式，拓宽选任渠道，建立竞争择优的人才"进口"机制，真正把那些敢于担当、勤于做事、勇于作为、忠诚履责、尽心尽责、一心为公、甘于奉献、为民务实的优秀领导干部不拘一格地选拔到最重要领导岗位。

第四，畅通领导干部"下"与"退"的渠道，构建淘汰机制，对那些贯彻落实习近平新时代中国特色社会主义思想不力者制定一套科学、完整、公平与公正的"退出"与"能下"的标准和依据，以对其形成强大威慑。

2. 健全完善党的教育培训制度

深入贯彻落实习近平新时代中国特色社会主义思想，要着眼于健全完善党的教育培训制度。

第一,推进教育培训模式变革,解决目前存在较为突出的"上下一般粗、左右一个样""一刀切""一锅煮"等问题。为此,要以按需施教为抓手,建立训前调研机制,满足组织、岗位及个人需求;要以分类施教为重点,明确教育培训对象,突出领导干部教育培训的针对性;要以扩大自主选学为突破口,构建自主选学培训机制,推进领导干部自主选学。

第二,拓展教育培训阵地,丰富教育培训渠道,推动形成优势互补的教育培训格局。要打破现行的由党校主导的对领导干部的教育培训渠道,转而采用灵活多样的教育培训渠道,从而取长补短、扬长避短,形成优势互补的教育培训格局,综合发挥各种教育培训资源的优势和长处;打破目前现行的以课堂教育培训为主的领导干部教育培训方式和渠道,坚持理论联系实际原则,将课堂教育培训与社会实践相结合,将课堂教育培训引向社会实践培训。

第三,强化教育培训后的持续跟踪问效,切实推动教育培训成果向工作效果的转化。对领导干部进行教育培训仅仅是一种途径和手段,根本目的在于以此促进领导干部思想觉悟、工作能力及业务水平的提高。因此对领导干部进行教育培训的成效究竟如何,最终还是要看教育培训结束后领导干部能否将"所学"用于"所做""做"的效果如何。所以还必须强化教育培训后的持续跟踪问效,解决"学"后"用"的问题,切实推动教育培训成果向工作效果的转化。

3. 建立健全监督制度,营造良好社会环境

深入贯彻落实习近平新时代中国特色社会主义思想关键在监督,必须把建立健全监督制度,从而为贯彻落实好新思想营造良好社会环境。当前亟须抓好以下三个方面的工作:

第一,扩大制度体系执行监督主体,有效整合监督力量,推动联合监督工作机制构建。要有效整合监督力量,千方百计创造条件,力争调动各方监

督资源,形成各司其职、各负其责又纵向互通、横向联合、齐抓共管、合力推进的监督格局,切实把新思想的贯彻落实始终置于各监督主体的监督之下。

第二,高度重视常规性督查,及时展开专项性督查,推动常规性督查与专项性督查有机结合。要强化常规性督查工作,通过常规性督查实现对新思想贯彻落实过程监督的常态化;要及时展开专项性督查工作,通过专项性督查实现对新思想贯彻落实过程监督的针对性;要将常规性督查与专项性督查有机结合起来,实现对新思想贯彻落实过程监督的实效性和针对性。

第三,拓宽监督渠道,丰富监督手段,形成辐射全面、渠道畅通、利用方便的监督"网络"。努力拓宽监督渠道,不断丰富监督手段,以形成辐射全面、渠道畅通、利用方便的监督"网络",这是促使新思想落到实处的可靠保障。要构建多样化的监督通道,为监督主体提供尽可能多的监督渠道和监督平台。要创新与丰富对新思想贯彻落实的监督手段,推动实现监督手段的多样化、科技化与公开化。

四、常修为政之德永葆政治本色

人无德不立,官无德不为。2018年全国"两会"期间,习近平参加重庆代表团审议时要求领导干部讲政德,强调"立政德"就是要明大德、守公德、严私德。在这里,习近平提出"领导干部要讲政德"的重大判断,为新时代净化党内政治生态、永葆政治本色指明了重要方向。

(一)政德建设对执政党的重大价值

政德建设是加强党的建设的内在要求,新时代加强政德建设对执政党具有重大的价值。

1. 有利于巩固党的执政基础、永葆党的执政地位

常修为政之德永葆政治本色,事关国运兴衰与政权安危。对执政党而

言,则直接关系到其执政基础和执政地位。正如习近平总结历史经验时指出的:"在历史的长河中,那些帝国的崩溃、王朝的覆灭、执政党的下台,无不与其当政者不立德、不修德、不践德有关。"①改革开放以来,随着全球化的推进,在市场经济体制下,受西方资本主义腐朽没落思想的影响和侵蚀,部分共产党员的价值取向趋向务实、急功近利,在政德方面迷失方向,出现了很多问题。比如,有的党员领导干部更加看重"利"而忽视"义",重眼前利益而轻长远利益,重现实而轻理想转向,重个人利益而轻整体利益,重个人理想而轻奉献。在这种功利主义的影响下,一些党员领导干部政治立场不坚定,道德失范、善恶混淆、美丑不分,甚至突破做人底线,在社会上造成极坏的影响。因此,面对新形势、新任务和新挑战,加强对广大党员干部的政德建设,确保广大党员干部忠实地践行全心全意为人民服务的宗旨,始终保持党的先进性纯洁性已成为一项紧迫任务。

2. 有利于净化党内政治生态、永葆党的纯洁性

习近平高度重视党内政治生态问题。他多次强调:"做好各方面工作,必须有一个良好政治生态。政治生态污浊,从政环境就恶劣;政治生态清明,从政环境就优良。"②当前有的党员领导干部高高在上、脱离群众,组织观念淡漠,遇事"难"字当头,当"两面人、老好人",政治生活方式"形式化"、随意化、娱乐化,相互批评不到位,上班不在状态,在岗不在位、在位不履职、履职不尽责,等等。党员领导干部这些德行失范必然破坏党的政治生态,污染从政环境,破坏干群关系、激化干群矛盾,进而导致整个社会将世风日下。新时代常修为政之德永葆政治本色,这无疑有利于净化党内政治生态、永葆党的纯洁,特别是思想纯洁。

---

① 习近平:《之江新语》,浙江人民出版社,2013年,第258页。
② 习近平:《在参加十二届全国人大三次会议吉林代表团审议时的讲话》,《人民日报》,2015年3月10日。

3. 有利于建设高素质专业化干部队伍

政治路线确定之后,干部就是决定因素。党的十九大明确提出:要"建设高素质专业化干部队伍"①。习近平也多次强调:"正确的政治路线要靠正确的组织路线来保证。严把德才标准,坚持公正用人,拓宽用人视野,激励干部积极性,造就忠诚干净担当的高素质干部队伍。"②这就为高素质专业化干部队伍建设提出了新要求。中国特色社会主义进入新时代,只有把政德建设作为建设高素质干部队伍的重要抓手,才能锻造一支忠诚于党、国家和人民、清正廉洁、改革创新、干事创业、积极作为的党员干部队伍。

(二)当前领导干部政德问题透视

加强政德建设是党员干部自我修养的重大任务。然而在改革开放和市场经济的不断深化及快速发展中,少数党员干部在个人政德建设方面仍存在一些问题:

1. 宗旨意识淡化

有的领导干部自恃学历高、有文化、有知识、有理论,看不起广大人民群众,认为人民群众野蛮、粗鲁、无知、素质低、不讲理、水平差,对人民群众缺乏深厚感情;有的不关心人民群众疾苦,认为人民群众反映的问题、提出的意见和建议支离破碎、不带普遍性,因而根本不倾听和吸纳人民群众的意见和建议,将立党为公、执政为民、权为民所用、情为民所系、利为民所谋等完全抛到九霄云外;有的眼睛向上望不向下看,对上级吹吹拍拍、"情深义重"、曲意逢迎,想方设法接近和拉拢,对下级和群众则脸色难看、口气生硬、漠不关心,千方百计远离和排斥;有的优亲厚友,搞"一人得道,鸡犬升天",权为

① 习近平:《决胜全面建成小康社会 夺取新时代中国特色社会主义伟大胜利》,《人民日报》,2017年10月28日。
② 习近平:《严把标准公正用人拓宽视野激励干部 造就忠诚干净担当的高素质干部队伍》,《人民日报》,2018年11月27日。

亲所用、利为友所谋，以感情代替法制、人情代替制度，为亲友充当保护伞、开设"绿色通道"。

2. 理想信念动摇

有的领导干部笃信巫婆神汉、算命先生、风水先生，相信"相面""周公解梦""星座预测""求签"；有的"见庙就进""见菩萨就烧香""见佛就磕头"，家中常年供奉如来佛、观音大士、财神爷等神像，办公室则放"靠山石""风水球""转运石"等装饰物，家庭住宅、办公大楼及单位门里门外都布置成"风水局"和"风水阵"；有的遇事"不拜群众拜风水""不问苍生问鬼神"，凡大小事都先去拜神祭祖、占卜问卦，请"神明"和"大师"为自己出谋划策，甚至在公共决策时也要烧香拜佛，请"大师"代为参谋；有的崇尚现实主义、实用主义和个人主义，笃信"有权不用，过期作废"，感慨"人生苦短""人生如梦"，推崇"为乐当及时，何能待来兹"。

3. 担当意识不强

比如，有的领导干部总怕决策失误和怕承担责任，因而不敢拍板、下决心和作决策；有的总怕碰"红线"、怕踩"雷区"、怕担风险，患得患失，因而放不下包袱、甩不开膀子，不敢试、不敢闯、不敢冒、不敢干；有的总怕"引火烧身"、怕得罪人、怕"被曝光"丢面子、怕"惹麻烦"，因而凡事留余地、留退路，只求保全自身，不图事业发展；有的则总是奉行好人主义，无原则地"和稀泥"，看风使舵，偷奸取巧，"左右逢源、四处结缘"；有的遇到敏感问题、棘手问题及突发事件时，总是如蛇行一般七绕八弯，能躲则躲、能避则避、能拖则拖；有的"只报喜不报忧""只栽花不挑刺""只讲优点不讲缺点""只唱赞歌不予批评"。

4. 奋斗精神衰退

有的领导干部求稳怕变、畏惧困难、回避挑战，没有创造激情和冲动，缺乏"逢山开道，遇水搭桥"的昂然锐气、勇气与意志；热衷声色犬马，沉湎花天酒地，沉耽纸醉金迷，沉迷游猎；有的只会"照本宣科""照猫画虎""照葫芦画瓢"，不敢求新求变、改革创新、千帆竞渡、百舸争流；有的小进即喜、小成即满、小富即安，对仅有的点点成绩、滴滴功绩也总是不停地自我吹捧、自我陶醉、自我标榜；有的满足于守摊子、完成任务、不挨批评，成绩看得多、问题看得少，跟自己比得多、和别人比得少，跟落后的比得多、和先进的比得少。

（三）加强政德建设、永葆政治本色的途径

新时代加强政德建设，首要的是以习近平新时代中国特色社会主义思想武装头脑，明大德、守公德、严私德，凝魂聚气、固本强基，练就"金刚不坏之身"。

1. 强化宗旨意识，坚持人民利益至上

习近平向全党反复指出："党与人民风雨同舟、生死与共，始终保持血肉联系，是党战胜一切困难和风险的根本保证。"①所以新时代常修为政之德永葆政治本色，必须强化宗旨意识，坚持人民利益至上。我们党从成立之日起，就把全心全意为人民谋利益作为自己的根本宗旨和行为准则。党的一切工作的出发点和落脚点都是为人民谋利益，党除了人民的利益，没有自己特殊的利益。为人民谋利益是党的全部工作的出发点和归宿，能否实现人民的意愿和利益是衡量我们一切工作成效的最高标准。要坚持党的群众路线，深入群众，深入基层，倾听群众呼声，真实反映群众意愿，把实现最广大人民的根本利益作为制定党的路线、纲领、方针、政策的出发点和归宿，最大限度地实现好维护好发展好人民利益。作为领导干部，要时刻牢记我们手中的权力是人民赋予的，真正代表人民掌好权、用好权，而绝不允许以权谋私，绝不允许形成既得利益集团，自觉做到权为民所用、情为民所系、利为民所谋。要清醒地认识"权力就是责任、干部就是公仆、领导就是服务"的道理，努力做到以正确的世界观立身，以正确的权力观用权，以正确的事业观做事。要通过召开

---

① 习近平：《在庆祝中国共产党成立95周年大会上的讲话》，《人民日报》，2016年7月2日。

座谈会、面对面谈心、走访、检查工作等方式,广泛听取广大群众的意见和建议,坚决防止形式主义、官僚主义、享乐主义和奢靡之风等突出问题发生。

2. 铸牢信仰之基,补足精神之钙

新时代常修为政之德永葆政治本色,必须有坚定的理想信念,铸牢信仰之基,补足精神之钙。正如习近平多次强调的:"要铸牢理想信念、锤炼坚强党性,在大是大非面前旗帜鲜明,在风浪考验面前无所畏惧,在各种诱惑面前立场坚定,这是领导干部首先要修好的'大德'。"①中国共产党的庄严历史使命,就是最终实现共产主义的社会制度。共产主义社会是全面发展、全面进步的社会。为了实现共产主义,一批又一批的中国共产党人前赴后继、英勇奋斗。我们党自成立之初的几十个人,在长期的革命斗争中之所以由小变大、由弱变强,领导全国各族人民取得中国革命、建设和改革的巨大成功,发展成为拥有九千多万党员的大党,其根本原因就在于:广大共产党员对共产主义信念和中国特色社会主义理想坚定不移。中国特色社会主义进入新时代,我们党面临的治国理政任务更加艰巨,所要解决的难题也更多、更复杂。执政考验、改革开放考验、市场经济考验、外部环境考验是长期的、复杂的、严峻的。精神懈怠的危险,能力不足的危险,脱离群众的危险,消极腐败的危险,更加尖锐地摆在全党面前。只有铸牢信仰之基,补足精神之钙,才能不断增强抵御风险和拒腐防变的能力,胜利完成党在新时代的历史使命。

3. 始终忠诚履职,主动担当作为

古人说:"无患不策,只怕无心。"党员干部是否具有担当的精神,是其为政之德的重要表现。对此,习近平多次向全党强调:"担当就是责任,好干部必须有责任重于泰山的意识。"②因此,新时代常修为政之德永葆政治本色,必须始终忠诚履职,主动担当作为。特别是当前,我国已经进入改革攻坚期、深水区和瓶颈期,思想观念的障碍、利益固化的藩篱、体制机制上的顽瘴痼疾

①　中共中央文献研究室:《习近平总书记重要讲话文章选编》,中央文献出版社,2016年,第59页。
②　《十八大以来重要文献选编》(上),中央文献出版社,2006年,第338页。

等等,都摆在了全党面前,迫切需要全体党员干部,特别是领导干部能够勇于担当、敢于担当、善于担当、有所作为。目前亟须建立容错免责制度,唯有如此,才能打消领导干部遇事怕担责、干事怕出错等思想顾虑,为他们护航壮胆、鼓劲打气,从而激发领导干部干事创业的活力,鼓励领导干部敢于担当、大胆作为和积极作为。此外,还必须建立科学与合理的激励驱动制度。通过激励驱动制度,深入挖掘领导干部干事创业潜能、全面激发领导干部干事创业活力,促进领导干部履职尽责、攻坚克难、担当作为。这就要求要以物质激励为基础,完善物质激励机制;以精神激励为根本,完善精神激励机制;以目标激励为重点,完善目标激励机制,等等。

4. 戒贪止欲,始终做到清正廉洁

拒腐防变,关系人心向背和党的生死存亡,是执政党必须始终抓好的重大政治任务,是我们党长期面对和必须解决的重大历史性课题,也是每个党员领导干部的终身大考。当前,领导干部面临的诱惑很多,如果不能正确对待手中的权力,不能理性面对各种利益,思想稍有放松和懈怠,就可能在形形色色的诱惑面前丧失原则,滑向腐败的泥潭。因此,习近平多次强调:"在全社会培育清正廉洁的价值理念,使清风正气得到弘扬。"①他还要求共产党员要"做到公正用权、依法用权、为民用权、廉洁用权,永葆共产党人拒腐蚀、永不沾的政治本色"②。所以新时代常修为政之德永葆政治本色,必须戒贪止欲,始终做到清正廉洁。为此,要端正自我、洁身自好,不追名逐利,不爱慕虚荣,划清公私界限,端正权力观念,敬畏手中之权;要严格遵纪守法,对党纪国法要有敬畏感,树立党内人人平等意识,自觉接受党和人民监督;要通过弘扬优秀的传统文化,特别是廉政文化,以及宣传推荐党风廉政建设先进人物和典型事迹,扩大先进典型的示范效应,营造浩然正气、廉洁勤政的良好氛围。

---

① 习近平:《在第十八届中央纪律检查委员会第二次全体会议上的讲话》,《人民日报》,2016年5月3日。

② 习近平:《在庆祝中国共产党成立95周年大会上的讲话》,《人民日报》,2016年7月2日。

第五章

全面提高党的组织建设质量

　　中国共产党是按照马克思列宁主义的建党原则建立起来的，严密的组织和严格的纪律是中国共产党的优势。中国特色社会主义进入新时代，改革开放进入新阶段，只有开创新时代党的建设新的伟大工程新局面，进行自我革命，全面提高党的组织建设质量，才能为坚持和发展中国特色社会主义这场伟大社会革命奠定坚实的组织基础。党的十八大以来，习近平在治国理政的实践中对加强党的组织建设进行了一系列重要论述，党的组织建设取得显著成就。党的十九大对新时代加强党的组织建设进行了一系列部署，2018年全国组织工作会议明确提出了新时代党的组织路线，这为新时代全面加强党的组织建设提供了根本遵循，为坚持和发展中国特色社会主义伟大事业提供了坚强的组织保证。

一、建设高素质专业化干部队伍

　　正确的政治路线确定以后，干部就是决定的因素。党的干部是党和国家事业的中坚力量，是关键少数，能够带动党内绝大多数。干部队伍是党的执政骨干，政权的运作主要依靠干部。干部队伍如何直接关系到党的执政水平和所担负历史使命的完成状况。从党执政的历程来看,建设高素质的执政骨干队伍,始终是党的建设的关键所在。

(一)新时代需要高素质专业化干部队伍提供组织保证

党的十九大宣告,经过长期的努力中国特色社会主义进入了新时代。从"站起来"到"富起来"到"强起来",新时代是实现中华民族伟大复兴,建设社会主义现代化强国的关键时期,是梦想成真的时代,也是砥砺奋斗的时代,需要大批忠诚、干净担当的高素质专业化干部队伍。2018年全国组织工作会议上,习近平提出新时代的组织路线,要求坚持德才兼备、以德为先、任人唯贤,着力培养忠诚干净担当的高素质干部。

艰巨的发展和改革任务需要高素质专业化干部队伍。早在党的十八大召开后,习近平就指出:"真正实现社会和谐稳定、国家长治久安,还是要靠制度,靠我们在国家治理上的高超能力,靠高素质干部队伍。"[1]"进行具有许多新的历史特点的伟大斗争,实现党的十八大确定的各项目标任务,关键在党,关键在人。"[2]人就是一支宏大的该素质干部队伍。党的十九大确定了全面建成小康社会后的两个阶段安排,将基本实现现代化的目标提前了15年。当前以大数据为代表的现代信息技术迅猛发展,深刻影响着各国生产力和综合国力,我国国内改革开放进入新阶段,世界形势复杂多变,大国之间的竞争日趋激烈,将党的十九大提出的一系列治国理政的大政方针和举措落到实处,领导干部不仅需要正确理解和准确把握它们,还要具有相应的专业素质和专业精神去实现它们。党的十八大以来,党的领导干部队伍不仅得到了净化,而且素质和专业化水平普遍得到提高。但是发展和改革的艰巨性、系统性、专业性也日益凸显。政治素质硬、领导水平高、业务能力强,特别是具有跨学科专业能力和专业精神的综合性领导干部尚不足以满足发展和改

---

① 《习近平谈治国理政》,外文出版社,2014年,第52页。
② 同上,第224页。

革的需要,有些领域甚至还很缺乏。

复杂的国内国际环境需要高素质专业化干部队伍。自1978年党的十一届三中全会实行改革开放已有四十多年。改革又到了一个新的历史关头,全面深化改革触及的机制体制和利益关系广泛、深刻、尖锐,任何一个领域的改革都会牵动其他领域,同时也需要其他领域改革密切配合。解放思想,推进改革深入,促进持续解放生产力的复杂程度、敏感程度、艰巨程度绝不亚于当年。与此同时,随着我国综合国力和世界影响力的与日俱增,国际上一些国家对于我国发展的忌惮、打击也在增多。我们面临着一系列突出矛盾和挑战,存在不少困难和问题。正如党的十九大报告指出的,发展不平衡不充分的矛盾尚未解决,创新能力不够强,民生领域还有不少短板,社会矛盾和问题交织叠加,意识形态领域的斗争依然复杂,国家安全面临新情况,等等。正确应对这些挑战,解决这些问题,既要依靠党中央的坚强正确领导,还要依靠大批高素质专业化领导干部深入实际,合理决策,担当作为。

提高党的建设质量需要高素质专业化队伍。东西南北中,党是领导一切的。推进党的建设新的伟大工程,坚持和加强党的领导,必须从领导干部抓起。领导干部队伍的素质和专业化水平一定程度上决定着整个党组织的素质和水平。党的十八大以来,随着全面从严治党的不断深入,领导干部乱作为的问题得到有效遏制,"总的看,我们的干部队伍素质不断提高、结构明显改善,总体上适应事业发展需要,特别是大批优秀年轻干部正在成长起来。同时,受成长经历、社会环境、政治生态等多方面因素影响,当前干部队伍也存在种种复杂情况"[1],比如一些干部不作为慢作为,庸政懒政怠政、改革勇气锐气弱化。这既有思想认识上的原因,也有能力不足的原因。所以培养宏大的高素质专业化干部队伍,把党自身建设得更加坚强有力,才能切实承担起总揽全局、协调各方的责任。

---

① 《习近平谈治国理政》(第二卷),外文出版社,2017年,第224页。

（二）落实新时代好干部标准，突出政治素质

建设高素质专业化干部队伍必须在新时代组织路线的指导下，落实新时代好干部标准，突出政治素质。古人说："尚贤者，政之本也。""为政之要，莫先于用人。"治国之要，首在用人。我们党历来高度重视选人用人。1938年10月，毛泽东在《中国共产党在民族战争中的地位》中指出，"共产党的干部政策，应是以能否坚决地执行党的路线，服从党的纪律，和群众有密切的联系，有独立的工作能力，积极肯干，不谋私利为标准，这就是'任人唯贤'的路线"①。在党的六届六中全会上，毛泽东进一步指出："中国共产党是一个在几万万人的大民族中领导伟大革命斗争的党，没有多数才德兼备的干部，是不能完成其历史任务的。"②这里的德主要是指干部的政治态度、思想品德和作风等，才主要是指知识文化水平、业务素质和工作能力。新中国成立后，周恩来在强调按照德才兼备的标准选拔干部的同时，指出："政治标准与工作能力，二者是缺一不可的，而政治上可以信任是先决问题。"③陈云也曾提出选拔干部要"德才并重、以德为主"。改革开放后，面对干部队伍年龄老化，知识结构、专业能力更新慢，无法适应改革和建设需要，邓小平提出，在革命化的前提下，要使我们的干部队伍年轻化、知识化、专业化，并在十二大党章中写入了这个努力方向。1992年南方谈话中他再次强调，中国要出问题，还是出在共产党内，对这个问题要清醒，要注意培养人，要按"四化"标准选拔德才兼备的人进班子。革命化，主要是政治上要求领导干部必须忠诚于党和人民，靠得住。政治路线是要靠人来执行的，"由什么样的人来执行，是由赞成党的政治路线的人，还是由不赞成的人，或者是由持中间态度的人来执行，结果不一样"④。江

---

①　《毛泽东选集》(第二卷)，人民出版社，1981年，第527页。
②　同上，第526页。
③　《周恩来选集》(上卷)，人民出版社，1980年，第130页。
④　《邓小平文选》(第二卷)，人民出版社，1994年，第191页。

泽民就领导干部加强自律提出，"领导干部必须坚持讲学习、讲政治、讲正气，还必须讲修养、讲道德、讲廉耻，要把人做好。人做不好，有再大的本事也没有用"①。党的十六大以后，胡锦涛提出选人用人要坚持"德才兼备，以德为先"，突出干部的政治品质和道德品行。

习近平在继承党的历史上选人用人思想和标准的基础上指明，真正实现社会和谐稳定、国家长治久安，还是要靠制度，靠我们在国家治理上的高超能力，靠高素质干部队伍。2013年6月，习近平鲜明地提出了新时代的好干部标准。他说，好干部的标准又是具体的、历史的，"我们提出政治上靠得住、工作上有本事、作风上过得硬、人民群众信得过等具体要求，突出了好干部标准的时代内涵。概括起来说，好干部要做到信念坚定、为民服务、勤政务实、敢于担当、清正廉洁。信念坚定，党的干部必须坚定共产主义远大理想，真诚信仰马克思主义，矢志不渝为中国特色社会主义而奋斗，坚持党的基本理论、基本路线、基本纲领、基本经验、基本要求不动摇。为民服务，党的干部必须做人民公仆，忠诚于人民，以人民忧乐为忧乐，以人民甘苦为甘苦，全心全意为人民服务。勤政务实，党的干部必须勤勉敬业、求真务实、真抓实干、精益求精，创造出经得起实践、人民、历史检验的实绩。敢于担当，党的干部必须坚持原则、认真负责，面对大是大非敢于亮剑，面对矛盾敢于迎难而上，面对危机敢于挺身而出，面对失误敢于承担责任，面对歪风邪气敢于坚决斗争。清正廉洁，党的干部必须敬畏权力、管好权力、慎用权力，守住自己的政治生命，保持拒腐蚀、永不沾的政治本色"②。2014年《深化党的建设制度改革实施方案》提出要深化干部选拔任用和考核评价制度改革，解决"唯票、唯分、唯GDP、唯年龄"用人问题。

党的十九大提出要建设高素质专业化干部队伍。2018年全国组织工作

① 《江泽民文选》(第三卷)，人民出版社，2006年，第330页。
② 《习近平谈治国理政》，外文出版社，2014年，第224页。

会议上,习近平进一步提出了新时代党的组织路线,并把建设忠诚干净担当的高素质干部队伍作为贯彻新时代党的组织路线的关键。从建立素质培养体系、知事识人体系、选拔用人体系、从严管理体系、正向激励体系方面提出了要求。其中特别指出,高素质,第一位是政治素质要高。选拔干部要深入考察干部的政治素质,把政治标准作为第一位的标准。看一个干部政治素质高不高是有标准的,主要是看是否牢固树立"四个意识"、坚定"四个自信",是否能坚决维护党中央权威和集中统一领导,是否能全面贯彻党的理论路线方针政策,是否积极贯彻落实党中央的重大决策部署,是否能做到忠诚干净担当。所以,必须把提高政治素质和政治能力贯穿干部培养教育培训全过程。加强政理论教育和学习,加强政治训练和历练,坚定政治方向和道路,提高政治敏锐性和辨别力,不断增强政治自律意识,明大德、严公德、守私德。

此外,还要注重培养领导干部的法治素养和心理素质。全面依法治国要求领导干部必须具备法治素养,明白怎么用权,什么事能干、什么事不能干,尊崇法律,依法执政。这既要准确把握我们党处理法治问题的基本立场,还要学习同自己所担负的领导工作密切相关的法律法规,做到心中高悬法律的明镜,手中紧握法律的戒尺,知晓为官做事的尺度。心理素质是领导干部不可或缺的重要素质,是干好工作的必备素质。诸多落马官员的心路历程说明,在工作责任和压力面前,在各种诱惑面前,在各种情爱面前,能否保持淡泊、平和、阳光、担当、慎独的心态,是一个领导干部是否能够做到忠诚、干净、担当的非常关键因素。必须多途径提高领导干部对心理素质的认识和重视,强化对领导干部的心理健康培训、体检和心理疏导,把心理素质作为是否合格的重要标准考量领导干部。

(三)强化专业能力、专业精神激励,担当作为

干部必须干字当头。领导干部不仅要想干事,还要能干事、干成事。而要真正做到能干事、干成事，必须具备专业知识和专业精神。早在党的七届二中全会上党中央就提出，为了适应党的工作重心由农村向城市的转变，全党要以恢复和发展生产为中心任务，努力学会管理城市和建设城市。社会主义建设工作需要大批领导建设事业的内行。毛泽东在1957年党的八届三中全会上提出，"我们各行各业的干部，都要努力精通技术和业务，使自己成为内行，又红又专"。他还强调"只专不红，是白色专家。搞政治的，如只红不专，不熟悉业务，不懂得实际，红是假红，是空头政治家"。改革开放后，邓小平提出干部队伍专业化，主要是指领导干部要具备干好所从事行业的专业知识和能力，成为行家里手。邓小平还提出干部队伍的结构问题，认为现在的干部"万金油太多"，专业性不足。

江泽民根据新时期干部队伍的问题，提出领导干部不仅要努力成为有知识、懂业务、胜任本职工作的内行，而且首先要努力忠诚于马克思主义、坚定走中国特色社会主义道路、会治党治国的政治家。他提出领导干部要讲学习，主要是学理论、学知识、学技术。2013年3月，习近平在中央党校建校80周年庆祝大会暨春季学期开学典礼上强调："领导干部要结合工作需要来学习，不断提高自己的知识化、专业化水平。"党的十八届五中全会也明确要求，注重培养选拔政治强、懂专业、善治理、敢担当、作风正的领导干部，提高专业化水平。党的十九大就明确要求要注重培养专业能力和专业精神，增强干部队伍适应新时代中国特色社会主义发展要求的能力。

专业化是现代化的结果，也是现代化的必然要求。随着我国现代化进程的发展，特别是当前以大数据等现代信息技术为代表的科学技术的发展，各行各业专业化的程度在不断提高，各行业之间的融合也在不断发展，这既需要专业的人做专业的事，又需要跨专业的复合型人才。当前，干部队伍专业化已经不仅仅局限于专业对口，"而是指专业知识、专业能力、专业作风和专业精神的高度统一。专业能力，就是干部在具有较高统筹协调的领导能力前提下，对本职工作所具备的精通程度和把握能力；专业精神，就是坚持问题导向,善于进行调查研究、按照专业规范和岗位规律开展工作的科学精神,就是持之以恒、不解决问题不罢休的敬业精神,就是对所从事的工作热爱、专注的执着精神"①。

对领导干部而言,要做到专业化、本领高,不仅要具备一定的专业知识和能力,而且还要有专业精神,尊重专业规律,干一行、钻一行、爱一行,持续提高自身的学习本领、政治领导本领、改革创新本领、科学发展本领、依法执政本领、群众工作本领、狠抓落实本领、驾驭风险本领。这是一个长期的工程,一方面党组织要从源头培养、跟踪培养、全程培养,教育引导干部在筑牢信仰根基的前提下,健全和优化自身的知识体系、思维模式,强化能力之基。习近平指出:"当前'为官不为'主要有3种情况:一是能力不足而'不能为',二是动力不足而'不想为',三是担当不足而'不敢为'。"②所以,"要加强对干部的教育培训,针对干部的知识空白、经验盲区、能力弱项,开展精准化的理论培训、政策培训、科技培训、管理培训、法规培训,突出针对性和实效性,从而增加兴奋点、消除困惑点,增强工作责任感和使命感,增强适应新形势新任务的信心和能力"③。另一方面要在选拔任用和考核中体现专业化要求,适才用人,把合适的人用到合适的岗位,最大限度发挥专业能力。及时任用真干事、能干事、干成事的干部,"把干部在推进改革中因缺乏经验、先行先试出现的失误和错误,同明知故犯的违纪违法行为区分开来;把上级尚无明确限制的探索性试验中的失误和错误,同上级明令禁止后依然我行我素的违纪违法行为区分开来;把为推动发展的无意过失,同为谋取私利的违纪违法行为区分开来,保护那些作风正派又敢作敢为、锐意进取的干部"④。如此,方能激励领导干部自觉提升自身专业能力和专业精神,在新时代里勇担当、能

---

① 祝灵君:《做新时代高素质专业化干部》,光明日报,2018年7月23日。
② 《习近平谈治国理政》(第二卷),外文出版社,2017年,第224页。
③ 同上,第224~225页。
④ 同上,第225页。

担当,带领群众干事创业,确保如期全面建成小康社会,不断开创社会主义现代化建设新局面。

(四)储备培养造就一批优秀年轻干部

青年代表着未来,是党和国家的希望,青年兴则国家兴。中国特色社会主义事业和共产主义远大理想,需要千千万万接班人,一代接着一代的努力奋斗去建设和实现。党的十九大提出,中华民族伟大复兴的中国梦终将在一代代年轻人的接力奋斗中变为现实。

我们党历来重视培养造就合格的、可靠的接班人。延安时期我们就提出了有计划地培养大批新干部的任务。20世纪60年代又提出了培养造就千百万无产阶级革命事业接班人的任务。针对"文化大革命"后干部队伍青黄不接和改革开放的新任务,1979年邓小平在山东视察的时候指出,选择培养接班人是"根本的问题、百年大计的问题、对党负责的最大的问题、组织路线第一位的问题"[①]。中央还提出,年轻干部总体上是好的,经受了"文化大革命"的锻炼和考验,已经具备相当的政治素养,能堪重担。对于年轻干部存在的错误和缺点,老干部和党内的同志应该多一些信任和帮助,要正确评价年轻干部,要看主要方面,不要求全责备、吹毛求疵。干部队伍缺乏人才,不代表国内没有人才,问题在于组织路线,"我们不是没有人才,而是被按住了"。

当时,提出干部队伍年轻化,也是针对"文化大革命"后的干部队伍老化,不能适应党的工作重心转移到改革开放和社会主义现代化建设的要求。年轻化就是干部队伍要有年富力强、精力充沛、充满朝气和活力的年轻干部充实进去,形成领导班子的合理年龄结构,顺利实现新老交替,保证干部队伍的战斗力和生命力。

1994年江泽民就从世界各国综合国力竞争,很大程度上取决于人才数量

---

① 中央文献研究室:《邓小平年谱:1975—1997》(上),中央文献出版社,2004年,第537页。

和质量的竞争的角度指出,必须清醒地认识到两个突出问题,"一是一些领导班子整体素质不高,不少领导成员的知识水平、马克思主义理论水平,特别是驾驭社会主义市场经济的能力,同新形势新任务的要求不相适应;另一个是领导班子中年轻干部偏少,不利于顺利进行新老干部的交替和合作"①。为解决这些问题,党的十四届四中全会提出了全面提高现有领导干部的素质和抓紧培养和选拔优秀年轻干部,努力塑造人批能够跨世纪担当重任的领导人才。并且指出"这关系到社会主义现代化事业全局,关系到党和国家的命运,必须高度重视,抓紧工作,务必在最近三五年内有突破性进展,否则将会严重影响大局,贻误事业,犯历史性错误"②。党的十五大提出,培养选拔大批能够跨世纪担当重任的优秀年轻干部是一项必须抓紧抓好的战略任务。党的十六大要求,必须不断培养和造就中国特色社会主义接班人。胡锦涛在"七一"讲话中说:"源源不断培养造就大批优秀年轻干部,是关系党和人民事业继往开来、薪火相传的根本大计。年轻干部要承担起事业重任,必须牢固树立正确的世界观、权力观、事业观,做到忠诚党的事业、心系人民群众、专心做好工作、不断完善自己。广大年轻干部要自觉到艰苦地区、复杂环境、关键岗位砥砺品质、锤炼作风、增长才干。"③

通过多年的努力,我们已经储备培养使用了一大批优秀年轻干部,在党和国家事业的建设中发挥了重要的作用。目前,"70后""80后"以至于"90后"的年轻干部在整个干部队伍中的占比越来越高。他们成长于改革开放的新时期,既有受教育程度高、思想活跃开放、变革创新意识强等优点,也有基层历练不足、马克思主义理论素养不扎实不系统、群众工作意识和本领不足等弱点。为了更好地坚持和发展中国特色社会主义事业,在实现"两个一百年"目标的基础上,基本实现现代化,建成社会主义现代化强国,我们要建设一支

---

① 《江泽民论有中国特色社会主义》(专题摘编),中央文献出版社,2002年,第664页。
② 同上,第665页。
③ 胡锦涛:《在庆祝中国共产党成立90周年大会上的讲话》,中国共产党新闻网,2011年7月1日。

有数量有质量的理想信念坚定、忠实贯彻习近平新时代中国特色社会主义思想、符合新时代好干部标准、敢担当能担当的优秀年轻干部队伍。

针对新起点上的优秀年轻干部选拔培养,党的十九大提出,要大力发现储备年轻干部,注重在基层一线和困难艰苦的地方培养锻炼年轻干部,源源不断选拔使用经过实践考验的优秀年轻干部。优秀年轻干部既要数量充足,又要质量优良。要着眼近期需求和长远战略需要,培养选拔一定数量规模的优秀年轻干部。那么,依据什么标准发现挑选年轻干部呢?

发现和储备年轻干部要遵循干部成长规律,严格按照选拔标准和程序进行。发现储备年轻干部首要是看政治上是否过关,是否对党忠诚。年轻干部能否坚持共产主义理想,坚持中国特色社会主义道路,决定着我国社会主义事业的未来走向。年轻干部首先必须具备坚定的政治立场、政治方向,坚持正确的政治道路,必须是忠诚于党和人民、忠诚于社会主义和共产主义的马克思主义者,必须是敢于和甘于为党和人民的事业奉献和牺牲的年轻人。发现储备年轻干部还必须看其能力素质和本领是否过硬。没有足够的本领就无法承担中国特色社会主义建设的重担,就无法引领社会主义事业的前进。年轻干部必须主动提高自身的素质能力、钻研业务,勤勤恳恳干好本职工作;在深入实际中了解社会、拓展视野、增长知识、把握规律;在直面困难和挫折中磨炼意志、坚定信念,增强自信和责任感使命感。发现储备年轻干部还必须看其自身修养,能否严于律己、修身,能否正确对待名利进退,能否说老实话、做老实事,能否守规矩有底线。

此外,2018年全国组织工作会议还要求培养选拔优秀年轻干部要放眼各条战线、各个领域、各个行业,注意培养有专业背景的复合型领导干部。对有潜力的优秀年轻干部,还要让他们经受吃劲岗位、重要岗位的磨炼,把重担压到他们身上。对有培养前途的优秀年轻干部,要不拘一格大胆使用。各级党委要把关心年轻干部健康成长作为义不容辞的政治责任,加强长远规划,健全工作责任制,及时发现、培养起用优秀年轻干部。

二、着力提升基层党组织组织力

　　组织是为了实现特定目标而聚合在一起的人的集合体。"马克思主义认为，在争取自身彻底解放的斗争中，马克思主义政党最重要的武器就是自身的组织，这种组织是按一定的原则通过适当的形式严密组织起来的。"①1845年《德意志意识形态》中指出"任何政党没有组织是无法存在的"。马克思、恩格斯最初提出建立独立工人政党时，就明确要求建立从支部、区部到中央委员会的自下而上的组织系统，使党成为一个统一的整体。马克思、恩格斯在《共产主义者同盟章程》和《国际工人协会临时章程》中，对党的组织机构、组织制度和活动方式，以及如何处理党内关系都作了规定。列宁在创建无产阶级政党的工作中，十分强调无产阶级政党是组织的总和，是有组织的统一体，是工人阶级有组织的部队，它有严密的组织和统一的纪律。他在很多理论文章中也强调布尔什维克党要"在一切工作部门建立党支部"，成为"在群众中进行鼓动工作、宣传工作和实际组织工作的据点"。我们党是按照马克思列宁主义建党原则建立起来的由中央组织、地方组织和基层组织组成的有机整体。《党章》明确规定，党的基层组织是党在社会基层组织中的战斗堡垒，是党的全部工作和战斗力的基础。由于"在新时代，我们党领导人民进行伟大社会革命，涵盖领域的广泛性、触及利益格局调整的深刻性、涉及矛盾和问题的尖锐性、突破体制机制障碍的艰巨性、进行伟大斗争形势的复杂性，都是前所未有的"②。所以"做好基层基础工作十分重要，只要每个基层党组织和每个共产党员都有强烈的宗旨意识和责任意识，都能发挥战斗堡垒作用、先锋模范作用，我们党就会很有力量，我们国家就会很有力量，我们人

---

① 王保彦：《深化对组织体系的认识提高基层党组织建设质量》，《求知》，2018年11月。
② 习近平：《在全国组织工作会议上的讲话》，《党建》，2018年第9期。

民就会很有力量,党的执政基础就能坚如磐石"①。

(一)基层党组织组织力建设是组织体系建设的重要内容

党的力量来自组织。"党的全面领导、党的全部工作要靠党的坚强组织体系去实现"②。党的组织体系作为政党组织资源中最基础的部分,是政党实现有效领导和社会整合的组织依托。我们党一贯重视自身组织体系建设,从党的一大纲领开始,历届党章都对党的组织及其相互关系作了规定。2012年在全国组织系统讲党性重品行作表率活动总结会议上,习近平强调:"我们党按照民主集中制原则建立了科学严密的组织体系,具有强大的组织动员力,这是巨大的组织优势"③,并提出要坚持健全党的组织体系和完善党的组织方式,为改革发展稳定提供坚强的组织保证。党的十九大提出,基层党组织建设要以提高组织力为重点。2018年全国组织工作会议上,习近平提出:"进入新时代,开启新征程,必须更加注重党的组织体系建设,不断增强党的政治领导力、思想引领力、群众组织力、社会号召力。"④

所谓组织体系,是指由具有共同目标和不同级别、职能、作用等的群体组织形成的一个系统的完备的网络结构。组织体系有横向组织体系和纵向组织体系之分。横向组织体系是由地位相同的组织互相联结而成的组织体系。纵向组织体系是由地位不同的组织联系而成的组织网络。广义上,包括组织结构体系、管理体系、功能体系、制度机制体系、文化体系等;狭义上指组织结构体系及其运行机制。

2018年3月10日,习近平在参加第十三届全国人大一次会议重庆代表团审议时强调,中国特色社会主义大厦需要四梁八柱来支撑,党是贯穿其中的

---

① 《习近平在河北调研指导群众路线教育实践活动》,新华网,2013年7月12日。
②④ 习近平:《在全国组织工作会议上的讲话》,《党建》,2018年第9期。
③ 《全国组织系统讲党性重品行作表率活动总结会议上　习近平会见与会代表并讲话》,《人民网》,2012年8月30日。

总的骨架,党中央是顶梁柱。同时基础非常重要,基础不牢、地动山摇。在基层就是党支部,上面千条线、下面一根针,必须夯实基层。此前,他多次讲党的工作最坚实的力量支撑在基层,经济社会发展和民生最突出的矛盾和问题也在基层,要重点加强基层党组织建设,全面提高基层党组织凝聚力和战斗力。只有基层党组织坚强有力,党员发挥应有作用,党的根基才能牢固,党才能有战斗力。

2018年全国组织工作会议明确了各级组织的功能定位。"党中央是大脑和中枢,党中央必须有定于一尊、一锤定音的权威。党的地方组织的根本任务是保证党中央决策部署贯彻落实,要切实做到有令即行、有禁即止。党组要贯彻落实党中央和上级党组织决策部署,发挥好把方向、管大局、保落实的重要作用。党的基层组织是党的肌体的'神经末梢',要充分发挥战斗堡垒作用"①。同时,全国组织工作会议还明确了基层党组织体系建设的努力方向。建强党的组织体系,必须坚持树立大抓基层的鲜明导向,大力加强基层党组织建设。要以提升组织力为重点,突出政治功能,健全基层组织,优化组织设置,理顺隶属关系,创新活动方式,扩大党的组织覆盖和工作覆盖,充分发挥基层党组织的战斗堡垒作用,圆满完成党章规定的各项任务。"要坚持抓好企业、农村、机关、事业单位、社区等各领域党建工作,推动基层党组织全面进步、全面过硬。要加强社会组织党的建设,做好海外党建工作,探索加强新兴业态和互联网党建工作,扩大党在新兴领域的号召力凝聚力。要加强支部标准化、规范化建设,使每一个支部都强起来。要提升党员队伍质量,严把发展党员入口关,严格党员教育管理,严肃组织生活,增强党员队伍生机活力。"②2018年中央制定实施的《中国共产党支部工作条例(试行)》,为新时代加强党支部建设,更好地发挥战斗堡垒的作用提供了基本遵循。

---

①② 习近平:《在全国组织工作会议上的讲话》,《党建》,2018年第9期。

（二）加强基层组织建设要以提升组织力为重点

重视基层组织建设是我们党的优良传统。党的二大提出了党的组织系统划分为中央、区、地方、支部四级，第一次提出了党的基层组织系统问题。党的四大决定将工作重点由帮助国民党发展组织转向加强自身的组织建设上来。三湾改编时，毛泽东提出的"支部建在连上"被确立为基层党组织建设的组织形式。在抗日战争时期，党更加重视基层组织建设。党的七大系统地阐述了我们党的基层组织的构成、职权、任务等问题，并第一次明确提出党的基层组织是党的战斗堡垒。新中国成立后，党中央高度重视党的基层组织建设和党员队伍建设，在农村、街道、社区广泛建设党组织。党的八大正式提出"党的基层组织"的概念，在新修改的党章中对基层党组织的成立、组织形式、任务、职责等作了详细明确的规定。邓小平要求把经常检查和改进基层党组织的工作，作为党的领导机关重要的政治责任。党的十一届三中全会后，提出越是改革开放，越要加强基层党组织建设。党的十四大报告明确提出了党的基层组织是党的全部工作和战斗力的基础。1994年9月，党的十四届四中全会强调要下大功夫把党的基层组织建设好，放松基层党组织建设，削弱基层党组织作用，是错误的和有害的。党的十八大强调要"创新基层党建工作，夯实党执政的组织基础"。

党的十八大以来，党的建设取得了很大成绩。围绕落实全面从严治党，突出抓好农村、城市、国企、机关、高校、非公有制经济组织和社会组织等领域基层党组织建设，各领域基层党建形成整体提升、全面加强。但是党内还存在一些没有得到根本解决的问题，比如基层党组织弱化、虚化、边缘化的问题，等等。为此，党的十九大坚持问题导向，提出了以组织力为重点，加强基层组织建设。我们要组织带领人民群众顺利实现党中央绘就的发展蓝图，必须重视基层基础工作，深刻把握加强党的基层组织建设的相关内容。

组织力是以组织体系为载体，并通过组织体系来实现的。"有无组织力或组织力的强弱，对于任何一个组织来说，都是关系其生存与发展的大问题。"①基层党组织的组织力就是基层党组织凭借自身的组织体系和组织资源，对社会进行引导、整合和动员的能力。可以说，加强组织体系建设是党的自身建设中的基础性建设。有的基层干部形象地说："啥叫组织力，就是作为党的基层组织，你得能把大家吆喝起来、动员起来、整合起来。"组织力包括组织结构力和组织文化力。组织结构力就是组织形态、结构与运行机制的合力。当前，我国社会结构、人口需求、思想观念和组织方式正在发生一系列深刻变革，边界碎片化和关联松散化，"新社会空间"和"新社会人群"的特征日益凸显。随着手机等移动设备和互联网的迅速发展，"新媒体时代无组织的组织力大大增加，比如微信各种群、微博、自媒体、网络直播的粉丝，关注、转发、点赞、打赏等往往动员社会资源的力量巨大"②。只有提升基层党组织的组织力，把线上线下的人、人心、人力、相关的资源和谐地整合在一起，实现自己的目标。这次党和国家机构改革，也是改善组织结构力，强化党的组织在同级组织中的领导地位。理顺党的组织同其他组织的关系，更好发挥党总揽全局、协调各方作用。但是没有每一个党组织自身的有效建设和发展，再完善的党组织体系也是形同虚设，不起作用。这要靠组织力"组织文化力"，就是组织文化所具有导向力、凝聚力、约束力、激励力、满足力、吸引力等。党员个体只有经过以意识形态为主要内容的组织训练后，才能合个力为群力，形成有形的组织力。这要通过加强政治建设、思想建设、作风建设、纪律建设等实现。基层党组织组织力强不强，最终要在落实党和国家的工作任务中磨炼和考验。

加强基层党组织建设，提升组织力，首先要坚持"三会一课"制度，通过严格党的组织生活，增强党内政治生活的政治性、时代性、原则性、战斗性，使党员干部在严格的党内生活锻炼中坚强党性、百炼成钢。其次，要推进党的基

① 倪健民：《组织力》，人民出版社，2009年，第2页。
② 王保彦：《深化对组织体系的认识 提高基层党组织建设质量》，《求知》，2018年11月。

层组织设置和活动方式创新,根据需要和实际,打破体制、隶属、级别壁垒,创新设置,加强开放性,加强统筹协调整合。再次,要扩大党的组织和党的工作覆盖面。党的十七大提出扩大组织覆盖的决策,在以地域、单位为主设置基层党组织的基础上,按照便于党员参加活动、党组织发挥作用的要求,探索完善基层党组织设置形式,加大在农村、非公有制经济组织和新社会组织等领域建立健全党组织的力度,实现哪里有群众、哪里就有党的工作,哪里有党员、哪里就有党组织,哪里有党组织、哪里就有健全的组织生活和党组织作用的充分发挥。然后,要加强基层党组织带头人队伍建设。火车跑得快,全靠车头带。把好入口关,对选什么样的人要明确资格条件,选拔政治素质好、工作能力强、业绩突出、群众信任的党员当书记;对不选什么样的人也要旗帜鲜明、列出"负面清单",坚决把不符合条件的人挡在门外。最后,要大力推进"互联网+党建""智慧党建"。发挥现代信息技术在组织体系设置、管理、评估等方面的作用,提高党的网上组织力。党的十九大提出,全党要善于运用互联网技术和信息化手段开展工作,我们党必须在互联网世界有自己的组织存在和组织活动,保证党在网络空间的执政地位。

(三)加强基层组织建设要突出政治功能

"党的工作最坚实的力量支撑在基层,经济社会发展和民生最突出的矛盾和问题也在基层,必须把抓基层打基础作为长远之计和固本之策,丝毫不能放松。"①习近平强调要强化基层党组织政治功能,使基层党组织有活力、党员起作用,把每个基层党组织都建设成为坚强战斗堡垒。党的十八届五中全会提出:"加强党的各级组织建设,强化基层党组织整体功能,发挥战斗堡垒作用和党员先锋模范作用,激励广大干部开拓进取、攻坚克难,更好带领群众全面建成小康社会。"②

---

① 《习近平浙江贵州考察释放"十三五"政策走向》,中国共产党新闻网,2015年6月20日。
② 《中共中央关于制定国民经济和社会发展第十三个五年规划的建议》,新华网,2015年11月4日。

　　政党是政治组织,政治功能是其主要核心功能。作为马克思主义政党、无产阶级政党,我们党的根本宗旨是全心全意为人民服务。在政党与国家的关系上,基层党组织带有显著的政治职能,必须发挥政治引领的功能和作用。现在农村,党组织和村委会的关系问题就是很好例证:在政党与群众的关系上,基层党组织又带有鲜明的社会职能,必须发挥服务群众的功能和作用,并以此获得群众的支持和认可。也就是说,无产阶级政党的政治功能和服务功能二者是统一和一致的。尤其是当前,政治建设是党的建设的首要任务。我们党要实现中华民族伟大复兴的历史使命,必须把党的政治建设摆在首位,全党要坚定执行党的政治路线,严格遵守政治纪律和政治规矩,在政治立场、政治方向、政治原则、政治道路上同党中央保持高度一致,使各级党组织和全体党员增强"四个意识",自觉维护习近平的核心地位,自觉维护党中央的权威和集中统一领导,在思想上政治上行动上与以习近平同志为核心的党中央保持高度一致。由此,不能仅仅强调基层党组织的服务功能,政治功能也要充分发挥,现在还必须突出政治功能。

　　突出政治功能,一方面要防止离开政治职能片面强调服务功能。提出增强基层党组织的服务功能是随着社会主义市场经济的发展,人们对政府的服务职能要求愈来愈强烈,党的执政方式也面临着转变。1985年5月19日,邓小平在中共中央、国务院召开的全国教育工作会议上的讲话中,对热衷于发指示、说空话而不为群众干实事的领导作风进行了严肃的批评,强调指出:"什么叫领导,领导就是服务。"2011年在庆祝建党90周年大会讲话中,胡锦涛强调,要把服务群众、做群众工作作为基层党组织的核心任务和基层干部的基本职责。党的十八大进一步把建设"服务型"执政党作为自己的目标之一,提出以服务群众、做群众工作为主要任务,加强基层服务型党组织建设。服务型党组织是以上级党组织服务下级党组织,党组织服务党员,党的各级组织和党员共同服务人民群众及科学发展的党组织。要正确认识服务不是包办,是教育、引导、辅助、组织,让群众自己壮大起来,不断增强自己解放自己的能力。不是使基层党组织丧失先进性,丢失教育引导群众的政治使命和政治责任,使基层党组织变成群众的尾巴而无力发挥领导核心、政治核心的作用。另一方面也要防止离开基层党组织的服务功能单纯强调政治职能。不服务群众违背了党的根本宗旨,党组织的宣传动员就会丧失吸引力和感召力。邓小平在党的八大上就提出:"同资产阶级的政党相反,工人阶级的政党不是把人民群众当作自己的工具,而是自觉地认定自己是人民群众在特定历史时期完成特定的历史任务的一种工具。"现在随着国家的强大、生活的提高,人们对政治的参与意识逐渐增强了,发出政治意见的途径便捷了,但由于常常出于情感意气,往往给政治决策带来压力。强调突出基层党组织的政治功能不是不服务党员群众了,而是在真正服务群众的过程中,把群众组织起来,通过政治宣传、引领,提高觉悟、认识,把党的十九大制定的党和国家发展的决策变成人民群众的自觉、理性的行动。

突出政治功能要强化基层党组织的政治引领作用。针对不懂或者忽略组织建设和覆盖的实质是要巩固与增强党对基层社会的凝聚力、影响力和领导力,片面追求形式上的组织建设和组织覆盖,为完成任务而完成任务,做思想工作、引领服务党员群众等的意识和能力差;对基层社会的领导力也未能随着投入的不断增加而实际增长,有的在人民群众中的存在感、凝聚力、动员力和认同度还降低了。当前在基层党组织建设中要加强对基层治理工作的领导,强化基层党组织的领导核心作用和基层治理轴心地位,明确基层群众性自治组织、业主委员会、物业服务企业(项目)和社会组织等各类主体都要在基层党组织领导下有序参与城乡基层治理,着力构建打造"一核多元"基层治理模式,健全完善党组织领导下的执行有力、规范有序、运转高效的基层治理机制,切实把党的全面领导传导延伸到基层。

突出政治功能要加强支部标准化、规范化建设。功能的发挥要通过自身建设来实现。党的十九大把"始终走在时代前列、人民衷心拥护、勇于自我革命、经得起各种风浪考验、朝气蓬勃的马克思主义执政党"作为新时代党的建设的目标。要实现这一目标,必须把它们落实到每一个基层党组织,每一个党支部。通过抓实每一个支部,夯实基层组织这个基础和战斗堡垒,才能实现组织体系点、线、面的贯通,实现政策、力量、资源、意见的闭环流动,才能为党长期执政打下坚实的基础。要实现党支部担负好直接教育党员、管理党员、监督党员和组织群众、宣传群众、凝聚群众、服务群众,引导广大党员发挥先锋模范作用的职责,必须进一步加强党支部的标准化、规范化建设。标准化、规范化就是在支部设置、支部职责、支部活动等的标准化、流程化的基础上实现规范化。标准化、规范化建设是提高党的建设质量和科学化水平的基础,也是基层党务工作者的迫切需求,是党支部适应信息化发展的必然要求。

三、全面提高党员队伍素质能力

党员队伍建设是党的建设基础性工程。一个党员一盏灯,一个党员一面旗。党员是党的肌体的细胞和党的活动的主体,是实现党的任务的基本力量。党员的数量、质量和活跃程度直接决定政党的规模、性质、战斗力和影响力。一个政党没有一定数量的党员不行,也不是人越多越好,搞"全民党"是行不通的。中国共产党是中国工人阶级的先锋队,中华民族和中国人民的先锋队,每一个党员的素质能力如何,能否"平时能够看出来,关键时刻能够站出来,危急关头能够豁出来",充分发挥先锋模范作用,不仅关系到党的形象,更关系到能否团结带领人民群众实现党的奋斗目标。

(一)严把入口,积极稳妥处置不合格党员

马克思主义政党的力量和作用,既取决于党员数量,更取决于党员质量。我们党从建党之初就对发展党员有明确的规定和严格的要求。大批社会优秀分子加入党组织能够为党注入新鲜血液。历经革命、建设和改革,我们

党已经成为世界上党员最多的第一大执政党。为了做好发展党员工作,各级党组织进行了长期的实践和探索。20世纪90年代,我们党制定了《中国共产党发展党员工作细则(试行)》。党的十八大以来,中共中央根据形势和任务的变化,针对入党动机不纯、把关不严和质量结构等方面的问题,对党员队伍建设作出一系列新的部署,对严格发展党员程序、提高发展党员质量等提出明确要求。2014年中共中央办公厅印发《中国共产党发展党员工作细则》,对1990年印发实施的细则试行版进行了修订,将中央提出的"控制总量、优化结构、提高质量、发挥作用"的总要求写入总则。规定未来10年全国党员数量年均净增1.5%。要求重视在青年工人、农民、知识分子中发展党员,在党员人数少、党的力量薄弱的地方发展党员,优化党员队伍的分布和结构,着力把先进分子和优秀人才更多地吸收到党内,努力建设一支信念坚定、素质优良、规模适度、机构合理、纪律严明、作用突出的党员队伍。

发展党员要确保政治合格。党的十九大党章规定,发展党员必须把政治标准放在首位。关键看是否具有坚定的政治信仰,鲜明的政治立场和态度,正确的政治动机和行为。当前要把学懂弄通做实习近平新时代中国特色社会主义思想,牢固树立"四个意识",坚定"四个自信",做到"两个维护",作为根本政治标准。应结合实际制定政治不合格的具体标准,增加判断的标准和操作性。发展党员要把考察入党动机作为第一任务。要把入党动机作为"第一道关卡",多方考察,全程考察,严格防止入党动机不纯、想借入党捞取好处的人进入党组织。同时,还要严格落实政治审查制度,确保政治审查的严肃性、认真行、规范性,防止忽视政治审查,简化政治审查或者流于形式。未经政治审查或者政治审查不合格的,绝不能发展入党。发展党员要严格执行程序。发展党员要严格按照《细则》规定的程序办理,一道程序都不能马虎,一条规定都不能落空。特别是要落实民主程序,广泛听取各方意见,全面掌握实际情况。发展党员要抓住重点群体和领域。党的十九大提出,要注重在产业工人、青年农民、高知识群体和非公有制经济组织、社会组织中发展党员。我们应搞好调查研究,摸清底数,采取直接联系、派驻党建指导员、统筹协调指标、健全机制、创新方式方法等加强政治引导和思想引导,做到发展一个影响带动一片。

保证党员队伍的质量,提高党员队伍的整体素质能力,还要稳妥有序处理不合格党员。畅通出口是党进行自我革命,保证党员队伍保持先进纯洁的不可缺少的环节。对不合格党员的处置主要有限期改正、劝其退党和党内除名三种。中央组织部制定出台的《关于做好处置不合格党员工作的通知》明确认定了标准、处置程序和政策界限。2016年以来我们党还进行了组织关系排查,进行了必要的组织处置。其中天津市委组织部制定了《关于在全市开展党员组织关系集中排查的实施方案》,明确了理想信念缺失、政治立场动摇、宗旨观念淡薄、工作消极懈怠、组织纪律散漫、道德行为不端6个方面、16种不合格党员表现。处理不合格党员的目的不是为了处理而处理,而是要通过处理不合格党员督促广大党员坚定革命意志,履行党员义务,切实发挥先锋模范作用。要按照稳妥、慎重的要求,采取"坚持标准,立足教育,区别对待,综合治理"的方针,要结合政治表现和一贯表现,做到事实清楚、理由充分、处理恰当、手续完备、不定比例、不下指标,认真执行规定,严格审核把关。在民主评议中发现有违反党纪的,要先进行党纪处理再进行组织处理,不能以组织处理代替党纪处理。对被劝退和除名的党员、党组织做好包括思想政治工作在内的相关工作,关心团结他们,鼓励他们做一个好公民。

(二)增强党员教育管理的针对性有效性

加强对党员的日常教育管理,是党员队伍建设的关键环节。组织上入党一阵子,思想上入党一辈子。从三湾改编,支部建在连上,我们党就注重对党员的思想教育。1992年初,邓小平在南方谈话中重申要把党员教育好。党的十五大提出了党员先进性的四条要求。党的十七大强调要扎实推进党员队伍建设这一基础工程,坚持不懈地提高党员素质。党的十八大报告提出,以增强党性、提高素质为重点,加强和改进党员队伍教育管理。2013年6月至2014年10月,全党深入开展党的群众路线教育实践活动。2016年2月开始,"两学一做"学习教育在全体党员中展开,按照基础在学、关键在做的要求,坚持全覆盖、常态化、重创新、求实效,突出问题导向和以上率下。2017年开始扎实推进学习教育常态化制度化。党的十八大以来制定了一系列党员教育管理的规划和制度,如《2014—2018年全国党员教育培训工作规划》《中国共产党廉洁自律准则》《中国共产党纪律处分条例》《关于新形势下党内政治生活的若干准则》《中国共产党党内监督条例》等。

党员教育管理要遵循全面从严原则。党员管理是党组织按照党章和党内的有关规定,通过一定的方式和手段,使党员认真履行义务,正确行使权利的活动。习近平指出,加强党的建设,关键是教育管理好党员、干部。全面从严治党必须落实到党员队伍的教育管理中去。"严"就是真管真严、敢管敢严、长管长严。随着世界信息化和开放性的与日俱增,随着我国经济社会的深刻变革和转型,党员面临的诱惑、选择和挑战比以往增加了很多。教育管理党员队伍首先要保证每一个党员都编入党的一个支部、小组或其他特定组织,参加组织活动,接受组织教育。其次要结合党支部标准化、规范化建设,以党内政治生活这个党组织教育管理党员和党员进行党性锻炼的主要平台为抓手,严格"三会一课"等经常性的党内组织生活,增强党内政治生活的原则性、政治性、时代性、战斗性;严明党的政治纪律和组织纪律,健全党员党性定期分析、民主评议等制度;加强党员组织关系管理和党费、党籍管理,加强流动党员和海外党员教育管理,制定和完善相关制度,形成党员教育管理的有效链条和标准体系。特别是针对党员队伍不同群体、类型和情况,进行分类教育管理。只有在严格管理中加强教育,在加强教育中严格管理,才能全面提高党员的素质,增强党性,才能为实现新时代宏伟蓝图锻造政治合格、纪律合格、品德合格、发挥作用合格的党员队伍。

党员教育管理要坚持政治标准追求实效。党员教育管理要以《党章》为根本遵循,依据新时代的党的建设总要求和新时代党的组织路线,着眼于保持和发展党在政治上的先进性,增强党员的"四个意识",纯洁党内政治生态,保持共产党人初心、使命和政治本色。上面千条线,地下一根针。基层工作任务繁重,党员教育管理要有针对性,易于操作、务实管用,要紧紧围绕中心工作,以工作完成情况、解决问题情况作为重要衡量标准,避免形式化、烦琐化、表面化。尤其是基层普遍反映的痕迹化管理问题。基层党组织不得不耗费大量的人力、物力、财力随时留痕,整理材料,甚至造材料、造痕迹,应付检查督导,而没有时间和精力考虑如何真正搞好党员教育管理。这种把痕迹管理逼成了形式主义的做法,这不仅影响教育管理的质量和效果,造成资源的浪费,更重要的是影响了党员教育管理的严肃性,损害了党组织在党员中的形象,降低了党员对党组织的信任和感情。所以适应新的形势和任务,党员教育管理必须明确目的,从基层党组织和党员的实际和需求出发,坚持问题导向,抓住痛点,追求实效,不出虚招,不图虚名、虚功,让组织放心,让党员受益,做到党员教育管理有规矩、有活力、有质量、有温度。

党员教育管理要创新方式方法。党建做实了就是生产力,做强了就是竞争力,做细了就是凝聚力。创新党员教育管理方式方法,要探索打破单位、行业、地域界限,试行党员组织关系一方隶属,参加多重组织生活模式,积极开展开放式、互动式党内活动,进一步提高组织生活效果;要结合思想政治教育和知识能力培养,找准共鸣点,分层分类、把握时间节点、精准化推送,增强吸引力、感染力,唤醒党员意识,提升党员的荣誉感,增强使命感,提高党员干事创业的激情和能力。当前,传统的党建方式对党员特别是年轻一代党员的吸引和凝聚力在降低。传统组织生活方式也难以满足和适应党员群众生活的进程。创新党员教育管理方式方法,尤其要充分运用现代信息技术和传媒手段改进党员教育管理工作。过不了互联网这一关,就过不了执政这一关。运用新的信息技术手段加强党员教育管理是我们党的既定思路。党的十七届四中全会明确提出"推进基层党组织工作信息化"。此后,从中央到地方都在大力推进党建信息化工作。近年来,基层党组织在已有党建信息化的基础上,结合大数据、云计算等最新信息技术和实践问题探索运用"互联网+党建""智慧党建"进行党员教育管理,取得很好的效果,得到了中央的认可和推广。信息化、网络化、数据化可以打破时间、空间局限,实现党员教育管理的动态化、实时化、精准化。党的组织活动就可以由现实空间拓展到虚拟空间,党组织和党的活动永远在线,这既能增强组织管理和引导的及时性、有效性、创新性,又能强化党员身份意识和感情认同。党的十九大召开前,具有党员电子身份认证、组织关系网上转接、党员教育网上开展、党组织活动网上管理、党员和党组织数据网上统计分析等功能的全国党员管理信息系统开通。党的十九大在提高执政能力中提出善于运用互联网技术和信息化手段开展工作,在实践工作中必须持续提高党员教育管理工作信息化水平。

(三)加强党内激励关怀帮扶

党内激励关怀帮扶是激励和帮助广大党员主动提升自身素质能力,主动担当作为的重要手段。党的十七大明确提出"建立健全党内激励、关怀、帮扶机制,关心、爱护基层干部和党员"。党的十九大强调了加强党内激励关怀帮扶,提出了坚持严管与厚爱、激励与约束并重的要求。通过组织政治上关怀、思想上关心、精神上激励、能力上培训、物质上帮扶,让党员感受到党组织的温暖,增强党员归属感、责任感、荣誉感,更好地坚定信念、忠诚于党,坚定信心、战胜困难、干事创业。

加强党内激励关怀帮扶要保障党员的民主权利。党内民主是党的生命,党的十一届五中全会通过的《关于党内政治生活的若干准则》明确规定保障党员的权利不受侵犯;1995年中共中央颁布了专门保护党员民主权利的法规《中国共产党党员权利保障条例(试行)》;2004年9月,正式公布了《中国共产党党员权利保障条例》;党的十八届六中全会通过的《关于新形势下党内政治生活的若干准则》,专章就发展党内民主和保障党员权利进行了规定。

党的十九大报告提出，既要充分发扬民主，又要善于集中统一。一方面，尊重党员主体地位，充分保障党员权利，畅通党内民主渠道，多方征求党员意见建议，走好党内群众路线，落实党员知情权、参与权、选举权、监督权，保障全体党员平等享有党章规定的党员权利、履行党章规定的党员义务，才能真实地了解党内的情况，才能最大限度增强党员的党员意识，激发投入党的事业的积极性、创造性，在党言党，在党忧党，将党的方针政策转变为党员的自觉行动。另一方面，加强党员对党内事务的了解和参与。党的十六大首次提出，建立和完善党内情况通报制度、情况反映制度和重大决策征求意见制度。党的十六届四中全会要求，逐步推进党务公开，增强党组织工作的透明度，使党员更好地了解和参与党内事务。党的十八大要求健全党员民主权利保障制度。《中国共产党党内监督条例》也对党员的监督权利和责任进行了规定。所以，要严格落实党务公开，发展党务公开新形式，加大党务公开力度，运用现代信息技术及时告知党员上级党组织安排部署、党支部重点工作进展、党费收缴管理使用等重要情况。农村（社区）党支部要结合党务公开，向党员通报村（居）务、财务和重要事务情况。

加强党内激励关怀帮扶要健全和落实党内激励关怀制度机制，真正让党员体会到自己在党组织内的存在感。在深入党员实际调研的基础上，加大党内谈心谈话制度落实，如很多地方实行的"五必访""五必谈""五必过"，即在重大节日必访、党员入党纪念日必访、党员生病住院必访、党员遭遇天灾人祸必访、党员去世必访；对党员不认真履行义务时必谈、岗位职务变动时必谈、思想认识出现滑坡时必谈、违规违纪受到处分时必谈、出现不团结时必谈。加大党员发挥作用平台建设，通过亮身份、定岗位等，为普通党员创造机会发光发热。加大对党员成长关注重视程度，加大对普通党员的表彰奖励力度，通过经常性表扬激励，运用电视、网络、手机以及各种新媒体及时表扬党员的好人好事好作风。加强党员活动场所建设，结合线上党建活动，搭建各具特色的党群服务中心、党建书吧、红色院线等，延长开放时间，提高使用率。

加强党内激励关怀帮扶要加大对困难党员的帮扶力度。党的十八大以来，以习近平同志为核心的党中央高度重视生活困难党员和老党员走访慰问和关爱帮扶工作。"2013年至今，中央管理党费共划拨3.94亿元，专门用于元旦春节期间走访慰问生活困难党员和老党员。同时，中央管理党费每年还划拨3000万元，用于补助发放新中国成立前入党的农村老党员、新中国成立前入党未享受离退休待遇的城镇老党员生活补贴。在建党95周年之际，中央管理党费还划拨1.73亿元，用于'七一'前夕走访慰问老党员和生活困难党员。"①要继续做好困难党员定期报告、结对帮扶、共驻共建、微心愿、志愿服务、技能培训、管好用好专项资金等工作。在遭受重大灾害和党员遇到特殊困难时，进行即时帮扶，对老党员、生活困难党员特别是于无"造血"能力的残疾党员、老年党员等进行加强经常慰问和重点帮扶。把物质帮扶与技能帮扶和精神帮扶结合起来，帮助困难党员增加自信，增强吃苦耐劳的精神，树立自力更生的决心，更快进入自主发展轨道。

四、汇聚天下英才投身伟大奋斗

国无才不兴。千秋基业，人才为先。尚贤爱才是中华民族优良传统。人才也是党和社会主义事业兴旺发达的关键。我们党在革命、建设和改革过程中也是求贤若渴。毛泽东认为："革命力量的组织和革命事业的建设，离开革命的知识分子的参加，是不能成功的。"特别是改革开放以后，迫切需要一大批有专业知识的社会主义建设者和接班人。邓小平曾指出，要在党内形成尊重知识、尊重人才的良好风气，强调"没有大批的人才，我们的事业就不能成功"②，"改革经济体制，最重要的、我最关心的，是人才。改革科技体制，我最

---

① 徐珂、徐桂士：《健全党内激励关爱的制度机制》，《人民网–人民论坛》，2017年4月12日。
② 《邓小平文选》（第二卷），人民出版社，1994年，第221页。

关心的,还是人才"①。20世纪90年代末21世纪初,基于世界各国之间以经济和科技实力为基础的综合国力竞争日益激烈,我们党认识到,综合国力的竞争在很大程度上取决于人才的数量和质量的竞争。我们的社会主义事业进入新世纪后,能否不断取得成功,能否在激烈的国际竞争中掌握主动权,关键要看人才。

(一)坚持党管人才原则不动摇

党管人才是党的组织制度的重要组成部分。坚持党管人才原则,主要是坚持党对人才事业的统一领导,从全局高度确定人才战略规划、科学架构人才发展格局,保证人才工作的正确方向,保证国家人才健康发展和人才安全。"党管人才主要是管宏观、管政策、管协调、管服务,包括规划人才发展战略,制定并落实人才发展重大政策,协调各方面力量形成共同参与和推动人才工作的整体合力,为各类人才干事创业、实现价值提供良好服务等。"② 2016年发布的《关于深化人才发展体制机制改革的意见》再次把坚持党管人才原则作为基本原则,要求"充分发挥党的思想政治优势、组织优势和密切联系群众优势,进一步加强和改进党对人才工作的领导,健全党管人才领导体制和工作格局,创新党管人才方式方法,为深化人才发展体制机制改革提供坚强的政治和组织保证"③。

目前,我们比历史上任何时候都接近实现中华民族的伟大复兴,也更加渴求人才,更要用好、培养好人才。随着我国人才队伍规模不断扩大、构成趋于多样、流动显著加快等情况,对各类人才服务、支持和管理需要在党的全面领导下进一步深化改革,保证党的人才工作方针政策全面贯彻落实。党委(党组)要在人才工作中发挥总揽全局、协调各方的领导核心作用。党委(党

① 《邓小平文选》(第三卷),人民出版社,1993年,第108页。
② 中共中央办公厅印发:《关于进一步加强党管人才工作的意见》,《人民日报》,2012年9月27日。
③ 中共中央印发:《关于深化人才发展体制机制改革的意见》,新华社,2016年3月21日。

组)主要负责同志要头脑清醒,明确人才工作目的是为发展中国特色社会主义事业服务的,增强责任感、使命感,牢固树立强烈的人才意识,做到一把手抓"第一资源",把人才工作放在心上、抓在手上、扛在肩上,带头研究谋划,带头推动落实,带头抓重点项目,切实履行管宏观、管政策、管协调、管服务职责,不能制造噱头、吸引眼球,不能只追求数量数字;要围绕中心工作,围绕发挥人才最大效用,解放思想,实事求是,因地制宜,研究解决人才发展体制机制改革中的新情况新问题,进行差别化的改革探索,制定相应的具体实施方案和配套措施,保证落实落地。要加强指导监督,加大考核力度,建立领导班子和领导干部人才工作目标责任制,将考核评价结果作为对领导班子和领导干部本人评价的重要依据,明确责任追究。

(二)坚持五湖四海广揽人才

招揽人才要有国际视野和全球战略眼光。聚才、用才要放眼全球,在全球范围内搜寻、网罗、使用人才,"以识才的慧眼、爱才的诚意、用才的胆识、容才的雅量、聚才的良方,把党内和党外、国内和国外各方面优秀人才集聚到党和人民的伟大奋斗中来"。习近平在参加十二届全国人大三次会议上海代表团审议时提出:"要实施更加积极的创新人才引进政策,集聚一批站在行业科技前沿、具有国际视野和能力的领军人才。"2014年亚信峰会后,习近平在上海主持召开外国专家座谈会。他指出,我们比历史上任何时期都更需要广开进贤之路、广纳天下英才。一个国家对外开放,必须首先推进人的对外开放,特别是人才的对外开放。要实行更加开放的人才政策,不唯地域引进人才,不求所有开发人才,不拘一格用好人才。这些论述为人才选拔培养指明了方向。"5年多来,'千人计划'共引进5200名海外高层次人才,'万人计划'遴选支持4200多名国内高层次人才。在国家'千人计划''万人计划'的引领下,各地各部门实施各具特色的人才引进计划,初步形成了'近悦远来'的引才用才格局。出国留学完成学业后选择回国发展的留学人员比例,由2012

年的72.38%增长到2017年的83.73%，形成了新中国成立以来最大规模留学人才'归国潮'。"①

实行更加积极、更加开放、更加有效的人才引进政策。既要重视国内人才的培养、选拔和使用，也要加大海外人才特别是"高精尖缺"人才的引进和利用，聚天下英才而用之。要大力度实施海外高层次人才引进计划(国家"千人计划")，敞开人门，不拘一格，柔性汇聚全球人才资源。对国家急需紧缺的特殊人才，开辟专门渠道，实行特殊政策，实现精准引进。支持地方、部门和用人单位设立引才项目，加强动态管理。发挥失常作用，鼓励社会力量参与人才引进。扩大来华留学规模，优化外国留学生结构，提高政府奖学金资助标准，出台学位研究生毕业后在华工作的相关政策。树立"全球人才枢纽"概念，不求所有、但求所用，不求所在、但求所为，实现全球人才资源共享。

用好人才，充分发挥人才效益。尊重人才成长规律和人才流动规律。持续加大对国内人才的扶植和培养力度，深化科研经费的使用、人才待遇和流动等方面的改革，打破体制壁垒，扫除身份障碍，让各类人才都有施展才华的广阔天地。对引进人才充分信任、放手使用，支持他们深度参与国家计划项目、开展科研攻关。研究制定外籍科学家领衔国家科 技项目办法。完善引进人才配套政策，解决引进人才任职、社会保障、户籍、子女教育等问题。对外国人才来华签证、居留，放宽条件、简化程序、落实相关待遇。整合人才引进管理服务资源，优化机构与职能配置。建立人才信息管理系统，总体把握人才资源，深入研究互联网、大数据引发的人才流动的革命性变化，探索智力众筹、云组织等人才流动方式。

(三)坚持推进人才体制机制建设

习近平强调，人才体制机制改革步子要进一步迈开，要加快构建具有全

---

①　《党的十八大以来组织工作述评》，新华社，2018年7月3日。

球竞争力的人才制度体系。只有通过进一步改革人才体制机制，建立起具有国际竞争力的引才用才机制，构建科学规范、开放包容、运行高效的人才发展治理体系，才能将人才资源转变为人才红利。2016年《关于深化人才发展体制机制改革的意见》中提出："遵循社会主义市场经济规律和人才成长规律，破除束缚人才发展的思想观念和体制机制障碍，通过深化改革，到2020年，在人才发展体制机制的重要领域和关键环节上取得突破性进展，人才管理体制更加科学高效，人才评价、流动、激励机制更加完善，全社会识才爱才敬才用才氛围更加浓厚，形成与社会主义市场经济体制相适应、人人皆可成才、人人尽展其才的政策法律体系和社会环境。"[1] 2018年全国组织工作会议上提出："要深化人才发展体制机制改革，最大限度把广大人才的报国情怀、奋斗精神、创造活力激发出来。"[2]

推进人才管理体制改革。强化政府人才宏观管理、政策法规制定、公共服务、监督保障等职能。推动人才管理部门简政放权，消除对用人主体的过度干预。充分发挥用人主体在人才培养、吸引和使用中的主导作用。建立政府人才管理服务权力清单和责任清单，清理和规范人才招聘、评价、流动等环节中的行政审批和收费事项。改进事业单位岗位管理模式，破除"官本位"观念，提高人才政治地位，做管理的专心做管理，做科研的专心做科研。健全市场化、社会化的人才管理服务体系。健全市场化、社会化的人才管理服务体系。研究制定促进人才开发及人力资源市场、人才评价、人才安全等方面的法律法规。

完善人才培养机制。突出经济社会发展需求导向，统筹产业发展和人才培养开发规划，加强产业人才需求预测，加快培育重点行业、重要领域、战略性新兴产业人才。注重人才创新意识和创新能力培养，探索建立以创新创业

---

① 中共中央印发：《关于深化人才发展体制机制改革的意见》，新华社，2016年3月21日。
② 习近平：《在全国组织工作会议上的讲话》，《党建研究》，2018年9月。

为导向的人才培养机制,完善产学研用结合的协同育人模式。深入推进项目评审、人才评价、机构评估改革。加大对新兴产业以及重点领域、企业急需紧缺人才支持力度。提高科研项目立项、评审、验收科学化水平。进一步改革科研经费管理制度,探索实行充分体现人才创新价值和特点的经费使用管理办法。探索实行哲学社会科学研究成果后期资助和事后奖励制。建立产教融合、校企合作的技术技能人才培养模式。既要破除论资排辈、求全责备等陈旧观念,培养造就青年英才,又要给予其他年龄段人才继续成长的空间和平台。

改进人才评价机制。贯彻落实《关于分类推进人才评价机制改革的指导意见》。坚持德才兼备,注重凭能力、实绩和贡献评价人才,克服唯学历、唯职称、唯论文等倾向。发挥政府、市场、专业组织、用人单位等多元评价主体作用,加快建立科学化、社会化、市场化的人才评价制度。深化职称制度改革,提高评审科学化水平。畅通非公有制经济组织和社会组织人才申报参加职称评审渠道。

创新人才流动机制。打破户籍、地域、身份、学历、人事关系等制约,促进人才资源合理流动、有效配置。畅通党政机关、企事业单位、社会各方面人才流动渠道。鼓励和引导人才向艰苦边远地区和基层一线流动,提高艰苦边远地区和基层一线人才保障水平,使他们在政治上受重视、社会上受尊重、经济上得实惠。切实兑现已有人才优惠政策。根据实际,提高人才待遇,提供创新创业平台,完善知识产权保护,让各类人才各尽其用、各展其才,形成健康创业创新市场环境,鼓励和引导优秀人才向企业特别是高新技术产业集聚。加强对人才的日常关心,及时解决后顾之忧。

(四)坚持政治引领和政治吸纳

德者,才之帅也。无论是广纳人才,还是激励人才都是为国家重大战略服务的, 为经济社会发展服务的, 为中国特色社会主义事业兴旺发达服务的。要坚持政治引领，团结教育引导广大人才队伍弘扬爱国奋斗精神、增强"四个意识"，坚定"四个自信"，做到"两个维护"，把个人理想自觉融入国家发展中，建功立业新时代，为实现"两个一百年"奋斗目标、实现中华民族伟大复兴的中国梦贡献智慧和力量。加强党政领导干部与专家、人才的直接沟通联系，及时向他们阐述党和国家的大政方针，完善专家决策咨询制度，畅通建言献策渠道。加强各类人才教育培训、国情研修，进一步发挥中央党校、浦东干部学院、井冈山干部学院、延安干部学院作用，增强认同感和向心力。加强优秀人才和工作典型宣传，广泛宣传表彰爱国报国、为党和人民事业做出突出贡献的优秀人才，形成示范带动效应。加强中华文化的传播，提高人才对中华文明的认同与热爱，增强人类命运共同体意识，更好地团结凝聚海外人才。聚焦国家"一带一路"、京津冀协同发展、长江经济带建设等国家重大战略，引导顶尖专家和优秀人才走进基层一线，进行调查研究和科研攻关，解决基层经济社会发展难题。

坚持党管人才，吸纳优秀人才进入我们党使党保持先进性，提高执政能力，更好地站在时代潮头，带领人民群众实现历史使命的需要，也是满足优秀人才在政治上成长、发展，多方面发挥作用的需要提供机会和空间。要做好优秀人才特别是归国留学人才代表人士的发现、培养、使用、管理、服务工作，吸引和举荐他们能参与政策制定的咨询论证、政治协商以及进入相应的党政机关或政治性机构中工作。重视在人才队伍中的宣传工作，善于发现和培养政治上要求进步的可靠优秀人才，积极引导他们向党组织靠拢，加大在高层次人才、高知识群体中发展党员工作力度，把更多的优秀人才培养成为优秀的共产党员。"创新驱动实质上是人才驱动"，在2015年全国两会期间，习近平参加上海代表团审议时再次指出："人才是创新的根基，创新驱动实质上是人才驱动，谁拥有一流的创新人才，谁就拥有了科技创新的优势和主导权。"[1]随着

---

① 罗宇凡、崔静、朱基钗：《聚天下英才 圆复兴之梦——党的十八大以来人才工作创新发展纪实》，《人民日报》，2017年9月16日。

国际之间的竞争日益激烈,我们要实现党的十九大提出宏伟战略目标,建设社会主义现代化强国,必须从战略高度把人才作为赢得国际竞争主动、实现民族复兴的中国梦的重要资源,重视人才,以人才引领发展,努力建设一支矢志爱国、甘于奉献、勇于创新的优秀人才队伍。

第六章

作风建设永远在路上

党的十八大以来,作风建设已成为管党治党的靓丽名片。以习近平同志为核心的党中央把加强作风建设作为全面从严治党的先手棋并贯穿管党治党全过程,突出问题导向,注重抓早抓小,坚持以上率下,直击"四风"积弊,大力扶正祛邪,党风政风和社会风气呈现崭新气象。面对新时代的新形势和新任务,如何更好巩固作风建设取得的成果,防止"四风"反弹回潮,切实打好作风建设这场攻坚战、持久战,需要我们全党牢固树立作风建设永远在路上的思想,把解决思想问题和实际问题有机结合起来,发扬"钉钉子"精神,咬住不松、盯住不放,真正做到抓常、抓细、抓长,不断把作风建设引向深入,真正以强党风凝聚民心民智民力,不断厚植我们党执政根基。

一、党的作风就是党的形象

党的作风是指党在日常活动中表现出来的态度和行为,是党的性质、宗旨和世界观在党的活动中的表现。[1]具体而言,党的作风就是党员领导干部

---

[1] 张荣臣:《中国共产党对党的作风建设的探索和制度化进程》,《中国党政干部论坛》,2013年第12期。

和各级党组织在政治、思想、组织、工作、学习、生活等方面一以贯之所呈现出来的综合态度行为的凝练。党的作风建设与党的形象、性质、宗旨、纲领、路线的维系和落地密切相关，决定着党的创造力、战斗力和凝聚力的有效发挥，事关党和国家各项事业的兴衰成败，是全面从严治党的核心内容之一，也是以习近平同志为核心的党中央治国理政和管党治党最鲜明的特征和最突出的亮点。全面深入领会和系统科学把握习近平有关党的作风建设思想，对落实从严治党新要求，推进党的作风建设制度化、常态化、长效化意蕴深远。

（一）持之以恒抓作风是我们党的优良传统

把作风建设确立为党的建设的一个重要组成部分并常抓不懈，是中国共产党自身建设的一大特色，也是中国共产党区别于其他政党的一个显著标志。从党的作风建设历史演化来看，1941年9月10日，毛泽东在《反对主观主义和宗派主义》中首次使用了"党风"概念，指出"党风存在主观主义"。显然，这里的"党风"主要是指一种思想作风。毛泽东不仅提出党风的科学概念，在1942年2月1日《整顿党的作风》一文中，深刻阐明党风的含义就是指"反对主观主义以整顿学风，反对宗派主义以整顿党风，反对党八股以整顿文风"，"学风和文风也都是党的作风"。与此同时，毛泽东还突出强调党风是"一个非常重要的问题""第一个重要的问题"。[①] 1945年，毛泽东在党的七大上所作的《论联合政府》的政治报告中，还将理论与实际相结合的作风、和人民群众密切联系在一起的作风、批评与自我批评的作风，概括为我们党的三大优良作风，并特别强调这三大优良作风是我们党区别于其他政党的显著标志。[②]

我们党在奋斗历程中充分认识到作风问题的重要性，总是自觉地将作风

---

① 《毛泽东著作选读》（下册），人民出版社，1986年，第489页。
② 参见《毛泽东选集》（第三卷），人民出版社，1991年，第1094页。

建设放在党的建设的重要位置。比如,延安时期开展的整风运动,把"反对主观主义以整顿学风,反对宗派主义以整顿党风,反对党八股以整顿文风"作为主要内容和主要任务,从而使党确立了实事求是的思想路线,促进了党的优良作风的形成。又如,在党的七届二中全会闭幕十天后的1949年3月23日,毛泽东在率领党中央离开西柏坡移驻北京出发前异常兴奋而形象地说:"进京赶考去。"这里毛泽东讲到的三个"更"、两个"可能"和一个"进京赶考",充分体现出了毛泽东对党在执政条件下可能出现的作风问题的科学预测,以及对执政党作风建设的任务、走向、措施的深刻认知。党的十一届三中全会完成拨乱反正之任务后,中国开启改革开放和现代化建设的新征程,从把马克思列宁主义普遍原理创造性地与中国革命实际相结合,形成毛泽东思想的历史性飞跃,再到形成回应什么是社会主义、怎样建设社会主义的邓小平理论,当面对改革开放和现代化建设的全新环境,建设一个什么样的党、怎样建设党的问题成为全党上下面临的时代考题。将马克思列宁主义建党学说和我们党宝贵的建党历史经验发扬光大,持续发力加强党的作风建设,建构一整套加强执政党建设的思想,又成为现时代重大课题。

党的十四大确立社会主义市场经济体制改革的目标,加快推进社会主义市场经济发展的同时,相伴而生的社会问题也不断出现,尤其是"一切向钱看"的拜金主义甚嚣尘上,败坏了社会风气,扭曲了人们的价值观,对党员干部造成了极大影响。正是在这样的背景下,党的十四届四中全会提出推进"党的建设新的伟大工程",会议通过的《中共中央关于加强党的建设几个重大问题的决定》成为加强党的建设的纲领性文件,特别强调要从严治党,反对腐败,加强党的纪律性。2001年9月26日,党的十五届六次全会通过《中共中央关于加强和改进党的作风建设的决定》,指出:"执政党的党风,关系党的形象,关系人心向背,关系党和国家的生死存亡",强调:"对党的作风状况要有清醒的全面的估计,看不到主流,悲观失望,是错误的;看不到问题的严重性,丧失警惕，不下大气力加紧解决，是危险的。"①党的十六届四中全会首次提出"党的执政地位不是与生俱来的，也不是一劳永逸"②的重大论断，揭示了党的执政能力问题的极端重要性。党的十七届四中全会重申要提高管党治党的水平，并突出强调："落实党要管党、从严治党的任务比过去任何时候都更为繁重和紧迫。"③可以说，中国共产党始终没有放松对管党治党的要求，并突出把加强党的自身建设、推进从严治党作为一根红线贯穿始终，体现出党勇于自我革命的精神，反映了党"生死存亡"的忧患意识和"关键在党"的历史担当。

以党的十八大为标志，以作风建设推进从严管党治党进入一个全新阶段。党的十八大以来，以习近平同志为核心的党中央先后出台《关于改进工作作风、密切联系群众的八项规定》《关于开展"四风"突出问题专项整治和加强制度建设的通知》《关于在全省县处级以上领导干部中开展"三严三实"专题教育实施方案》《关于在全体党员中开展"学党章党规、学系列讲话，做合格党员"学习教育方案》等，针对"舌尖上的浪费""车轮上的铺张""楼堂馆所的奢华""节假日的迎来送往"等突出问题，从规矩破题，严厉整治"四风"，既传承历史上阶段性整风精神，更注重以法治思维和方法抓作风建设，健全改进作风常态化制度，实现作风建设的制度化、规范化、常态化。正如习近平所强调，工作作风上的问题绝对不是小事，如果不坚决纠正不良风气，任其发展下去，就会像一座无形的墙把我们党和人民群众隔开，我们党就会失去根基、失去血脉、失去力量。④由此可见，党的作风建设关系人心向背，关系党的生死存亡。以习近平同志为核心的党中央对此有极为深刻的认识，通过建章立制，完善党规党纪，不断把作风建设推向纵深发展，以此重塑党的形象，这成为党

---

① 《十五大以来重要文献选编》（下），人民出版社，2003年，第1997页。
② 《中国共产党第十六届中央委员会第四次全体会议公报》，《人民日报》，2004年9月20日。
③ 《十七大以来重要文献选编》（中），中央文献出版社，2011年，第143页。
④ 习近平：《在第十八届中央纪律检查委员会第二次全体会议上的讲话》，《人民日报》，2013年1月24日。

的十八大以来习近平长抓不懈的重要工作。回顾我们党作风建设的光辉历程，作风建设必须始终与党的建设同向推进、同步深化、同频共振。只有持之以恒抓作风，才能摆脱党脱离群众这个最大危险，才能永葆党与群众密切联系这个最大政治优势。

（二）党的作风问题本质上是党性问题

2013年8月，习近平在辽宁考察时指出："作风问题根本上是党性问题。改进作风要举一反三，透过作风看党性，在解决作风问题的基础上解决好党性问题。"①同年9月，他在指导河北省委常委班子专题民主生活会时强调："'四风'问题与世界观、人生观、价值观有密切联系。在作风问题上，起决定作用的是党性。"②习近平在调研指导兰考县党的群众路线教育实践活动时强调："作风问题本质上是党性问题。抓作风建设，就要返璞归真、固本培元，重点突出坚定理想信念、践行根本宗旨、加强道德修养"③，并号召党员干部把焦裕禄精神作为一面镜子，从今天做起，从眼前做起，以强化党性修养带动作风建设，做焦裕禄式的好党员、好干部。由此系列论述可见，作风问题根本上是党性问题，换言之，党员领导干部的党性修养决定和影响着干部队伍的整体作风建设。

党性是党的先进性、纯洁性的集中体现。鲜明的党性，是马克思主义政党的显著特色，也是其对于党员干部的绝对要求。共产党人的党性不是抽象的，而是具体的，它体现为党员特别是领导干部在观察问题、处理问题中所持的立场、观点和方法。这种立场、观点和方法融汇成一种稳定的、人格化的

---

　　①　习近平：《深入实施创新驱动发展战略　为振兴老工业基地增添原动力》，《人民日报》，2013年9月2日。

　　②　习近平：《坚持用好批评和自我批评的武器　提高领导班子解决自身问题能力》，《人民日报》，2013年9月26日。

　　③　人民日报评论员：《抓作风必先强党性　做焦裕禄式好干部》，《人民日报》，2014年3月20日。

特征和力量，就是作风。①正如习近平对党性的精辟阐述，"党性说到底就是立场问题。党性是党员、干部立身、立业、立言、立德的基石。决定一个人如何的是品行，决定一名党员如何的是党性。党性不可能随着党龄的增加而自然增强，也不可能随着职务的升迁而自然增强，必须在严格的党内生活锻炼中不断增强"②。显然，作风就是党性的外在体现，作风强烈而鲜明地反映了党的理论、党的旗帜、党的目标以及由此所决定的世界观人生观价值观，反映了党的性质宗旨、理想信念。作风优良与否，集中体现了党先进与否、纯洁与否。作风看似无形，却无处不在。作风就是党的形象，作风就是党的生命，必须把弘扬党的优良作风作为加强党的先进性建设、纯洁性建设最重要的一环。为此，习近平要求，"我们一定要自觉坚持和维护党的领导，增强政治意识、大局意识、核心意识、看齐意识，自觉站在党和人民立场上，做到对党忠诚、为党分忧、为党担责、为党尽责，经受住历史和人民检验"③。

当前，我们党正面临日益复杂的执政环境，在各种利益交织中，党员干部面对的诱惑不在少数，应对考验的难度也在加大。在这个时候，加强党性修养，更显得迫切而重要。换言之，加强党性教育，提高党性修养，既有益于解决作风实际问题，又能提高党员、干部素质和能力。正是基于此，习近平对加强党性修养提出四点要求：正确认识和处理人际关系，做到既有人情味又按原则办；下决心减少应酬，保持健康的工作方式和生活方式；实实在在做人做事，坚决不搞"假大空"；对一切腐蚀诱惑保持高度警惕，慎独慎初慎微，做到防微杜渐。④因此，党性是党员干部立德修身的基石，抓作风必先强党性。各级领导干部要深刻认识到作风问题本质上是党性问题，要把深入改进作风与加强党性修养结合起来，锤炼党性，坚定理想信念，践行根本宗旨，加

---

① 参见陈向东：《作风的根本问题是党性问题》，《解放军报》，2013年3月11日。
② 参见习近平：《在纪念朱德同志诞辰130周年座谈会上的讲话》，《人民日报》，2016年11月30日。
③ 习近平：《习近平在纪念万里同志诞辰100周年座谈会上的讲话》，《人民日报》，2016年12月6日。
④ 参见申言：《作风本质是党性》，《解放日报》，2014年3月31日。

强道德修养,又要自觉补足精神上的"钙",避免因"缺钙"导致"软骨病";要真正把心思用在事业上,把精力用在工作上,把劲头用在发展上。

(三)党的作风事关人心向背和党的生死存亡

习近平在中共十八届中央政治局第十六次集体学习时的讲话中强调,党的作风就是党的形象,关系人心向背,关系党的生死存亡。执政党如果不注重作风建设,听任不正之风侵蚀党的肌体,就有失去民心、丧失政权的危险。我们党作为一个在中国长期执政的马克思主义政党,对作风问题任何时候都不能掉以轻心。①党的作风就是党的形象,关乎人心向背和党的执政之基。历史警示我们,苏联共产党由于严重脱离人民群众,丧失了其先进性和纯洁性,最终走向了人民群众的对立面,为人民群众所抛弃,造成了亡党亡国的历史悲剧。作风问题从表面上看似乎只是个人的表现问题,但从本质上看恰恰是一个政治问题,影响着人心的向背。人民群众正是通过党员和党员领导干部的作风来了解和认识党的形象,感受和观察党的方针政策的贯彻落实情况,进而选择自己的政治态度和政治立场。党员和党员领导干部的所作所为代表着党的形象,作风正则民心所向,作风腐败则民心背离。失去了民心,党的执政基础就会动摇、执政地位就会受到挑战。新的历史时期,迫切需要党员领导干部牢固树立宗旨意识,强化群众观念,勇于担当担责,履行职责使命,始终保持与人民群众的血肉联系,切实实现、维护和发展好最广大人民群众的根本利益,只有这样才能凝聚起全党的力量,保持党的先进性、凝聚力和向心力。②

实现"两个一百年"奋斗目标和中华民族伟大复兴的中国梦,是党的十八大提出的宏伟目标和战略任务,是新时期共产党人的历史使命和责任担当。

---

① 参见习近平:《坚持从严治党落实管党治党责任　把作风建设要求融入党的制度建设》,《人民日报》,2014年7月1日。
② 参见杨英杰:《作风建设永远在路上》,《学习时报》,2017年8月30日。

这一目标能否实现,关键取决于党的各项方针政策能否贯彻执行,取决于能否充分调动起人民群众的力量和智慧,归根到底取决于我们党的力量。没有好的作风,正确的路线方针政策也不可能得到切实有效的贯彻执行。在新的历史条件下"四大考验""四种危险"仍尖锐地摆在全党面前。无论是从党解决自身存在的突出问题的现实需要,还是党要管党、从严治党的建设要求看,只有加强作风建设,切实改进作风,才能保持党的先进性和纯洁性,才能使党永远立于不败之地。当前改革发展中存在的许多矛盾和问题,都直接间接、或多或少地与作风相关联。党员和党员领导干部作风不正,就会在实践中脱离人民群众,造成老百姓与党离心离德,动摇党的执政地位。新的历史时期,迫切需要党员领导干部按照习近平提出的好干部"信念坚定、为民服务、勤政务实、敢于担当、清正廉洁"标准和"三严三实"的要求,锻造钢铁脊梁,夯实党的执政基础,巩固党的执政地位。因此,党的作风建设永远在路上,只有进行时,没有完成时,须臾不能放松。只有始终坚持这一政治自觉,才能始终维护一个全心全意为人民服务、毫无自身特殊利益的马克思主义执政党的光辉形象,才能使我们党始终奋进在时代的潮头,成为中国特色社会主义事业的坚强领导核心。

（四）党的作风就是党的形象和党群关系晴雨表

人心是最大的政治,党风正人心齐。党的作风展现党的整体形象,是体察党群干群关系的晴雨表。"中国共产党是世界上最大的政党。大就要有大的样子。"习近平在党的十九届中共中央政治局常委同中外记者见面时说的这句话,是宣示也是鞭策,坚毅豪迈掷地有声,充满期许又意味深长。既表达出永葆初心牢记使命的价值自觉,又标示出勇于自我革命从严管党治党的决心意志,还彰显出以天下为己任的大党担当和从容自信。①今天,我们要全面准

---

① 倪明胜:《大就要有大的样子》,《光明日报》,2018年4月9日。

确领会"大就要有大的样子"的深刻蕴含,既要深刻明白"何谓其大",又要寻求路径"成其之大",这就要求我们在锤炼赶考本领担当作为的同时,要始终加强党的作风建设,以打铁必须自身硬的光辉形象展现出新时代大党的样子和独特魅力。

习近平在党的群众路线教育实践活动总结大会上的讲话中指出:"我们党是一个拥有8600多万党员、在一个十三多亿人口的大国长期执政的党,党的形象和威望、党的创造力凝聚力战斗力不仅直接关系党的命运,而且直接关系国家的命运、人民的命运、民族的命运。在新的历史起点上坚持和发展中国特色社会主义,我们党面临的执政考验、改革开放考验、市场经济考验、外部环境考验是长期的、复杂的、严峻的,精神懈怠危险、能力不足危险、脱离群众危险、消极腐败危险更加尖锐地摆在全党面前。"①如果党的作风不纯不正,党的形象就会遭到破坏,党的威望就会遭受损失,党的创造力凝聚力战斗力就会逐渐丧失,所以习近平告诫:"全党同志必须在思想上真正明确,党的执政地位和领导地位并不是自然而然就能长期保持下去的,不管党、不抓党就有可能出问题甚至出大问题,结果不只是党的事业不能成功,还有亡党亡国的危险。"②对于各级干部特别是领导干部,习近平更是从政治的高度来要求来看待维护党的形象的重要性,在党的十八届中央纪委六次全会上的讲话中,他强调:"各级干部特别是领导干部要善于从政治上看问题,站稳立场、把准方向……始终牢记政治责任,襟怀坦白,言行一致,自觉维护党的形象。"③由此可见,突出抓好党的作风建设,展现党员干部队伍良好形象,事关人心向背,关乎党的事业兴衰成败。

实践证明,新的历史时期,迫切需要党员和党员领导干部继续紧紧抓牢

①② 习近平:《在党的群众路线教育实践活动总结大会上的讲话》,《人民日报》,2014年10月9日。
③ 习近平:《在第十八届中央纪律检查委员会第六次全体会议上的讲话》,《人民日报》,2016年5月3日。

作风建设这个"牛鼻子",持之以恒加强作风建设,以过硬的工作作风确保党的各项方针政策得到有效的贯彻执行。行百里者半九十。要想在新时代更好地凝聚民心,展现出中国共产党"大的样子",就必须始终保持革命的精神斗志,在固本培元和创新竞进中推进党的建设新的伟大工程,以党的自我革命锻造引领社会革命,凝聚广泛政治共识,筑牢执政大厦根基,确保党永葆生机与活力,始终走在时代前列。

二、密切党和群众血肉联系

群众路线是我们党的根本生命线,能否走好践行群众路线,本质体现是作风问题,是对待人民群众的价值立场问题。习近平明确指出,作风问题核心是党同人民群众的关系问题。加强作风建设,必须坚持马克思主义群众观点、贯彻党的群众路线,把出发点和落脚点归结到实现好、维护好、发展好最广大人民根本利益上来,归结到为民务实清廉上来,使改进作风的过程成为贯彻执行党的理论和路线方针政策的过程,成为推动改革开放和社会主义现代化建设顺利进行的过程。[①]因此,坚持以人民为中心,始终把人民放在心中,进一步密切党群干群关系,成为当前加强作风建设,走好践行群众路线的必然要求。

(一)践行宗旨使命和对待人民群众的态度是根本问题

我们党领导中国革命、建设和改革的实践告诉我们,党之所以能从小到大、由弱到强,面对各种困难险阻,能够团结带领人民战胜困难取得一个又一个胜利,根本原因就在于我们党始终坚守为人民服务的宗旨,践行党的群众路线这个生命线,永葆党同人民群众的血肉联系。历史和现实表明,能不

---

① 参见习近平:《坚持从严治党落实管党治党责任 把作风建设要求融入党的制度建设》,《人民日报》,2014年7月1日。

能把人民群众的根本利益作为党全部工作的出发点和着力点,能不能始终把人民举过头顶,充分发挥人民群众的历史主体性作用,事关党的前途命运和事业兴衰成败。正如习近平所指出:"历史和现实都告诉我们,密切联系群众,是党的性质和宗旨的体现,是中国共产党区别于其他政党的显著标志,也是党发展壮大的重要原因;能否保持党同人民群众的血肉联系,决定着党的事业的成败。"①因此,我们必须始终坚守好党的根本生命线,践行党的宗旨使命,用好群众路线这个独特优势,以此推进和加强党的作风建设。

作风是立场和世界观在实践活动中的表现,有什么样的立场和世界观就会有什么样的作风。我们党来自人民、植根人民、服务人民,党的根基在人民、血脉在人民、力量在人民。失去了人民拥护和支持,党的事业和工作就无从谈起。当前看来,践行党的宗旨使命,突出解决好"为了谁、依靠谁、我是谁"的问题,关键是要解决好对待人民群众的立场、态度问题,这就要求我们深入基层、了解群众、爱护群众,建立健全密切联系群众的制度机制,始终做到把人民放在心中最高位置。抓作风,从根本意义上就是抓对待人民群众的态度问题。因此,加强作风建设,突出人民主体地位,调动人民积极性,自觉拜人民为师,向能者求教,向智者问策,尊重人民意愿和保障人民的权利,始终视人民群众为生命之本,我们党才能始终与人民群众心连心共命运。

(二)以人民为中心积极回应诉求解决突出问题力促作风转变

牢牢把握人民群众对美好生活的向往,始终确保党始终同人民想在一起、干在一起。党的十八大以来,面对新形势新任务,秉持执政为民的赤子之心,行进在新的"赶考"路上,充分发挥广大人民群众积极性、主动性、创造性,不断增强人民群众的获得感,成为以习近平同志为核心的党中央治国理政最

---

① 习近平:《深入扎实开展党的群众路线教育实践活动 为实现党的十八大目标任务提供坚强保证》,《人民日报》,2013年6月19日。

鲜明特征，具体而言，就是在治国理政实践中，始终突出坚持人民立场——把人民放在最高的位置，是中国共产党人矢志不渝的政治情怀；践行人民共享——勾画发展蓝图为民谋福祉，让人民群众有更多的获得感；尊重人民主体地位——彰显公平正义，凝聚起人民团结奋进的力量；回应人民期盼——人民对美好生活的向往，就是我们的奋斗目标。①小康不小康，关键看老乡。践行以人民为中心的发展理念，不是空洞的口号，要见诸行动，落到具体的政策上。这就要求广大党员干部切实提高政治站位和政治觉悟，始终站稳人民根本政治立场，以坚强党性锻造作风、改进作风，拿出真情实感为群众办实事、办好事，把以人民为中心的各个环节切实落地生根，以转作风聚焦回应现实问题，解决回应广大群众所需所盼，在增强人民群众获得感的同时凝聚改革发展共识，从而集聚人民群众的智慧和力量，确保高质量完成和落实经济社会发展的各项任务。

民有所呼，我有所应；民有所盼、我有所为。对群众反映强烈的突出问题，涉及群众根本利益和实际困难的事情，一定要放在心上拿出实招真正推动落实。群众的眼睛是雪亮的，金杯银杯不如老百姓的口碑。给群众办事是装样子、耍滑头、大忽悠，还是走心、用力、出实招，根子考验的是党性，检验的是党员干部的作风问题。作风过硬，就会真正把群众冷暖记心上，聚焦问题、寻找症结、找到破解之道，甚至会拿出路线图、时间表和"销号"制度，一件一件抓落实，一步一步抓推进，真正在转作风中干实事见成效，把"群众满意不满意""高兴不高兴"放到具体实际工作中去评判，在接受群众监督和评议中赢得民心民意，重塑党群干群信任关系。反之，作风漂浮，工作不实，办事"走过场"，遇到问题绕道走，调门高行动力差，言语作秀欺上瞒下，不以百姓心为心，乱为妄为不作为，最终伤的是人民群众的心，损坏的是党和政府的形象。因此，要始终坚持以人民为中心的发展逻辑，以真诚敬畏之心深入群众、服务群众，

---

① 参见新华社：《始终以人民为中心——贯彻落实习近平总书记在省部级专题研讨班重要讲话精神系列述评之六》，《新华每日电讯》，2017年8月23日。

忧群众之所忧、急群众之所急,拿出过硬措施转作风强作风,在思想源头上清除"四风"之弊,真正坚持开门搞活动,问政于民、问需于民、问计于民,积极回应群众诉求和关切,做好与群众的沟通协调工作,永葆谦虚、谨慎、不骄、不躁的作风,维护好、实现好、发展好人民群众的根本利益。

(三)找准切入点把转作风与切实提高做群众工作能力结合起来

习近平在兰考调研时强调,在教育实践活动中,我们要防止用兴办实事代替解决党员、干部作风问题,只注重解决作风问题而忽视提高群众工作能力的倾向。显然,总书记的论述精准地阐明主观与客观、内在与外在的高度契合和辩证关系,指明干部队伍的作风建设要同为人民群众办实事、切实提高做好群众工作的能力相统一起来。换言之,转作风不是为了转而转,是通过转作风强作风来切实提高党员干部队伍素质,增强做好群众工作的能力本领,只有这样才能真正提升境界,解决好"总开关"问题,群众才信得过、靠得上、跟得紧。因此,找准切入点,转变思路创新方法,把转作风强作风与新形势下着力提升做好群众工作能力有机结合起来,成为破解基层治理难题,调和党群干群紧张关系的根本之举。一方面,要强化换位思考,带着真感情做群众工作,在知民情解民忧中回应群众期盼诉求,牢固树立公仆意识,自觉践行全心全意为人民服务的宗旨,切实维护群众合法权益。另一方面,要创新做群众工作的方法,广开民意渠道,借助互联网新媒体走好践行网上群众路线,积极开展网络问政网络理政,通过创新群众工作体制机制,优化整合群众工作资源,着力提升基层矛盾化解、情绪疏导和舆情危机管控能力。此外,要提高科学决策能力,在想问题、办事情、作决策之前,要充分考虑基层群众的实际承受能力,把保障和改善民生工作真正落实好,杜绝搞政绩工程、形象工程,拿出实招切实做好扶贫工作。最后,做好群众工作,提升做群众工作的能力本领,还需建立健全长效机制。要建立完善党群干群沟通协商机制,社会参与监督机制,基层信访接待机制、利益协调整合机制等,通过制度机制上的创新优化,自觉接受群众参与监督,主动真诚吸纳群众的意见建议,把群众的期盼转化为工作动力,把群众的思路方法转化为具体的工作举措,在有效吸取群众智慧、意见和建议中,边查边改、自警内省、逐步完善,从而把群众的倒逼监督内化为自觉意识、外化为实际行动,从而以工作实际成效赢得人民群众的信任和支持。

总之,既要练好内功,又要补齐短板,在积极研究探索做好群众工作的特点和规律的同时,要按照党的十九大报告所提出的八个执政本领要求,着力增强学习本领、政治领导本领、改革创新本领、科学发展本领、依法执政本领、群众工作本领、狠抓落实本领、驾驭风险本领,以各方面的综合素质能力提升,努力做好群众工作,激发亿万群众投身中国特色社会主义伟大事业,从而更好推动人的全面发展、社会全面进步。

(四)保持党同人民群众的血肉联系是党的长期执政能力建设的关键所在

党的十九大报告提出"新时代党的建设总要求",强调"以加强党的长期执政能力建设、先进性和纯洁性建设为主线",在党章修订中,执政能力建设前面也增加了"长期"两个字。显然"长期执政能力建设"的提出,既深刻体现出我们党强烈而鲜明的政治自信,也体现出我们勇于自我革命的政治勇气,以强烈的使命担当,带领人民去完成和实现中华民族伟大复兴中国梦的使命。当前来看,长期执政能力建设的提出,进一步确立和完善新时代党的建设总体目标和价值导向,也为如何系统推进管党治党提出基础性、根本性原则要求和总体性制度安排。长期执政能力建设既需要克服解决能力本领恐慌的问题,强化党的自身建设持续增强执政能力执政本领,与此同时,还需要坚定不移地推进全面从严治党,通过持续改进党的作风,以零容忍态度惩治腐败,解决好影响党的先进性、弱化党的纯洁性一系列复杂问题,从而始终保持党同人民群众的血肉联系。

正如习近平指出:"保持党同人民群众的血肉联系是一个永恒课题。"这就要求我们始终坚守人民立场,把党性和人民性统一起来,把服务群众和依靠群众有机结合起来,把党规党纪内化于心外化于行,以好的作风建设凝聚党心民心,确保我们党始终与人民群众水乳交融,永葆党同人民的血肉之情,从而让党的根基更牢固,更好地实现和维护人民群众的根本利益。

三、持续发力从严推进作风建设

党的十八大以来,以习近平同志为核心的党中央坚持党要管党、从严治党,把抓作风作为"先手棋",采取了一系列重大措施,一以贯之,步步深入,使管党治党真正从宽松软走向严紧硬。从贯彻落实中央八项规定,到开展以为民务实清廉为主要内容的群众路线教育实践活动,从在县处级以上领导干部中开展"三严三实"专题教育,再在全体党员中开展"两学一做"学习教育,并推动"两学一做"常态化制度化,坚持全覆盖、常态化、重创新、求实效,强化问题导向,注重以上率下,持之以恒纠正"四风",推动作风建设取得明显实效,党风政风为之一新,党心民心为之大振。

但是作风建设只有进行时没有完成时,特别是一些顶风违纪现象时有发生,从中央纪委国家监委网站"四风"曝光台栏目情况显示来看,涉及"四风"违纪的增量在减少,但从各种曝光的案件来看,"四风"问题往往呈现新变种甚至改头换面,随时有死灰复燃的迹象。正如习近平所指出:"作风建设永远在路上,永远没有休止符,不可蜻蜓点水,不可虎头蛇尾,不可只是一阵风,否则不仅不可能从根本上解决问题,而且会导致作风问题不断反弹、愈演愈烈,最后失信于民。这方面过去有不少教训,要好好记取。"①特别是习近平在新华社一篇《形式主义、官僚主义新表现值得警惕》的文章中指出:"'四风'问题具有顽固性反复性。纠正'四风'不能止步,作风建设永远在路上。各

---

①　习近平:《在听取兰考县和河南省党的群众路线教育实践活动情况汇报时的讲话》(2014年8月27日),《做焦裕禄式的县委书记》,中央文献出版社,2015年,第62页。

地区各部门都要摆摆表现,找找差距,抓住主要矛盾,特别要针对表态多调门高、行动少落实差等突出问题,拿出过硬措施,扎扎实实地改。"①由此可见,反"四风",落实中央八项规定精神,要作为一场持久战、攻坚战,要在巩固现有成果的基础上,以永远在路上的精神,持续发力、重锤连敲,在常长、严实、深细上下功夫,以滴水穿石的精神推进作风建设,坚决防止"四风"反弹回潮。

(一)创新体制机制,堵塞滋生不正之风漏洞

用制度机制推进管党治党、抓好作风建设往往带有根本性、全局性、稳定性、长期性。正如习近平在党的十八届中央纪委五次全会上强调:"横下一条心纠正'四风',常抓抓出习惯、抓出长效,在坚持中见常态,向制度建设要长效,强化执纪监督,把顶风违纪搞'四风'列为纪律审查的重点。"②显然基于人民的意愿和诉求,建立健全一整套科学合理的制度规定,以制度体系的根本完善切实巩固作风建设的成果,推动作风建设常态化长效化,成为新时代治理不正之风实现政党自我净化的根本举措。这就要求我们创新优化制度机制,压实管党治党责任,传导作风建设压力,提高制度建设的科学化水平,增强制度执行力和约束力,推进作风建设的规范化和常态化,确保作风建设的举措切实可行、行之有效,从而有效解决党自身存在的突出问题。

另一方面,要坚持破旧立新、破立并举,所谓"立",就是要建立新的体制机制,以改革的办法固化作风建设成果。所谓"破",就是要破除旧的滋生不正之风的体制机制。习近平指出:"改革是由问题倒逼而产生,又在不断解决问题中得以深化……我们用改革的办法解决了党和国家事业发展中的一系列问题。同时在认识世界和改造世界的过程中,旧的问题解决了,新的问题又会产生,制度总是需要不断完善,因而改革既不可能一蹴而就、也不可能一

---

① 习近平:《纠正"四风"不能止步 作风建设永远在路上》,《人民日报》,2017年12月12日。

② 习近平:《在中国共产党第十八届中央纪律检查委员会第五次全体会议上重要讲话》,《人民日报》,2015年1月14日。

劳永逸。"①因此,作风建设永远在路上,制度建设永远在路上,改革永远在路上。总的来看,抓好建章立制,优化体制机制,在管长远上下功夫,在源头上"打补丁",以法治思维和法治方法抓作风建设,深化改革、转变职能、优化举措,科学堵塞滋生不正之风的漏洞,以制度固化作风建设成果,实现作风建设制度化、规范化、常态化。

(二)优化干部政绩考核评价体系,推动作风转变

从一个政党治国理政的基本规律看,政党的执政业绩以及给社会带来的公平实惠,既与政策好坏相关,还和当政者的行为相关。而对于干部行为的评价,既要坚持历史观点和历史评价,也要立足当前实践评价以调动工作积极性,更要适时反映群众的意愿和要求。从执政实践来看,坚持党的群众路线,就是把群众的根本利益作为执政理念、价值标准、工作方法一并要求,并通过群众监督来评价领导干部工作业绩的好坏和优劣。这就需要切实完善干部政绩考核评价体系,用科学的政绩考核"指挥棒"推动作风转变。

党的十八大以来,以习近平同志为核心的党中央非常重视完善经济社会发展评价体系。2013年5月24日,习近平在中央政治局就大力推进生态文明建设第六次集体学习时指出:"只有实行最严格的制度、最严密的法治,才能为生态文明建设提供可靠保障。最重要的是要完善经济社会发展考核评价体系,把资源消耗、环境损害、生态效益等体现生态文明建设状况的指标纳入经济社会发展评价体系,使之成为推进生态文明建设的重要导向和约束。"②2013年6月28—29日,习近平在全国组织工作会议上强调:"要改进考核方法手段,既看发展又看基础,既看显绩又看潜绩,把民生改善、社会进步、生态效

① 习近平:《关于〈中共中央关于全面深化改革若干重大问题的决定〉的说明》,《人民日报》,2013年11月16日。
② 习近平:《坚持节约资源和保护环境基本国策 努力走向社会主义生态文明新时代》,《人民日报》,2013年5月25日。

益等指标和实绩作为重要考核内容,再也不能简单以国内生产总值增长率来论英雄了。"①在党的十八届五中全会上,习近平系统论述了"创新、协调、绿色、开放、共享"的新发展理念。显然,新发展理念描述了"十三五"时期我国经济社会发展的奋斗方向,完善了我国经济社会发展的评价体系。

　　总体来看,既要坚持党要管党、从严治党,从党内加强纪律约束,也要坚持开门整风、接受社会群众的评议和监督;既要把重点放在高级领导干部身先士卒、率先垂范上,也要在党内形成基本共识,还要注重营造社会氛围、带动社会风气转变,让社会监督干部、群众公议政绩。这就需要我们更加优化干部政绩考核评价体系,突出科学发展导向,看经济、政治、文化、社会、生态文明建设和党的建设的实际成效,看解决自身发展中突出矛盾和问题的成效,完善政绩考核评价指标,加强对政府债务状况的考核,加强对政绩的综合分析,规范和简化各类工作考核。通过创新方式方法,改变党内建设、干部自我评价的"自转"行为,鼓励、引导群众参与管理和监督干部政绩,从而引导各级领导班子和领导干部牢固树立"功成不必在我"的发展观念,作出经得起实践、人民、历史检验的政绩。

(三)树立正确选人用人导向营造良好政治生态

　　习近平深刻指出:"用一贤人则群贤毕至,见贤思齐就蔚然成风。选什么人就是风向标,就有什么样的干部作风,乃至就有什么样的党风。"②这充分说明,用人导向正确,用人风气才会正,党风政风才会正;用人导向好,用人环境才会好,干部队伍的政治生态才会好。由此可见,选人用人导向是党风政风的风向标,往往发挥着重要导向性作用。强化政治标准,把好干部选出来、用起来,旗帜鲜明地打造忠诚干净担当的干部队伍,就能有效促进形

　　①② 习近平:《建设宏大高素质干部队伍 确保党始终成为坚强领导核心》,《人民日报》,2013年6月30日。

成优良党风、带政风促民风,进而影响整个社会风气,营造出风清气正的政治生态。反过来,如果一个地方用人导向不正,那些品行不端、跑官要官的人总是得势得利,必然会助长歪风邪气和好人主义,并形成各种"山头""小团伙",搞拉帮结派、"圈子文化"和结党营私,最终使政治生态的"大气候"受到严重破坏。

实践表明,选人用人上的不正之风和腐败现象如同慢性毒药,对政治生态的破坏具有系统性和长期性的影响。当前看来,官场的选人用人不当,势必会出现"劣币驱逐良币"的逆淘汰,那些不谋事专谋人的投机分子就会乘机上位,那些真干事想干事善成事的人就会失去机会和动力,长此以往,宗派主义、圈子文化、码头文化就会根深蒂固,把政治生态的源头污染破坏,最终会诱发腐败、扩散腐败和加剧腐败。因此,切实提高政治站位,把好选人用人关,从源头上用劲"大浪淘沙",把理想信念坚定、有极高政德修养水平的干部选出来,按照公平、公正、公开原则,选优配强各级领导班子,建立健全科学优化的干部考核评价制度体系,完善落地容错纠错机制,着力建设和打造一批高素质专业化干部队伍,形成奋发有为、开拓进取、艰苦奋斗的浓厚氛围,为决胜全面建成小康社会提供坚强的组织保证和干部人才支撑,真正实现干部清正、政府清廉、政治清明的目标。

(四)强化监督执纪问责倒逼作风持续好转

坚持党要管党、全面从严治党,既要加强党的自我内部监督,也要加强党外监督。党的十八大以来,我们党把落实中央八项规定精神作为加强作风建设的突破口,紧盯"四风"突出问题,一个节点一个节点地抓,一个问题接一个问题地治,坚持不懈开展监督执纪问责,严肃查处违规违纪问题,取得了正风肃纪的良好成效,带来了党风政风和社风民风的可喜变化。与此同时,我们看到"四风"问题经常反弹回潮,反腐败斗争的形势依然严峻复杂,这就需要我们坚持问题导向,保持战略定力,强化监督执纪问责,健全监督体系,发挥舆论监督、群众监督作用,推进监督执纪多管齐下。显然,在中国共产党的坚强领导下,我们已经逐步确立形成包括党内监督、人大监督、政府内部监督、政协民主监督、司法监督、公民监督和舆论监督等在内的中国特色监督架构和体系,当前关键是要推进各监督主体之间的协调配合,形成有机联动,构建监督整体合力。

党的十八大报告提出,要健全质询、问责、经济责任审计、引咎辞职、罢免等制度,加强党内监督、民主监督、法律监督、舆论监督。面向未来,党的十九大报告又明确指出,"加强纪律教育,强化纪律执行,让党员、干部知敬畏、存戒惧、守底线,习惯在受监督和约束的环境中工作生活"①。这就要求我们要进一步强化监督,扩大监督范围,不仅要加强纪委监督,还要利用好人大监督、政协监督、媒体监督、群众监督,把作风建设工作放到全方位立体化监督体系的明镜之下,把落实中央八项规定精神作为日常纠偏扶正的重要标准,抓住重点时间、重点节日,常态化开展监督,从小处抓起,从点滴入手,实现监督长效化。与此同时,要推进党内监督与国家监察的有机联动,做到纪在法前、纪法衔接。坚持抓常、抓细、抓长,严肃查纠"四风"突出问题,坚持有腐必反、有贪必肃,坚持实践运用"四种形态",做到落实落细、抓早抓小。坚持及时回应群众关切,推进全面从严治党向基层延伸,从而推动党风政风持续好转。

(五)破解惯性思维束缚推进作风建设制度化规范化常态化

当前看来,"四风"整治问题稍有松懈和麻痹,就会出现反弹和卷土重来,甚至花样形式不断翻新。实践表明,"四风"顽疾难以根除,尤其是形式主义、官僚主义总是屡消不灭,究其原因,与我们现行的惯性思维、工作方法有着很大的关系。这种"惯性思维"主要表现为：一是经验主义"拍脑袋"，遇事做决策安排工作不从实际出发，遵从本本、惯例和红头文件，按照过往的路数和经验盲目决策、上项目，最后留下一堆后遗症。二是循规蹈矩"一刀切"，一有工作就习惯开会、发文、评比，一讲工作创新就习惯提新口号、整几个新词，对上面的决策部署空喊口号、不抓落实。三是行政命令"运动化"，遇事总是高高在上，习惯于简单、粗暴的长官意志和发号施令、指示。四是人情世故"面子化"，干工作、办事情总是先顾及人情面子，陷入人情困境，往往是讲面子不讲原则、讲感情不守底线。五是安于守成"不出事"，习惯按照过去的标准守好摊，缺乏工作斗志和激情，简单重复和套用原有方式方法，导致不作为、慢作为。①

由此可见，形式主义、官僚主义的顽固性和反复性往往是与领导干部的惯性思维相伴的，跳不出思维定式的泥潭，就难以真正跳出整治"四风"的怪圈和定式。因此，力戒形式主义、官僚主义，首先需要全面纠正惯性思维和"路径依赖"，要敢于向沉疴陋习宣战，向经验主义宣战，向见怪不怪宣战，向惰性思维开刀。

这一方面需要我们切实解放思想和转变思维方式，牢固树立战略思维、创新思维、辩证思维、法治思维和底线思维，推动思维与实践相结合。另一方面，要切实转变工作方式和方法，敢于破旧立新，加大简政放权力度，把单纯依靠行政手段解决问题的固化模式，转向综合运用市场化和法治化手段调节，强化制度倒逼，提高制度治理科学化水平，建立健全科学的政绩考核指标和干部选用考评机制，加大监督查处力度，强化责任担当，切实提升服务能力。"路虽迩，不行不至；事虽小，不为不成。"只要我们从破除惯性思维开始，以钉钉子的精神锲而不舍整治形式主义、官僚主义，积极应对，抓早抓小，就定能打赢作风建设这场攻坚战、持久战。②

①②　参见倪明胜：《"履责"变"推责"，形式主义如何破》，《光明日报》，2017年12月27日。

四、以良好党风促政风带民风

党风、政风、家风、民风都是整个社会风气现象的综合呈现,党风政风与家风民风紧密相连、协同影响、互为助益。党风政风对家风民风是自上而下的影响,反之,家风民风对党风政风是自下而上发挥作用。党风促政风带民风,党风是关键,政风民风家风又是风向标,折射和透视出党风政风情况。因此,党风政风民风家风内在关系密不可分,可谓是一荣俱荣、一损俱损。要把握其内在的辩证关系,在实践中推进党风政风和家风民风之间的良性互动。当前看来,按照新时代管党治党新要求,始终做到打铁必须自身硬,切实提高党的建设质量,关键要持续推进正风肃纪,实现以良好党风促政风带民风,营造良好政治生态。

(一)党风对政风和民风具有重要示范和引领作用

习近平在指导兰考县委常委班子党的群众路线教育实践活动专题民主生活会时指出,作风建设是永恒课题,要标本兼治,经常抓、见常态,深入抓、见实效,持久抓、见长效,通过立破并举、扶正祛邪,不断巩固和扩大已经取得的成果,努力以优良的党风政风带动全社会风气根本好转。①显然,由于我们的党是领导党和执政党,党成为全社会的表率,各级党组织和领导干部的作风决定和影响着全党的作风建设, 全党的作风又对全社会发挥着示范和导向作用。换言之,党的作风既在党内或组织层面发挥着重要作用,也对国家政治生活、社会生活产生影响。其内在关系结构和制约逻辑关系,决定我们要重视和弘扬党的优良作风, 从而形成以优良的党风促政风带民风的良

---

① 参见习近平:《作风建设要经常抓深入抓持久抓　不断巩固扩大教育实践活动成果》,《人民日报》,2014年5月10日。

性循环，推动在全党和全社会形成文明、健康、和谐的良好风尚。

我们党历来都比较重视党风政风民风三者之间的互动影响，在不同的历史时期都突出强调和发挥以优良的党风促政风带民风。毛泽东早在民主革命时期，就深刻指出："只要我们党的作风完全正派了，全国人民就会跟我们学。党外有这种不良风气的人，只要他们是善良的，就会跟我们学，改正他们的错误，这样就会影响全民族。"①这是我们党最早关于党风影响党外风气的思想。党的十一届三中全会以来，邓小平在推进党的作风建设的过程中提出了"端正党的作风，具有决定的意义"②的观点，作出了"如果党风不正，社会风气、民风、政风、军风也好不了"的判断，强调"要搞好我们的党风、军风、民风，关键是要搞好党风"③，从而初步形成了党风决定、影响政风和民风的思想。进入新世纪，我们在党的十五届六中全会指出，加强和改进党的作风建设，"要紧紧围绕经济建设这个中心，把党的作风建设同思想建设、组织建设结合起来，带动和促进政风、行业风气和社会风气建设"④。这就初步涉及党风带动政风、民风的问题。在此基础上，经过了一段时间的探索，党的十七大报告正式提出：要"继承优良传统，弘扬新风正气，以优良的党风促政风带民风"⑤。党的十七届中纪委第四次全会则进一步强调："按照建设马克思主义学习型政党的要求，加强党性党风党纪教育和反腐倡廉教育"，突出要"心系群众、服务人民，切实加强和改进党的作风建设"。⑥党的十八大以来，党中央坚持党要管党、从严治党，用党风政风带动了社风民风的好转，加深了党和人民群众之间的血肉关系，为实现伟大复兴的中国梦奠定了扎实的基础。这样就正式

①　《毛泽东选集》（第三卷），人民出版社，1991年，第812页。
②　《邓小平文选》（第二卷），人民出版社，1994年，第178页。
③　同上，第46页。
④　参见《中共中央关于加强和改进党的作风建设的决定》，新华社，2001年10月7日。
⑤　参见胡锦涛：《高举中国特色社会主义伟大旗帜　为夺取全面建设小康社会新胜利而奋斗——在中国共产党第十七次全国代表大会上的报告》，《人民日报》，2007年10月25日。
⑥　参见《中国共产党第十七届中央纪律检查委员会第四次全体会议公报》，《人民日报》，2009年9月20日。

明确形成了"以优良党风促政风带民风"的重大命题。

当前看来,以优良的党风促政风带民风,是由党风的性质、重要作用及其强大的影响力所决定的。中国共产党作为执政党,其作风状况直接影响和决定着政风与民风的状况。党风的状况直接决定着政风的走向,甚至对整个社会形成风向标,党风对政风和民风具有强大的导向示范作用。此外,以优良的党风促政风带民风,是营造和谐的党群干群关系的迫切要求。党风、政风、民风的良性互动,决定基层的政治生态环境,对营造和谐的党群干群关系至关重要。党风不正,必然会损害党群干群关系,甚至会激化社会矛盾,引发群体纠纷和对立冲突,不利于社会的稳定和谐。最后,以优良的党风促政风带民风,是进一步加强党的长期执政能力建设和先进性、纯洁性建设的重要内容。党风好,政党内部风清气正,凝聚力战斗力强,党风不好,人心涣散,弊病丛生。一个政党要想长期执政,就要永葆先进性和纯洁性,就需要优良的党风带动和示范引领,这就需要坚持不懈地抓好党风建设,以党风促政风带民风,形成强劲的正能量生态环境,确保内生秩序与稳定发展。

总之,营造良好的政治生态,抓好党风建设成为促政风与带民风的关键点,由于党风对政风、民风等各种社会风气具有重要的示范和导向作用,党风的好坏对培育良好的政风、民风乃至整个社会风气都十分关键。与此同时,政风直接关系执政党的凝聚力和号召力,直接反映执政党的执政能力和执政水平,改进政风是密切党同人民群众血肉联系的重要环节。政风连着党风和民风,抓好政风又是抓党风和带民风的结合点。此外,由于中国共产党始终代表最广大人民的根本利益,党风、政风与民风有着根本的一致性。良好的民风既是建设良好的党风、政风的重要基础,也是抓党风促政风的最终目的。

(二)以优良的党风促政风树风清气正政治生态

政治生态是党风、政风、社会风气的综合反映,集中体现党员干部的党性修养、思想觉悟、工作作风等。作为政治发展中的关键因素,政治生态往往影响和制约着党员干部的价值取向和行为方式。政治生态好，"软环境"就好，人心就齐，党的事业就能发展；政治生态不好，人心就会涣散，政治生活就会弊病丛生，党的事业就会遭遇挫折。①显然，政治生态的载体是党员干部，党员干部的精神状态和作风行为又制约影响着党风政风的质量，党风政风反过来又对营造良好政治生态带来深远影响。因此，重视和加强执政党优良党风建设，促进政风民风好转，永葆党的先进性和纯洁性，凝聚党心民心激发社会正能量，对营造良好从政环境，构建风清气正、干事创业、勇于担当的良好政治生态大有裨益。

党风建设往往走在政风和民风建设的前面，发挥着重要引领和示范推动作用。所谓"以优良的党风促政风"，其基本含义是：以党业已形成的优良传统和作风为示范和榜样、为衡量标准和基本依据去推动、促进政风建设，使政风建设克服盲目状态、节省探索成本，从党风建设中吸收借鉴生长养分并在宏观上被纳入党风建设的体系结构之中的状态。从根本上讲"以优良的党风促政风"在执政条件下集中体现了"政党执政"对"政府行政"的带动，是执政党和政府关系的一个缩影。②这就要求我们在坚持和加强党对一切工作领导的同时，创新优化制度机制，科学理顺党政之间关系，以党风政风的良性互动和整体效能，推进政治生态良性好转。

当前看来，以优良党风促政风，关键是要提高党风建设的科学化水平。一方面，要坚持"严"字当头，牢牢抓好领导干部这个"关键少数"，充分发挥党员领导干部的示范引领作用。正如习近平所强调，抓作风建设，首先要从中央政治局做起，要求别人做到的自己先要做到，要求别人不做的自己坚决不做。中央政治局逐条逐项、不折不扣落实中央八项规定，率先垂范、以上率下、身体力行，用"讲认真"的精神、"有担当"的行动，带头转变工作作风，形成了

---

① 参见倪明胜：《把净化党内政治生态摆在重要位置》，《人民日报》，2017年2月12日。
② 参见张书林：《论"以优良的党风促政风带民风"——兼论党风与政风、民风的互动关系》，《中共浙江省委党校学报》，2011年第3期。

巨大的"头雁效应"。①事实表明，领导干部充分发挥以上率下、带头示范作用，就会感召和影响其他人，抓好这个"牛鼻子"，就等于抓住作风建设的关键。另一方面，要聚焦党内存在的突出问题，下大力气纠"四风"和惩治腐败。要正视"四风"问题和群众身边的腐败，把群众反映最强烈的问题解决好，坚持"实"字发力，持续抓作风惩治腐败，根除破坏政治生态的污染源。

此外，要坚持"刚"字为重，把纪律规矩挺在前面，教育党员干部把党章党规党纪内化于心外化于行，用好"四种形态"，强化监督执纪问责，用好批评与自我批评的武器，严肃党内政治生活，不破底线不过红线，坚持有令必行、有禁必止，积极营造党风带政风的良好气候环境。总之，只要各级党委和领导干部坚持示范引领，敢抓敢管、真抓真管，一级做给一级看，以"关键少数"带动全党"绝大多数"，积极营造想干事、会干事、干成事的良好氛围，以优良党风促政风就会形成干事创业的良好生态。

（三）以优良的党风带民风营造清新淳朴良好氛围

民风是社会风气的总体呈现，甚至可以说等同于社会风气，体现出社会民众的精气神和待人接物、行为做事的态度、习惯和风格，民风往往同社会政治文化氛围相互型构和融合影响。在中国的现行政治架构中，中国共产党作为唯一的执政党，担负着对社会、人民群众的领导职能和管理职能，社会系统领域涵盖在党的领导体系之中。这种体系架构也使得党风对民风和社会风气的影响变得顺理成章。长期以来，党对社会大众和日常生活发挥着重要的价值引领作用，党在加强自身作风建设的同时也深刻影响着社会风气的变迁，对形成遵守法纪、助人向善、和谐有序的社会文化氛围发挥着重要的作用。对此邓小平曾经深刻指出："端正党风，是端正社会风气的关键。"②"只有

---

① 参见《打铁还需自身硬——关于全面从严治党》，《习近平总书记系列重要讲话读本（2016年版）》，《人民日报》，2016年4月28日。
② 《邓小平文选》（第三卷），人民出版社，1993年，第144页。

搞好党风,才能转变社会风气,才能坚持四项基本原则。"①

正是深刻认识到党风建设和民风建设是相辅相成、交互协同的关系,党的十八大以来,习近平先后多次谈到家风和民风的建设,正所谓家风正,则民风淳;家风正,则政风清;家风正,则党风端。2016年1月12日,习近平在党的十八届中央纪委六次全会上强调:"每一位领导干部都要把家风建设摆在重要位置,廉洁修身、廉洁齐家,在管好自己的同时,严格要求配偶、子女和身边工作人员。"②党的十八届六中全会审议通过的《关于新形势下党内政治生活的若干准则》中明确要求:"领导干部特别是高级干部必须注重家庭、家教、家风,教育管理好亲属和身边工作人员。"2017年3月5日,习近平参加上海代表团审议时,询问上海奉贤区"奉贤"之含义,肯定家风、村风与民风建设。③由此可见,家风社风与党风相互助益、彼此促进,一方面家风社风的转变会形成良好的政治文化氛围,在潜移默化中重塑和规约着人们的行为和态度,另一方面,借助党风建设的带动,尤其是党员领导干部"关键少数"带头营造良好党风,也在无形之中纠偏不良社会风气,形成建构全新的民风民俗,可以说党风好转和家风民风改良是协同共进的关系。

从管党治党的实践过程和导向效果来看,民风、政风并不是党内政治生活的机械作用对象,它可为党的思想建设和作风建设提供良好外部环境,为实施领导和执政活动提供合法性支撑,为党内治理的法治化提供重要的政治环境、文化氛围和实践基础。④正是因为党风民风呈现良性互动和互嵌影响,我们在实践培育过程中要遵循双向路径,既要推动形成以优良党风带民风的良好氛围,推进社会道德风尚的整体提升,另一方面,也要创新优化机制,把家风民风培育作为党和政府的重要工作抓牢抓实,为营造风清气正党

①　《邓小平文选》(第二卷),人民出版社,1994年,第178页。
②　习近平:《在中纪委第六次全体会议上的讲话》,《人民日报》,2016年5月3日。
③　参见赵银平:《十八大以来,习近平这样谈"家风"》,新华网,2017年3月29日。
④　参见邹庆国:《党内法治:管党治党的形态演进与重构》,《山东社会科学》,2016年第6期。

风提供坚强后盾。这就要求党员干部尤其是领导干部要充分发挥表率作用，始终牢记党员第一身份，做到严于律己、履职尽责，以忠诚干净担当的优良作风以上率下，同时各级党员领导干部要亲自抓、亲自管，强化作风建设压力传导，确保党风建设贯彻落实不走样、不走偏，进而引领民风和大众风尚。正如习近平所强调，领导干部要把践行"三严三实"贯穿于全部工作生活中，养成一种习惯、化为一种境界。要加强道德修养，带头弘扬社会主义核心价值观，明辨是非善恶，追求健康情趣，不断向廉洁自律的高标准看齐，做到心有所戒、行有所止，守住底线、不碰高压线。每个领导干部都应该把洁身自好作为第一关，从小事小节上加强约束、规范自己，坚决反对特权思想、特权现象，习惯在受监督和约束的环境中工作生活，练就过硬的作风。①

另外，以优良党风带民风要重视社会风尚教育，要积极培育和践行社会主义核心价值观，把党史国史以清晰的脉络和逻辑向群众讲透，真正让党的十九大精神和习近平新时代中国特色社会主义思想入脑入心，使得群众对党的优良党风及其先进性发自内心的认可，从而在反观自省中查摆突出问题，切实以党风的先进引领不断增强营造良好家风社风的自觉。正如邓小平曾经明确要求："改善社会风气要从教育入手。教育一定要联系实际。对一部分干部和群众中流行的影响社会风气的重要思想问题，要经过充分调查研究，由适当的人进行周到细致、有充分说服力的教育，简单片面武断的说法是不行的。群众关心的实际生活问题和时事政策问题，各级领导一定要经常据实讲解，告诉大家客观的情况以及党和政府所作的努力，并且对群众所反映的不合理现象及时纠正。"②当然，我们还可搜集运用灵活多样的文化素材资源，以新式民风民俗的培育引领，在有机嵌入现时代主题党日活动教育中增强党风民风家风的融通性，从而不断厚植良好党风家风社风的文化土壤，以文化

---

①　参见习近平：《在学习贯彻党的十九大精神研讨班开班式上发表重要讲话》，《人民日报》，2018年1月6日。

②　《邓小平文选》（第三卷），人民出版社，1993年，第144页。

整合力来有效正党风淳民风。

　　总之,作风建设要永远在路上,要保持战略定力,突出问题导向,持续发力、久久为功,通过牢牢把握加强党的长期执政能力建设、先进性和纯洁性建设这条主线,以自我革命的勇气精神,持之以恒推进管党治党,优化政治生态,我们就能不断维护党的良好形象,夯实执政的群众之基,以强大的创造力凝聚力战斗力,建设世界最强马克思主义执政党,使我们党永葆青春活力成为伟大事业的坚强领导核心。

第七章

使纪律真正成为带电的高压线

党的十八大以来，以习近平同志为核心的党中央把纪律建设摆在更加突出位置。习近平指出，党要管党、从严治党，靠什么管、凭什么治？就要靠严明纪律，强调要"把纪律规矩立起来、严起来，使各项纪律规矩真正成为"带电的高压线"。党的十九大把政治建设放在各项建设的首位，把纪律建设纳入党的建设的总体格局，加强党的纪律建设成为全面从严治党的治本之策。新时代不断加强党的纪律建设，要把纪律规矩挺在各项党纪国法前面，重点强化党的政治纪律和政治规矩，深化运用监督执纪"四种形态"，打通监督执纪问责最后一公里，着力解决人民群众反映强烈、对党的执政地位威胁最大的突出问题，用铁的纪律全面从严治党，使纪律真正成为带电的高压线，推动党的建设新的伟大工程不断取得新成效。

一、把纪律建设摆在更加突出位置

党的纪律是党的各级组织和全体党员必须严格遵守的行动准则和行为规范，也是党的凝聚力和战斗力的可靠保证和重要体现。习近平在党的十八届中央纪委六次全会上指出，要把纪律建设摆在更加突出位置。中国共产党作为一个纪律严明的政党,近百年来正是依靠严明的纪律和规矩作保证,取得了革命、建设和改革事业的伟大胜利。党的十九大首次把纪律建设纳入党的建设总体布局,并写入党章,标志着我们党对自身建设规律认识的深化,对于新时代进一步全面从严治党、推进"四个伟大"具有重要意义。

(一)纪律严明是无产阶级政党的根本属性

纪律严明是无产阶级政党区别于其他任何政党的根本属性。就本质而言,资产阶级政党是为极少数人利益服务的政治集团,其内部经常会因为利益矛盾和冲突而步调不一、组织松散,很难形成统一的、纪律严明的、有战斗力的组织,这是由资产阶级政党所代表的利益属性所决定的。无产阶级政党与之截然相反,她代表工人阶级和最广大劳动人民的根本利益,用马克思主义的科学理论武装,具有严明的纪律性和行动的一致性,是最先进、最革命、具有崇高理想信念的政党。正如马克思和恩格斯在《共产党宣言》中所明确指出的,"过去的一切运动都是少数人的,或者为少数人谋利益的运动。无产阶级的运动是绝大多数人的,为绝大多数人谋利益的独立的运动"①。这是马克思、恩格斯对无产阶级政党本质特征的科学揭示。无产阶级政党是无产阶级的先锋队,具有无产阶级的突出优点。马克思和恩格斯在深入考察资本主义社会的矛盾运动的过程中,深刻揭示了无产阶级的历史特点和崇高使命,指出他们是资本主义制度的掘墓人。无产阶级之所以能够肩负伟大的历史使命,是因为他们同机器大生产相联系,是先进生产力的代表。无产阶级的经济地位决定它大公无私、最有远见、富有组织性和纪律性。他们在革命斗争中,比任何别的阶级都要坚决和彻底。同时无产阶级与其他劳动人民并无根本利益上的冲突,能够把一切被压迫、被剥削的劳动人民团结在自己的周围。所以,无产阶级始终是工人运动的核心,是"革命社会主义的天然代表"②。

---

① 《马克思恩格斯选集》(第一卷),人民出版社,2012年,第411页。
② 《马克思恩格斯全集》(第35卷),人民出版社,2013年,第229页。

马克思、恩格斯在领导无产阶级政党的实践中,指出了党的纪律对于无产阶级政党及其领导的事业的极端重要性。马克思、恩格斯在为共产主义者同盟制定的章程第八章第三十七条明确规定:"凡不遵守盟员条件者,视情节轻重或暂令离盟或开除出盟,凡开除出盟者不得再接收入盟。"同盟章程对纪律的要求,为无产阶级政党的巩固和发展奠定了基础。随着工人运动的发展,马克思、恩格斯更加强调纪律在无产阶级革命中的作用,1859年5月18日,马克思在致恩格斯的信中指出:"我们现在必须绝对保持党的纪律,否则将一事无成。"①恩格斯认为,无产阶级革命"胜利的首要条件是严格遵守法律,而一切革命的高调和喧嚷都不可避免地会导致失败。这种纪律是一个有成效的和坚强的组织的首要条件,是资产阶级最害怕的"②。在反对巴枯宁主义的斗争中,恩格斯强调:"没有任何党的纪律,没有任何力量在一点的集中,没有任何斗争的武器!那么未来社会的原型会变成什么呢?简而言之,我们采用这种新的组织会得到什么呢? 会得到一个早期基督教徒那样的畏缩胆怯的而又阿谀奉承的组织。"③

列宁在领导俄国十月革命胜利以及巩固新生政权、建设社会主义的进程中,明确了纪律建设在党的事业发展中的重要性。列宁针对当时俄共党内存在的分散主义思想和无政府主义倾向指出:"没有思想上的统一,组织上的统一是没有意义的。""没有共同的思想基础,根本谈不上统一的问题。"④列宁在论述布尔什维克党取得成功的条件时指出:"如果我们党没有极严格的真正铁的纪律,如果我们党没有得到整个工人阶级全心全意的拥护……那么布尔什维克别说把政权保持两年半,就是两个半月也保持不住。""无产阶级实现无条件集中和极严格的纪律,是战胜资产阶级的基本条件之一。"⑤列宁还从

---

① 《马克思恩格斯全集》(第29卷),人民出版社,2013年,第413页。
② 《马克思恩格斯全集》(第36卷),人民出版社,2013年,第540页。
③ 《马克思恩格斯全集》(第17卷),人民出版社,2013年,第519页。
④ 《列宁全集》(第5卷),人民出版社,1986年,第247、248页。
⑤ 《列宁选集》(第四卷),人民出版社,1972年,第134~135页。

破坏纪律的负面影响的角度阐述了党的纪律的必要性,他指出:"否定政党和党的纪律——这就是反对派得到的结果。而这就等于完全解除无产阶级的武装而有利于资产阶级……要使无产阶级能够正确地、有效地、胜利地发挥自己的组织作用(而这正是它的主要作用),无产阶级政党的内部就必须实行极严格的集中和极严格的纪律。"①由此,列宁明确指出了党的纪律对于无产阶级专政的极端重要性:"谁哪怕是把无产阶级政党的铁的纪律稍微削弱一点(特别是在无产阶级专政时期),那他事实上就是在帮助资产阶级来反对无产阶级。"②

(二)纪律严明是党的优良传统和政治优势

没有规矩,不成方圆,没有纪律,不成政党,更不成其为无产阶级的政党。习近平强调指出:"我们党是靠革命理想和铁的纪律组织起来的马克思主义政党,纪律严明是党的光荣传统和独特优势。"③在近百年的发展历程中,我们党从成立之初的50多名党员,发展到今天拥有9000多万党员的世界第一大党,其中的一大法宝就是有严明的纪律做保证。

1. 纪律严明是党的优良传统

我们党由弱到强、不断成长壮大的历程,也是党的纪律规矩从无到有、不断培育完善的过程。1921年党的一大通过的第一个纲领,对党的目标任务、组织体系、党员立场、保密纪律等作了明确规定,特别是制定了包括保密在内的党的纪律要求,对于血雨腥风、白色恐怖的战争年代党的生存、巩固和发展起了极为重要的作用。1922年党的二大制定的第一部党章,在六章内容中,专门用一章规定党的纪律,提出了政治纪律、组织纪律、宣传纪律、党员从业纪律

---

① 《列宁选集》(第4卷),人民出版社,1972年,第154页。
② 同上,第155页。
③ 《习近平关于严明党的纪律和规矩论述摘编》,中央文献出版社、中国方正出版社,2016年,第3页。

等9条纪律要求。1927年召开的党的五大专门选举产生了中央监察委员会，作为党内维护和执行纪律的专门机关。1927年毛泽东在井冈山创建第一个农村革命根据地的过程中，专门制定了"三大纪律八项注意""不拿群众一针一线""说话和气""买卖公平"等成为红军铁的纪律准则。解放战争时期，随着人民解放军的节节胜利，1948年9月，中央政治局召开扩大会议，主题就是"军队向前进，生产长一寸，加强纪律性，革命无不胜"，强调了纪律对革命取得胜利的重要作用。1949年在"进京赶考"之前，我们党召开了七届二中全会，提出了"两个务必"：务必使同志们继续地保持谦虚、谨慎、不骄、不躁的作风，务必使同志们继续地保持艰苦奋斗的作风；并且制定了六条规定：不做寿，不送礼，少敬酒，少拍掌，不以人名作地名，不要把中国同志同马恩列斯平列。这是我们党从革命党转型为执政党定下的"规矩"，为夺取中国革命胜利提供了严格的纪律保证。

新中国成立后，我们党在社会主义改造和建设的实践中，始终重视和加强党的纪律建设和作风建设，严明的纪律是我国改变一穷二白贫穷落后面貌的关键。进入改革开放新时期，纪律严明保证了我们党继续沿着中国特色社会主义道路阔步前进。1980年党的十一届五中全会审议通过了《关于党内政治生活的若干准则》，在总结"文化大革命"教训的基础上，向全党提出了党内政治生活12条基本原则，为遵守党的各项原则、严明党的纪律、严格接受监督提供了遵循，使党内政治生活逐步走上了正常轨道。党的十八大以来，以习近平同志为核心的党中央强调尊崇党章，颁布八项规定，制定和完善党规党纪，使党和国家各项事业发生了历史性变革，取得了历史性成就。党的十九大宣示中国特色社会主义进入新时代，明确纪律建设是党的建设总格局的重要一环，凸显纪律对党和国家事业发展的重要性。建党近百年的历程充分证明，加强纪律建设是我们党的光荣传统，是克服各种艰难困苦、战胜各种风险考验的重要法宝，是党的事业从胜利走向更大胜利的坚强保证。

2. 纪律严明是党的政治优势

党的革命、建设和改革的伟大实践充分证明,什么时候加强党的纪律建设,党的事业就会兴旺发达,什么时候放松党的纪律,党的事业就会遭受挫折。《关于新形势下党内政治生活的若干准则》提出:"纪律严明是全党统一意志、统一行动、步调一致前进的重要保障,是党内政治生活的重要内容。"①

首先,严明党的纪律,特别是严明政治纪律,关系党中央权威和党的集中统一领导,关系党的路线方针政策的贯彻执行。加强党的政治建设,核心理念就是要让广大党员干部旗帜鲜明讲政治,严守政治纪律和政治规矩,增强"四个意识",维护党中央权威和集中统一领导。这是党的政治建设的首要任务。而要实现这个目标,没有严明的纪律则无法做到。作为世界上最大的政党,中国共产党最大特色不仅在于党员规模之大,更在于其纪律之严明。《关于新形势下党内政治生活的若干准则》强调,坚决维护党中央权威、保证全党令行禁止,是党和国家前途命运所系,是全国各族人民根本利益所在。②党的政治纪律是最根本、最重要的纪律,担负维护党的权威和党的集中统一领导的职责,在党的所有纪律中永远排在第一位。党员领导干部在政治上出问题,对党的危害甚至比腐败危害还要严重。在中央纪委五次全会上,习近平用"七个有之"概括出违反政治纪律和规矩的种种问题,即搞任人唯亲、排斥异己的有之,搞团团伙伙、拉帮结派的有之,搞匿名诬告、制造谣言的有之,搞收买人心、拉动选票的有之,搞封官许愿、弹冠相庆的有之,搞自行其是、阳奉阴违的有之,搞尾大不掉、妄议中央的也有之。党中央严肃查处了周永康、薄熙来、令计划、郭伯雄、徐才厚等人,这些"老虎"们的最大危害就是政治野心膨胀、不守纪律和规矩,他们为了谋取个人职位,在政治上大搞团团伙伙,大肆进行分

①　《关于新形势下党内政治生活的若干准则　中国共产党党内监督条例》,人民出版社,2016年,第15页。

②　参见同上,第12页。

裂党和军队的政治阴谋活动,严重破坏党的团结和集中统一,严重损害党内政治生态和党的形象,严重影响党和人民事业发展。

第二,严明党的纪律,蕴含着党对崇高理想信念的坚定追求。中国共产党是个讲政治的党,讲政治体现在具有崇高的理想信念和道德追求,这是党的纪律的根和魂,也是党和人民团结奋斗的强大精神支柱。全党的团结统一,需要纪律的维持,更要有共同的思想基础,这就是理想信念。正是有了这个共同的信仰目标,广大党员干部才能树立起坚定的意志品质和强大的精神力量,去为实现党的崇高理想拼搏奋斗。邓小平曾经指出:"我们过去几十年艰苦奋斗,就是靠用坚定的信念把人民团结起来,为人民自己的利益而奋斗。没有这样的信念,就没有凝聚力。没有这样的信念,就没有一切。"①事实证明,一个国家、一个民族,如果没有理想,力量就会散乱,生机就会衰退。只有靠崇高的革命理想,才能把全体人民团结起来,凝聚起来,在党的领导下形成统一的意志和统一的行动。过去,我们能够取得革命斗争的胜利,靠的就是共产党人和革命群众具有坚定的理想信念。因此,建立在理想信念基础之上的党的纪律,是团结和凝聚党和人民实现中华民族伟大复兴的根本保证,是新时代推动改革和发展的强大动力。

第三,严明党的纪律,实质是以人民为中心,维护人民的利益。我们党来自于人民、植根于人民,融入人民、不脱离人民是党的政治本色,密切联系群众是党一以贯之的优良作风。从井冈山时期的"三大纪律八项注意",到党的七届二中全会的"两个务必",再到党的十八大以来的"八项规定""六条禁令",这些不同时期的党的纪律,无不体现了我们党坚持以人民为中心,坚定维护人民利益的初心和始终,彰显我们党密切联系群众、不脱离人民的传统作风。习近平强调,我们党要更加自觉地维护人民利益,坚决反对一切损害人民利益、脱离群众的行为。苏联解体的一个重要原因就是执政党长期脱离

---

① 《邓小平文选》(第三卷),人民出版社,1993年,第190页。

人民群众,失去了执政根基,最终被人民所抛弃。在党的十九大党章中提出:"我们党的最大政治优势是密切联系群众,党执政后的最大危险是脱离群众。党风问题、党同人民群众联系问题是关系党生死存亡的问题。"当前中国特色社会主义已进入新时代,在顺应人民群众对美好生活向往的前进道路上,我们党要始终坚持以人民为中心的执政理念,与人民心心相印,与人民同甘共苦,与人民团结奋斗,凝聚亿万人民的磅礴力量,决胜全面建成小康社会,夺取新时代中国特色社会主义伟大胜利,实现中华民族伟大复兴的中国梦。

(三)严明纪律具有现实紧迫性

经过改革开放四十多年的发展,我国正日益走近世界舞台中央,我们党正带领人民向着中华民族伟大复兴的梦想快步前行。距离目标越近,我们面临的困难和矛盾也越多。经济上,从经济体制、社会结构到利益格局,从分配方式、就业方式到思想观念,都在发生着极为深刻的变化,利益矛盾日益复杂;政治上,西方敌对势力对我和平演变战略从未停止且手段方式不断翻新、防不胜防。在过去的"西化""分化"战略的基础上,现在又采取"四化"的新手段,即要让中国老百姓对政治"淡化",让中国官员"腐化",让中共领袖"丑化",让马列主义在多元化思潮冲击下"溶化",这些对我们的党员干部思想观念、行为方式、生活习惯造成很大的冲击。此外,由于我国幅员辽阔,东中西部经济和社会发展差异较大,导致一些党员干部搞地方保护主义、地区本位主义,对中央政策搞变通、打折扣,阳奉阴违,影响了党的路线方针政策的执行,严重损害了党和人民的利益。具体有以下四种情况:

一是信仰缺失,不信马列信鬼神。党员干部一旦思想防线失守,纪律防线必然会随之崩溃。党员干部不能信仰宗教,这是入党时作出的庄严承诺,也是党章对党员干部的基本要求。共产党人的信仰是马克思主义,而马克思主义秉承唯物论,因此共产党员是无神论者。在信仰问题上,不能脚踏两条船,少数党员干部拜鬼神,其实是内心有鬼,或是贪污腐败,或是干了见不得光的勾当,唯恐纪委追查,害怕别人发现,企图寻求"神灵庇佑",通过鬼神"保平安",这显得荒唐而又可笑。因此,这部分党员干部淡化"主义",在思想上不能把践行中国特色社会主义共同理想和坚定共产主义远大理想统一起来,更做不到虔诚而执着、至信而深厚。

二是信念动摇,不靠组织靠大师。理想信念的动摇必然导致部分党员干部从迷信现象中寻找精神寄托。部分党员干部崇信"大神",不相信党的选任渠道与用人宗旨,认为冥冥之中或有"神助",将现实命运寄托于虚幻的"神人安排";有的腐败分子把自己"落马"原因归结为祖坟出了问题,写信让家人请"大师"化解;有的请"大师"为自己做法事,企图逃避纪委的追责,等等。如此荒诞不经、千奇百怪的现象,背后折射的是党员干部精神空虚和理想信念的缺失。党员干部立身之本,就是马克思主义信仰、社会主义和共产主义信念,以及对党和人民的忠诚。一旦理想信念"总开关"出问题,荒诞不经、乌七八糟的东西就会乘虚而入,什么怪事都可能发生。

三是宗旨淡化,个人利益至上。理想信念不坚定,相伴而生的是宗旨意识淡薄和利己主义至上。如,有的领导干部淡忘了党的全心全意为人民服务的宗旨,把公权力用来谋取私利,损害了人民群众的利益;有的受市场经济的负面影响,认为市场经济就是利益经济,只追求个人利益而丢掉国家、集体和他人利益;有的总是从个人视角想问题办事情,对群众利益漠不关心,为群众办事门难进、脸难看、事难办;有的瞒上欺下、吃拿卡要,甚至走上腐败的不归路。习近平反复强调:"我们党来自人民、植根人民、服务人民,一旦脱离群众,就会失去生命力。"[1]我们党的根本利益就是人民群众的利益,如果淡忘了党的宗旨,抛弃了党的群众路线,毫无疑问我们就会失掉执政的根基。

---

[1] 《习近平:决胜全面建成小康社会 夺取新时代中国特色社会主义伟大胜利——在中国共产党第十九次全国代表大会上的报告》,人民出版社,2017年,第66页。

四是纪律松弛,不守纪律规矩。严守纪律规矩是对党员干部党性的重要考验。现实中,有些党员干部不守纪律不讲规矩,经常触碰党的纪律底线。如有的领导干部组织纪律不强,党的意识淡漠,长期不过组织生活,自由主义、个人主义思想严重;有的对自己要求宽松,不能自觉按照党章对党员干部的标准严格要求自己,不能发挥干部的表率和模范作用,把自己等同于普通党员群众。例如中央查处的孙政才违法违纪案件,让人触目惊心。党员干部纪律规矩意识的强弱,反映的是对理想信念的坚守程度,关系的是对党组织的认同和归属。不依规矩不成方圆,不讲规矩就难有作为,没有规矩必然一事无成。因此,不下大力气整治这个问题,它们就会像传染病一样蔓延开来,最终危害党的肌体。

二、政治纪律是最根本最重要的纪律

政治纪律是党的各级组织和全体党员在政治立场、政治方向、政治言论和政治行为等方面必须遵守的行为准则和规范,是维护党中央权威和党的集中统一领导的根本保证。《关于新形势下党内政治生活的若干准则》指出:"政治纪律是党最根本、最重要的纪律,遵守党的政治纪律是遵守党的全部纪律的基础。"①党的十九大报告强调,要"重点强化政治纪律和组织纪律,带动廉洁纪律、群众纪律、工作纪律、生活纪律严起来"②。严明党的纪律,首要的就是严明政治纪律。

(一)政治纪律是党的全部纪律的基础

党的十八大以来,以习近平同志为核心的党中央始终把党的政治纪律

---

① 《关于新形势下党内政治生活的若干准则 中国共产党党内监督条例》,人民出版社,2016年,第15页。

② 《党的十九大报告学习辅导百问》,党建读物出版社、学习出版社,2017年,第52页。

摆在突出位置。2013年1月,习近平在出席党的十八届中央纪委一次全会时明确指出,"严明党的纪律,首要的就是严明政治纪律"。2015年,他在党的十八届中央纪委五次全会上发表重要讲话,鲜明提出了"政治规矩"这一概念,并强调把守纪律讲规矩摆在更加重要位置,从而实现了政治纪律与政治规矩的有效衔接。对于如何遵守政治纪律和政治规矩,习近平针对违反政治纪律和政治规矩的"七个有之",鲜明提出了"五个必须、五个决不允许"的要求:必须维护党中央权威,决不允许背离党中央要求另搞一套;必须维护党的团结,决不允许在党内培植私人势力;必须遵循组织程序,决不允许擅作主张、我行我素;必须服从组织决定,决不允许搞非组织活动;必须管好亲属和身边工作人员,决不允许他们擅权干政、谋取私利。此后,在建党95周年大会上又明确提出要增强党内政治生活"四性"(政治性、时代性、原则性和战斗性),党的十八届六中全会进一步公开宣示不断增强"四个意识"。习近平围绕政治纪律的意义、问题、要求与目标作出了一系列重要论述,为严明党的政治纪律指明了方向。

政治纪律之所以是党的第一位的纪律,主要基于以下理由:

第一,政治纪律是党的政治建设的内在要求。党的十九大把政治建设摆在首位,强调"全党要坚定执行党的政治路线,严格遵守政治纪律和政治规矩,在政治立场、政治方向、政治原则、政治道路上同党中央保持高度一致",这就凸显了政治纪律和政治规矩在党的政治建设中的突出地位。政党作为政治组织,必须旗帜鲜明讲政治,把政治纪律放在头条。从当今世界看,各国政党对政治纪律都有要求,即使西方国家政党,在政治方面也有严格约束,政党的党员干部必须拥护本党政治主张、出台政策以及意识形态。实践证明,如果政党不能严明政治纪律并用来约束本党党员,如果党员干部在政党政治纲领、方针政策上我行我素、另搞一套,如果任由党员干部在政治上行动上与党离心离德、恣意妄为,那么这个党就不可能有很强的领导力、号召力、凝聚力和战斗力,在政治上就会毫无作为,最终必然会分崩离析。苏联共产党垮台就是一个深刻的教训。苏联解体之前，苏共在所谓"民主化""公开性"口号的煽动下，放弃民主集中制原则，搞所谓的"民主制"，允许党员公开自由发表反对党的言论和意见，一些苏共党员和领导干部甚至否定苏共党的历史、否定苏共领导人、否定社会主义，使苏共党内从思想混乱发展到组织混乱，最终使一个有着90多年历史、连续执政70多年的大党、老党轰然倒掉了。反思苏共的教训，我们不能不看到，最根本最深刻的教训，就是党的政治纪律没有了。一个政党不讲政治，失去了政治纪律，必然失去政党自身。

第二，政治纪律是其他各项纪律的根本引领。我们党的纪律包括很多方面，《中国共产党纪律处分条例》列举了六大纪律，分别是政治纪律、组织纪律、廉洁纪律、群众纪律、工作纪律和生活纪律。其中，政治纪律是党的各级组织和全体党员在政治方向、政治立场、政治言论和政治行为方面必须遵守的行为准则，是维护党的团结统一的根本保证。组织纪律是规范党的各级组织之间、党组织与党员之间、党员与党员之间相互关系的行为准则，是维护党的集中统一、发挥党的战斗力的重要保证。廉洁纪律是党组织和党员在从事公务活动、行使相关职权过程中，应当遵守的廉洁用权的行为准则，是实现干部清正、政府清廉、政治清明的重要保障。群众纪律是党组织和党员在贯彻党的群众路线和处理党群干群关系过程中必须遵循的行为准则，是党的性质和宗旨的具体体现，是保持党同人民群众血肉联系的重要保证，是具有我党特色的纪律。工作纪律是党组织和党员在各项具体工作中必须遵循的行为准则，是党组织和党员开展工作的重要保证。生活纪律是党员在日常生活和社会交往中应当遵守的行为准则，涉及党员的个人品德、家庭美德、社会公德各个方面，关系党的形象。六大纪律中，政治纪律管方向、管立场、管根本，是对党组织和党员的根本引领，是对其他纪律的根本引领。方向不正确，立场出问题，忘记了自己的政治方向、政治立场、政治观点、政治任务、政治责任、政治要求，就忘记了作为一名共产党员赖以立身的根本，就会影响对其他纪律的遵守和执行。即使其他方面都很合格，也不能说就是一名真正的共产党员。

第三,政治纪律是维护党的团结统一的根本保证。我们党作为中国特色社会主义事业的领导核心,必须坚持党对一切工作的全面领导,其中首要的是政治领导。而遵守党的政治纪律最核心的要求,就是维护党的领导,维护党的基本理论、基本路线、基本方略,维护以习近平同志为核心的党中央权威,始终同党中央保持高度一致。党的十八大以来,我们党着力强调政治纪律和政治规矩,不断增强党中央权威和集中统一领导,严肃党内政治生活,党的凝聚力、向心力、领导力空前提升。"我们这么大一个政党,靠什么来管好自己的队伍? 靠什么来战胜风险挑战? "①全面从严治党的实践,对管党治党"怎么办"作出了系统回答。以严明政治纪律和政治规矩作为维护党的团结统一的根本保证,牢固树立"四个意识",确保全党在思想上政治上行动上同党中央保持高度一致;以严肃党内政治生活作为全面从严治党的基础,强化党内监督,从根本上解决主体缺失、监督缺位、管党治党宽松软问题,党内政治生态显著改善;把思想建党与制度治党紧密结合, 群众路线健作风之骨,"两学一做"补理论不足,理想信念筑精神之魂,展示了广大党员干部担当作为、干事创业的精气神。

(二)坚决维护中央权威是政治纪律的核心要义

坚决维护中央权威,是政治纪律的核心内容。习近平指出:"要严守政治纪律,在政治方向、政治立场、政治言论、政治行为方面守好规矩,自觉坚持党的领导,自觉同党中央保持高度一致,自觉维护党中央权威。"②《中国共产党党章》明确规定,党员个人服从党的组织,少数服从多数,下级组织服从上

---

① 《习近平关于严明党的纪律和规矩论述摘编》,中央文献出版社、中国方正出版社,2016年,第5页。

② 同上,第25页。

级组织,全党各个组织和全体党员服从党的全国代表大会和中央委员会。党的十九大报告指出:"保证全党服从中央,坚持党中央权威和集中统一领导,是党的政治建设的首要任务。"①我们党始终强调严明党的政治纪律,其核心要义就是要维护党中央的权威,切实把党的理论路线方针政策执行好,确保党能够动员一切力量实现党的奋斗目标和历史使命。

严明党的政治纪律必须维护党中央权威。党的政治纪律是各级党组织和全体党员在政治生活中必须遵守的行为规则,是坚持党的政治路线、政治方向和政治原则、完成党的政治任务的根本保证。改革开放之初,我们党专门出台《中共中央关于整党的决定》,明确指出:党的每一个组织和每一个党员必须在坚持四项基本原则,坚持十一届三中全会以来党的路线的基础上同中央保持一致,这是党的政治纪律。随着改革开放的深入和社会主义市场经济体制的建立,维护党中央权威成为党的政治纪律的重要任务。1994年党中央作出《中共中央关于加强党的建设几个重大问题的决定》,强调指出:"维护中央的权威,就是要保证中央的政令畅通,决定了的事情各方都要认真去办。在党的基本路线和总方针、总政策、总目标以及关系全局的重大问题上,全党必须与中央保持一致。"因此,党的政治纪律决定了必须维护中央权威,必须使各级党组织和全体党员坚定政治方向和政治立场,在思想上政治上行动上同党中央保持一致,绝不允许有妄议、违背、对抗党的路线方针政策的言论和行为。

当前,中国特色社会主义进入了新时代,我们党肩负着实现"两个一百年"奋斗目标和中华民族伟大复兴的使命任务,进行伟大斗争,推动伟大事业,建设伟大工程,实现伟大梦想,只有在党中央的坚强领导下才能实现,维护中央权威是严明党的政治纪律的重要任务。党的政治纪律建设的意义就在于,维护党中央的权威,保持党的团结统一,密切党同人民群众的联系,是

---

① 《党的十九大报告学习辅导百问》,党建读物出版社、学习出版社,2017年,第49页。

实现党的使命目标的根本保证。当前处于全面深化改革的攻坚期和深水区,加强党的纪律建设,严明党的政治纪律,最重要的任务就是要维护中央权威,确保党中央政令畅通,确保党的理论和路线方针政策的贯彻落实,确保党能够集中、团结一切可以团结的力量。只有这样,我们党才能带领人民打破一切既得利益藩篱,根治沉疴旧病,树立清风正气。反之如果党政治上松散了、分裂了,那么党的团结统一,党的向心力、凝聚力和战斗力都无从谈起。

坚决维护中央权威,当前要着力增强政治意识、大局意识、核心意识、看齐意识,坚决维护习近平同志核心地位,坚决维护党的集中统一,充分发挥把方向、管大局、保落实的重要作用,把思想和行动统一到党中央要求和部署上来;要切实加强党的自身建设,坚持全面从严治党,坚持民主集中制,严明政治纪律和政治规矩,深入开展"两学一做"专题教育,做好开展"不忘初心,牢记使命"主题教育准备,努力形成风清气正、干事创业、担当作为、奋发进取的新局面;要坚定理想信念,坚持用习近平新时代中国特色社会主义思想武装头脑、指导实践、推动工作;要强化党的领导核心作用,始终在思想上政治上行动上同以习近平同志为总书记的党中央保持高度一致,任何情况下都绝对忠诚于党、绝对忠诚于人民、绝对忠诚于党和人民的事业;要增强看齐意识,经常、主动、坚决向党中央看齐,向习近平看齐,向党的理论和路线方针政策看齐,向党中央改革发展稳定、内政外交国防、治党治国治军各项决策部署看齐;要严守政治纪律和政治规矩,坚持坚定正确的政治方向,把纪律挺在前面,中央提倡的坚决响应、中央决定的坚决照办、中央禁止的坚决杜绝,切实做政治上的明白人;要严肃党内政治生活,认真开展批评和自我批评,真正让"红红脸、出出汗"成为常态。严格遵循组织程序,贯彻落实请示报告制度,切实按照程序、规则和集体意志办事。要围绕中心服务大局,充分发挥职能作用,牢固树立和贯彻落实新发展理念,主动适应和积极引领经济发展新常态,打好防范风险、防治污染、精准脱贫攻坚战。

（三）严明政治纪律需同向发力

严明政治纪律是全面从严治党的重要抓手，是党的建设新的伟大工程的重要基础，关乎党和国家事业的兴衰成败。加强党的纪律建设，必须抓住严明政治纪律和政治规矩这个"纲"，把遵守党内其他纪律带起来。

1. 严明党的政治纪律，首先要尊崇党章

党章是党的根本大法，是全党必须遵守的总章程、总规矩，是党内其他法规制度和纪律的源头和依据，在党内具有最高的权威性和最强的约束力，是党的各级组织和全体党员必须共同遵守的根本行为规范。每一名共产党员和领导干部，都要牢固树立党章意识，自觉学习党章、严格遵守党章，自觉用党章和党内其他党规党纪来规范自己的言行，任何情况都要做到政治信仰不变、政治立场不移、政治方向不偏。时任党的十八届中央纪委书记王岐山曾指出：党章规定了党的理想信念宗旨、组织保障、行为规则和纪律约束，每一条都凝结着党的建设的历史经验，是共产党人的"原教旨"，是全党必须遵循的根本行为规范。

尊崇党章，必须按照党章规定的党的组织原则——民主集中制办事。党章规定了包括"四个服从"在内的民主集中制六条原则，其核心就是强调党的政治纪律。刘少奇曾经明确指出："个人服从组织，少数服从多数，下级服从上级，全党服从中央，党的一切工作由中央集中领导，是党在组织上民主集中制的基本原则，各级党的委员会的委员必须无条件地执行，成为一切党员与干部的模范。"①张闻天也撰文指出："党的纪律即是党内民主集中制的组织原则的全部遵守。"②党的纪律建设从本质来说，就是将民主集中制规定的"四个服从"具体化，最重要的就是把全党服从中央，维护中央权威，通过政治

---

①　《刘少奇论党的建设》，中央文献出版社，1991年，第59~60页。
②　《中共中央文件选集（1936—1938年）》（第十一册），中央党校出版社，1991年，第256页。

纪律固化下来,成为党的政治纪律的信念内容。因此,尊崇党章不仅要吃透内容,还要理解和掌握党章对党的各级组织和全体党员的要求,更重要的是要内化于心外化于行,落实到实际工作中,体现在党员干部不折不扣贯彻执行党的理论、路线、方针、政策上。

2. 抓住思想建党和制度治党这个关键

思想建党和制度治党相结合是习近平在党的建设方面提出的重要要求。他明确指出:"全面从严治党,要坚持思想建党和制度治党紧密结合,全方位扎紧。"①对于如何结合,他强调"既要使加强思想建设的过程成为加强制度建设的过程,也要使加强制度建设的过程成为加强思想建设的过程"。严明党的政治纪律,必须把思想和制度结合起来,既要通过思想建党这一柔性的教育,使广大党员干部补钙壮骨,从而筑牢其思想根基,也要通过制度的刚性约束,扎紧织密管住权力的制度"笼子",使党员干部习惯在受监督和约束的环境中工作生活。

严明政治纪律,首先必须使纪律完备起来,构建系统完备、程序严密的制度体系,避免出现"牛栏关猫"的制度漏洞。所谓系统完备,就要根据党的建设、党内政治生活的实际纪律需要,及时、高效、严密地制定出来;所谓程序严密,就要以完善党的政治纪律子系统为目的,使制定出的政治纪律规范成为科学性、系统性、实效性和可操作性的规范,至于同现行政治生活实际不适应的纪律规范,该废止的废止,需修改的及时修改,不断推陈出新。

政治纪律虽是刚性约束,但纪律的执行更要靠党员自身的党性与自觉,这是纪律建设的规律使然。党的十八大以来,党中央特别注重加强纪律教育促进纪律建设工作。习近平指出:"党的各级组织要自觉担负起执行和维护政治纪律的责任,加强对党员遵守政治纪律的教育。""党的各级纪律检查机关要把维护党的政治纪律放在首位,加强对政治纪律执行情况的监督检

---

① 《习近平总书记系列重要讲话读本》,学习出版社、人民出版社,2016年,第116页。

查。"①因此，一方面要加强对党员、干部的政治纪律教育，要通过学习提高纪律意识，党员干部只有加强学习，才能知纪、懂纪，才能把政治纪律内化于心，将党规党纪铭刻在每一名党员干部的心上，从而坚定地做到在大是大非面前保持政治头脑清醒，始终与党中央保持高度一致，具有高度的政治敏锐性和政治鉴别力。另一方面，要加强执行政治纪律的监督与维护，要通过运用反面典型的警示教育作用，通过经常曝光一些腐败和违反党纪国法的典型案例，并深刻剖析其背后存在的不守政治纪律和政治规矩的根源，让广大党员干部对照自身并从中汲取教训、引以为戒，促使党员干部从典型的反面教训中进一步严明政治纪律。

3. 严明政治纪律必须落实"两个责任"

"两个责任"这一概念，最早出现在党的十八届三中全会《中共中央关于全面深化改革若干重大问题的决定》中："落实党风廉政建设责任制，党委负主体责任，纪委负监督责任，制定实施切实可行的责任追究制度。"后来进一步扩展到全面从严治党，党委负主体责任，纪委负监督责任，简单来说，就是对党委和纪委的"责任追究制度"。落实政治纪律，同样要明确责任，不明确责任、不落实责任、不追究责任，党的政治纪律就是一纸空文。因此对政治纪律执行情况，不仅需要党委落实自身的主体责任，也需纪委加强自身的监督责任，党委主体责任与纪委监督责任必须彼此配合、相得益彰。

从党委主体责任来看，各级党委要从全面加强党对一切工作的领导的战略高度来认识和把握党的政治纪律，把严明政治纪律作为应尽之责、分内之事做好，把政治纪律贯彻到对党员干部的选拔、管理、监督之中，全面掌握党员干部的德、能、勤、绩、廉情况，从而管理好每一名党员和每一个党组织。从纪委监督责任来看，要紧盯政治纪律执行强化监督执纪问责，要抓早、抓小、

---

① 《习近平关于严明党的纪律和规矩论述摘编》，中央文献出版社、中国方正出版社，2016年，第109页。

抓细、抓实,党的各级纪律检查机关要以"零容忍"态度处之,确保有纪必依、执纪必严、违纪必究,使党员干部心有所畏、言有所戒、行有所止。总之,只有把党委主体责任与纪委的监督责任紧密结合起来,才能在全党营造守纪律讲规矩的良好氛围。

三、深化运用监督执纪"四种形态"

习近平在党的十九大报告中指出,要"运用监督执纪'四种形态',抓早抓小、防微杜渐"①。《中国共产党章程》提出,"运用监督执纪'四种形态',让'红红脸、出出汗'成为常态,党纪处分、组织调整成为管党治党的重要手段,严重违纪、严重触犯刑律的党员必须开除党籍"。王岐山指出,运用好监督执纪"四种形态",其本质就是要从操作层面织密执纪监督的笼子,为"把纪律和规矩挺在前面"制定操作手册。监督执纪"四种形态"是全面从严治党的治本之策,是我们党对管党治党规律的深化。

(一)"四种形态"的内涵和意义

在2015年初召开的十八届中央纪委五次全会上,习近平指出:"近年来反腐形势依然严峻,反腐败机制还不够完善,要减少腐败存量、遏制腐败增量、重构政治生态的工作艰巨繁重。"2015年9月,时任中央纪律检查委员会书记王岐山在福建调研时首次提出了"四种形态"的概念。2016年10月,党的十八届六中全会审议通过的《中国共产党党内监督条例》对"四种形态"进行了明确定义:让"红红脸、出出汗"成为常态;党纪轻处分、组织调整成为违纪处理的大多数;党纪重处分、重大职务调整的成为少数;严重违纪涉嫌违法立案审查的成为极少数。这标志着监督执纪"四种形态"正式形成。

———————————

① 《党的十九大报告学习辅导百问》,党建读物出版社、学习出版社,2017年,第52页。

　　监督执纪"四种形态"是辩证统一的整体。"四种形态"的实质就是四道防线,各个形态之间环环相扣、层层递进,形成了严密的监督执纪体系。第一种形态:让"红红脸、出出汗"成为常态,就是对党员干部出现违纪苗头或轻微违纪的情况,通过开展批评与自我批评、约谈函询,打预防针。第二种形态:党纪轻处分、组织调整成为违纪处理的大多数,就是果断对违反党纪的党员干部,采取党纪轻处分、组织调整的方式进行处理,避免党员干部由小错发展为大错的演变,是保护我们党员干部的一种形式,相当于"吃药治病"。第三种形态:党纪重处分、重大职务调整的成为少数,就是对犯有较为严重党内错误尚不够触犯国法的党员干部,采取党纪重处分、重大职务调整的方式进行处理,这类干部属于少数,他们已位于悬崖的边缘,稍有不慎就会掉进万丈深渊,相当于病人"动手术"。第四种形态:严重违纪涉嫌违法立案审查的成为极少数,就是对严重违纪涉嫌违法的极少数党员干部移送司法机关进行立案审查,由国法进行惩处,该类人属于极少数,是党员队伍的"蛀虫",必须根除。

　　需要注意的是,"四种形态"中的"常态""大多数""少数""极少数"是相对的比例关系,不是绝对的精确数字。纪委作为党内从事日常专门监督的专责机关,秉持依纪监督的原则,至于党员干部具体违纪行为应按哪种形态处理,具体来说,要依据党规党纪,综合考虑违纪性质情节、造成后果影响、认错悔错态度,以及配合组织审查情况等进行处理,确保宽严相济、错责对应。

　　"四种形态"的提出,对于党要管党、全面从严治党具有十分重要的现实意义。一是构建了监督执纪的长效机制。"四种形态"将党的纪律的关口前移,使监督执纪理念实现重大突破,为全面从严治党提供了新的思路和途径,形成"党委抓主体、纪委抓监督、班子人人有责"的齐抓共管的党风廉政建设工作机制。二是实现了治标与治本的有机统一。"四种形态"从违反党纪的萌芽状态抓起,体现抓早抓小、防微杜渐的理念要求,既坚持严格追究党员干部的违纪行为,又从源头防起,将党性要求、党纪意识镌刻于党员干部心里,体现治标与治本的紧密结合,使纪律真正成为带电的高压线。三是找到了善待与严管的有效方法。"四种形态"从谈话函询、纪律处分到司法审查,打通了从党纪到国法的桥梁,建起了违纪与犯罪间的屏障,防止了以往"要么是好同志,要么是阶下囚"的悲剧,"四种形态"针对违纪违法情形对症下药,小节大错都要处理,一步一步挽救党员干部,体现了严管厚爱的管理理念。

(二)运用"四种形态"存在的问题分析

深化运用监督执纪"四种形态",必须找准问题,分类实施。然而当前在运用"四种形态"中,还是存在一些亟待解决的问题,主要表现在以下三个方面:

1. 思想上重视不够,执行中存在偏差

一是对"四种形态"内涵的领会不深。要用好"四种形态",首先应当加强理论学习,深刻把握"四种形态"的内涵和要求。从工作实践看,还是有少数党员干部对"四种形态"内涵理解领会不够,甚至停留在一知半解的状态,不能准确完整地描述"四种形态"的内容、情形,对形态之间关联关系认识不清、一头雾水。二是少数党员领导干部认识上存在偏差。一方面,思想观念因循守旧,习惯于用老办法凭经验来处理新问题,工作方法存在经验主义、教条主义倾向,对于如何用"四种形态"来处置现实工作中出现的新情况新问题显得束手束脚;另一方面,执行中以偏概全。个别同志以为,运用"四种形态"就是抓大放小,能放一马就放一马,存在遇到问题采取"避重就轻"的处理方式,造成在推进全面从严治党,加强党的建设中出现了"宽松软"的严重问题。

2. 两个责任衔接不够,监督执纪效果不足

一是落实主体责任缺乏担当。党的十八届三中全会提出,落实党风廉政建设,党委负主体责任,纪委负监督责任。"两个责任"相辅相成、相互作用,

运用"四种形态"同样要从整体角度把握,不能割裂两者关系和联系。然而实际工作中,一些基层党委和少数党员干部认为,运用"四种形态"是纪检监察机构的职责,与党委、领导干部无关,因此对践行"四种形态"特别是第一种形态认识不足、力度不够,主体责任未能厘清,全面监督措施也未跟上。二是沟通机制尚不够完善。践行"四种形态",党委主体责任是前提,纪委监督责任是保障,必须弄清党委、领导班子主要负责人、班子成员、纪检监察机构的各自职责,主体责任和监督责任只有同向发力才能达到监督效果,避免工作中出现漏洞的情况。

3. 配套措施跟不上,震慑威力难达到

一是配套的工作机制不健全。从实际工作来看,目前"四种形态"的相关制度体系尚不完善,"四种形态"执行的配套机制也没有建立起来,至于具体什么情况适用于"四种形态"的哪种形态、处分的具体种类,少数纪检监察干部还不清楚具体如何把握运用,因此,"四种形态"从理论到实践的转变,需要具体的配套机制保障才行。二是综合的监督机制不完善。从目前来看,发现问题线索基本都是靠群众信访举报,缺少能让基层群众表达民意、反映问题的表达机制,问题信息不真实、滞后甚至信息匮乏现象客观存在着,尤其是一些群众因为害怕实名举报遭到打击报复,或者是因为信访举报信件落到被举报人手中,使得群众不愿、不敢反映真实情况,导致纪检监察机构对一些党员干部的苗头性问题不能做到及时发现跟进,造成监督被动和不力。另外,监督仅仅依靠纪检监察机构这一单一渠道,综合监督制度机制没有建立起来。三是现有监督平台不全。目前纪检监察机关在践行"四种形态"时,因为缺乏具体有效的平台和载体,导致不能充分发挥监督执纪的威力,工作中有时处于被动状况。具体来说,缺乏监督所需要的问题收集、信息分析、信息处理以及预警的监督平台,很难将收集的各种信息做到系统归类、综合研判、预警提示,最终不能发现有价值的问题线索。

（三）全面从严治党，创新"四种形态"的实施路径

监督执纪"四种形态"是我们党针对党内不同类型问题提出的不同治理对策，它们各有侧重又彼此呼应，科学回答了新时代"用什么执纪、为什么监督"的重大理论和现实问题，是全面从严治党的制度安排，是加强党的纪律建设、严格监督执纪问责的具体路径。党的十九大将监督执纪"四种形态"写进党章，赋予其新的时代内涵和要求。因此，必须贯彻新时代党的建设总要求，从创新体制机制、健全制度体系、压实具体责任入手，把创新体现到运用监督执纪"四种形态"的各个方面，既要充分彰显我们党全面从严治党永远在路上的勇气和决心，又要深切体现对广大党员干部的严管厚爱、治病救人的党内关怀，让监督执纪"四种形态"真正成为"惩前毖后、治病救人"的利器。

1. 深化细化做实"四种形态"

围绕第一种形态，要紧盯苗头问题，建立诫勉谈话机制。一是要狠抓主体责任落实，特别是纪检监察机构要全面履行监督执纪问责的职能，不要把自身定位为一个专门办案的执法部门。各级纪检监察部门要及时了解掌握所联系地区、单位、部门的政治生态状况，既要对监督的每一名党员领导干部个人情况掌握清楚，也要对该区域整体的党风廉政建设情况判断清楚，这就是说，既要盯住个别"树木"，也要放眼整片"森林"。二是要拓宽问题线索渠道，加强与联系点的沟通，盯紧苗头问题，一旦发现有违反中央八项规定精神、"四风"等方面错误苗头，做到及时反馈问题，及时谈话提醒、函询诫勉，及时消除隐患。要通过制定具体详细的约谈、函询细则，明确约谈和函询的具体情形、对象及程序；对群众反映的党员干部廉洁自律方面的轻微违纪问题，通过及时采取约谈、函询，让咬耳扯袖、红脸出汗发挥作用、成为常态。

围绕第二、三种形态，要加强纪律建设，发挥纪律的刚性约束作用。全面从严治党，就是要用严明的纪律管住全体党员干部。"四种形态"坚持纪严于

法、纪挺法前、纪法分开思路，是管党治党理念的重大创新。过去我们的党员干部本来问题已经很大了，却放松标准，从轻从宽处理，甚至触犯国法的也采取党纪处理，致使管党治党出现了宽松软的局面，也让人民群众寒了心。事实证明，党员破法无不从违纪开始，实施好第二、三种形态，把纪律挺在前面，就要从小处入手、小事抓起，不要等党员干部问题严重积重难返了才来解决，那时已经晚了。对第三种形态，问题性质已经较严重的情况，能够如实向组织交代清楚、认错态度良好的，要给以政策和出路。但如果犯了错误，组织给了机会，仍然欺骗组织、我行我素、拒不悔改的，要从严查处。

围绕第四种形态，要从严执法，发挥法律的震慑作用。要通过对党员领导干部的纪律审查，彰显我们党深入开展反腐败斗争的坚定决心，以"零容忍"态度查处腐败行为，不断释放全面从严治党的强烈信号。党的十八大以来，共立案审查省军级以上党员干部及其他中管干部440人，其中包含中央委员、候补中央委员43人，中央纪委委员9人。纪律处分厅局级干部8900多人，处分县处级干部6.3万多人。共处分基层党员干部27.8万人，推进反腐败国际追逃追赃，共追回外逃人员3453人，其中"百名红通人员"已有48人落网，形成了强有力的震慑效应。

2. 创新践行"四种形态"的制度机制

一是完善两个责任落实机制。要完善党风廉政建设责任制度，实行主体责任和监督责任的工作报告、目标管理及其考核评价制度，将运用"四种形态"情况的结果纳入"两个责任"考核评价体系，细化具体责任清单，实行台账式管理，确保纪检监察过程全记录。要实行以上率下，一级抓一级，强化主体责任和监督责任，明确"四种形态"的具体情况与任务，抓早抓小，确保基层纪检监察工作顺利开展，使"四种形态"真正落到实处。二是完善预警防控机制。要紧盯信访源头、问题线索、纪律审查、执纪审理、纪律处分各个环节，排查各类问题风险点，做好逐级防范和对症施治工作，健全主体的自我控制和法规制度防范结合的防控机制，加强各重点、易发、关键领域和环节的监督。要将"四种形态"执行情况纳入党风廉政建设平台,进行实时监管考核。要加强典型案件的运用剖析,以巡视、整改为契机,抓好建章立制补短板工作,扎紧织密制度的笼子。三是优化制度运行机制。健全"四种形态"运行的实施办法和配套的相关制度,制定操作程序和标准,明确各类适用范围。建立各类形态的负面清单,完善从问题发现、审查、执纪程序,建立各种问题线索数据库。严格按照"四种形态"要求处理问题线索,减少自由裁量权,杜绝后三种形态向第一形态转化,严格按照一把尺子执纪,没有例外。要抓好执纪与执法的衔接工作,做到违纪必究、违法必惩,确保监督执纪按标准裁定。

3. 创新监督执纪方式,拓展执纪监督渠道

一是要转变执纪观念。纪检监察机构要深化"三转",强化监督责任,转变过往对党员领导干部员的监督方式,将理念从执法变为执纪,将查处重大案件转向监督党员干部日常言行和预防教育。要加强对党员领导干部全覆盖的监督,注重运用党规党纪进行纪律约束,纪挺法前、从苗头抓起,强化纪检监察工作的职能和威慑力,及时发现治病树,坚决拔烂树,护好整片森林。创新执纪方式,要围绕"四种形态"运用方式,集中、规范、统一处理问题线索,注重问题分析研判,注重函询诫勉谈话的审查核查,加强"四种形态"的过程监督。针对问题党员干部,要熟练运用不同的处置方式,对于涉嫌违法犯罪的第四种形态问题,要依法从审查时限、处置方式进行严格审查,提升审查的效果,做好"四种形态"的精准运用。

二是要打造"四种形态"监督平台。打造监督执纪"四种形态"云平台,要充分运用大数据和云计算为代表的互联网信息化技术,运用数据模型分析,建立"四种形态"数据云平台,把信息触角延伸到各监督主体,汇聚来自群众、社会各个方面的监督信息,构建全方位宽领域的执纪监督的信息网络。加强党内监督力度,充分运用巡视巡察、民主生活会、三会一课、谈心谈话、干部考评、述职述廉、领导干部个人事项报告各类监督形式,践行"四种形

态"的监督责任,形成党内监督的整体合力。积聚党外监督力量,探索政府牵头建立纪检、法院、公安、检察院等部门参加的行政监督联席会议和信息互通互联制度,发挥各自的优势,在各个层面、范围、领域内形成整体监督资源,形成构建监督执纪"四种形态"的监督网络。

三是要创新执纪方式,减少自由裁量权。权力是双刃剑,监督执纪权力也是如此,要保证权力的正确行使,必须用制度压缩监督执纪时自由裁量的空间,从而有效发挥监督执纪的效能,精准点穴党风廉政建设和反腐败斗争薄弱环节和点位。要创新方法和思路,紧跟新时代全面从严治党形势的步伐和要求,实现监督执纪对象由"点"到"面"的转化,监督工作重点由"法"到"纪"的转化,工作方式由单兵作战向大兵团围歼的转化。要统筹兼顾好"四种形态"的处置工作,要抓早抓小把问题消灭在萌芽,经常修剪枝叶做到勤浇树、扶歪树、治病树,让咬耳扯袖、红脸出汗、诫勉谈话成为常态。要不断改进方式方法,把纪律教育融入监督执纪之中,充分利用新媒体新技术平台,把党员干部的"四种形态"教育融入日常学习工作生活中,做到喜闻乐见、润物细无声。通过纪律教育,使广大党员干部自觉养成按党章党规严格要求自己,把他律要求转变成自身追求,自觉做到以身作则,发挥表率作用。

四、打通监督执纪问责"最后一公里"

强化监督执纪问责,治理基层政治生态,让人民群众切实感受到正风肃纪带来的效果,是新时代全面从严治党的迫切需要。当前各级党组织、纪检监察机关和党员干部要立足终端末梢,紧盯薄弱地带,以抓铁有痕的责任担当打通"最后一公里",保持从严治党尺度不松、落实政治责任压力不减,做到守土有责、守土负责、守土尽责。

（一）加强纪律教育，把纪律规矩刻印在党员干部心上

党的十九大第一次把纪律建设纳入党的建设总体布局中，彰显纪律建设的重要位置。因此，新时代要取得反腐败斗争的压倒性胜利、推动全面从严治党向基层延伸、打通监督执纪问责"最后一公里"，必须加强党员干部的纪律规矩教育、加强党内纪律文化建设，增强广大党员干部的纪律规矩意识。

1. 加强纪律规矩教育，增强纪律规矩意识

党的纪律建设的初衷和目的，不是为了惩治广大党员干部，而是要通过教育达到预防和杜绝违纪违法问题的发生。习近平指出："党的各级组织要积极探索纪律教育经常化、制度化的途径，多做提提领子、扯扯袖子的工作，使党员、干部真正懂得，党的纪律是全党必须遵守的行为准则，严格遵守和坚决维护纪律是做合格党员、干部的基本条件。"①党的十八大以来曝光的党员干部违纪案例情况一再表明，惩治"四风"和腐败是"标"，其背后存在的党纪国法观念淡漠、纪律规矩意识模糊才是"本"，根子就在于有的党员干部存在的理想信念动摇、宗旨意识淡薄、纪律规矩丢失，管党治党不严。因此，必须加强全体党员干部的党规党纪教育、增强纪律规矩意识。要结合全党开展的"两学一做"常态化制度化教育，把党章党规党纪纳入党员干部教育培训的主要内容，引导并督促党员干部明确守纪律讲规矩即是紧箍咒、护身符，把纪律要求刻印在自己的心上。

要加强政治纪律、组织纪律方面的教育，带动廉洁纪律、群众纪律、工作纪律和生活纪律严起来。政治纪律是最重要最根本的纪律，各级党组织和党员干部要切实增强"四个意识"，始终在政治方向、政治立场、政治原则和政治道路上同以习近平同志为核心的党中央保持高度一致，自觉维护以习近平同志为核心的党中央权威和集中统一领导，自觉把党中央的决策部署落到实

---

① 习近平：《在党的群众路线教育实践活动总结大会上的讲话》，《人民日报》，2014年10月9日。

处。组织纪律是规范各级党组织之间以及党组织和党员之间关系的行为准则，是加强党的组织纪律性的重要保证。党员领导干部认真落实民主集中制具体制度，着力解决民主集中制"四个不够"，即发扬民主不够、正确集中不够、开展批评不够、严肃纪律不够的具体问题。要提高组织观念，严格做到"四个服从"。要严格执行请示报告制度，该请示的一定要请示，该报告的事项也必须报告，决不能搞欺骗组织、隐瞒不报，要少些"迈过锅台上炕"的做法，少些"事后诸葛亮"的行为。

纪律建设贵在"治心"，要加大对党员干部党的理论路线方针政策和党章党规党纪的教育力度，使之做到知敬畏、存戒惧、守底线。另外，纪律教育不仅是体现违纪之前的预防，更需要落实在监督执纪问责之中。纪检监察部门要把纪律教育摆在重要位置，立足于教育挽救党员干部，突出执纪审查的政治性严肃性，对犯错误的同志要通过党章党规党纪的教育去感化、用理想信念宗旨的要求去启发，让其认识到所犯错误，重回正确轨道上来。

2. 涵养党内纪律文化，培育党内纪律自觉

党的各项纪律规矩表现为约束和标尺，本质上体现出每个党员干部的信仰、责任与担当。要使铁一般的纪律转化为党员干部的习惯和自觉，涵养党内纪律文化、培养党内纪律自觉是治本之策。纪律意识和习惯的培育成功，最主要是靠全党持续推进纪律文化建设作为支撑，使全党通过纪律的教育形成纪律的认同，形成全党守纪律讲规矩的政治生态、思想自觉和行为自觉。通过推进党内的纪律文化建设，形成在纪律面前人人平等、党内不存在特殊党员、执行党纪没有例外的纪律文化，党内任何人都不能心存侥幸思想，都不能享有免罪符，更不是"铁帽子王"。要形成"违纪必受惩罚"的文化，把纪律尺子严起来，坚决不留暗门、不开天窗，不搞下不为例，也不存在情有可原，使纪律真正带电，只要触碰就严惩不贷。要在全党形成"守纪者受褒扬"的文化氛围，发挥干部纪律考核的激励导向作用，把严守党纪国法的党员干部真正使用起来，把党性观念强、党纪意识高、依法办事能力突出的党

员干部培养和提拔上来,在全党培育形成良好的选人用人的纪律导向,把选用干部的标尺立起来。

(二)强化责任担当,力推两个责任落地生根

管党治党、全面从严治党,关键在于责任的落实。责任担当彰显了党员干部的党性品行,体现了党员干部的胸怀与气魄,决定了党员干部的履职尽责、干创事业程度,是党员领导干部人格、品格和风格的必备要件。党的十九大对推进全面从严治党永远在路上作出了新的战略部署,对深化"两个责任"的落实提出了新的明确要求。在十九届中央纪委二次全会上,习近平提出了"坚持行使权力和担当责任相统一"的重要指示,为推动落实全面从严治党的两个责任明确了方向。中央纪委书记赵乐际在中央纪委二次全会上明确,将落实两个责任一体部署,要求"推动全面从严治党责任落到实处"。新时代全面从严治党要有新作为,党中央的要求就是工作的方向,各级党委和纪委必须以行动落实好"两个责任",以"两个责任"整体推进,保障全面从严治党落地生根,取得更大的成效。

1. 扭住党委主体责任牛鼻子

"两个责任"一体推进,关键是首先扭住党委主体责任不动摇。一体推进不是眉毛胡子一把抓,而是要突出重点,区分层次。全面从严治党覆盖全党、打通"最后一公里",关键在于基层党委要切实担当起"主体责任",把这个"牛鼻子"抓住抓牢,带动全面从严治党真正落地。当前,有的基层党委的主体责任意识还不强,习惯于把责任往纪委监委那里推,认为监督之际问责是纪委监委的事,党委抓好发展就行了;还有的党委抓党的建设探索不够、方法不多,总揽全局协调各方能力不强、党的领导作用没有充分发挥,存在管党治党宽松软、主体责任缺失的问题。推进主体责任的落实,必须发挥好党的全面领导和组织优势,强化上一级对下一级的领导和监督,形成一级抓一级、守土有责、层层负责、层层尽责的局面,直至基层的"最后一公里"。主体

责任这个"牛鼻子"究竟抓得怎么样,主要还在党委书记"一把手"。书记要当好管党治党工程的"施工队长",发挥好"领头雁效应",既主动担当,又善于作为,要通过约谈、述职、督查、追责等治理方式把责任层层传给各级党委书记,实行党委书记集体约谈主体责任考核排名靠后单位"一把手"等举措,让压力真正体现出来,主体责任充分发挥出来。"两个责任"一体推进,要求各级党委要处理好党的领导与协调各方的关系,特别是与纪委监委履行监督责任的关系,使纪委在党委领导下积极主动去履行好监督责任,党委第一责任人、班子成员各司其职,把主体责任落到实处。

　　"两个责任"一体推进,还必须把主体责任细化具体化。习近平指出:"从严治党必须具体地而不是抽象地、认真地而不是敷衍地落实到位。"①如何做到细化具体化,他从高度、深度、广度、长度、力度"五个度"向全党提出了要求。对于高度,他要求:"各级各部门党委(党组)必须树立正确政绩观,坚持从巩固党的执政地位的大局看问题,把抓好党建作为最大的政绩。"②对于深度,习近平指出:"党委抓、书记抓、各有关部门抓","抓领导、领导抓,抓具体、具体抓","一级抓一级、层层抓落实"的党建责任制。对于广度,"各级党委要把从严治党责任承担好、落实好,坚持党建工作和中心工作一起谋划、一起部署、一起考核,把每条战线、每个领域、每个环节的党建工作抓具体、抓深入,坚决防止一手硬、一手软"。③对于长度,要落实从严治党责任的关键是要抓住制度建设这个重点,构建纪律、监督、问责等一体化的长效机制。对于力度,"要有踏石留印、抓铁有痕的干劲,绳锯木断、水滴石穿的韧劲,逢山开道,遇水叠桥的钻劲""要咬定青山不放松,以钉钉子精神狠抓责任落实"④。

---

　　①② 习近平:《在党的群众路线教育实践活动总结大会上的讲话》,《人民日报》,2014年10月9日。

　　③ 《习近平谈治国理政》,外文出版社,2014年,第101页。

　　④ 《十八大以来重要文献选编》(上),中央文献出版社,2016年,第70页。

2. 纪委要把协助职能、监督责任摆进去

《中国共产党党章》规定，党的各级纪律检查委员会的职责是监督、执纪、问责，协助党的委员会推进全面从严治党、加强党风建设和组织协调反腐败工作。这既是对纪委监督责任的准确定位，也是对纪委在党委领导下履行协助职责的明确规定。各级纪委要切实按照党章赋予的神圣职责，严格执行党的各项纪律，履行好自身的监督责任。既要在同级党委和上级纪委的双重领导下，为党委的主体作用落实提供有效协助、当好参谋助手；又要在党章规定的职责范围内，履行所辖区域内各类党组织全面从严治党、遵守党章党规党纪情况的监督检查，同时加强对下级纪委监委日常监督工作的领导，使党委主体责任和纪委监督责任一体落实。

当前，监委已经正式与纪委合署办公，纪检监察机关这一新的监督机构已经成立。因此，合并后的纪监委既要在擅长的纪委领域履行好监督职责，同时对于新拓展的监察领域的监督职能，也要不断地探索实践、进一步深化，把纪检、监察两项职责融会贯通，切实执行好。要强化对党委班子和主要责任人履职情况的监督，明确自身"裁判员"而非"运动员"的角色定位，不越俎代庖，种别人的田，荒自己的地。要把握好作为"监督的监督"的功能定位，做到协助不包揽、推动不代替、到位不越位，防止"三转"出现回转，杜绝"监督变牵头、牵头变主抓、主抓变负责"的问题。

总之，纪律监察机关作为党内监督的专门机关，承担着维护和执行党章赋予的监督党的纪律执行的光荣而神圣的重要职责，要把维护包括政治纪律在内的六大纪律作为首要任务，面对党内违纪违规的党员干部，要敢于亮剑，动真碰硬，以铁一般的担当把党的纪律规矩真正挺在前面。

3. 强化问责的倒逼作用

"动员千遍，不如问责一次"。问责是推动责任真正得到落实的关键。明确责任、履行责任、追究责任环环相扣，哪一环节出问题都会影响到全面从严治党的落实落地。问责，既要严究主体责任也要追究监督责任，只有两个责任一起查,才能真正打通"最后一公里"的路程。

一是全领域进行问责。追究两个责任不能留死角,也不应有盲区。勿以善小而不为,勿以恶小而为之。对于一名党员干部来说,如果一开始就对他咬耳扯袖、红脸出汗,执纪方面抓得严一点紧一点,可以让很多人避免违法犯罪。过去党内形成了一种不好的现象,就是不到违法犯罪的程度大家都能包容宽容,到了违法犯罪的时候就由他去吧。这是对党员干部不负责任的表现。"当前的一个问题是,抓安全事故等行政问责多、抓管党治党不力问责少,问责规定零散、内容不聚焦"。因此,"要整合问责制度,健全问责机制,坚持有责必问、问责必严,把监督检查、目标考核、责任追究有机结合起来,实现问责内容、对象、事项、主体、程序、方式的制度化、程序化"①。

二是全员化进行问责。追究责任不能搞特殊,不应有例外。习近平指出:"任何地方、部门、单位,发生了党的领导作用不发挥、贯彻党的路线方针政策走样、管党治党不严不实、选人用人失察、发生严重'四风'和腐败现象、巡视整改不力等问题,既追究主体责任、监督责任,又追究领导责任,以及追究上一级领导责任、党组织责任。"他还对党政主要领导、班子成员和纪检组长的问责也提出了明确要求。

三是全方位进行问责。全面从严治党永远在路上,责任追究也永远在路上。对于"一些干部惯于拍脑袋决策、拍胸脯蛮干,然后拍屁股走人,留下一屁股烂账,最后官照当照升,不负任何责任"②的问题,习近平指出,要终身追责;对发生重大腐败案件和严重违纪行为的地方、部门和单位,他强调实行"一案双查""倒逼追责",既追究当事人的责任,也追究相关领导的责任,既倒查党委的主体责任,也倒查纪委的监督责任;针对失职失责造成重大损失的、侵犯人民群众利益的、损害党的执政基础的,他强调要抓住问题开展"典型追

①　习近平:《在第十八届中央纪律检查委员会第六次全体会议上的讲话》,《人民日报》,2016年5月3日。

②　《习近平谈治国理政》,外文出版社,2014年,第272页。

责"；他还提出："要完善和规范责任追究工作，建立健全责任追究典型问题通报制度，把问责同其他监督方式结合起来，以问责常态化促进履职到位，促进党的纪律执行到位。"①

（三）驰而不息整治"四风"，巩固"八项规定"成果

党的十九大明确向全党提出了持之以恒正风肃纪的纪律要求。落实党的十九大精神，必须继续严格落实中央"八项规定"精神及其细则，继续整治"四风"问题防止回暖反弹，要以抓常、抓长、抓细的决心和韧劲推动"最后一公里"的落实。习近平指出："作风建设是攻坚战，也是持久战。这么多年，作风问题我们一直在抓，但很多问题不仅没有解决，反而愈演愈烈，一些不良作风像割韭菜一样，割了一茬长一茬。症结就在于对作风问题的顽固性和反复性估计不足，缺乏常抓的韧劲、严抓的耐心，缺乏管长远、固根本的制度"，"作风建设永远在路上，永远没有休止符，必须抓常、抓细、抓长，持续努力、久久为功"。②这是对全党如何推进作风建设的重要要求，精准把握了作风问题、"四风"复燃的症结和根源，科学把握了党的作风建设的基本规律，对于推进党的作风建设具有重要指导意义。

打通监督执纪问责"最后一公里"，要从正风肃纪抓起。当前，要对群众身边发生的"四风"和腐败问题进行重点巡查、检查和排查，着力破解落实中央"八项规定"精神和细则只喊口号没有行动、贯彻中央决策部署走形变样问题；严肃查处不担当不作为以及胡作为乱作为等基层存在的突出问题。要继续把违反中央"八项规定"精神问题作为基层监督执纪审查的重点内容，盯紧节假日这一重要节点，严查公款吃喝、出入会所等突出问题，关注隐形变异等"四风"新形式，对党的十九大以来还不收敛不收手的党员干部，要从重加重

---

① 习近平：《在第十八届中央纪律检查委员会第六次全体会议上的讲话》，《人民日报》，2016年5月3日。
② 习近平：《在党的群众路线教育实践活动总结大会上的讲话》，《人民日报》，2014年10月9日。

查处；对出现"四风"问题的党员干部，要重点查处；对违反"八项规定"精神受处分的干部，要点名曝光。通过对基层违纪党员干部的处分，释放出"纪律是带电的高压线"的警示信号。

加强作风建设，打通"最后一公里"，必须强化各级党委和纪委的"两个责任"。要加强区、县的纪监委规范化和乡镇（街道）纪监队伍的专业化建设，持续推动全面从严治党向基层这"最后一公里"延伸，让基层人民群众切实感受到幸福感、获得感和安全感，感受到全面从严治党带来的实实在在的成果。要完善基层问题线索的预警机制，使群众身边的"四风"和腐败问题线索得到及时发现并从严治理、解决。要健全基层"四风"问题巡查机制，从严查处损害群众利益的突出问题，特别是宗族黑恶势力为其当保护伞、吃拿卡要及小官巨贪等群众反映强烈问题行为。要健全基层违纪情况通报机制，对于基层群众身边的"四风"及其变异和腐败典型案例要定期通报。要把各地方、部门和单位落实"八项规定"精神细则的好做法及时总结推广，不断提高制度的执行力，形成全面从严治党常态化机制化的新局面。

第八章

把制度建设贯穿党的建设全过程

　　制度建设是我们党的自身建设中不可或缺的重要组成部分，党的制度建设是提高党的建设质量的重要内容、主要途径和根本保障。党的十九大在关于党的建设总体布局中，由原来的把"制度建设"与其他建设并列改为"把制度建设贯彻其中"，成为新时代党的建设的突出特色。加强党的制度建设，是我们党淬火锻造、百炼成钢的涅槃之路，也是我们党在长期执政的条件下增强自我净化、自我完善、自我革新、自我提高能力的必由之路。把党的制度贯彻到党的建设全过程和各方面，坚持用制度管权管事管人，构建完善的党内法规制度体系，确保各项法规制度落地生根，这对于把我们建设成为世界上最强大的政党，为新时代更好地统筹推进"五位一体"的总体布局、协调推进"四个全面"战略布局，更好地进行具有许多新的历史特点的伟大斗争，继续推进中国特色社会主义伟大事业，实现中华民族伟大复兴都具有重大而深远的意义。

一、全面从严治党的根本之策

　　制度是管党治党最可靠最有效最持久的方式。2016年12月23日，习近平就党内法规制度建设专门作出重要指示指出,加强党内法规制度建设是全面从严治党的长远之策、根本之策。新时代我们之所以要一以贯之地加强党的制度建设,既是以往我们党管党治党的宝贵经验,也是实现党的全面领导的重要保障,既是推进国家治理现代化的重要途径,也是提高党的建设质量的现实要求。

(一)加强党的制度建设是我们党管党治党的宝贵经验

我们党自建党伊始就开始探索党的制度建设。1921年党的一大通过了《中国共产党纲领》,提出了党的最终奋斗目标,规定了党的名称、性质和纲领,成为党的制度建设的起点。1922年党的二大通过了第一个党章,分别对于党员、组织、会议、纪律等作出了制度规定。1927年党的五大通过的《对于组织问题之决议案》,明确提出党的组织原则是民主集中制。1927年毛泽东在"三湾改编"中创建了"支部建在连上"的制度。1938年毛泽东在党的六届六中全会上强调指出"须制定一种较详细的党内法规,以统一各级领导机关的行动",此次会议对中央委员会、政治局、书记处以及各级党委的任务、职责和纪律都做了系统的制度规定。为了加强党中央的集中统一领导,1942年中央建立了一元化领导的制度。1945年党的七大提出民主集中制的实质是"在民主基础上的集中和在集中指导下的民主",还明确提出了"四个服从"的原则。1948年为了保证集体领导和防止个人包办,中央进一步建立健全了党的领导制度和工作制度,为夺取新民主主义革命的胜利提供了制度保障。1956年,毛泽东在《论十大关系》中就提出"解决制度问题比解决思想问题更重要"。

"文革"期间,党内法规制度遭到严重破坏,结果不但使党内政治生活变得不正常,而且给党和国家的事业造成了严重的灾难。对此邓小平指出:"我们过去发生的各种错误,固然与某些领导人的思想、作风有关,但是组织制度、工作制度方面的问题更重要"①，因为"制度问题不解决，思想作风问题也解决不了……我们的经济事业和各项工作都不可能有效地前进"②。作为中国共产党第二代领导集体的核心，邓小平也正是在总结"文革"惨痛教训的基础上深刻认识到"制度带有根本性、全局性、稳定性和长期性"，提出了制度是决定性因素的著名论断，恢复和完善了党内生活、党委会、党的代表大会和党的纪检监察等方面制度机制等，在实践中摸索开辟了一条不搞政治运动而依靠制度管党治党的新路子。进入新世纪党的制度建设稳步推进，江泽民创造性地提出了"集体领导、民主集中、个别酝酿、会议决定"的十六字方针，完善了党委会决策制度，在党的十六大报告中提出要"把党的制度建设贯彻其中"，正式把党的制度建设纳入党的建设总体布局，实现了党的制度的与时俱进。胡锦涛在党的十七大报告中提出要以健全民主集中制为重点加强党的制度建设，在党的十七届四中全会提出要以科学的制度保障党的建设，深化了党的制度建设。

党的十八以来，党中央从战略和全局的高度对党的制度建设作出了一系列重大部署，党内法规制度的废改立释工作全面推进。为了有效解决党内法规制度中存在的过时老化、交叉重复、衔接配套不够等问题，中央进行了首次党内法规和文件清理工作，对新中国成立以来至2016年6月期间出台的2.3万多件中央文件进行了全面筛查和集中清理，1178件党内法规文件中322件被废止、369件宣布失效，二者共占58.7%；487件继续有效，其中42件需修改。2012年12月中央出台了关于改进作风和密切联系群众的"八项规定"，拉开了新时代党内法规制度建设的序幕；2013年出台了《中国共产党党内法规制度制定条例》和《中国共产党党内法规和规范性文件备案规定》；2014年修订了《党政领导干部选拔任用工作条例》和《中国共产党发展党员工作细则》，还通

---

① 《邓小平文选》（第二卷），人民出版社，1994年，第333页。
② 同上，第328页。

过了《深化党的建设制度改革实施方案》;2015年制定修订了关于统战、党组、巡视、干部教育、廉洁自律、纪律处分、地方委员会等方面工作条例和制度准则,把党的制度建设推向高潮;2016年出台了党内问责条例、党内政治生活准则和党内监督条例三部分量很重的党内法规,同年12月中央还首次专门召开了全国党内法规工作会议,对党内法规制度建设的主要任务和基本要求作出了全面部署;2017年通过了纪委机关监督执纪工作条例和党委(党组)中心学习组学习规则,并印发了《关于加强党内法规制度建设的意见》;2018年颁布了《中央党内法规制定工作第二个五年规划(2018—2022年)》,提出了未来5年党的制度建设的指导思想、目标任务、重点工作和落实要求。新时代从严治党之所以成效卓著,原因之一就在于党的制度建设取得了前所未来的进展,一共修订制定了七十多部重要的党内法规制度。党的建设历史证明:依规依纪管党治党是我们党的优良传统和宝贵经验;什么时候重视党的制度建设,党的领导和党的建设就会坚强有力,党的事业就会兴旺发达;反之,党的领导、党的建设就会软弱无力,党的事业就会受损。

（二）加强党的制度建设是党的全面领导的有力保障

坚持党的领导是党和国家的根本所在、命脉所在,是全国各族人民的利益所系、幸福所系,是中华民族的命运所系。党的十九大报告充分阐释坚持和加强党的领导的重要性、彻底性和全面性:一是把"中国特色社会主义最本质的特征是中国共产党领导,中国特色社会主义制度的最大优势是中国共产党领导,党是最高的政治领导力量"作为习近平新时代中国特色社会主义思想核心要义的"八个明确"中的重要内容,强调了党的领导的根本属性;二是把"坚持党对一切工作的领导"作为习近平新时代中国特色社会主义思想基本方略的"十四个坚持"中的首要内容,指出"东南西北中,党政军民学,党是领导一切的",强调了党的领导的覆盖广度;三是把"坚持和加强党的全面领导"纳入新时代党的建设总要求,强调了落实党的领导的关键举措。党的十九届三中全会进一步提出,坚持和加强党的全面领导既是深化党和国家机构改革的根本保障,又是深化党和国家机构改革的首要任务。深化党和国家机构改革,就是要把党的领导贯彻其中,突出"党的领导"这一本质特征,发挥"党的领导"这一最大优势。

党的领导地位不是与生俱来的,不是一劳永逸的,党的领导也不是抽象的而是具体的。"打铁必须自身硬"。党要实现全面领导必须把自身建设得更加坚强有力,必须健全完善党的领导体制机制,把党的政治领导、思想领导和组织领导具体落实到党和国家工作的各方面和全过程。治国理政的各项事务需要按照稳定规范的程序来进行,党要成为各项事业的领导核心,仅靠一般的号召和动员是解决不了的,必须通过加强各项法规制度建设,形成稳定的、规范的、科学的领导方式、活动方式和工作方式。我们党历来重视建立健全党对重大工作的领导体制机制,早在解放战争时期,为了树立中央的权威和加强党的集中统一领导,就制定并严格执行了报告制度和党委制。在社会主义建设时期,为了继续坚持和改进党的领导,1958年6月党中央专门成立了财经、政法、外事、科学、文教5个领导小组。毛泽东还特意强调这些领导小组隶属中央政治局和书记处,所有大政方针都在政治局,只有政治局一个"政治设计院",书记处负责具体部署。改革开放后,邓小平反复强调坚持党的领导和维护中央权威的重要性,把坚持党的领导确定为"四个基本原则"的核心,并将此写入党章和宪法。邓小平非常重视通过制度建设来加强和改进党的领导,针对当时党和国家政治生活中存在的官僚主义、权力过分集中、一言堂及家长制等弊端,他提出"制定一系列的法律、法令和条例,使民主制度化、法律化","从制度上保证党和国家政治生活的民主化、经济管理的民主化、整个社会生活的民主化",党的路线方针政策只有通过制度才能做到"不因领导人的改变而改变,不因领导人的看法和注意力的改变而改变"。①为了实现中央领

---

① 《邓小平文选》(第二卷),人民出版社,1994年,第359、336、146页。

导集体的新老交替，邓小平废除了领导终身制，建立了退休制度，在过渡期间特意建立了中央顾问委员会制度。

党的十八大以来，针对中央在巡视中发现的一段时期以来一些地方、一些领域普遍存在的党的领导弱化现象，以习近平同志为核心的党中央以健全完善党的领导体制机制为重点，打出了一套加强党的集中统一和全面领导的"组合拳"：一是坚持和完善了报告请示制度，采取有力措施健全和执行了请示报告制度，要求中央纪委、中央书记处，全国人大、国务院、全国政协、最高人民法院、最高人民检察院党组定期向中央政治局、政治局常委会报告工作，中央政治局每年向中央委员会报告工作。党的十九大后的第一次中央政治局会议就通过《中共中央政治局关于加强和维护党中央集中统一领导的若干规定》，规定政治局成员要坚持每年向党中央和总书记书面述职。二是健全完善了党的领导机制，在党中央层面建立了各种领导小组，由习近平和其他中央政治局常委分别兼任不同领导小组组长和副组长，进一步从体制机制上确保党中央发挥总揽全局、协调各方作用，实现党对国家和社会各项事务的领导。三是修订颁布了党组、地方委员会和机关工作条例，进一步厘清部门系统和企事业党委、党组和基层组织的功能定位，协调统筹了各部门机构和各领域各方面的工作关系，畅通了政策的制定和执行的关系。这些重要的制度安排都是坚持和加强党的全面领导的有力保障，不加强党的制度建设，没有一套健全的成熟的领导体制，党的全面领导最终就成了一句空话。

（三）加强党的制度建设是促进国家治理现代化的重要途径

我们不能按照西方的政治理论来看待党内治理与国家治理、党内制度和国家法律之间的关系。在我国，党内治理与国家治理、党内制度和国家法律不是对立的，而是相辅相成、相互依赖、互为表里，统一于建设中国特色社会主义和实现中华民族伟大复兴的实践之中。在政党、国家与社会三者关系上，西方的逻辑是"社会造国家、国家造政党"，而中国走的是一条"政党造国家、国家造社会"①的道路,党的领导、依法治国和人民当家做主是统一的。我们党作为执政党,把自己的意志和主张通过合法的途径与程序上升为国家法律后,依法治国在一定程度上就是贯彻落实执政党的政策主张;党内九千多万党员本身也是国家公民,他们既受党规党纪的约束,也必须遵守国家法律,这样依照党内法规制度管党治党也表现为依法治国。在党的制度和国家法律的关系上,两者都是党的路线方针政策的规范化、制度化和具体化,体现了党的意志和人民意愿的高度统一;党的政策是国家法律的灵魂,国家法律是党的政策的具体化、法律化。②治国必先治党、治党务必从严,从严必有法度,政党自身的建设与治理自然就成为国家治理的首要前提。正如邓小平指出的:"没有党规党法,国法就很难保障。"③

中国共产党是中国特色社会主义事业的领导核心,党的领导地位和双重政党功能决定了党内法规制度在党和国家政治生活和国家治理体系中的重要地位和独特作用。习近平曾形象的比喻:"在国家治理体系的大棋局中,党中央是坐镇中军帐的'帅',车马炮各展其长,一盘棋大局分明。"④党的十八届三中全会将党的建设制度改革同政治体制、经济体制、文化体制、社会体制、生态文明体制改革一起进行整体部署,这表明深化党的建设制度改革与促进国家治理体系和治理能力现代化紧密相连,不但是全面深化改革的重要内容,还是全面深化改革的重要保障。党的十八届四中全会把完善的党内法规体系与完备的法律法规体系、高效的实施体系、严密的法治监督体系、有力的保障体系一起纳入中国特色主义法治体系。这表明党内法规制度体系作为中国特色社会主义法治体系不可或缺的重要组成部分,在国家治理体系中处于核心地位;党内法规制度不仅仅是用来管党治党的,还要用来治国理政

---

① 储建国:《国家治理现代化的新意》,《人民论坛》,2013 年第12期。
② 参见王振民:《党内法规制度体系建设的基本理论问题》,《中国高校社会科学》,2013年第2期。
③ 《邓小平文选》(第二卷),人民出版社,1994年,第147页。
④ 中共中央文献研究室编:《习近平关于社会主义政治建设论述摘编》,中央文献出版社,2017年,第30~31页。

的;没有党内法规制度的现代化,就没有国家治理体系的现代化。

国家治理现代化包括治理体系现代化与治理能力现代化,而治理体系指的是治理制度,治理能力指的是治理方式,国家治理体系和治理能力就是指一个国家的制度体系和执行制度能力的集中体现。在我国,国家治理现代化是由中国共产党提出来的,也是由中国共产党来领导推动的。党的制度直接关乎国家治理体系,党的执政能力、执政方式直接关乎国家治理能力。对于国家治理和党的领导而言,法治是善治最基本的方式与手段,依法治国是治国安邦的基本方略,科学执政、民主执政、依法执政是基本的执政方式。显然,无论是国家治理方式,还是党的执政方式,都离不开制度的保障和规范。办好中国的事情,关键在党。没有执政党自身制度的科学化,就没有国家治理的现代化。党作为国家治理的领导者,就决定了党的制度建设的价值目标不仅要符合党的自身建设规律,也要契合国家治理的需要,党的制度好坏直接影响党自身建设质量和国家治理现代化进程。只有抓好党的制度建设,增强党员干部制度意识和依法办事意识,提高运用制度治国理政的能力,提高科学执政、依法执政和民主执政水平,坚持依法治国与制度治党、依规治党统筹推进、一体建设,才能有效推进国家治理现代化。

(四)加强党的制度建设是新时代提高党的建设质量的现实需要

从严治党永远在路上,党的制度建设也永远在路上。党的十八大以来,以习近平同志为核心的党中央以巨大的政治勇气和强烈的责任担当,围绕全面从严治党这个主题,全面加强党的领导和党的建设,开辟了管党治党的新境界,党内政治生态明显好转,全面从严治党发生了历史性变革、取得了历史性的成就。就党的制度建设而言,我们修订、颁布和出台了一系列具有支撑性、引领性的法规制度,为从根本上改变以往管党治党宽松软状况发挥了至关重要的作用。但我们绝不能因从严治党所取得的成绩而沾沾自喜、盲目乐观。党的十九大报告明确告诫全党:从严治党永远在路上!因为新时代党面临的执政环境是复杂的,党内存在的思想不纯、组织不纯、作风不纯等突出问题尚未得到根本解决,影响党的先进性、纯洁性的因素依然存在,党面临的"四大考验"和"四大危险"具有长期性、尖锐性和严峻性,党的制度建设自身也同样存在不少短板和薄弱环节。党的十九大召开期间习近平参加贵州省代表团审议时深刻指出:在全面从严治党这个问题上,我们不能有差不多了,该松口气、歇歇脚的想法,不能有打好一仗就一劳永逸的想法,不能有初见成效就见好就收的想法。必须持之以恒、善作善成,把管党治党的螺丝拧得更紧,把全面从严治党的思路举措搞得更加科学、更加严密、更加有效,推动全面从严治党向纵深发展。在党的十九届中央纪委二次全会上,习近平向全党发出了"重整行装再出发,以永远在路上的执着把全面从严治党引向深入"的号召。既然全面从严治党在时间维度上是"永远在路上",就表示只有起点、没有终点;既然全面从严治党不能停歇,就表示党的制度建设也不能停歇。

从党的自身建设规律看,党内法规制度是管党治党的重器,也是推进全面从严治党的根本之策、长远之策。党的法规制度由党的权威机关制定,体现了全党的意志,也是全党必须遵守的行为准则。党内法规制度具有普遍的约束力和强制性,在调节党内关系、指导党内生活、推动党的工作、实现党的领导、规范党员行为、加强党的建设等方面发挥着不可替代的作用。没有制度和纪律,势必会"各吹各的号、各唱各的调",一盘散沙,党的团结统一和创造力、凝聚力、战斗力就无从谈起。中国共产党的自身建设是一个包括政治建设、思想建设、组织建设、作风建设、纪律建设、制度建设和反腐败斗争在内的系统的复杂工程,任何一个都不可偏废。党的制度之于党的政治、思想、组织、作风、纪律,前者是保障,后者是依托。如党的政治建设离开了党章、民主集中制以及政治生活准则、纪律条例等这些党内法规制度的保证,党中央的权威和集中统一领导就难以保障;思想建党离开了制度治党,思想的柔性的自律和软约束无法形成制度的刚性的他律和硬约束,思想建设的成果就无法固化；没有制度做支撑，就不能从根本上铲除"四风"问题存在的条件和土壤，党的纪律和监督无法发挥震慑作用，党的作风无法常态化和长效化；不抓制度建设，高素质专业化的人才队伍和基层组织的组织力也变得不可能；不扎紧制度的笼子，反腐败不能治本，永远换不来海晏河清、朗朗乾坤，等等。逆水行舟用力撑，一篙松劲退千寻。只有坚持不懈地抓好党的制度建设，将其贯穿党的建设各方面和全过程，把党的十八大以来从严治党的理论与实践成果常态化、长效化，才能提高新时代党的建设质量、推动全面从严治党向纵深发展。

二、坚持用制度管权管事管人

制度治党、依规治党在本质上就是要在党内做到用制度管权管事管人。坚持用制度管权管事管人，体现了制度治党、依规治党的要求，也符合依法治国、依法执政的需要，更是促进国家治理体系和治理方式现代化的有效方式和基本保障。党的十八届三中全会提出，坚持用制度管权管事管人，让人民监督权力，让权力在阳光下运行，是把权力关进制度笼子的根本之策。必须构建决策科学、执行坚决、监督有力的运行体系，健全惩治和预防腐败体系，建设廉洁政治，努力实现干部清正、政府清廉、政治清明。习近平指出："要建立健全相关制度，用制度管权管事管人。要突出重点，重在管用有效，全方位扎紧制度的笼子，更多用制度治党、管权、治吏。"[①]这些重要论述把我们党对制度建设的认识提高到一个新的高度，成为新时代管党治党的重要思想和行动指南。

---

① 中共中央文献研究室编：《习近平关于全面从严治党论述摘编》，中央文献出版社，2016年，第110页。

(一)树立法规制度的权威

古人云:小智治事,中智治人,大智立法。权、人、事是我们党治国理政中的三个核心要素,如果权不按制度行使、人不按制度履责、事不按制度办理,什么好的规矩都立不起来,什么好的风气都无法形成。用制度管住了权,保证权力来于人民、服务于民、造福于民,接受人民监督,才能政治清明;用制度管好了事,把好事办好、把实事办实,做到公开透明,才能实现政府清廉;用制度管住了人,建设一支高素质专业化干部队伍,做到忠诚干净担当,才能实现干部清正。由此可见,坚持用制度管权管事管人是我们党始终为人民执好政掌好权的前提条件和基本要求。但是制度发挥功能作用的前提是必须树立和维护制度的权威,如果制度没有权威,谁也不会把制度当回事,制度执行的效果就会大打折扣,制度最终也就成了一纸空文。从制度的本身来看,制度就是针对人性的弱点和缺陷而制定的,它不以惩罚为目的,但也绝不会把奖励作为归宿,弹性和宽容更不会是制度的第一要义。制度的产生表明了人性的不完美和人类生活的不完美,制度的约束和刚性在很多时候是与人的本性相违背的,人们创造制度是为了更好地塑造人、变革社会。制度具有权威性,得到了普遍的认同、服从和遵守,制度才有公信力,所以树立和维护制度的权威是实现制度管权管事管人的前提。

从我们党治国理政的实践看,制度的权威性不够的问题也是存在的。如国家治理中有法不依、执法不严、以罚代法、逐利违法、徇私枉法的现象较为普遍,这些制度失范行为也影响和波及了党内治理,弱化了一些党员干部对党内法规制度的尊崇和认同,降低了党内法规制度的权威。再如一些领导干部的特权思想、人治观念较重,搞家长制、一言堂,出现了以权代法、以权压法甚至是以权谋私的现象,把组织和岗位上的权威理解为个人权威,逃避制度约束,也不可避免地造成了党内法规制度的扭曲和异化。同时我国政治体制中"权力过分集中"的弊端尚未彻底消除,普遍党员在党内的活动和建设中的主体地位还不明显,特别是选人用人的公信度还不高,各级"一把手"对各自分管领域和部门的人、财、物具有决定性的影响,用人"一句话"、花钱"一支笔"、决策"一手拍"的现象还较为普遍,"一把手"监督难题尚未破解,圈子文化、码头文化和人身依附在一些地方和领域屡禁不绝,钻圈子、拜码头、架天线等"潜规则"大大冲击与侵蚀了制度这个明规则,虽然口头上没有人否认制度的存在和制度的重要性,但事实上制度的地位和权威远远小于领导的作用与权威。加之受专制文化、风俗习惯、人情社会、法不责众心理以及部分制度文化基因欠缺和制度自身适用性不足等多种因素的影响,导致党内法规制度的执行效果出现了层层递减、基层最弱的现象。

　　制度的权威在很大程度上来自于制度所要约束规范的对象心中对制度的信仰、认同、忠诚和拥护。对此,2015年6月26日习近平在主持十八届中央政治局第二十四次集体学习时深刻指出:"要在全党开展法规制度宣传教育,引导广大党员、干部牢固树立法治意识、制度意识、纪律意识,懂法纪、明规矩,知敬畏、存戒惧,形成尊崇制度、遵守制度、捍卫制度的良好氛围。"①与个人权威相比,制度权威更可靠、更稳定、更持久。树立制度权威,最根本的就是要坚持法规制度面前人人平等、遵守法规制度没有特权、执行法规制度没有例外,这也是制度的全部灵魂和精髓所在。坚持在党的纪律规矩面前人人平等,坚决破除特权思想和等级观念,党内不允许有不受监督约束的权力,不允许有凌驾于党章和党组织之上的特殊党员,党内没有丹书铁券,也不存在铁帽子王,在我们党内不论什么人,也无论其职位有多高,只要违反了党纪国法,都要受到严肃追究和严厉惩处。强化制度约束的刚性,党内不给任何人"例外"的借口和理由,不允许搞"你有的你的关门计,我有我的跳墙法",严格执行执纪监督的"四种形态",做到真管真严、敢管敢严、长管长严,要让不法

---

① 中共中央纪律检查委员会、中共中央文献研究室编:《习近平关于严明党的纪律和规矩论述摘编》,中央文献出版社、中国方正出版社,2016年,第89页。

分子在制度和规矩面前望而却步。党的十八大以来,党中央坚持反腐败无禁区、全覆盖、零容忍,坚持"老虎""苍蝇"一起打,依纪依法严肃查处周永康、薄熙来、郭伯雄、徐才厚、孙政才、令计划等一批大案要案,也着力解决发生在群众身边的不正之风和腐败问题,有力维护了党纪国法的权威,也赢得了党心民心军心。

(二)把权力关进制度的笼子

习近平在十八届中央纪委二次全会上强调:"要加强对权力运行的制约和监督,把权力关进制度的笼子里,形成不敢腐的惩戒机制、不能腐的防范机制、不易腐的保障机制。"①"把权力关进制度的笼子"这一重要思想的提出,顺应了民意和时代发展的潮流,也体现了我们党自我革命、自我设限的高度自觉和警醒,具有重要的理论与实践意义。"把权力关进制度的笼子",既是对权力与制度内在关系的形象概括,也是权力回归本质的必然要求,更是实现用制度管权管事管人的核心与关键所在。"制度的笼子"本质上就是要对权力主体的行为进行监督、调控和纠偏。权力来自人民,只能用来为人民服务,对人民负责且接受人民的监督,权力一旦失去制约和监督,腐败就不可避免,绝对的权力导致绝对腐败。党的十八大以来经过我们党铁腕惩腐,反腐败斗争形成了压倒性态势,但新时代反腐败斗争依然任重道远。习近平指出:"从前些年和最近揭露出来的一些涉及领导干部的大案要案来看,其犯罪情节之恶劣、涉案金额之巨大,都是触目惊心的,搞权钱交易、权色交易简直到了利令智昏、胆大包天的地步!之所以会弄到这个地步,其中一个重要原因就是我们一些领域的体制机制还不健全。如何靠制度更有效地防止腐败,仍然是我们面临的一个重大课题。"②目前我国民众监督、司法监督、人大监督、

---

① 《十八大以来重要文献选编》(上),中央文献出版社,2014年,第136页。
② 中共中央纪律检查委员会、中共中央文献研究室编:《习近平关于党风廉政建设和反腐败斗争论述摘编》,中央文献出版社、中国方正出版社,2015年,第124页。

社会监督都仍需完善，构建完善权力监督体系的任务十分紧迫。"善治病者，必医其受病之处；善救弊者，必塞其起弊之原。"要从防止权力异化变质、从根本上治理腐败，唯有把权力彻底关进制度的笼子，建立健全权力监督体系，从治标走向治本，使官员不仅"不敢腐"，而且"不能腐""不易腐""不想腐"。

"把权力关进制度的笼子"蕴含着丰富的科学内涵和法治要义。第一，体现了权为民用的价值取向。我们党来自人民、根植人民、服务人民，人民群众是我们党的根基、血脉和力量所在，一旦脱离群众，就会失去执政地位和生命力。把权力关进制度的笼子，并不是要让权力躺在制度笼子里睡大觉，而是要恰如其分地发挥作用，要求我们党要为人民执好政、用好权，掌权之人不专权、不越权、不谋私，坚持依法执政和依法行政，党要领导立法、保证执法、支持司法、带头守法，维护公共利益、人民权益和社会秩序，维护社会公平正义，依法保障全体公民享有的各项权利不受侵犯。第二，体现了依法治权的法治要义。党内监督没有禁区、没有例外。把权力关进制度的笼子里，意即坚持用法治的思维和方式来对待手中的权力，构建科学规范的权力运行体系，把党内监督、国家监督和社会监督有机结合起来，有权不能任性，把依法治权贯彻到依法治国、依规治党和依法执政的全过程和各方面。第三，体现了权责对等的精神实质。习近平多次强调，有权必有责，用权受监督，失职要问责，违法要追究。这道出了把权力关进制度笼子里的根本目的。①权力是把"双刃剑"，把它关进制度的笼子，用好了就能服务于民、造福于民；一旦突破制度之笼，就会腐化滥用，就要损害人民利益。把权力关进制度的笼子，掌权之人要干净担当作为，绝不能懒政怠政不作为，做到敬畏权力、慎用权力、公正用权、履责用权、秉公用权、阳光用权和廉洁用权。第四，体现了令行禁止的铁规之严。令行禁止关乎党和国家的命运、关乎人民的根本利益。把权

---

① 参见吴建雄、郭太盛、郭烽：《把权力关进制度笼子的科学要义》，《红旗文稿》，2017年第2期。

力关进制度的笼子，就是要求做到全党都要做到令行禁止，忠于党忠于人民，锤炼坚强的党性，恪守党纪国法，不沦为"苍蝇""老虎"，防止"七个有之"，坚持"五个必须"，一切以人民利益为重。

把权力关进制度的笼子，当务之急就是坚持多方着力、多管齐下为权力打造更加结实、更加致密、更加合体的"制度笼子"。权力具有扩张性、支配性、腐蚀性的天性，权力在哪个领域或哪个环节失去了监督，哪里就容易出现腐败。针对我国现行的权力监督机制原则性强但可操作性不高的状况，要依靠法治加强权力的制约和监督，对公权力要秉持"法无授权不可为、法定职责必须为"，统筹推进党内监督、行政监督、司法监督和社会监督，特别是强化异体监督和外部监督，依法加强权力的制约和监督，按照权力法定、程序法定、监督法定的原则强化权力运行的规范性和不可违反性。健全的法规体系是保障。要按照依法治国、制度治党、依规治党和依法行政一体推进的要求，不断完善我国法治体系，以法治的手段构建由正当程序组成的制度笼子。特别是在深入推进反腐败斗争的过程中，要不断地总结和发现已有法规制度的短板、漏洞和薄弱环节，围绕容易产生滥用权力的领域、环节和部位，及时修补完善已有的法规制度，制定新的法规制度，废除失效过时的制度，进一步扎紧制度的笼子。良好的社会环境是基础。加强权力制约和监督，惩治腐败，建设廉洁政治，既要发挥法治的主要作用，又要发挥德治的辅助作用，既需要依靠党和政府专门的机构以外，也离不开社会民众的广泛参与。一方面，党员领导干部要立政德，做到明大德、守公德、严私德，坚决破除"权大于法""官本位"等传统思想，习惯被监督并主动接受监督；另一方面普通民众要增强监督意识，不畏强权，主动维护自身的合法权益，不做旁观者和沉默者，为扎紧织密"制度笼子"奠定社会基础。

（三）提高用制度管权管事管人的能力

用制度管权，核心是要合理配置权力并加强权力监督。权力过分集中且不受监督,必起祸端、必生悲剧。用制度管权的首要之义就是改革不适应、不符合权力运行的内在规律和时代发展需要的体制机制,从源头上调整优化权力结构,坚持简政放权、合理分权和依法限权一起抓,让权力在制度的规制下达到"配置合理、运行协调、制约有效"的理想状态。党的十八届三中全会通过了《中共中央关于全面深化改革的决定》提出要进一步简政放权,深化行政审批制度改革,要紧紧围绕使市场在资源配置中起决定性作用深化经济体制改革。《决定》不但充分体现了以习近平同志为核心的党中央推动全面深化改革的"壮士断腕"的决心和"刀刃向内"的勇气,还具体展示了新时代我们党推进全面深化改革的任务书、时间表和路线图。李克强也多次强调,简政放权就是理顺政府和市场的关系,进一步向市场放权、向社会放权、向地方和基层放权,进一步转变政府职能,把错装在政府身上的手换成市场的手。在党中央的坚强领导下,神州大地迅速掀起了一场新中国成立以来最大规模的以改革行政审批制度为突破口的简政放权运动,要求行政机关规范性文件不得设定行政许可、行政处罚、行政强制。同时推行了"三清单制度":坚持"法无禁止皆可为",推行权力清单;坚持"法无授权不可为",推行负面清单;坚持"法定职责必须为",推行责任清单。自党的十八大至2017年12月,中央部委累计取消行政审批事项618项,彻底清除了非行政许可审批。为了有效解决党和国家机构存在的机构重叠、职责交叉、权责脱节、职责缺位、效能不高以及中央和地方机构职能上下一般粗、权责划分不合理的问题,党的十九届三中全会对深化党和国家机构改革做了全面部署,提出要构建系统完备、科学规范、运行高效的党和国家机构职能体系,进一步规范和制约公共权力。

用制度管事,关键是要防止利益冲突。在一定程度上利益冲突是权力滥用、以权谋私之源之根,防止利益冲突本质上就是要防止公权私用。建立制度,按制度办,使权力按照规定的原则、程序和方式运行,使事情最终能达到人们预期的效果,确保公权力取之于民、用之于民。要提出权力运行的规范化、程序化水平：一方面要扩大公开，使权力在阳光下运行，最大限度地减少利益冲突。阳光是最好的防腐剂。权力不公开、暗箱操作、信息不对称最容易使权力监督失效，也就难以防止利益冲突。为此进入新时代我们颁布了两部重要法规：2017年12月中央颁布的《党务公开条例》，提出了党务公开的原则遵循、基本精神、主要内容和工作要求，标志着党务公开工作全面走上制度化、规范化、程序化轨道；在2016年2月党中央、国务院印发了《关于全面推进政务公开工作的意见》，对政务公开的主体、内容、标准、方式、程序都做了明确规定，坚持以公开为常态、不公开为例外，公开内容覆盖权力运行全流程、政务服务全过程，要求决策、执行、管理、服务和结果都要公开，有力地推动法治政府、创新政府、廉洁政府和服务型政府建设。另一方面要扩大参与，使事务决策民主化，从源头上防止利益冲突的发生。推动决策的民主化和科学化，遵守公众参与、专家咨询、风险评估、合法性审查、民主讨论、集体决定等决策法定程序，而不能是谁官大谁说了算。在决策前应通过听证座谈、调研论证、媒体发布等方式，广泛听取人民群众、相关利益方、专家学者、社会舆论及大众媒体的意见建议，凝心聚力找到最大公约数、画好最大同心圆。

用制度管人，重点是要加强领导干部特别是"一把手"的监督。权是由人掌管和使用的，事是由人决策和完成的，最终都得落实到人。党内治理和国家治理的主体是人，对象也是人。但在党和国家的权力体系中，不同岗位的人权力的大小轻重是不同的，"一把手"在各自主政的地方以及分管的领域与部门中处于核心地位、起着关键作用，是属于"关键少数"中的"关键少数"。从党的十八大以来查处的腐败案件看，各级"一把手"的违法违纪主要集中在违规用人、违规用权、违规决策等方面，如在用人上借干部提拔和人事调整之机买官卖官，在用权上利用资金拨付权、行政审批权、行政执法权大肆收受贿赂，在决策上利用手中的最后拍板决定权和自身职务影响违规决策，插手或干预工程发包、土地出让、政府采购、房地产开发、国企重组等，大搞利益权钱、权色交易。"一把手"腐败带来的危害是很大的，习近平深刻指出，"一把手"违纪违法最易产生催化、连锁反应，甚至造成区域性、系统性、塌方式腐败。因此是我们党内监督的重点所在、难点所在，能否管好"一把手"也成为检验和衡量我国权力制约机制水平的重要标志。为了强化对"一把手"的监督和制约，党的十八大以来修订颁布的党内监督条例、问责条例、政治生活条例、纪律处分条例、巡视工作条例等重要党内法规都做了相应的调整和规范，同时制定出台了有关干部选拔任用、领导班子集体决策、个人有关事项报告、主体责任约谈等方面的具体制度。新修订的《中国共产党党内监督条例》的第六条明确规定：党内监督的重点对象是党的领导机关和领导干部特别是主要领导干部。突出"一把手"的监管，就要以贯彻执行党内监督条例为重点，以制约权力为核心，以完善制度为根本，以完善"一把手"选任机制为基础，建立全方位的监督制约机制。

三、构建完备的党内法规制度体系

党内法规制度的效力位阶、规范领域各不相同，且数量繁多，只有彼此互相衔接、互相配套与互相适应，做到不重不漏、各司其职，推动制度从碎片化走向体系化、从空心化走向具体化，让制度笼子的"焊点"严密而牢靠，让制度笼子"构件"协调而结实，才能充分发挥制度体系的功能和威力。党的十九大报告明确提出新时代党的制度建设的目标任务是"加快形成覆盖党的领导和党的建设各方面的党内法规制度体系"。所谓党内法规制度体系是指"以党章为根本，以民主集中制为核心，以准则、条例等中央党内法规为主干，由各领域各层级党内法规制度组成的有机统一整体"。构建完备的党内法规制度体系，关键在于把握好构建党内法规制度体系的内容框架、原则遵循和基本途径。

(一)党内法规制度体系的内容框架

党内法规制度体系是立体多维的，它的内容框架与党内法规制度的分类标准紧密相关，分类标准不同，内容框架就不同，总体上党内法规制度体系既可以按照效力位阶、规范领域、功能作用来划分，也可以按照实体与程序、立法与执法、主体和对象、内容与形式等多个维度进行分类。2017年6月25日，中央颁布的《关于加强党内法规制度建设的意见》首次明确提出要完善以"1+4"为基本框架的党内法规制度体系，即基本按照功能作用的分类标准把党内法规制度体系确定为在党章之下分为党的组织法规制度、党的领导法规制度、党的自身建设法规制度、党的监督保障法规制度4大板块，具体名称分为党章、准则、条例、规则、规定、办法、细则。

第一，党章是最根本的党内法规。国有国法，党有党章。党章是管党治党的总章程、总规矩，集中体现了党的性质、宗旨和路线方针政策，也规定了党内重要的制度机制，为调整党内关系、处理党内矛盾、规范党员行为、指导党的工作、改善党的组织、严肃党的纪律、加强党的建设提供了基本的原则遵循，每个党员都必须学习党章、遵守党章、贯彻党章和维护党章。在党内法规制度体系中，党章地位最高，是党内的根本大法，只有党的最高权力机关即党的全国代表大会才能制定、修改和颁布党章，党章是制定其他党内法规制度的基础和依据，其他法规制度只是党章的延伸和补充，党章与其他党内法规制度是属于上下位的"母法"与"子法"的关系，党内其他法规制度不能与党章相抵触。党章的性质、地位和作用就决定了在构建党内法规制度体系必须坚持以党章为根本依据，把党章的要求贯彻到党内法规制度建设的全过程和各方面。

第二，党的组织法规制度。这是指规范党组织的设置、职责、运行和工作的主体性规则，主要用来规范党员与党组织、党组织与党组织之间关系的党内法规。由于民主集中制是我们党的根本组织原则，所以民主集中制是党内法规制度体系的核心，健全和完善党的组织法规制度首要就是建立健全民主集中制为核心的各种具体制度，把民主集中制的重要原则制度化、程序化和具体化。民主集中制的具体制度代表性的有党的代表大会制度、党的代表会议制度、党员权利保障制度、民主生活会制度、党内选举制度、党委议事决策制度、党务公开制度等等。健全这方面的制度既要构建党内民主发展的制度体系，又要加强确保党的团结统一、维护中央权威和严肃党的纪律等制度体系。除了民主集中制以外，党的组织法规制度还包括各级党组织以及党的纪律检查委员的一系列工作制度，如党的中央委员工作制度、纪律检查委员会工作制度、地方委员会工作制度以及农村、机关、城市社区、国有企业、高校、军队等一系列基层组织制度。

第三，党的领导法规制度。这是指加强党的全面领导、确保党发挥总揽全局、协调各方的领导核心作用的体制性规则，主要用来调整政党关系、党群关系、党际关系，规范党和国家政权、群众团体和其他民主党派之间的关系的法规制度。坚持和加强党的全面领导，必须依靠党的领导法规制度来保障。党内的领导法规制度包括很多领域层面，既有加强党领导全面深化改革工作、经济工作、法治工作的规定，又有党的组织、宣传、人才、群团、外事以及农村、工作等方面的条例或制度，如党的政法工作条例、人才工作条例、群团工作条例、统战工作条例、外事工作条例、宣传工作条例、思想政治工作条例，等等，还包括重大事项请示报告制度、意识形态工作责任制等各种具体的制度规定。健全和完善党的领导法规制度，目的就是要推动党的领导制度、体制和机制的科学化规范化，锻造坚强的领导核心，提高党的领导水平和执政能力，加强和改进党对一切工作的领导，确保党的政治领导、组织领导和思想领导落到实处。

第四，党的自身建设法规制度。这是指规范党组织和党员的行为性规则，主要用来从"行为"上解决党的自身建设问题。党内的自身建设法规制度一般都规定了什么必须做、什么禁止做，承担了引导党员和党组织的核心功能。党的建设包括政治建设、思想建设、组织建设、作风建设、纪律建设、制度建设和反腐败斗争,党的制度建设就是其他建设的保障。党的自身建设法规制度就是包括党的政治、思想、组织、作风、纪律、反腐败斗争等各领域各方面的法规制度,其在党内法规制度体系中的数量最多。如在政治建设方面,代表性的有关于党内政治生活的若干准则;在思想建设方面,代表性的有党委中心组学习制度;在作风建设方面,代表性的有"八项规定";在组织建设方面,代表性的有干部选拔任用、职务任期和交流回避制度等;在纪律建设方面,代表性的有纪律处分条例;在反腐败斗争方面,代表性的有党内监督条例,等等。

第五,党的监督保障法规制度。这是指规定责任追求、监督救济的保障性规则, 主要用来对党组织的工作和活动以及对党员的行为进行监督、考核、奖惩等。党的监督保障制度的功能较为独特,一方面它对党组织和党员的违纪行为进行惩处, 另一方面它又对党组织和党员的权利进行维护和保障,在党组织和党员的合法权利被侵犯后提供救济。如在党内监督方面,有巡视工作条例、纪检监察机关派驻监督制度;在考核评价方面,有干部考核、民主评议、党性分析和功勋荣誉表彰等制度;在奖励方面,有党内关怀帮扶、先进党组织和党员的表彰;在惩处方面,有组织处理和纪律处分条例;在权利救济方面,有容错纠错制度以及纪律检查机关处理党员申诉、检举、控告工作制度等。

(二)构建党内法规制度体系的原则遵循

构建党内法规制度体系要以马克思主义的政党学说、法理学说和习近平新时代中国特色社会主义思想为指导,把握共产党执政规律、社会主义建设规律和人类社会发展规律,符合依法治国、制度治党、依规治党一体建设的需要, 坚持从党的事业发展需要和党的建设实际出发, 以党章为基本依据,不与国家法律相抵触,体现科学执政民主执政依法执政的要求,力求简明实用等的基本要求,还应把握以下原则遵循。

第一,坚持正确的政治方向。我们党是按照列宁建党原则建立起来的马克思主义政党,有着崇高的政治信仰、高尚的政治追求、纯洁的政治品格和严明的政治纪律。党的政治建设是党的根本性建设,旗帜鲜明讲政治是马克思主义政党的根本要求。党内法规制度直接关乎党的国家的领导体制,政治性极强,方向正确是构建党内法规制度体系的第一位的要求,否则就可能出现颠覆性的错误。坚持正确的政治方向,具体来说就是要求党的任何法规制度必须有利于坚持和加强党的全面领导,有利于维护党中央权威和集中统一领导,有利于保持和发展党的先进性、纯洁性,有利于提升党的创造力、凝聚力和战斗力,有利于增强党自我净化、自我提高、自我革新、自我完善的能力,有利于提高党的执政能力和领导水平。

第二,坚持问题导向。问题是时代的声音,无时不在、无时不有。对于党的建设而言,制度不是目的,而是解决问题的工具和手段。习近平指出,改革是由问题倒逼而产生的,又在不断解决问题中而深化,党的制度建设同样如此。加强党的制度建设的根本目的就是通过建立健全各项法规制度来有效解决党内存在的矛盾问题,实现党的领导和党的建设制度化、规范化和程序化,确保党的自身建设发展达到理想预期。

第三,坚持法治思维。党内法规制度是中国特色社会主义法律体系的重要组成部分,我们坚持制度治党和依规治党在一定程度上就是法治思维和法治方式在管党治党中的实际运用和具体体现。法治思维的核心内涵包括法律至上、注重规则、追求公正、程序正义、权力制约等,这是处理国家与社会、政府与公民、权利与义务、自由与法律的最基本价值取向和判断标准,也是调节党内关系、解决党内矛盾、规范党员行为的基本遵循。坚持法治思维构建党内法规制度体系,关键是要健全党内法规制度的立法规则,明确立法的主体、立法程序、完善立法技术,完善党内法规制度的构成要件,做到于法周延、于事简便,更好地促进党内法规制度与国家法律之间的协调。

第四，坚持从严治党的方针。新时代党的建设最鲜明的特征就是全面从严治党。全面从严治党基础关键在严、要害在治。"世间事，做于细，成于严"。党的性质、宗旨与使命要求党员必须以更高的标准、更严的纪律来管理和约束自己的各级组织和成员。因此党内法规制度不同于国家法律，在适用范围上党内法规制约的对象只是党员，而国家法律的对象是包括党员在内的所有公民，党员要接受国家法律和党内法规的双重约束；在内容标准上，法律只是党员的底线，凡是国家规定了的，党内法规制度不再重复；在约束方式上，国家法律具有强制性，而党内法规制度更强调义务性和自觉性；在执行后果上，党员违纪不一定违法，但违法必先破纪。只有在构建党内法规制度体系中坚持全面从严治党的原则，坚持纪在法前、纪严于法，党内实现政治严肃、纪律严明，严以修身、严以用权、严于律己才能成为全党上下的高度自觉。

第五，坚持科学统筹的方法。构建一套完备的党内法规制度体系注定是一个复杂的系统工程，任何制度的科学性、适用性、稳定性都是相对的，以前合理有可能现在不合理，现在科学有可能以后不科学。因此构建党内法规制度体系不能"头痛医头、脚痛医脚"，不可能"毕其功于一役"。加强党内法规制度体系建设是一个不断发展变化的动态过程，需要有计划、有步骤地推进，需要顶层设计和重点攻坚、需要确定先后顺序和推进方式、需要经过不断的探索实践才能完成。只有坚持科学统筹的方法，以党章为根本依据，坚持理论与实践、当前与长远、局部与整体、破与立、继承与创新相结合，做到缺位的抓紧建立、过时的及时更新、不合理的坚决废除、不全面的加快完善，以立体式、全方位、系统化的方式推动新时代党内法规制度体系的不断完善，才能切实扎紧扎牢制度的笼子。

(三)构建党内法规制度体系的主要途径

构建党内法规制度体系是一个系统的复杂工程，需要经过规划立项、调研论证、组织起草、提交审议、审核签批、公开发布、权威解释、备案留存等多个环节,不可能一蹴而就,必须坚持不懈、久久为功。党内法规制度体系不是诸多党内法规制度的机械叠加和简单组合,而是按照严密的逻辑关系整合而成的一个有机的整体。这就要求党内各个不同层级、不同类型、不同领域的法规、制度和文件互相耦合、彼此镶嵌于这个体系之中。构建完备的党内法规制度体系,就要抓好顶层设计、完善立法机制和强化实施体系。

第一,加强顶层设计是前提。构建党内法规制度体系不是简单的打补丁,而是需要在总体上进行顶层设计,需要一个完整的科学的路线图、时间表。我们党虽然历来重视自身制度建设,但在很长的时期内党内并没有党内制度建设的总体规划,也没有成熟的立法的程序与机制,党内法规制度建设呈现一种碎片化的状态,体现了典型的"急用先立"的特征。党的十八大以来,为了克服以往党内立法的上述缺陷,体现科学、审慎、严谨、有序的要求,以习近平同志为核心的党中央十分重视党的制度建设的战略部署、长远规划和顶层设计。2013年11月,党中央颁布了党的历史上第一个《中央党内法规制定工作五年规划纲要(2013—2017年)》,明确提出今后5年党内制度的指导思想、工作目标、基本要求和重点任务。2014年8月,中央政治局会议审议通过了《深化党的建设制度改革实施方案》。2015年8月,中央批准建立了中央党内法规工作联席会议制度。2017年6月,中央印发《关于加强党内法规制度建设的意见》,再次对党内法规制度建设进行统筹规划。搞好党内法规制度的立法规划,关键是要坚持合法性、可行性和科学性的原则:合法性就是要做到制定主体适格、程序合法和内容合法,不与法律和党章相抵触;可行性就是确立的项目、指标、任务可以转化为现实,适合党的建设实践需要,能契合制度的适用环境;科学性就是遵循制度建设规律,做到安排有序,掌握节奏力度。

第二,完善立法机制是关键。良法是善治的前提。制度的起草制定环节直接关乎制度的质量,是制度供给和制度治党的基础和源头。党内法规制度的立法是一个专业性、技术性很强的工作,本身也需要制度来规范。没有规矩,不成方圆。为了解决过去党的制度建设中存在的制定混乱无序、质量参差不齐的问题,中央对1990年出台的《中国共产党党内法规制定程序暂行条例》进行了全面的修订和提升,在2013年5月正式颁布了《中国共产党党内法规制定条例》,进一步明确了党内法规制度的制定主体、制定权限、制定程序,成为新时代党内法规制度建设的"立法法"。按照《制定条例》,完善党内法规制度的制定机制:一是要合理配置立法权限。要明确党的中央组织、中央纪律检查委员会、中央各部门以及地方层面省区市的党委这些主体的立法权限,既要进行横向立法内容的合理划分,把同一层级的立法主体各自拥有的立法事项范围进行合理配置,又要进行纵向立法权限的合理划分,把中央与地方的立法权限进行合理配置,实现党内的上位法与下位法紧密衔接,促进党内法规制度体系的整体统一。二要规范制定程序。推动党内立法程序的规范化、民主化是增强党内法规制度正当性和权威性的基础,更是提升党内法规制度质量、优化党内法规制度体系的保障。要把民主参与贯穿于制定的各个环节,做到充分论证、深入调研和广泛征求意见。三要做到内容完备。法规制度既要防止内容模块上的欠缺,也要避免具体规范上的漏洞,还要减少语言表达上的歧义,实现根本性制度与具体性制度、实体性制度与程序性制度、主体性制度与配套性制度、倡导性制度与惩戒性制度的合理布局和衔接配套,形成内容协调、程序严密、配套完备、有效管用的党内法规制度体系。

第三,加强实施体系是保障。党内法规制度体系如同国家法律一样,制定只是第一步,它的权威和生命在于贯彻执行。要确保已经生效的法规制度得到有效遵守和执行,就必须注重加强党内法规制度的实施体系建设。党内法规制度的实施体系建设也是一个包括发布解释、学习教育、宣传解释、执行督查、备案审查、效果评估、实施清理等多个环节在内的系统工程,必须做到环环相扣、步步为营。提高党内法规制度体系运转的效能应从着力抓好制度实施的各个环节：在发布上，应按照"谁制定谁发布"和"公开是原则、不公开是特例"的原则，建立统一的发布平台，尽量避免以往"自发布之日实施"带来的歧义和困扰，而应在制度文中直接写明制度执行生效的具体日期，适当做好部分党内法规制度降密、解密工作；在学习教育上，应从建立宣讲解读制度，健全互联网党内法规宣传工作制度、推动党内法规制度学习教育常态化，探索建立领导干部任前党内法规制度测试制度等方面着力；在制度的解释上，应把《制定条例》中"适用与解释"进行研究、调整和细化，重点抓好党章的解释制度和工作机制，推动党内法规制度解释主体职责常态化，把宣讲制度与解释制度结合起来；在执行督查上，应从建立党章遵守和执行情况专项督查的常态化，并对党内重要法规如党的纪律条例、监督条例、问责条例、干部选拔任用条例、廉洁自律准则以及党内政治生活准则开展定期专项督查活动，实行党内法规制度实施责任制，明确党委主体责任、书记第一责任人和班子成员在职责范围内履行监督职责；在制度的备案审查上，应严格执行《中国共产党党内法规和规范性文件备案规定》，建立健全备案审查衔接联动机制、建立备案工作考核评价制度和执行情况、实施效果评估制度和党内法规制度清理机制，确保各项党内法规制度立得住、行得通、管得了以及不合理、过时的制度能清得掉。

四、确保各项法规制度落地生根

推进全面从严治党，必须"明制度于前，重威刑于后"①，制定制度是根本，执行制度是关键。只有坚持多管齐下、全面从严的原则，通过牢固树立制度意识、提高制度供给的自身质量、发挥领导干部的带头作用、加强制度落实的监督机制等方面举措来切实提高制度的执行力，才能确保管党治党的

---

① 《习近平谈治国理政》(第二卷)，外文出版社，2017年，第156页。

各项举措落到实处。

（一）制度执行比制度制定更为重要

要真正让铁规发力、禁令生威，就必须提高制度执行力。而所谓制度的执行力，通常指人实现制度目标的能力，就是"人在执行的时候的力量、速度、效果等"①。制度与制度的执行力是紧密相关但又存在很大差异的问题，从理论上分析，执行力是链接制度理想与制度目标的关键环节，构成制度执行力的具体要素主要包括制度执行的意愿、能力和效果。其中执行意愿和执行能力决定执行效果，即便执行能力再强，如执行意愿缺乏，执行效果很难保证；即便执行意愿再强，如果执行能力低下，也无法确保执行效果。制度产生执行力需要现实的客观需求、明确的操作程序和健全的保障机制。任何制度都不是凭空出现或者随意臆想出来，而是因解决现实问题的需要而制定的，制度的修改完善都需要一定的时间和实践。同时制度的执行需要一定的时间过程和实践运行，因此制度执行也具有相对的依赖性、滞后性。从这个意义上说，理论界的新制度学派提出的"制度是时间的函数"这一观点是很有道理、很有见地的。在贯彻落实制度的实践中如何把制度的相对滞后性和依赖性降到最低或者控制在可以接受的范围内，也是提高制度执行力的重要内容。

铁的纪律是我们党统一意志、统一思想、统一行动的重要保障，毛泽东在延安整风时就强调"身为党员，铁的纪律非执行不可"。从古今中外的治国理政的实践看，可谓立制不易，但执行更难。1573年，明代内阁首辅张居正向万历皇帝上书《请稽查章奏随事考成以修实政疏》，提出"盖天下之事，不难于立法，而难于法之必行"，建议建立考成法，以此来严格考核督察各级官吏贯彻落实朝廷关于内政、军事、水利及税赋等重大改革情况，要求他们定期向内阁

---

① 李拓：《制度执行力是治理现代化的关键》，《国家行政学院学报》，2015年第1期。

报告地方政事,致使明朝上下"虽万里外,朝下而夕奉行",朝廷政体立即为之肃然,从而开启了明朝难得的"万历新政"。历史也反复证明,"朝政崩坏、纲纪废弛"就会最终酿成"危亡之祸";什么时候党内法规制度执行得好,党的事业就会兴旺发达,反之党的事业就会受损。

我们党经过长期的不懈努力,特别是党的十八大以来随着全面从严治党不断深入,党内法规制度建设的力度空前、进程明显加快,当前党内法规制度的数量不少,党的建设制度改革中的"四梁八柱"基本搭建完成,制度体系也初具规模。但如果执行不到位或不执行就形同虚设,党内法规制度就变成了"稻草人""纸老虎""橡皮泥"与"松紧带",最会形成"破窗效应",全面从严治党也就很难形成稳定的、持久的、常态化的成效。正如习近平所指出的:"我说一分部署还要九分落实。制度制定很重要,更重要的是抓落实,九分气力要花在这上面。"①实际上,执行力对党员干部个人而言,体现的是执政能力和办事能力;对于政党而言,执行力体现的就是政党的战斗力、组织力和公信力。党的制度建设是一个系统的复杂工程,而制度的执行是这一工程中最为重要最为关键的一环,缺少执行这一环节或者执行打了折扣,制度建设的质量和效果就难以保障,甚至有功亏一篑的危险,制度也就失去了存在的价值,更无法推动管党治党从"宽松软"走向"严紧硬"。因此,如何提高各级党组织和各级党员干部贯彻落实党内法规制度的能力是提高党的建设质量必须要认真解决好的一个重要问题。从过去强调建章立制到制度治党的提出,"治"是制度治党的核心,"治"就要求既要在目标指向上规范言行举止,也要在方式方法上执行刚性约束,更要在功能作用上发挥规范引领功效,这体现了党的制度建设理论的重大发展。

---

① 中共中央纪律检查委员会、中共中央文献研究室编:《习近平关于党风廉政建设和反腐败斗争论述摘编》,中央文献出版社、中国方正出版社,2015年,第129页。

(二)影响党内法规制度执行的制约因素

党的十八大以来,党中央以"抓铁留痕、踏石留印"的决心和作风,以执纪监督的"四种形态"优化了执行程序、细化了执行标准,总体上大大提高了党内法规制度的执行力,但目前一些党组织和少数党员干部在贯彻落实党内法规制度的方面还存在歪曲执行、逃避执行、虚假执行、选择执行、越位执行、被动执行、盲目执行,甚至有令不行、有禁不止等诸多不容忽视的问题。产生这些问题既有部分党内法规制度本身质量不高的原因,也有党员干部能力素质不强的因素,还与制度执行的外部环境有待优化紧密相关。

1. 党内法规制度的质量需要提高

就当前党内法规制度来看,其存在的不完善、不科学、不合理的地方主要体现在:一是可操作性不强。如某些法规制度或其中某些条文只对党员干部提出了一些"禁止""反对""不准"等规定,并没有具体规定应该怎么办以及具体怎么做;有的制度只提出了一些口号性、号召性的道德说教,条文过于笼统,没有刚性约束和具体要求,缺乏细化与量化的标准,面面俱到往往导致大而化之,使制度执行出现了"牛栏关猫";有的制度规定过于强调约束性,标准过高过严,且缺乏明确的责任主体和执行主体,增加了执行的难度;有的制度设置的惩处力度小、违纪成本低而导致制度执行中出现了宽松软,还有的制度执行的层次过多、幅度过宽、程序过于烦琐,导致在执行的过程中会因边际效应而出现制度执行效果层层递减的现象。

二是协调性不够。党内法规制度建设中党内法规与国家法律、根本制度与具体制度、实体性制度与程序性程度、基本法规与实施细则以及单项制度之间的配套协调都需要进一步加强,如我们很早就出台了县处以上干部财产收入申报制度,但由于始终缺少公开环节以及严格的社会信用制度做配套而失去了应有的监督作用,导致这一制度在反腐倡廉中的实际效用大大降低。

三是制度连续性和严密性不够。党的建设某一具体方面的制度过多、变化过快，往往因时因事导致制度仓促出台，结果已有制度还没来得及执行或执行效果还有待观察，而新的制度就制定颁布下来了，造成基层不知所措；有的党内法规的规定与国家法律、管理条例、职业规范等存在重复交叉，导致在执行中难以体现"纪法分开""纪严于法""纪在法前"和"纪法协同"的要求，甚至出现干部违法被发现查处后党组织再去倒查其违纪行为。制度自身质量不高，就会制约执行的效果，就会出现"制度空转""制度浪费""制度虚设"和"制度形式主义"现象。

2. 领导干部制度抓落实本领需要增强

制度靠人来执行，关键在领导。毛泽东在抗日战争时期就提出了"政治路线确定之后，干部就是决定的因素"①的著名论断，包括党的十九大提出领导干部要增强狠抓落实的本领，等等，这些无不说明领导干部在制度执行中具有不可替代的作用。但是从现实看，在制度和约束面前趋利避害也是人的天性，党员领导干部作为关键少数，身居要位，手握重权，往往既是党内法规制度的制定者，又是执行者。毋庸讳言，当前党内有的少数领导干部特权意识严重，习惯于把组织的权威看成是个人的权威，把法规制度当作手电筒——照人不照己，甚至完全凌驾于法纪之上，根本不愿意接受法律和制度的约束；有的权力观不正，把主政的地方和分管的领域部门看作不许他人置喙的私人领地，把下属和身边人看作自己的家臣门客，把制度规矩视为无物；有的缺乏责任担当意识，懒政不作为，得过且过，为了不出事宁愿不干事，不愿抓也不敢管；有的执行制度的初衷不是为党为民为公，而是出于维护部门、小团体或个人利益的目的而选择性执行；有的刚走上领导岗位时还谨小慎微，官当久了就目中无人；有的在职务比较低时还遵纪守法，官当大了目无法纪；有的心思不在如何维护制度的权威性和严肃性上，而是挖空心思想钻制度的空子；

---

① 《毛泽东选集》(第二卷)，人民出版社，1991年，第526页。

有的缺乏抓落实的本领,对法规制度只会上传下达做不到结合实际抓执行,制度只能"说在嘴上、写在纸上、挂在墙上、晒在网上,就是落实不到行动上"。综上,领导干部素质和能力上的种种不足与欠缺无疑给党内法规制度的执行带来了负面影响。

3. 执行制度的外部环境需要优化

制度执行的好坏与制度所处的外在环境紧密相关。中国共产党作为马克思主义政党,是马克思主义与中国工人运动相结合的产物,历经革命、建设和改革的不同时期已经成长为世界第一大政党,它以马克思主义为思想旗帜又根植中华大地,它既有世界政党的普遍性,也有自身的独特性。马克思曾经深刻指出:"人们自己创造历史,但是他们并不是随心所欲地创造,并不是在他们自己选定的条件下创造,而是在直接碰到的、既定的、从过去继承下来的条件下创造。一切已死的先辈们的传统,像梦魇一样纠缠着活人的头脑。"[1]中国传统文化中的某些封建的、腐朽的因素也如同"先辈们的传统"一样,出现马克思所说的"死人"会"纠缠活人的头脑"。如中国传统政治文化是属于"臣民型政治文化",普通民众的主体地位几乎被忽略,强调的是等级观念和尊卑有别,儒家文化一贯主张的是君君、臣臣、父父、子子之道,至于平等与契约的概念几乎是不存在的,这些传统也深深嵌入中国人的文化基因,至今也依然无时无刻不影响着人们的思想和行动。如根深蒂固的人治思想就使得保障党员民主权利的制度执行起来容易"变形";"多栽花少种刺"、明哲保身、好人主义的处世哲学让得罪人的制度执行起来容易"变软";本位主义、个人主义、圈子文化让凡是涉及单位部门或党员个人利益的制度执行起来容易"变味";上尊下卑、官贵民贱、人身依附的封建落后思想使得党员个人、下级组织监督领导、上级组织的制度执行起来容易"变空";不推不动、被动应付、敷衍塞责的消极作风使得检查力度小的制度执行起来容易"变淡"。上述因

---

① 《马克思恩格斯选集》(第一卷),人民出版社,1995年,第585页。

素的存在弱化了制度的整体外部环境,污染了党内政治生态,不利于党内法规制度的贯彻执行。

(三)着力抓好党内法规制度的贯彻落实

制度的生命在于执行,有制度不执行比没有制度造成的后果更严重。制度之要,不在多而在精,在于行得通、管得住。在一定程度上,制度执行力的重要性超过了制度体系本身,因为制度的规范、约束、引领及激励等功能作用最终只有通过贯彻落实的实践才能发挥出来并得到检验。

1. 树立制度意识,增强执行的动力

思想是行动的先导,树立制度意识是遵纪守规的思想基础。只有内化于心,才能外化于行。意识作为人脑对外部客观世界的反映,对人的行为有着很强的支配和能动作用。一个国家的公民对法规制度的思想、观点、态度及基本看法,直接关乎这个国家的法治建设和现代化进程。以规治党、制度强党是一项系统的复杂工程,不仅需要建立一套完备的法规制度体系,更需要牢固的制度意识作为支撑。如果一个政党的成员没有制度意识,连自身的法规制度都不遵守不服从,就会有禁不止、有令不行,各自为政、各行其是,那么政党的领导力、组织力和战斗力都无从谈起。党的法规制度有权威,全党上下令行禁止、步调一致,党就有力量。而当前制度治党的难点不是制度供给不足,而往往是部分党员干部的制度意识不足。

制度意识来自于党员自身的坚强党性,也来自于对法规制度的不断学习和理解。从党性修养看,一个对党忠诚、信仰坚定的党员,必定是党内法规制度模范执行者;反之,一个党性觉悟低的党员也不可能自觉严格地遵守和执行党的各项规章制度。因此广大党员要坚持不懈地锤炼党性,坚定共产主义和中国特色社会主义的理想信念,坚持正确的政治信仰和政治立场,切实增强贯彻落实党内法规制度的自觉性和使命感。因此,应该深化党内法规制度的学习、宣传和研究,建立健全党内法规制度的发布解释、学习宣传机制,有必要组织撰写高质量的党内法规制度教材,还可以通过以案释纪的方式,将党内法规制度明确纳入各级党委中心学习组学习内容,并作为各级党校、行政学院和干部学院教育培训的必修课程,教育引导广大党员牢固树立法治思维和制度意识,同时建设健康向上的党内政治文化,发挥文化对制度的涵养作用,净化党内政治生态,让崇尚制度、遵守制度、敬畏制度、服从制度、执行制度成为每位党员的价值追求、生活方式和行为习惯。

2. 提高党内法规制度质量,增强执行的内力

制度的自身质量是其贯彻执行的前提基础和内在动力。制度的好坏取决于它是否适时、适地与适用。在好的制度下,可以使坏人无法干坏事,甚至可以干好事;不好的制度让好人无法干好事,甚至干坏事。好的制度首先应该是把握规律、反映规律和遵循规律的制度。党内法规制度只有遵循政党自身的规律、抓住党内矛盾问题的本质、符合党员教育管理的实际、契合治国理政的需要,才能得到认同和遵守,才能发挥根本性、长期性、全局性和稳定性的作用。好的制度也应该是系统而严密的制度,如果体系不健全、条文不严密、程序不严谨,势必会产生漏洞短板和杂乱无序,势必会损害执行力。好的制度还应该是适用简便的制度,只有于法周延、于事简便,具有很强的可操作性,关猫的牛栏才能变成制度的铁笼。

要构建好的党内法规制度:首先,坚持两种立制方式。制定制度要民主立制和科学立制,最大限度吸引广大党员和群众参与,最广泛地听取各方面的意见建议,该调研的要调研、该论证的要论证,不能闭门造车、暗箱操作和主观主义,避免以言代法、部门立法和临时立法,做到有的放矢、对症下药和精准出招,提高制度制定的民主化和科学化水平,使制度赢得深厚的民意基础、获得广泛的认可与理解,使得执行能最大限度地减少阻力。其次,处理好三种关系。处理好严谨性与实效性的关系,既要内容科学、程序严谨,又要务实管用、简便易行;处理好原则性与灵活性的关系,既要面向全党、服务大局,又要结合实际、有序推进。处理好适应性与适度性的关系,既要考虑党员

第八章　把制度建设贯穿党的建设全过程　279

的接受程度、党内的实际情况，又要保持一定的前瞻性和预见性，从整体上抓好制度的衔接配套，特别是按照"纪在法前、纪比法严、纪法分开、纪法协同"的原则搞好党内制度与国家法律的协调，强化制度的整体功能。再次，把握制度的"五个维度"。要从理性、约束、标准、时空以及情感五个维度，综合考虑制度的现实需要、约束对象、量化程度、背景环境以及人本精神，能量化的尽量量化，减少号召性、模糊性的表达，规范制度执行的前置条件，优化执行程序，明确责任主体之间的权力边界，避免职责不清晰导致执行制度的自由裁量权过大，实现宽与严、质与量的辩证统一，切实提高制度设计制定的科学性。

3. 发挥领导干部的带头作用，增强执行的推力

领导带头是制度执行的好榜样和最强推力。要把制度贯彻执行下去，就要把执行者的素质能力提升上来。领导干部是党内法规制度的制定者、执行者和监督者，他们的制度意识强弱、遵守制度状况，对广大党员和群众有着重要的导向、示范和标杆作用。在一个拥有九千多万党员的大党内，如果作为党内法规制度的制定者、实施者和执行者的领导干部都缺乏法治意识、制度意识，且要凌驾于法规制度之上，怎能奢望广大普通党员能信仰和尊崇制度？又如何奢谈以依规治党引领依法治国？"法之不行，自上犯之"，"己之不正，焉能正人"？只有破除握有法规制度自由裁量权的领导干部的特权意识，才能保证党内法规制度在执行中不会产生"破窗效应"。只有坚持法规面前人人平等、制度面前没有特权、制度约束没有例外的原则，才能保证领导干部带头学习、严格遵守和自觉维护党内法规制度，做到用制度管权管人管事，才能实现依规治党、从严治党的目标。领导干部也只有带头严格执行制度，把制度意识转为自己的行为准则和自觉行动，才能规范用权，才能发挥关键少数的模范带头作用。

要提高领导干部狠抓制度落实的本领：第一，增强执行制度的责任感。高度的责任感是提高执行力的前提，也是提高执行力的原动力。党员领导干

部特别是各级党组织书记要切实担负起管党治党的政治责任,履行好贯彻落实党内法规制度的主体责任,管好自己该管的人和事,实行逐层逐级传导压力和压实责任,着力形成一级抓一级、层层抓落实的格局。第二,发挥示范带头作用。领导干部要切实增强"四个意识",树立正确的权力观,做到自重自省、自励自谨,带头学习制度、熟知制度、遵守制度,在党规党纪面前坚持"行动先于群众、标准高于群众、要求严于群众","要求别人做到的自己先做到,要求别人不做的自己坚决不做"①,在执行制度的过程中做到"感情面前不徇私、利益面前不变通、干扰面前不破例、困难面前不退缩",让党员领导干部充当和释放在制度执行中的正能量。第三,提高制度执行能力。领导干部应把法规制度作为思考问题、制定决策和部署工作的根本遵循和主要依据,提高依法行政、依制办事的能力,改进工作作风,摒弃教条主义和官僚主义,以求真务实的作风推动制度的有效落实。

4. 加强制度的督促检查,增强执行的压力

制度的贯彻执行离不开监督检查,需要外在的压力。监督考核是制度执行的一个必不可少的环节,是实现制度目标的重要方法。习近平指出:"抓好法规制度落实,必须落实监督制度,加强日常监督和专项检查。要用监督传递压力,用压力推动落实。对违规违纪、破坏制度踩'红线'、越'底线'、闯'雷区',要坚决严肃查处,不以权势大而破规,不以问题小而姑息,不以违者众而放任,不留'暗门'、不开'天窗',坚决防止'破窗效应'。"②一些党内法规制度颁布实施后之所以出现"雷声大雨点小""雨过地皮湿"、虎头蛇尾、时松时紧等问题,一个重要原因就在于制度执行的监督考核不给力;一些制度之所以得不到贯彻执行,很大程度上就因为对违反制度或不执行制度的行为没有进行及时的必要的惩处。

① 颜纪雄:《切实提高制度执行力》,《党建》,2010年第7期。
② 中共中央纪律检查委员会、中共中央文献研究室编:《习近平关于严明党的纪律和规矩论述摘编》,中央文献出版社、中国方正出版社,2016年,第90页。

　　要让党内法规制度真正能够落地生根、开花结果，必须在制度执行的监督和惩处两个相对薄弱环节上下功夫。一方面强化监督。我们制定一项党内法规制度，不仅要提出应该怎么办，还应明确规定违反了怎么处理。这就要求在制度的文本设计中，设置贯彻执行的保障性条款，明确制度执行和监督主体的责任，在基本制度出台后要制定具体的检查、监督和奖惩的具体细则，建立健全自上而下和自下而上相结合的监督体系，做到环环相扣、步步为营，防止制度执行流于形式。另一方面严肃惩处。"动员千遍，不如问责一次"。把对党内法规制度的学习、遵守和执行情况作为检验党员干部民主评议、年度考核、评优评先以及提拔任用的重要依据。对那些我行我素、有令不行、有禁不止、随意变通、刻意规避甚至恶意践踏党内法规制度的行为，发现一起、查处一起、曝光一起，做到违纪必究、执纪必严、奖惩分明，让遵守制度的人受益，让破坏制度的人受惩，让"热炉法则"取代"破窗效应"，让党的制度长牙、党的纪律"带电"。近年来，中央和各省市在定期巡视巡查中对于发现的典型违纪违规行为都给予了公开的通报曝光，实践证明这对广大党员干部发挥了很大的教育震慑作用，彰显了党内法规制度贯彻执行的权威性和严肃性。

第九章

夺取反腐败斗争压倒性胜利

坚决反对腐败,建设廉洁政治,是中国共产党的一贯立场和主张。人民群众最痛恨腐败现象,腐败是我们党面临的最大威胁。只有以反腐败永远在路上的坚韧和执着,深化标本兼治,保证干部清正、政府清廉、政治清明,才能跳出历史周期率,确保党和国家长治久安。党的十八大以来,以习近平同志为核心的中央领导集体把党风廉政建设和反腐败斗争提到新高度,强调反腐败斗争是一场输不起的斗争,坚持反腐败无禁区、全覆盖、零容忍,坚定不移"打老虎""拍苍蝇""猎狐狸",反腐败斗争压倒性态势已经形成并巩固发展。在此基础上,党的十九大进一步提出要巩固反腐败斗争压倒性态势、夺取反腐败斗争压倒性胜利的新目标新任务。这为新时代坚定不移全面从严治党、深入推进反腐败斗争指明了方向,明确了路径,坚定了全党全社会战胜腐败的决心和信心。

一、反腐败斗争是一场输不起的斗争

腐败作为一种不良现象,古今中外许多国家都存在。执政党要实现长期执政、国家长治久安,就必须坚持不懈与之进行斗争,努力把它减少到最小程度。否则,任由腐败现象滋生蔓延,最终会失去人心、丢掉执政地位。习近平指出:"党风廉政建设和反腐败斗争永远在路上。开弓没有回头箭,党风廉政建设和反腐败斗争是一场输不起的斗争,必须决战决胜。"①这充分地表明了反腐败斗争的重要性和坚定性。

(一)反对腐败、建设廉洁政治是中国共产党的一贯立场

中国共产党是用马克思主义科学理论武装起来的先进政党,党的性质和宗旨决定了我们党与腐败水火不容。无论是在革命战争年代,还是在取得全国政权的全面执政条件下,我们党一直在与腐败问题进行着坚决的斗争。回顾我们党的光辉历程可以看出,尽管党在不同历史时期所处的客观环境不同,承担的历史任务不同,但是反对腐败、建设廉洁政治始终是党的建设的重大任务,是党始终高度关注并持续攻坚的重大工作。

在革命战争时期,中共中央于1926年8月4日向全党发出第一个反腐败文件,即《中央扩大会议通告——坚决清洗贪污腐化分子》。《通告》指出:"在这革命潮流仍在高涨的时候,许多投机腐败的坏分子,均会跑在革命的队伍中来,一个革命的党若是容留这些分子在内,必定会使他的党陷于腐化,不仅不能执行革命的工作,且将为群众所厌弃。所以应该很坚决地洗清这些不良分子,和这些不良倾向奋斗,才能坚固我们的营垒,才能树立党在群众中的威望。"1933年12月15日,时任中华苏维埃共和国主席毛泽东签署中国共产党历史上的第一个反腐法令,即《中华苏维埃共和国中央执行委员会训令第26号——关于惩治贪污浪费行为》。抗日战争时期,陕甘宁边区参议会于1938年8月先期公布了《陕甘宁边区惩治贪污暂行条例草案》,试行一段时间后,于1939年正式颁布,1943年正式制定颁布《惩治贪污条例》。根据党中央的要求,其他抗日根据地也相继制定了惩治贪污腐败的法规。解放战争时期,尽管战

---

① 中共中央文献研究室编:《习近平全面从严治党论述摘编》,中央文献出版社,2016年,第186页。

事紧张，中国共产党也没有停止反腐败斗争和解放区的廉政建设。例如，1947年5月，东北行政委员会颁发了《东北惩治贪污暂行条例》。1949年3月5—13日，中国共产党第七届二中全会在西柏坡胜利召开。在全会上，毛泽东面对即将全面执政的中国共产党指出："因为胜利，党内的骄傲情绪，以功臣自居的情绪，停顿起来不求进步的情绪，贪图享乐不愿再过艰苦生活的情绪，可能生长。"他强调加强党的廉政建设，并提出了"两个务必"要求："务必使同志们继续地保持谦虚、谨慎、不骄、不躁的作风，务必使同志们继续地保持艰苦奋斗的作风。"①

　　新中国成立后，1949年11月19日，中央发出《关于成立中央及各级党的纪律检查委员会的决定》。1952年4月21日，中央人民政府颁布《中华人民共和国惩治贪污条例》。从1951年年底开始，开展了"三反""五反"等反腐败运动。"三反"运动是1951年在中国共产党和国家机关内部开始的反贪污、反浪费、反官僚主义的运动。"五反"运动是1952年在资本主义工商业者中开始的反行贿、反偷税漏税、反盗窃国家财产、反偷工减料、反盗窃国家经济情报的运动。1960年5月15日，中央发出《关于在农村中开展"三反"运动的指示》。指示规定，这次"三反"运动是反贪污、反浪费、反官僚主义，以反贪污为重点。凡是犯有贪污、多占、挪用错误的人，不论数量大小，都必退必赔。在农村基层干部中，需要进行"三反"检查的，应当是生产队以上的干部和财贸系统的基层干部，特别是公社一级和公社直接经营的企业单位。运动的原则是教育为主，惩办为辅，处分的面一般不宜太宽，以控制在3%以下为宜。1970年2月5日，中共中央发出《关于反对贪污盗窃、投机倒把的指示》。指示规定：必须把这场斗争看作如同打击现行反革命的斗争一样重要，一样要发动广大群众、大张旗鼓地去进行，一样要首长负责，亲自动手去开展一场反对贪污盗窃、投机倒把的群众运动，掀起一个大检举、大揭发、大批判、大清理的高潮，着重打

---

① 《毛泽东选集》（第四卷），人民出版社，1991年，第1438~1439页。

击大贪污盗窃犯、投机倒把犯。

改革开放以后,走私贩私、贪污受贿、投机诈骗、盗窃国家和集体财产等严重犯罪活动明显增加。在这种背景下,1982年1月11日,中共中央发出《关于打击严重经济犯罪活动的紧急通知》。《通知》指出走私贩私等犯罪行为,严重毁坏党的威信,是关系党的生死存亡的重大问题。全党一定要雷厉风行地加以解决。由此,一场打击经济领域犯罪活动的斗争迅速开展起来。在1982年9月召开的中共十二大上,邓小平把"打击经济领域和其他领域内破坏社会主义的犯罪活动",作为20世纪"坚持社会主义道路,集中力量进行现代化建设的最重要的保证"之一。邓小平强调,开放、搞活的政策延续多久,纠正不正之风、打击犯罪就得干多久,整个改革开放过程都要反对腐败,坚持"一手抓改革开放,一手抓惩治腐败"①。1992年10月,江泽民在党的十四大报告中强调,执政党的党风,党同人民群众的联系,是关系党的生死存亡的问题。"坚持反腐败斗争,是密切党同人民群众联系的重大问题。要充分认识这个斗争的紧迫性、长期性和艰巨性。在改革开放的整个过程中都要反腐败,把端正党风和加强廉政建设作为一件大事,下决心抓出成效,取信于民"②。2007年10月,胡锦涛在党的十七大报告中指出,"坚决惩治和有效预防腐败,关系人心向背和党的生死存亡,是党必须始终抓好的重大政治任务。全党同志一定要充分认识反腐败斗争的长期性、复杂性、艰巨性,把反腐倡廉建设放在更加突出的位置,旗帜鲜明地反对腐败"③。

(二)坚决把反腐败斗争进行到底

党的十八大以来,以习近平同志为核心的党中央强调反腐败斗争是一场输不起的斗争,必须保持政治定力,把握力度和节奏,把反腐败斗争进行

---

① 《邓小平文选》(第三卷),人民出版社,1993年,第314页。
② 《江泽民文选》(第一卷),人民出版社,2006年,第248~249页。
③ 《胡锦涛文选》(第二卷),人民出版社,2016年,第656~657页。

到底。

之所以强调把反腐败斗争进行到底，是因为腐败是社会毒瘤，党风廉政建设和反腐败斗争关系党和国家生死存亡。法国近代思想家孟德斯鸠曾指出："一切有权力的人都容易滥用权力，这是万古不易的一条经验。有权力的人们使用权力一直到遇有界限地方才休止。"①这就是说，腐败和权力是一对孪生兄弟。只要有公共权力存在，就必须加强对权力的监督和限制，否则，就无法保证拥有权力者不滥用权力，不搞腐败。历史和现实表明，腐败是国家治理中的一个顽症、痼疾，至今难以完全根绝。自政党政治出现后，腐败又成为执政党管党治党、治国理政的一个不可回避的难题。"得众则得国，失众则失国"。综观历史兴亡、政权更替，原因千条万条，但从来缺不了这一条——因为官员腐败严重引发人民群众强烈不满、奋起反抗。人民群众对特权现象和腐败问题是最痛恨的。要赢得人民群众对我们党的衷心拥护和长期支持，就必须坚决反对腐败、建设廉洁政治。

从中国古代历史看，因为统治集团严重腐败导致王朝衰亡的例子俯拾皆是。例如，春秋时期，吴国与越国争霸。原本，越国是战败国，一蹶不振，亡国指日可待。但是作为战胜国的吴国太宰伯嚭因受越国的贿赂，说服吴王夫差许越求和。最后，放虎归山，养虎遗患。十年后，复兴的越国灭亡了吴国。又如，三国时期，东吴末年，贪官污吏横行，老百姓不堪其苦，怨声载道，恨不得东吴政权立即垮台。故晋军伐吴时，吴军迅速土崩瓦解。晋人葛洪在总结吴国灭亡的教训时说："用者不贤，贤者不用"，"不开律令之篇卷，而窃大理之位；不识几案之所置，而处机要之职；不知五经之名目，而飨儒官之禄"。吴国的昏君孙皓在临降前也哀叹："不守者，非粮不足，非城不固，兵将背战耳。"为何将士不愿战？这是由于腐败猖獗，导致人心尽失的必然结果。

从国际共运史看，苏联之所以亡党亡国的一个重要原因是由于其治党不

---

① ［法］孟德斯鸠：《论法的精神》（上册），张雁深译，商务印书馆，1961年，第154页。

严,导致苏联党和国家各级领导层存在为政不廉、腐化变质的现象。苏联共产党总书记勃列日涅夫的"驸马"、苏联内务部第一副部长丘尔巴诺夫的腐败是一个典型案件。1971年,丘尔巴诺夫成了总书记的女婿后,短短几年内连升数级,1979年晋升为内务部第一副部长。丘尔巴诺夫贪婪无度。这位全苏反酗酒运动委员会主席"视察"到哪里就喝到哪里,不省人事是常有的事。比酒更具有诱惑力的是地方官员私下塞给他的成沓的卢布。丘尔巴诺夫的腐败只是当时苏共干部腐败现象的冰山一角。腐败问题的日益普遍、严重,疏远了党群关系,使得苏联老百姓不信任苏共干部,不认为苏联共产党代表他们的利益,不认为苏联社会主义制度具有优越性。所以当苏共亡党、苏联亡国时,苏联人民并不痛惜,几乎没有什么人站出来捍卫党和国家的安全。

当今世界上由于执政党严重腐败、致使失去政权的例子也不胜枚举。例如,2013年2月25日,朴槿惠就任韩国第18届总统。2016年10月,她被媒体曝光涉及"亲信干政"丑闻;12月9日,遭国会弹劾。2017年3月10日,朴槿惠被宪法法院罢免总统职务,次日被逮捕;4月17日,被提起公诉。为避免朴槿惠贪腐案的负面影响,在总统选举临近之时,当时的执政党新国家党采取修改党名的行动,改名为自由韩国党。但是改名"换汤不换药",并不能消除韩国民众对执政党腐败的反感。在大选中,自由韩国党的总统候选人失败,该党失去执政地位。

总之,古今中外因为腐败蔓延导致政权丧失的教训一定要深刻汲取,亡党亡国的悲剧绝不能重演。这就需要把党风廉政建设和反腐败斗争进行到底,夺取反腐败斗争压倒性胜利。

二、反腐败斗争压倒性态势已经形成

党的十八大以来,党中央及时研判反腐败斗争形势,审时度势作出重大判断,调整工作部署,不断将反腐败斗争引向纵深发展。从党的十八届中央纪委一次全会到四次全会,党中央对反腐败斗争形势的总体判断是"依然严峻复杂"。2015年初召开的党的十八届中央纪委五次全会上,党中央认为"腐败和反腐败呈胶着状态"。2016年初召开的党的十八届中央纪委六次全会上,党中央认为"反腐败斗争压倒性态势正在形成"。2017年初召开的党的十八届中央纪委七次全会上,党中央认为"反腐败斗争压倒性态势已经形成"。党的十九大报告提出"反腐败斗争压倒性态势已经形成并巩固发展"。

(一)反腐败斗争压倒性态势已经形成

反腐败斗争压倒性态势已经形成,是以习近平同志为核心的党中央对反腐败斗争形势作出的一个重大判断。所谓压倒性态势,是指经过党的十八大以来的坚决反腐,腐败与反腐败力量对比发生了根本性变化,反腐败的力量已经远胜于腐败的力量,之前对抗反腐败、抵制反腐败、阻挠反腐败的力量已经处于明显劣势,反腐败的力量取得压倒性优势。反腐败斗争压倒性态势已经形成,主要表现在以下两个方面。

一方面,从政治上看,经过"打虎""拍蝇""猎狐",已经形成了对腐败的压倒性态势。党的十八大以来,以习近平同志为核心的党中央,从关心党和国家前途命运的战略高度,以强烈的历史责任感、深沉的使命忧患感、顽强的意志品质推进党风廉政建设和反腐败斗争,坚持无禁区、全覆盖、零容忍,既打"老虎",严惩高官腐败,又拍"苍蝇",整治基层干部腐败,还猎"狐狸",千方百计追回逃亡国外的腐败分子。根据《中国纪检监察》2017年8月时的报道,党的十八大以来立案审查中管干部250多人,是党的十七大5年间的3.7倍;近4年来全国处分的农村和乡科级及以下党员干部人数是党的十八大前10年处分的全国总人数的约1.3倍;2016年有5.7万名党员主动向组织交代了自己的问题,是前年的10多倍。①实际上,按照此后中央纪委向党的十九大的报告,

---

① 参见《压倒性态势是这样炼成的》,《中国纪检监察》,2017年第16期。

当时对党的十八大以来反腐败斗争的历史性成就还是低估了。党的十八大以来,经党中央批准立案审查的省军级以上党员干部及其他中管干部440人。其中,中共十八届中央委员、候补委员43人,中央纪委委员9人。全国纪检监察机关共接受信访举报1218.6万件(次),处置问题线索267.4万件,立案154.5万件,处分153.7万人,其中厅局级干部8900余人,县处级干部6.3万人,涉嫌犯罪被移送司法机关处理5.8万人。2014年以来,对乱作为、不作为的3.2万名基层党员干部严肃追责。五年来,全国纪检监察机关共处分村党支部书记、村委会主任27.8万人。2014年以来,共从90多个国家和地区追回外逃人员3453名、追赃95.1亿元,"百名红通人员"中已有48人落网。新增外逃人员从2014年的101人降至2015年的31人、2016年的19人,2017年1月至9月为4人。[1]党的十九大以来,党中央坚持以永远在路上的冷静清醒和坚韧执着,持之以恒正风肃纪,坚定不移反腐惩恶。2018年上半年,全国纪检监察机关共接受信访举报168.3万件(次),处置问题线索74万件,谈话函询15.4万件(次),立案30.2万件,处分24万人(其中党纪处分20.1万人)。处分省部级及以上干部28人,厅局级干部1500余人,县处级干部1万人,乡科级干部3.7万人,一般干部4.5万人,农村、企业等其他人员14.6万人。与2017年同期相比,2018年上半年各项数据中,绝大多数均呈现增长。伴随着监察体制改革的步步深入,全面从严治党的"严"和反腐败斗争的高压态势一以贯之,必将对腐败分子形成更为强烈、更为持久的震慑。2018年7月31日,河北省政协原副主席艾文礼"落马"的消息引发广泛关注,其中"已投案自首"的表述更是激起媒体网友热烈讨论。艾文礼的投案自首,折射出反腐败高压态势及取得的卓著成效,对违纪违法者形成的强大震慑。[2]这一组组数字的变化说明了反腐败斗争压倒性态势的确已经形成,腐败问题高发多发态势得到有效遏制。

---

① 参见《中央纪律检查委员会向党的第十九次全国代表大会所作的工作报告》,《人民日报》,2012年10月30日。

② 参见《投案自首,是迷途知返自我救赎》,《中国纪检监察报》,2018年8月1日。

另一方面,从民心上看,反腐败斗争成果得到人民群众高度认同,对坚决把反腐败斗争进行到底的决心和信心越来越充足。2014年12月13日,江苏省镇江市丹徒区世业镇,拉着前来考察的习近平总书记的手,74岁的老党员崔荣海激动地说:"总书记,您是腐败分子的克星,全国人民的福星!"这一朴素的话语,代表了普通群众要求严惩腐败的共同心声,表达了人民群众对以习近平同志为核心的党中央坚决惩治腐败的衷心拥护。在国家统计局二十多年口径不变的抽样调查中,党的十八大后群众对党风廉政建设和反腐败工作成效的满意度逐年走高,从2012年的75%,到2013年的81%、2014年的88.4%、2015年的91.5%,再到2016年高达92.9%。①这些不断上扬的满意度曲线背后,是腐败的节节败退、日暮途穷,是支持深入进行反腐败斗争、认同反腐败斗争显著成效的民心的日益高涨。

反腐败斗争压倒性态势已经形成的原因主要有以下五个方面:

第一,以习近平同志为核心的党中央在反腐败问题上认识深刻清醒、决心坚定不移、意志坚如磐石。习近平提醒全党:"大量事实告诉我们,腐败问题愈演愈烈,最终必然会亡党亡国!"所以"党内决不允许腐败分子有藏身之地""发现多少查处多少,不定指标、上不封顶,凡腐必反,除恶务尽""不论什么人,不论其职务多高,只要触犯了党纪国法,都要受到严肃追究和严厉惩处","任何人都不能心存侥幸,都不能指望法外施恩,没有免罪的'丹书铁券',也没有'铁帽子王'";要"以猛药去疴、重典治乱的决心,以刮骨疗毒、壮士断腕的勇气,坚决把党风廉政建设和反腐败斗争进行到底","惩治腐败这一手必须紧抓不放、利剑高悬,坚持无禁区、全覆盖、零容忍。""腐败分子即使逃到天涯海角,也要把他们追回来绳之以法","决不能让其躲进'避罪天堂'、逍遥法外"。他在第十八届中央纪律检查委员会第五次全体会议上的讲话中要求:"人民把权力交给我们,我们就必须以身许党许国、报党报国,该做

---

① 参见《压倒性态势是这样炼成的》,《中国纪检监察》,2017年第16期。

的事就要做,该得罪的人就得得罪。不得罪腐败分子,就必然会辜负党、得罪人民。是怕得罪成百上千的腐败分子,还是怕得罪十三亿人民?不得罪成百上千的腐败分子,就要得罪十三亿人民。这是一笔再明白不过的政治账、人心向背的账!中央要求各级干部不做'太平官',中央领导层首先不能做'太平官'。对腐败分子,我们决不能放过去,放过他们就是对人民的犯罪、对党不负责任!'"①

第二,严格执纪执法,形成了有力震慑,腐败增量得到有效遏制,腐败存量正在减少。违犯国法搞腐败往往是从违反党的纪律开始的。党中央大力加强党的纪律建设,抓早抓小,把纪律挺在前面,用纪律管住大多数党员干部,用"四种形态"进行监督执纪,强化了纪律防线,大力清除滋生腐败的土壤和条件。各级纪委切实履行纪律监督责任,充分发挥监督"探头"作用,对党章党规、"八项规定"、反对"四风"特别是党风廉政建设和反腐败斗争等落实情况进行监督检查,对违反党规党纪的行为坚决公开曝光,对腐败行为坚决惩治。2013年至2015年,党纪政纪处分人数分别为18.2万人、23.2万人、33.6万人,2016年处分41.5万人,其中党纪处分34.7万人。党的十八大以来,党员处分率从千分之1.8上升到千分之4.3;2013年、2014年、2015年、2016年,全国涉嫌犯罪被移送司法机关处理的分别为9600多人、1.2万人、1.4万人、1.1万人。一个个腐败分子被清除出去,一棵棵"烂树"被拔掉特别是严肃查处周永康、薄熙来、郭伯雄、徐才厚、令计划、孙政才等大案要案,有力震慑了腐败分子。

第三,强化制度建设,反腐倡廉制度的笼子越扎越牢。压倒性态势的形成不是偶然的,而是加强制度建设的结果。党的十八大后,党中央先后陆续出台、修订了一系列制度,管权管事管人的制度不断建立健全。2015年10月,中央同时印发了《中国共产党廉洁自律准则》和《中国共产党纪律处分条例》。如果说《廉洁自律准则》是对党员廉洁从政的"高线",那么《纪律处分条例》则

①　徐守盛:《全面从严治党的重要遵循》,《人民日报》,2015年7月21日。

是对党员行为的"低线"。两部党内法规,从高标准和低要求两方面规范了党员廉洁行为。2016年7月,《中国共产党问责条例》正式出台,使得党内问责工作更加制度化、规范化、常态化。2016年8月,中共中央办公厅印发了《关于防止干部"带病提拔"的意见》,着力解决选人用人中的腐败问题,匡正干部工作导向。2016年10月,党的十八届六中全会审议通过了《中国共产党党内监督条例》和《关于新形势下党内政治生活的若干准则》,着力解决不敢监督、不愿监督、不规范监督问题,提高监督实效;着力解决党内政治生活随意化、平淡化、庸俗化等问题,提高党内政治生活的政治性、严肃性、战斗性。

第四,抓实主体责任,切实保证了反腐败斗争的深入开展。党的坚强领导是反腐倡廉取得胜利的根本保证。以习近平同志为核心的党中央紧紧抓住管党治党主体责任这个"牛鼻子",强调各级党组织要明确责任、落实责任。通过严肃问责,倒逼党风廉政建设责任制得到有效落实。2014年以来,全国共有7020个单位党委(党组)、党总支、党支部,430个纪委(纪检组)和6.5万余名党员领导干部被问责。①通过严肃问责,各级领导干部党要管党、从严治党的责任意识进一步增强。

第五,强化思想教育,筑牢反腐倡廉的思想防线。党的十八大以来,以习近平同志为核心的党中央强调提出:理想信念动摇是最危险的动摇,理想信念滑坡是最危险的滑坡。无数事实证明,党员干部理想信念动摇了、滑坡了,政治意识淡化了,政治方向发生了偏差,政治上一旦蜕变,腐败就很容易发生。2015年9月11日,在第十八届中央政治局第26次集体学习时习近平指出:"我们共产党人的根本,就是对马克思主义的信仰,对共产主义和社会主义的信念,对党和人民的忠诚。立根固本,就是要坚定这份信仰、坚定这份信念、坚定这份忠诚。"②正是由于党的十八大以来先后开展了群众路线、"三严三

① 参见《中央纪律检查委员会向党的第十九次全国代表大会所作的工作报告》,《人民日报》,2012年10月30日。
② 中共中央文献研究室编:《习近平总书记重要讲话文章选编》,中央文献出版社、党建读物出版社,2016年,第262页。

实"、两学一做等集中教育活动,广大党员干部的共产主义远大理想和中国特色社会主义共同理想不断坚定,才使得广大党员干部抵御诱惑、经受考验的能力不断提升,这为反腐败斗争压倒性态势的形成提供了重要思想条件。

(二)反腐败斗争形势依然严峻复杂

习近平在党的十九大报告中指出:当前反腐败斗争形势依然严峻复杂,巩固压倒性态势、夺取压倒性胜利的决心必须坚如磐石。如何理解?之所以说反腐败斗争形势依然严峻复杂,其依据主要有以下四方面:

1. 一些领域腐败现象仍然易发多发

从查办案件情况看,工程建设、房地产开发、土地管理和矿产资源开发等是腐败易发多发的领域。其中,工程建设是发展经济、改善民生、增强国力的全局性、基础性、战略性事业。因其事关重大,资金投入力度也很大。这让很多工程项目成为别有用心者觊觎的重地。巨大的利益诱惑,加之权力监督的缺位,让一些手握重权的领导干部难以自持。江西省纪委查处的党的十八大以来省管干部涉嫌贪腐案件有32人,其中30人都有违规插手工程问题;2015年上半年,云南省各级纪检监察机关共查处涉及工程建设领域案件164件,给予党纪政纪处分169人,其中县处级18人,乡科级59人。一个工程项目从审批、规划、招投标到施工、质量监理、验收评估等,环节至少10多个,涉及部门众多,腐败问题无孔不入。工程建设涉及主体多元、环节繁多、成本伸缩性强,不法商人为拿到项目往往不惜成本"围猎"官员,一些官员也禁不住利益诱惑。这是导致此类案件高发多发的原因。①此外,随着近年来扶贫投入的增加,扶贫领域腐败日益增多,梳理中央纪委监察部网站公开资料发现,其特点有四个方面:

一是发生地域广,重点扶贫地区更为易发多发。从地域看,扶贫领域不

---

① 参见《工程建设领域腐败问题易发》,《中国纪检监察报》,2016年2月23日。

正之风和腐败问题在所有省区市和新疆生产建设兵团均有发生，而发生在陕西、四川、云南、贵州、广西、甘肃、青海、宁夏、西藏、新疆、内蒙古、重庆12个西部省区市的有157起，占总数的近一半。

二是发生领域多，涉及危房改造资格认定及资金发放问题的约占26%，是问题发生频次最高的领域；排在第二位的是涉及城乡和农村低保名额确定及资金发放的问题约占21%；排在第三位的是专项扶贫资金未按规定使用问题约占17%。其余诸如摊派扶贫款物管理费、截留困难群众补助、占用民政优抚资金等问题也在通报曝光中频频出现。在危房改造、低保等领域更为集中。

三是涉事人员职级低，被查处的既有最基层的村民小组组长，也有地级市市属单位的负责人。其中，"村官"涉腐，占比67%；乡镇干部，占比19%；县区干部，占比9%。

四是单起涉事金额大多不高，最低为500元，最高达2970万元，10万元以下占半数。①

2. 一些腐败分子一意孤行，仍然没有收手，甚至变本加厉

据不完全统计，从2013年到2014年，至少有30多名被开除党籍官员在中纪委网站的通报中被提及"十八大后仍不收敛、不收手"，其中涉及省部级官员10人。② 2015年，中央纪委监察部网站审查调查栏目通报党纪处分46名中管干部，其中30人"不收敛、不收手"，占比为65.2%。到了2016年，该栏目通报党纪处分29名中管干部，其中17人"不收敛、不收手"，占比为58.6%。2017年，则有41名中管干部被通报党纪处分，其中"不收敛、不收手"者有10人，占比为24.4%。③从中央纪委监察部网站2015年以来发布的数据看：64%被查处的中管干部"十八大后仍不收敛、不收手"。这些数据足以说明反腐形势依然严

---

① 参见《除"蝇贪"侵蚀，助脱贫攻坚》，《中国纪检监察》，2015年第6期。
② 参见鲁军：《不收敛不收手说明了什么》，《解放日报》，2015年6月25日。
③ 参见《十九届中央纪委二次全会公报聚焦"不收敛不收手"》，《法制日报》，2018年1月19日。

峻复杂,腐败蔓延势头没有得到完全遏制、形势依然严峻复杂的判断没有过时。一些腐败分子之所以在党的十八大后仍"不收敛、不收手",不外乎两方面的原因:一是他们贪得无厌,欲壑难填,深陷贪腐不能自拔;二是他们自以为搞腐败手段高明,潜伏很深,不会露出蛛丝马迹,不会撞在反腐败的枪口上。

3. 一些腐败分子贪腐胃口之大、数额之巨、时间之长、情节之恶劣,令人触目惊心

据不完全统计,党的十八大以来,副部级及以上落马官员中涉案金额过亿元超过15人,他们是当之无愧的"老虎"。在落马的"大老虎"中,原铁道部部长刘志军1986年开始"乱伸手",腐败长达26年;河北省委原书记周本顺腐败长达21年;重庆市委原书记孙政才腐败16年;中石油原总经理廖永远腐败18年。除了"大官巨腐",还有"小官巨腐",河北秦皇岛北戴河区供水总公司经理马超群,被调查时家中搜出1.2亿元现金、68套房产、37千克黄金;西安市一社区的居委会主任于凡利用社区拆迁改造项目为自己牟利,单笔受贿就达5000万元,涉案总金额高达1.2亿元;北京市朝阳区孙河乡原党委书记纪海义受贿9000余万元,海淀区西北旺镇皇后店村会计陈万寿挪用资金1.19亿元。"小官巨腐"案件中官员职级和涉案金额强烈反差所形成的震动效果,提醒着人们腐败问题的严重性。

4. 有的地方出现了"塌方式腐败""前腐后继"

2014年,仅山西一省落马省部级干部就达7人,其中4人曾是省委常委,岗位涉及党委、政府、人大、政协和太原市党委书记。国家发改委价格司窝案,包括两任司长、副司长、副巡视员等5人被查,在任领导几乎全军覆没。云南昆明市委书记高劲松涉嫌严重违纪违法被调查,并很快被免去市委书记职务。此前,他的两名前任张田欣、仇和已先后中箭落马。同一个地方,同一个岗位,三任市委书记在不到一年时间内相继落马,如此"接力腐败"令人震惊,发人深省。山西太原市也出现过类似现象——太原市委书记陈川平被查,曾担任过太原市委书记的侯伍杰、申维辰也先后落马,其中侯伍杰落马

于2004年,申维辰落马仅比陈川平早四个月。"前腐后继"应该说早已有典型案例,如陈川平的下属、太原市前后三任公安局局长苏浩、李亚力、柳遂记,都因涉及腐败问题被查处,河南省交通厅更是上演过13年里四任厅长先后落马的惊人一幕。①太原、昆明等地发生的"接力腐败""塌方式腐败",充分暴露了一些地方和部门长期存在的腐败问题的严重性、复杂性。

上述情况说明,当前腐败活动减少了但并没有绝迹,腐败分子虽然被震慑住了,但还在窥测方向甚至困兽犹斗,反腐败体制机制建立了但还不够完善,思想教育加强了但思想防线还没有筑牢,减少腐败存量、遏制腐败增量、重构政治生态的工作艰巨繁重。②所以说,反腐败斗争永远在路上。从腐败问题滋生的根源看,腐败现象屡禁不绝的主要原因有以下两方面:

从外因看,权力尚未得到有效制约监督。有学者指出:"我国权力运行制约和监督体系既有独特优势又存在不少问题,突出表现在:一是权力配置和结构不尽科学,决策权、执行权和监督权之间有的没有形成相互制约。如有的部门和岗位权力过大,一个处几个人就有管着几千万元、几亿元甚至数十亿元资金的权力,并且随意性比较大。二是权力往往过分集中于主要领导干部手中,少数主要领导干部凌驾于组织之上,搞'一言堂'。三是权力边界不清晰。有的政企不分、政事不分,存在'既当裁判员又当运动员'现象。有的部门之间职责交叉,有好处就抢,有责任就推。有的领导干部什么事都管,什么权力都敢用,随意插手工程建设、人事招聘甚至司法审判,为自己或亲属谋取私利。四是权力缺乏法制约束。有的权力不是依法设立,或者不是依法行使,有的领导干部常常因为程序违法而使工作陷于被动。五是权力运行过程不够公开透明,暗箱操作和'潜规则'问题突出。六是对权力的监督不够有力,各种监督的合力不强。党内监督制度特别是党的纪律检查体制还不够完善,

①　参见周权义:《"塌方式"腐败亟需"断腕式"治理》,《北京青年报》,2015年4月12日。
②　参见《习近平在十八届中纪委五次全会上发表重要讲话》,《人民日报》,2015年1月14日。

其监督的权威性和实效性有待于进一步增强。民主监督、法律监督和舆论监督机制还不完善，人民群众参与决策和监督的渠道有待于进一步拓宽。七是制度不够健全，障碍和漏洞较多，存在'牛栏关猫'现象，对领导干部的监督管理难以发挥应有的作用。以上这些问题的存在，使权力没有受到有力有效的制约和监督，以致腐败现象时有发生。"[①]

从内因看，人性是复杂和可变可塑的。应当承认，人性具有多面性，既有利他、积极向上、向善、向廉的一面，也有自私自利、贪图享受、向恶、向腐的另一面。腐败分子的共同特征是表现在追逐金钱、财富、美色、权力、地位等方面贪得无厌。要清除、抑制这些导致腐败的人性的不良方面，需要从净化从政环境入手。北宋苏辙在《论台谏封事留中不行状》中曾指出：治理国家"必先正风俗。风俗既正，中人以下，皆自勉以为善；风俗一败，中人以上，皆自弃而为恶"。这就是说，如果正面教育引导有力，监督管理严格，对腐败惩治严厉，外部环境良好，政治生态净化，人性的不良方面就能得到有效遏制，只要是理性、清醒的官员，就不会去搞腐败。虽然也可能还有一些丧失理性、胆大妄为的官员依然不知止。但是，这样的人毕竟是极极少数。只要管住管好了绝大多数，这些极极少数就不难对付了。反之，如果客观环境恶化，腐败蔓延，风气变坏，人性恶的一面就会表现得更突出一些，就会刺激那些没有崇高理想信念、健康追求、律己不严的官员去搞腐败。这种不良气候一旦形成，如果反腐不力，就会引发更多的人跟风学坏。到那时要治理好腐败问题就会非常困难。

总之，党风廉政建设和反腐败斗争是一项长期的、复杂的、艰巨的任务，不可能毕其功于一役。要深刻认识反腐败斗争的长期性、复杂性、艰巨性，以猛药去疴、重典治乱的决心，以刮骨疗毒、壮士断腕的勇气，坚决把党风廉政建设和反腐败斗争进行到底。

---

① 赵洪祝：《进一步强化权力运行和制约监督体系》，《人民日报》，2013年11月27日。

三、持续深入推进反腐败斗争的路径

进入新时代，持续深入推进反腐败斗争，夺取反腐败斗争压倒性胜利，必须更加科学有效地防治腐败，做到标本兼治，扎实构建不敢腐、不能腐、不想腐的有效机制。做到不敢腐，就是要保持高压反腐态势，提高腐败成本，形成强大震慑作用，使党员干部对搞腐败的严重后果望而生畏、望而止步。做到不能腐，就是要全面深化改革，从体制机制和制度上消除腐败发生的条件和机会，使党员干部没有搞腐败的可能。做到不想腐，就是要强化廉洁自律教育，筑牢拒腐防变的思想道德防线，使党员干部提高党性修养和政治觉悟，从根本上消除腐败动机。

（一）强化不敢腐的震慑，让想腐败者不敢伸手、收敛收手

党的十八大以来，我国反腐败之所以取得明显成效，其要害在于严厉惩治腐败是动真格的，有腐必反、有贪必肃，说到做到，以重拳反腐的实际行动，形成了对胆敢搞腐败者的有力震慑态势。通过强有力的查办腐败案件，不断释放坚决反腐败的政治信号，不断消除有条件搞腐败者的侥幸心理和冒险心理，不断破除领导干部的权力傲慢和特权幻想。党的十九大以后，深入推进反腐败斗争，夺取反腐败斗争压倒性胜利，依然要加强对腐败问题的惩治，这一手只能强化，决不能放松。如果在查处腐败上松一松、停一停，腐败现象很可能会在更大范围内发生大规模的反弹。如何确保实现不敢腐的目标，主要是做到党的十九大报告中提出的"三个坚持"。

第一，坚持无禁区、全覆盖、零容忍。无禁区、全覆盖，要求把反腐触角拓展至所有公职人员、地域、领域，不留死角、空白。党的十八大以来，全国31个省区市均有"老虎"落马，无一例外，反腐在地域上实现了全覆盖。地域上如此，行业领域也没有例外。党的十八大以来，无论是司法、外交、国安、国防这

些关乎国家政治安全的重要领域，还是金融、保险、能源等事关经济社会发展的关键行业，都没有成为反腐败的"禁区"。零容忍，要求不搞"网开一面"和"下不为例"，对违反"八项规定"和"四风"问题严肃追究责任，对触犯纪律红线、突破法律底线的行为严厉惩处，除恶务尽，没有"特殊"、不搞"例外"。梳理党的十八大以来的反腐案例，其中既有拥有院士头衔的科研带头人，又有使央企总资产和经营利润增幅超十倍的高管精英，曾经的"功劳簿""荣誉榜"当不了"挡箭牌"。从严肃查处山西系统性塌方式腐败，到湖南衡阳、四川南充贿选案分别有467人、477人被处理，反腐没有因违者众而纵容。"有腐必反、有贪必肃"的铁律，毋庸置疑。一个个案例充分证明，无论身处什么领域，只要是党的干部，都要遵从党章党规，必须受党纪国法的约束。

第二，坚持重遏制、强高压、长震慑。重遏制，就是反腐败斗争的目标放在遏制腐败蔓延势头、减少腐败增量上。要通过运用监督执纪问责"四种形态"，坚决把存量减下来，坚决把增量遏制住。强高压，就是要始终保持惩治腐败的高压态势。要突出惩治重点，将"党的十八大后不收敛、不收手，问题严重、群众反映强烈，现在重要岗位可能还要提拔使用"三类情况同时具备的党员领导干部作为查办对象的重中之重。长震慑，就是反腐败要常抓不懈，经常抓，长期抓，只有这样，才能震慑腐败分子，使其不敢轻举妄动，做到不敢伸手，一伸手，就必定被抓住。

第三，坚持行贿受贿一起查。当前，反腐败斗争形势依然严峻复杂，特别是政治问题和经济问题交织、区域性腐败和领域性腐败交织、用人腐败和用权腐败交织、"围猎"和甘于被"围猎"交织等问题依然突出。其中，行贿者与受贿者之间抱团腐败是个重要原因。贿赂犯罪具有较强的隐秘性，行贿人与受贿人之间往往形成同盟关系的利益共同体。基于这一考虑，在很长一段时间内，反腐实践采取的是"打击行贿服务于查处受贿"的政策，查处受贿重于行贿，对行贿者往往从轻甚至不处理。行贿与受贿，原本就是一根藤上结出的两个毒瓜。行贿人逍遥法外，有的继续实施行贿行为，不仅形成一种"负面激励"，还会让社会形成"受贿有罪而行贿无罪"的错误印象。只有坚持受贿行贿一起查、双管齐下，以法治理念匡正社会认识误区，改变聚焦受贿忽视行贿的传统做法，才能从根本上遏制贿赂腐败滋生蔓延的土壤，形成良好的政治生态和社会风气。

（二）扎牢不能腐的制度笼子，让想腐败者不便伸手、不易得手

权力和制度"笼子"是一对矛盾，权力不会心甘情愿接受制度的约束和规范，总想千方百计逃出或摆脱"笼子"的束缚。而"笼子"想要牢牢管住权力，不让权力跑出来胡作非为，就必须抓好"笼子"打造这一系统工程，在提高反腐倡廉制度的科学性、严密性、执行力、约束力等上下功夫。

提高反腐倡廉制度设计的科学性、合理性、牢靠性、严密性是基础。约束权力的笼子要合身。用来关老虎的笼子是关不住一只猫的。因为笼子太大，猫可以随便出入，笼子自然成了摆设。同样，关猫的笼子也不能关住老虎。因为笼子太小，即使笼子够大，也会因为不够牢固而被老虎冲破。同理，制度能否真正有效地发挥监督和制约权力的作用，关键在于制度的科学性合理性，若不从实际出发，关在办公室里靠拍脑袋想当然的制定、出台一些制度，就管不住权力，遏制不了腐败问题的滋生蔓延。

提高反腐倡廉制度执行力是关键。制度不是拿来做样子、搞摆设的，而是用来约束、规范权力的，这就需要通过健全相关程序来提高执行力。以领导班子议事决策制度为例。"集体领导、民主集中、个别酝酿、会议决定"是预防决策失误、以权谋私的科学制度安排。要在实践中落实这些规定，还要确定严格的程序性要求，才能既防止一把手开会一言堂，导致民主集中制、三重一大等制度变形走样；又可克服借口集体领导、民主决策而无人担责。

强化反腐倡廉制度监督是提高执行力的必要保证。要通过严格监督时刻盯紧制度"笼子"，只有这样才能保证"笼子"里的权力不会滥用。万一"笼子"里的权力有异动，就及时发现并制止，使违反制度者非但得不到任何好

处,还要付出代价,让其感受到违反制度的"成本"很高,就会乖乖地接受制度的管理。反之,如果不加强对制度执行的监督,那些违反制度的人得不到制止、纠正和惩戒,就会使其肆意妄为、得寸进尺,使越来越多的人无视制度、破坏制度,使得"笼子"形同虚设,不能发挥应有作用。

建设反腐倡廉制度文化是根本。制度需要人来制定和完善,更需要人来执行、遵守和维护。如果大多数人不尊崇制度、不敬畏制度、不愿意执行制度、不维护制度的权威性和严肃性,那么,再多、再好、再严格的制度也会流于形式。这就需要通过制度文化建设来提高制度的效用。把权力关进"制度的笼子",做到不能腐,不能只重视制度的科学设计与严格执行,还要注重制度文化建设,使人懂得制度的极端重要性和不可或缺性,培养人们对制度的尊崇、敬畏心理,提高遵守、维护制度的思想自觉和行动自觉。

（三）增强不想腐的自觉,让有条件、有机会者不思腐败

反腐倡廉是一个复杂的系统工程,需要多管齐下、综合施策,除了强化不敢腐的震慑,让敢腐败者不敢伸手、伸手必被捉,扎牢不能腐的制度笼子,让想腐败者不便伸手、不易得手,还要坚持从教育抓起,筑牢党员干部拒腐防变的思想道德的防线。

从当前实际看,一些党员干部之所以从原来的"好人"变为"坏人",在经济上腐败,生活上腐化,道德上堕落,其根本原因在于政治上不够坚定,在一些重大原则问题上是非不清,在于理论上的不清醒。有的党员干部不重视理论学习,放松世界观改造,思想认识模糊,从而导致信仰迷茫、信念动摇、精神迷失,甚至在一些重大原则问题上摇摆不定。实践一再证明,党员干部只有掌握了马克思主义的科学理论,才能辨明真与假、是与非、对与错;才能在政治斗争中始终站稳正确立场,把握正确方向;才能在复杂的社会环境中,在各种诱惑面前做到拒腐蚀、永不沾。

要通过抓好党性教育,提高党员干部党性修养。习近平曾明确指出衡量党员党性强弱有两个尺度：一是根本尺度，二是重要尺度。衡量党性强弱的根本尺度是公、私二字。作为拥有公权力的党的干部，树立正确的公私观，就是要讲大公无私、公私分明、先公后私、公而忘私。衡量党性强弱的重要尺度，就是能否正确对待、自觉接受党和人民的监督。能不能正确处理公与私的矛盾，正确对待监督、主动接受监督，是检验一名党员领导干部党性觉悟的试金石。对于组织监督，一些党员干部以"对我不信任"为由，不情不愿、躲躲闪闪。有的以"侵犯个人隐私"为由，在个人事项报告中藏猫腻，瞒报、漏报、迟报、造假；有的被举报，组织与其谈话时仍不尽不实。还有一些干部把下级监督、媒体监督视为"麻烦制造者"，想方设法逃避。实践证明，党员干部越是公私不分，越是遮遮掩掩，越是拒绝监督，就越容易被拉拢腐蚀、越容易出问题。因此，必须通过加强党性教育，让党员干部提高党性修养，使接受监督成为思想自觉和行动自觉。

要通过抓好道德建设，教育引导广大党员、干部始终保持高尚品格和廉洁操守。党员干部要树立道德信仰，相信人类社会充满美好和善良，相信正义总会战胜邪恶，不能一叶障目，只见树木不见森林，不能因为极个别的、偶然的不道德现象而对道德丧失信心，以非为是。党员干部要磨炼道德意志，提高道德能力，坚持明大德、重公德、讲私德，决不能在权力、金钱、美色等面前迷失方向、丧失自我、丢掉人格、忘记初心，始终经得起诱惑、经受得住考验，永葆共产党人的廉洁本色。

（四）强化党风廉政建设责任落实，坚持抓早、抓小

实现不敢腐、不能腐、不想腐的目标，必须全党动手，完善反腐败领导体制和工作机制，严格执行党风廉政建设责任制，强化党委的主体责任和纪委的监督责任，做到抓实、抓细、抓早、抓小。

责任考核要严格。建立"日常检查、巡视巡察监督、专项巡查、重点督查"的经常性、全方位、立体式检查考核责任体系。坚持把党委履行主体责任、纪委履行监督责任的情况作为巡视巡察监督的重要内容,及时发现问题,认真督查整改问题。针对那些权力集中、资金密集、信访反映多、腐败案件易发频发高发的重点地区和系统、单位开展专门检查,找出责任落实薄弱环节,推动其堵塞制度漏洞。科学设计责任检查考核方案、流程,建立一套定性与定量相结合的考核指标体系,使检查考核工作不仅有总体评价,更有细节评估和量化标准。强化责任检查考核成果运用,切实将考核结果作为对被考核地区单位领导班子绩效评定和对领导干部评先评优、升迁进退的重要依据。

责任追究要到位。落实"一案双查"制度,对主体责任和监督责任认识不深、落实不力,对不正之风、腐败现象放弃批评和斗争,不报告、不制止、不查处的,要追究党委及其负责人和纪委的责任。对于瞒案不报、压案不查的,要严肃追究执纪执法机关及有关人员的责任。通过严肃的责任追究,使各级党组织特别是主要负责人、纪委及其主要负责人树立不抓党风廉政建设和反腐败斗争就是严重失职、不称职、不担当、不作为的意识,促使其常研究、常部署、常落实、常检查反腐败工作。

四、构建全面覆盖权威高效的监督体系

反腐倡廉的核心是制约和监督权力。不构建全面覆盖权威高效的监督体系, 夺取反腐败斗争压倒性胜利的目标和任务就难以从根本上完成。为此,就需要努力构建覆盖全面、高效率、有权威的党和国家监督体系。

(一)党和国家监督体系的形成和发展

中国共产党一贯重视监督。1945年6月,毛泽东在回答黄炎培提出的历史周期率问题时就提出:只有让人民起来监督政府,政府才不敢松懈;只有人人起来负责,才不会人亡政息。党的七大党章专列"党的监督机关"一章,明确了监察委员会的职权、任务和产生方式。革命战争时期形成的民主集中

制、批评和自我批评、集体领导和个人分工负责相结合等党内监督思想和制度，为党执政后开展党内监督打下了坚实基础。

中国共产党在全国执政后，不断探索强化监督的有效路径。1949年10月，中央人民政府政务院人民监察委员会成立，地方各级人民政府监察委员会相继成立。1954年9月，第一届全国人民代表大会第一次会议在北京召开，会议通过的《中华人民共和国国务院组织法》规定："中央人民政府政务院改为国务院，原中央人民政府政务院人民监察委员会改为国务院监察部"，地方行政监察机关也相继改名。1949年11月9日，中共中央发出《关于成立中央及各级党的纪律检查委员会的决定》。1955年3月，中国共产党全国代表会议通过了《关于成立党的中央和地方监察委员会的决定》。1956年，党的八大对权力制约和监督制度进行了有益探索，如加强党对于国家机关的领导和监督，加强全国人民代表大会和它的常委会对中央一级政府机关的监督，加强地方各级人民代表大会对地方各级政府机关的监督等。1959年，中共中央决定取消政府的行政监察机构，其职能由党的监察委员会行使，地方各级政府的行政监察机构也随之被撤销，其职能归于党的监察委员会。1962年，党的八届十中全会通过《关于加强党的监察机关的决定》，规定中央监察委员会可以派出监察组常驻国务院所属各部门，派驻开始成为一种重要的监督方式。遗憾的是，1969年4月，党的九大通过的党章取消了党的监察机关的条款，随后，党的监察机关被撤销。与此同时，作为司法监督的国家检察机关也被撤销。

改革开放以后，党和国家监督体系逐步得到恢复和完善。邓小平提出："我们要坚持共产党的领导，当然也要有监督，有制约。"① 1978年12月，举行的党的十一届三中全会决定恢复重建党的纪律检查机关。1983年9月，成立了审计署。1987年6月，国家监察部正式成立。各地在县以上组建了监察机关，强化了行政监察。党的十三届四中全会后，针对在大力发展经济的过程中各种

---

① 《邓小平文选》(第三卷)，人民出版社，1993年，第256页。

腐败案件频发、有的还日趋严重的现象,强调"越是有难度,就越要下功夫加强和改进监督工作"①。要求"务必切实健全、严格执行党内监督制度"②。党中央开始探索建立巡视制度。1990年,党的十三届六中全会决定,中央和省区市党委可根据需要派出巡视工作小组。1996年,中央纪委第一次开展巡视。1993年,中共中央、国务院决定,纪委与行政监察机关合署办公,实行一套工作机构。党的十六大报告提出,要建立结构合理、配置科学、程序严密、制约有效的权力运行机制,从决策和执行等环节加强对权力的监督,保证把人民赋予的权力真正用来为人民谋利益。这是我们党第一次对"加强对权力运行的制约和监督"进行全面阐释。2003年颁布的《中国共产党党内监督条例(试行)》,明确规定所有共产党员都要自觉接受党内监督。党的十七大报告提出,要坚持用制度管权、管事、管人,建立健全决策权、执行权、监督权既相互制约又相互协调的权力结构和运行机制。2011年,胡锦涛在庆祝中国共产党成立90周年大会上发表重要讲话,提出把"建立健全权力运行制约和监督体系,保证党和国家机关按照法定权限和程序行使权力"作为中国特色社会主义政治发展道路的重要内容。

(二)党的十八大以来健全党和国家监督体系的新探索

权力导致腐败,绝对权力导致绝对腐败。如果权力得不到有力有效监督,就必然导致腐败滋生蔓延。习近平指出:"从查处的腐败案件看,权力无论大小,只要不受制约和监督,都可能被滥用。"③他强调:"要完善监督制度,做好监督体系顶层设计,既加强党的自我监督,又加强对国家机器的监督。要健全国家监察组织架构,形成全面覆盖国家机关及其公务员的国家监察体系。要强化巡视监督,推动巡视向纵深发展。对巡视发现的问题和线索,要

---

①　《江泽民文选》(第二卷),人民出版社,2006年,第504页。
②　《江泽民文选》(第一卷),人民出版社,2006年,第98页。
③　《习近平关于全面从严治党论述摘编》,中央文献出版社,2016年,第201页。

分类处置、注重统筹,在件件有着落上集中发力。要用好批评和自我批评这个武器,让批评和自我批评成为每个党员、干部的必修课。要抓住'关键少数',破解一把手监督难题,领导干部责任越重大、岗位越重要,就越要加强监督。"①党的十八大以来,以习近平同志为核心的党中央既坚持马克思主义政党建设基本原理,又紧密结合新时期党建工作实际,深入探索党长期执政条件下强化党内监督的有效途径,围绕构建党统一指挥、全面覆盖、权威高效的监督体系进行了新探索,取得了历史性成就。

第一,以创新精神推动党的纪律检查体制改革,强化党内监督。习近平指出:"增强权力制约和监督效果,必须保证各级纪委监督权的相对独立性和权威性。"党的十八届三中全会明确要求,推动党的纪律检查工作双重领导体制具体化、程序化、制度化,强化上级纪委对下级纪委的领导,并作出具体部署。纪检体制改革,既坚持了党对反腐败工作的有力领导,又保证了纪委监督权的有效行使,为全面从严治党取得卓著成效提供了有力保证。

第二,实现派驻监督全覆盖,增强"派"的权威和"驻"的优势。派驻机构监督是党和国家监督体系的重要内容。2013年11月,党的十八届三中全会决定要求,"全面落实中央纪委向中央一级党和国家机关派驻纪检机构,实行统一名称、统一管理"。2016年初,根据《关于全面落实中央纪委向中央一级党和国家机关派驻纪检机构的方案》要求,中央纪委新设置47家派驻机构,实现对139家中央一级党和国家机关派驻纪检机构全覆盖。各省区市实现省级纪委全面派驻,稳步推进市地一级纪委派驻全覆盖。派驻机构全覆盖,绝不仅仅是简单的机构调整,而是对派驻监督本质的重申——派驻监督本质是上级纪委对下级党组织和党员领导干部的监督,不是同级监督,派驻机构与驻在部门是监督与被监督的关系。

第三,巡视实现一届任期全覆盖,成为全面从严治党利器。在中央的坚

---

① 《习近平关于全面从严治党论述摘编》,中央文献出版社,2016年,第207~211页。

强领导下,巡视监督威力陡显,"动摇山岳,震慑州县",充分发挥了"尖兵"和"利剑"作用,巡视的力度和效果不断增强,利剑作用彰显。山西系统性、塌方式腐败,湖南衡阳破坏选举案,四川南充和辽宁拉票贿选案等重大问题线索都是巡视发现的。党的十八届中央纪委执纪审查的案件中,超过60%的线索来自巡视。根据巡视移交的问题线索,苏荣、黄兴国、王珉、白恩培等一批腐败分子被查处。党的十八大以来,中央巡视共发现违反"六项纪律"和党的领导弱化、党的建设缺失、全面从严治党不力方面突出问题8200多个,为管党治党指明标靶,推动全面从严治党从宽松软走向严紧硬。为把监督的触角延伸到基层,巡察作为党内监督的重要制度安排,已经写入新修改的巡视工作条例。

第四,推进国家监察体制改革,完善国家监察体系。改革之前,从监察体制机制看,虽然政府内部有行政监察,检察院有专门的反贪污、反渎职、预防职务犯罪等机构,但这些反腐败资源力量过于分散,难以有效发挥作用。党的十八大以后,通过试点探索国家监察体制改革。落实党的十九大要求,到2018年2月,省市县三级监察委员会全部组建。2018年3月,经过党的十三届全国人大一次会议选举,国家监察委员会组建。这标志着中国特色国家监察体制已经形成,党和国家反腐败工作开启了新的一页。

(三)新时代构建党统一指挥、全面覆盖、权威高效的监督体系的着力点

古希腊哲学家亚里士多德有句名言:"整体大于它的各部分的总和。"这就是说,当各部分以合理有序的结构融为一体时,整体效能就会大大强于各部分的加和。构建党统一指挥、全面覆盖、权威高效的监督体系,就是要把各监督主体的职责整合在一起,强化党内监督、国家机关监督、群众监督、民主党派监督、舆论监督、审计监督、司法监督、人大监督、政协监督等,构成全方位、宽领域、立体化的监督网络,提升监督整体效能。

1. 强化党内监督，保证党立党为公、执政为民

俗话说，攥紧的拳头力量大。党内监督既要分工明确，又要协同配合。加强党内监督不能寄希望于靠一个机构单打独斗，必须全党重视、一起动手。要落实党的十八届六中全会关于建立健全党内监督体系的部署要求，把党中央统一领导、党委（党组）全面监督、纪律检查机关专责监督、党的工作部门职能监督、党的基层组织日常监督、党员民主监督统一起来，设置全维度的监督"探头"，形成加强党内监督的整体合力。

建立健全党内监督体系，只是为加强党内监督打下了制度基础，关键还要抓好执行落实。党的各级组织是否履行了管党治党的主体责任和监督责任，需要通过巡视巡察来作检查、监督。巡视巡察是党内监督与群众监督相结合的重要方式，是上级党组织对下级党组织监督的重要抓手。总结巡视巡察工作经验，党的十九大报告明确提出"在市县党委建立巡察制度"，"建立巡视巡察上下联动的监督网"。建立巡视巡察上下联动的监督网，中央巡视是主导，发挥引领示范作用；省级巡视是枢纽，发挥承上启下作用；市、县巡察是根基，发挥基础性作用。建立巡视巡察上下联动监督网，中央、省、市、县党组织加强领导、落实责任是政治保证，中央、省、市、县巡视巡察机构是关键环节和中坚力量，完善压实党委主体责任、加强中央、省级巡视对市县巡察指导、中央与省级巡视与市级巡察、县级巡察协调配合等制度机制是基本保障，做到巡视巡察主体互动、内容贯通、形式对接、机制协调，实现上下左右联动、形成党内监督合力、促进全面从严治党是根本。

2. 探索建立巡视巡察联动监督网

党的十八大以来，一些地方在从严治党的实践中对建立巡视巡察联动监督网进行了积极探索，取得了初步成效。但是，也存在一些需要进一步深化提高和完善的地方。概括起来，主要问题有：一是巡视巡察联动监督的领导体制有待健全。由于体制上缺乏有效的纽带把省市县巡视巡察监督主体连接在一起，监督主体之间沟通协调不够，监督主体各自为战、力量分散的

现象还比较突出，尚未形成综合优势与整体效应、监督合力。二是巡视巡察联动监督工作机制不够完善。在发现问题、推动问题整改、形成震慑等方面，省市县巡视巡察的指导、沟通、协调、配合机制尚未完全建立，实现有效衔接，亟待从总体上作出顶层设计和系统规划。三是巡视巡察联动监督效能有待提升。发现有价值问题线索"难"和推动问题整改"难"是巡视巡察监督中面临的两大难题，这两个难题越往基层，越为突出。存在问题的主要原因有五个方面：一是因为基层地域狭小、人际关系密切、群众思想顾虑多，容易出现不敢监督、不愿监督等问题，获取有价值问题线索难。二是因为巡察干部队伍不够稳定、专业，快速精准发现问题难。三是因为巡察的部门协调配合机制尚不健全，在巡察准备环节提前掌握问题难。四是因为巡察宣传不够，社会参与性不强，在巡察进驻环节依靠群众举报问题难。五是因为推动问题整改的责任机制有待健全，成果有效运用难，等等。

完善巡视巡察联动监督网的基本路径有五个方面。一是健全上下联动的领导体制是根本保证。健全省委统一领导、巡视工作领导小组具体领导、市县党委和巡察工作领导小组分级负责的领导体制，抓好责任传导，做到巡视巡察一体谋划、一体部署、一体推进。二是建立上下联动的工作机制是关键所在。省级巡视工作领导小组、巡视工作领导小组办公室要加强与市县巡察工作领导小组、巡察工作领导小组办公室联系，建立健全巡视巡察联动发现问题、推动问题整改等机制，突出"共抓共享共用"，形成巡视巡察监督内容互相吻合、监督要素互相衔接、工作步骤互相协同的工作格局。落实发现问题、问题移交、情况通报、督查督办等联动措施，做到信息互通、资源共享、效应叠加，实现巡视反馈意见落实上下共抓、巡视巡察情况上下共享、巡视巡察问题线索上下共用。三是完善上下联动的制度体系是内在要求。建立省市县党委常委会定期研究巡视巡察工作、省市县党委书记召开专题会听取巡视巡察联动汇报、市县党委向省级巡视工作领导小组报备巡察材料等制度。四是强化上下联动的队伍建设是重要保障。省级巡视办通过举办巡察干部培训班、抽调巡察干部参加巡视、派员赴各地进行业务辅导等方式,不断提高巡察干部把握政策、发现问题的能力。五是提高上下联动的总体监督效能是根本。创新巡察工作方式方法,提高发现问题精准度,加大问题整改力度,增强巡察监督震慑力。针对基层"熟人社会"易受人情干扰的实际,可在巡察力量、时间、方式、分工等方面进行总体统筹,以提级巡察、异地互察、回避巡察等破解人情干扰、跑风漏气等问题。

3. 强化国家监察、人大、政协和审计监督、民主党派监督、群众监督、舆论监督等,织密监督网络

强化国家监察,保证国家机器依法履职、秉公用权,做到权力来自人民、服务人民。一是要贯彻落实好《中华人民共和国监察法》。《监察法》作为反腐败国家立法,是对国家监察工作起统领性和基础性作用的法律。要全面落实好《监察法》的各项规定,让《监察法》刚性运行,充分发挥其推进反腐败斗争的法治保障作用,把制度优势转化为治理效能。二是要抓好人大、政协、审计监督。习近平指出,全国人大和地方各级人大要围绕推动贯彻落实党中央重大决策部署,加强对法律法规实施情况的监督,加强对"一府两院"工作的监督,实行正确监督、有效监督,形成加强和改进工作的合力。他对政协监督提出要求:"人民政协要深入进行调研视察、协商议政,积极开展民主监督,讲真话、进诤言,出实招、谋良策。"他强调,要"发挥审计机关的作用,依法进行审计监督;审计机关应以促进经济高质量发展,促进全面深化改革,促进权力规范运行,促进反腐倡廉为工作重点,做到应审尽审、凡审必严、严肃问责;要拓展审计监督广度和深度,消除监督盲区,加大对党中央重大政策措施贯彻落实情况跟踪审计力度,加大对经济社会运行中各类风险隐患揭示力度,加大对重点民生资金和项目审计力度"①。三是支持民主党派监督。习近平指出:"中国共产党作为执政党,必须虚心接受各民主党派监督。只有这样,中国共

---

① 《加强党对审计工作的领导》,《人民日报》,2018年5月24日。

产党才能更好领导人民、服务人民,才能团结带领全国各族人民实现中华民族伟大复兴的中国梦。"①应当支持民主党派履行监督职能,鼓励民主党派和无党派人士对党和政府工作提出意见、批评、建议,做到有则改之、无则加勉。四是织密群众监督之网。习近平强调党员干部"要广泛听取群众意见和建议。自觉接受群众评议和社会监督","人民群众中蕴藏着治国理政、管党治党的智慧和力量,从严治党必须依靠人民,要织密群众监督之网,开启全天候探照灯,各级党组织和党员、干部的表现都要交给群众评判"。②

4. 加强和改进对"一把手"的监督

习近平指出:"我们查处的腐败分子中,方方面面的一把手比例不低。这说明,对一把手的监督仍然是一个薄弱环节。由于监督缺位、监督乏力,少数一把手习惯了凌驾于组织之上、凌驾于班子集体之上。"③"一把手"是一个地区、部门和单位的党政正职,在健全监督体系、深入推进反腐败斗争中发挥关键作用,既是加强监督的第一责任人,也是被监督的重点对象。加强对"一把手"监督是个老大难问题,但也不是不能解决好的问题,关键是要思路正确,措施管用。

从原则上讲,加强和改进对"一把手"的监督,要做到"三个坚持"。一要坚持多管齐下。监督"一把手"是个艰巨复杂的系统工程,需要综合运用教育、制度、监督、查处等多种手段,综合施策,才能全面、有效、持久地解决好"一把手"难以监督的问题。二要坚持内外互动。对"一把手"的监督涉及面广泛,既要强化体制内的监督,包括党内监督、国家监察、人大监督、政协监督、司法监督、审计监督等,也要重视体制外监督,动员社会监督、群众监督、网络监督的力量,实现优势互补。三要坚持自律与他律并重。对"一把手"的监督,既要注

---

① 钟瑛:《着力提升民主监督水平》,《人民日报》,2017年8月24日。
② 《在党的群众路线教育活动总结大会上的讲话》,《人民日报》,2014年10月9日。
③ 《习近平关于党风廉政建设和反腐败斗争论述摘编》,中央文献出版社、中国方正出版社,2015年,第122页。

重强制性,强化党纪国法的他律作用。也要重视激发"一把手"的内生动力,提高其党性修养,使其自觉接受监督。四要坚持从严从实从细。加强对"一把手"的监督,将其权力关进制度的笼子,制度规定不能空泛、虚化,必须具体、细致、严格,做到于事简便、于法周延,避免"牛栏关猫"现象。

从操作层面论,加强和改进对"一把手"的监督的具体路径主要包括以下方面:

一是注重对"一把手"教育的针对性,强化其主动、自觉接受监督的意识。"一把手"对监督的认识的深度决定着对监督的态度,教育的针对性决定着有效性。现在的干部教育存在"一锅煮"现象,正职和副职放在一个班次培训,内容没有针对性。需要专门针对"一把手"设计教育培训规划、方案,开设培训班次。培训方式既要开展正面教育,也要进行警示教育。既要重视集中教育,更要加强经常性教育。选调教育培训对象要突出重点,加强对上任之初、任职时间较长、提拔无望、即将退休的"一把手"的教育。每次干部调整后都要及时掌握"一把手"的思想动向,及时做好有针对性的心理疏导工作,防止其产生倦怠、失落等不良心态。

二是提高监督制度执行力,加强对"一把手"关键权力的约束。要坚持并严格执行"一把手"不直接分管人事、财务、审批、执法事项制度、末位表态制度。在用人权上,要重点监督"一把手"的提名权,实行公开提名、责任提名、差额提名,推荐干部必须按要求填写初始提名表并存档备查。讨论通过领导干部任免要严格实行票决制。在重大事项决策权上,要严格执行党委、党组议事规则。对"三重一大"事项必须结合地方、单位实际提出具体明确的标准,建立目录。对重大事项的决策过程要全程记录并长期保存备查。

三是强化"一把手"腐败风险防控机制建设,前移监督关口。要严格选拔、任用"一把手",有效防止带病提拔、边腐边升问题发生。坚决不用品行差、私心重、不讲民主、不守纪律规矩、口碑不行的干部,慎用胆子大、作风霸道的干部。要严格执行任职交流制度。对在同一单位任党政正职多年的干部一般必须交流。其中,地方党政正职和掌握人财物项目等重要资源的部门正职任职满5年的必须交流。要加强对"一把手"的日常监督管理,抓早抓小。建立重点单位"一把手"岗位廉政风险防控机制,按照风险发生概率、危害程度、影响后果等因素确定风险等级,及时进行风险评估,采取有效措施防控风险发生、升级、蔓延,严防出现区域性、系统性和塌方式腐败。

四是加强"一把手"家风建设。把党风廉政建设的阵地从工作单位延伸到家庭生活,督促"一把手"加强家庭道德建设,带头抓好家风建设,建设清正家风,切实管好家庭成员,真正把家建成清廉安全的港湾。加强对"一把手"的"家里人"重要事项申报制度的抽查,对不如实申报的,要依规依纪进行查处。严格管理"一把手"身边工作人员。对"一把手"的秘书、司机等"身边人",要建立统一严密的管理制度,进行定期轮换,避免出现有的人长期为"一把手"服务,防止因为"日久生情"、形成利益"小团体"、小圈子,结成拉帮结派的"小山头"、小团伙。

五是强化对"一把手"的执纪监督问责,做到利剑高悬、震慑常在。巡视监督要突出重点,盯住"一把手",及时把"一把手"的问题找出来,督促其纠正问题。督促派驻纪检组监督不留死角,切实承担监督"一把手"的责任,对不敢抓、不敢管"一把手",监督责任缺位的派驻纪检干部要坚决问责。始终保持查办案件的高压态势,严厉查处"一把手"违纪违法案件,形成惩治腐败的强大声势。对各种渠道获取的有关"一把手"的问题线索,一经查实,不论涉及谁,不论官大官小,决不姑息养奸、包容纵容,坚决毫不留情、严肃查处、形成震慑。

第十章

建设世界上最强大的政党

强国必先强党。2016年2月,习近平在中央政治局常委会议审议"两学一做"学习教育方案时明确提出:"我们党要搞好自身建设,真正成为世界上最强大的一个政党。"①从党员和基层组织的数量上,中国共产党是当今世界无可争议的第一大党。但数量上的优势,不意味着质量上的优势。苏联解体和苏共垮台的教训表明,强大的政党不只是组织上强大,最根本的是战斗力强大。衡量一个政党是否强大的指标有很多,最重要的有四个:强大的政党自信,强大的领导集体,强大的群众根基,强大的政党制度。要把我们党建设成世界上最强大的政党,必须牢固树立政党自信,锻造坚强领导集体,夯实长期执政根基,创设新型政党制度。

一、新时代牢固树立政党自信

"自信人生二百年,会当水击三千里"。强大的政党必然拥有与之相符的强大自信提供精神力量,这是中国共产党人该有的样子。2016年7月1日,习

---

① 何毅亭:《努力建设世界上最强大的政党》,《学习时报》,2017年7月10日。

近平在庆祝中国共产党成立95周年大会上指出："当今世界，要说哪个政党、哪个国家、哪个民族能够自信的话，那中国共产党、中华人民共和国、中华民族是最有理由自信的。"①对中国共产党来说，政党自信就是坚信中国共产党一定能够实现当初立下的初心誓言和肩负的伟大使命。政党自信是我们党从小变大、从弱变强、从过去走向未来的精神力量和心理动能。没有对自我使命和能力的强大自信，中国共产党不可能领导人民实现站起来、富起来、强起来的三大历史性飞跃。新时代把我们党真正建设成为世界上最强大的政党，必须牢固树立政党自信。

（一）坚定政党自信是取得伟大成就的力量源泉

中国共产党的自信是与生俱来的精神品质，而且在中国共产党领导中国革命、建设和改革的伟大历史进程中不断得到显现和证明。中国共产党人自成立以来，从未觉得自己只是历史的过客。正是靠着要拯救中华民族于水火的强大自信，中国共产党带领中国人民从革命年代走向建设年代，从建设年代走向改革开放年代，中国共产党也从建党之初的五十多人成为今天世界上最大的政党。历史实践证明，强大的政党自信，是中国共产党领导中国人民实现三次伟大飞跃的力量源泉。

第一，没有中国共产党就没有站起来的中国。鸦片战争后，中国成为半殖民地半封建国家。伟大的革命先行者孙中山先生领导的辛亥革命，推翻了清王朝，结束了两千多年的封建帝制。但是中国社会的半殖民地、半封建性质并没有改变。无论是当时的国民党，还是其他资产阶级和小资产阶级政治派别，都没有也不可能找到国家和民族的出路。只有中国共产党才能给中国人民指出正确的道路，那就是彻底推翻帝国主义、封建主义的反动统治，完成新民主主义革命，进而转入社会主义。中国共产党成立之初，就在党的一大

---

① 习近平：《在庆祝中国共产党成立95周年大会上的讲话》，人民出版社，2016年，第12页。

纲领中向世界宣告:党的奋斗目标是以无产阶级革命军队推翻资产阶级的政权,消灭资本家私有制,由劳动阶级重建国家,承认无产阶级专政。在党的二大中,中国共产党制定了最低纲领,那就是"消除内乱,打倒军阀,建设国内和平";"推翻国际帝国主义的压迫,达到中华民族完全独立"。①从此,中国共产党人投入新民主主义革命的伟大斗争中去。英勇的共产党人即使面对血与火的灼烧、枪与炮的轰隆,也未曾丧失信心。以毛泽东为主要代表的中国共产党人,把马克思主义基本原理同中国革命和建设的具体实际相结合,团结带领人民经过长期奋斗,最终推翻了压在中国人民头上的三座大山,1949年建立了中华人民共和国,实现民族独立、人民解放、国家统一、社会稳定,实现中国从几千年封建专制政治向人民民主的伟大飞跃。

新中国成立后,中国一穷二白、百废待兴。中国共产党没有因为取得了革命的胜利而骄傲。相反,中国共产党把此次进京比作一次赶考,考试的主题就是建设新中国。这是中国共产党作为使命型政党的历史自觉,是强大政党自信的再次体现。中国共产党继承了战火年代的革命精神,以前所未有的热情投入到新中国的建设当中。党的政治路线确定之后,干部就是决定因素。中国共产党根据新时代对干部提出了德才兼备、又红又专的新要求。由于建设新中国,中国共产党没有经验,于是借鉴了苏联模式。但是苏联模式在实践中越来越僵化。中国共产党以高度的自信,探索属于中国的社会主义道路。虽然探索中产生了曲折,但中国共产党领导中国人民依然创造了伟大的奇迹。毛泽东说过:"中国的命运一经操在人民自己的手里,中国就将如太阳升起在东方那样,以自己的辉煌的光焰普照大地。"②在社会主义革命和建设时期,中国共产党领导中国人民勒紧裤腰带支援国家各项建设,"两弹一星"研制成功,完整的工业体系和国民经济体系基本建立,中国成为世界上有重大影响的国家。

---

① 《建党以来重要文献选编(1921—1949)》(第一册),中央文献出版社,2011年,第133页。
② 《毛泽东选集》(第四卷),人民出版社,1991年,第1467页。

第二,没有中国共产党就没有富起来的中国。贫穷不是社会主义,社会主义的本质特征是共同富裕。"文化大革命"给中国经济社会发展造成深重的灾难,但党和国家领导人没有否定党过去的一切,对党领导中国继续前进仍有高度自信。邓小平在《建国以来党的若干历史问题决议》中强调指出:"没有中国共产党就没有新中国,同样,没有中国共产党也就不会有现代化的社会主义中国。中国共产党是用马克思列宁主义、毛泽东思想武装起来的,以最终实现共产主义为历史使命的,有严明纪律和富于自我批评精神的无产阶级政党。如果没有这个党的领导,没有这个党在长期斗争中同人民群众形成的血肉联系,没有这个党在人民中间所进行的艰苦细致的、卓有成效的工作和由此而享有的崇高威信,那么我们的国家就必然由于种种内外原因而四分五裂,我们民族和人民的前途就只能被断送。党的领导不会没有错误,但是党和人民的亲密团结必定能够纠正这种错误,任何人都不能用党曾犯过错误作为削弱、摆脱甚至破坏党的领导的理由。削弱、摆脱和破坏党的领导,只会犯更大的错误,并且招致严重的灾难。"①改革开放以来,以邓小平同志为主要代表的中国共产党人,把马克思主义基本原理同中国改革开放的具体实际相结合,成功开创了中国特色社会主义。以江泽民同志为主要代表的中国共产党人和以胡锦涛同志为主要代表的共产党人继续推进中国特色社会主义事业,实现了中华民族从站起来到富起来的伟大飞跃。

第三,没有中国共产党就没有强起来的中国。党的十八大以来,以习近平同志为核心的党中央在治国理政中表现出了强大的政党自信。2014年9月5日,习近平在庆祝全国人民代表大会成立60周年大会上的讲话中强调:"中国共产党的领导是中国特色社会主义最本质的特征。没有共产党,就没有新中国,就没有新中国的繁荣富强。坚持中国共产党这一坚强领导核心,是中华

---

①　《三中全会以来重要文献选编》(下),人民出版社,1982年,第838~839页。

民族的命运所系。"①2015年,习近平在全国党校工作会议上的讲话:"中国有了中国共产党执政,是中国、中国人民、中华民族的一大幸事。……在坚持党的领导这个重大原则问题上,我们脑子要特别清醒、眼睛要特别明亮、立场要特别坚定,绝不能有任何含糊和动摇。"②党的十九大报告强调:"实现伟大梦想,必须建设伟大工程。这个伟大工程就是我们党正在深入推进的党的建设新的伟大工程。"③历史已经并将继续证明,没有中国共产党的领导,民族复兴必然是空想。党的十八大以来,"中国之治"与"西方之乱"形成鲜明对比,社会主义赢得了比资本主义更广泛的制度优势,国外发达国家和发展中国家不约而同地向中国来取经,中华民族将傲然屹立于世界民族之林。中国人民的获得感、幸福感、安全感大大增强,中华民族迎来了从富起来到强起来的伟大飞跃。

(二)坚定政党自信是推进四个伟大的精神保证

中国特色社会主义进入了新时代,这是我国发展新的历史方位。在中国共产党的领导下,我们已经创造了人类社会发展史惊天动地的发展奇迹。在新的历史条件下,我们更要坚定政党自信,以"自信人生二百年,会当水击三千里"的信心与豪迈,继续进行伟大斗争、建设伟大工程、推进伟大事业、实现伟大梦想,不断把新时代中国特色社会主义的伟大社会革命进行到底,创造更加激动人心的中国奇迹。

第一,实现伟大梦想必然要求坚定政党自信。每一代人有每一代人的长征路,每一代人都要走好自己的长征路。中国特色社会主义进入新时代,意味着近代以来久经磨难的中华民族迎来了从站起来、富起来到强起来的伟

① 习近平:《在庆祝全国人民代表大会成立60周年大会上的讲话》,人民出版社,2014年,第6页。
② 《习近平谈治国理政》(第二卷),外文出版社,2017年,第20页。
③ 习近平:《决胜全面建成小康社会 夺取新时代中国特色社会主义伟大胜利——在中国共产党第十九次全国代表大会上的报告》,人民出版社,2017年,第16页。

大飞跃。世界银行数据显示，2017年，中国人均国内生产总值为8827美元，略高于中等偏上收入地区的平均GDP水平，这意味着中国已经成为世界中等收入国家，中国14亿人民成为中等收入人口。可以说，我们比历史上任何时期都更接近、更有信心和能力实现中华民族伟大复兴的目标。但是，行百里者半九十。中国步入中等收入国家行列后，面临的最大考验就是"中等收入陷阱"，这是中华民族面临的新挑战，更是中华民族发展史上的关键节点。中国发展如果转型失败，就会掉入"中等收入陷阱"，几十年的发展成果将毁于一旦；如果转型成功，就会迈向高收入国家，中华民族伟大复兴将指日可待。对于摆脱"中等收入陷阱"，我们必须充满信心，必须相信中国共产党一定能够带领中国人民走完民族复兴征途中的"最后一公里"。党的十九大围绕实现中华民族伟大复兴的历史使命，制定了全面建设社会主义现代化国家的行动纲领。到2020年，中国将全面建成小康社会，基本跨越"中等收入陷阱"，为建设社会主义现代化国家奠定基石。到2035年，中国将基本实现社会主义现代化，努力建设科技强国、质量强国、航天强国、网络强国、交通强国、数字中国、智慧社会，成为全球创新的领导者，完全跨越"中等收入陷阱"。到21世纪中叶，中国将建成富强民主文明和谐美丽的社会主义现代化强国，成为综合国力和国际影响力领先的国家，真正实现中华民族伟大复兴。

第二，推进伟大事业必然要求坚定政党自信。中国特色社会主义是前无古人的伟大事业。没有中国共产党，就没有社会主义中国，就没有中国特色社会主义，就没有中华民族伟大复兴。我们治国理政的根本，就是中国共产党的领导和我国社会主义制度。1992年，邓小平在视察南方谈话时指出，"巩固和发展社会主义制度，还需要一个很长的历史阶段"①。在这漫长的历史阶段中，我们要始终确保中国共产党不垮、中国社会主义制度不倒，党和人民事业发展到什么阶段，党的建设就要推进到什么阶段。中国特色社会主义进入

---

① 《邓小平文选》（第三卷），人民出版社，1993年，第379页。

新时代,我国社会的主要矛盾发生转变,决胜全面建成小康社会、开启全面建设社会主义现代化国家新征程的艰巨任务对我们党提出了前所未有的新挑战、新要求。改革开放四十多年的历史证明,中国共产党领导是中国特色社会主义最本质的特征,是中国特色社会主义制度的最大优势。如今,这条道路在新时代展现出无与伦比的优势,让"社会主义失败论"失败,让"历史终结论"终结,让"中国崩溃论"崩溃,向世人展现出无与伦比的发展优势。继续推进新时代中国特色社会主义伟大事业,更要坚定政党自信,毫不动摇坚持和完善党对一切工作的领导。

第三,进行伟大斗争必然要求坚定政党自信。实现伟大梦想不会一蹴而就,也不可能一马平川,必然面临许多新的伟大斗争。2016年10月21日,习近平在纪念红军长征胜利80周年大会上强调指出:"实现伟大的理想,没有平坦的大道可走。夺取坚持和发展中国特色社会主义伟大事业新进展,夺取推进党的建设新的伟大工程新成效,夺取具有许多新的历史特点的伟大斗争新胜利,我们还有许多'雪山''草地'需要跨越,还有许多'娄山关''腊子口'需要征服。"①近代以来,中华民族复兴进程曾多次被打断。鸦片战争和帝国主义列强的入侵,不仅使我国落伍了,而且一次又一次摧毁了中国人民寻求民族独立和复兴的努力。辛亥革命后,我国虽然结束了绵延两千多年的君主专制制度,但军阀混战、日本帝国主义入侵、国民党蒋介石反动统治,又"把中国拖到了绝境"。新中国成立后,我们党带领人民重新开启中华民族伟大复兴进程,经过70年艰苦卓绝的努力,终于在新时代迎来实现中华民族伟大复兴的光明前景。但前进的道路不可能一帆风顺,当前我们仍然面临外部的、内部的等多方面的风险,有些风险甚至可能会迟滞或中断中华民族伟大复兴进程。我们现在正在进行的改革开放是一场利益广泛调整、触及人们灵魂的深刻变革,改革开放的进程中势必会出现各类风险挑战。对待发展进程中遇到的困

---

① 习近平:《在纪念红军长征胜利80周年大会上的讲话》,人民出版社,2016年,第11页。

难，我们要保持战略定力，必须认清一个事实，中国经济就像汪洋大海，大海既有和风细雨，也有疾风骤雨，没有暴风雨的洗礼，就不能成就大海的辽阔；必须坚定一个信心，党的领导是改革开放取得成功的关键和根本，继续推进新时代改革开放必须坚定政党自信，坚持党对改革开放的领导。只有坚持党的领导，才能正确处理中央和地方、全局和局部、国内和国外、长远和当前的关系，克服地方和部门利益的掣肘，制定协调各方的改革政策和改革方案，为改革开放伟大征程的顺利推进保驾护航。

第四，建设伟大工程必然要求坚定政党自信。习近平在党的十九大报告中强调指出："伟大斗争，伟大工程，伟大事业，伟大梦想，紧密联系、相互贯通、相互作用，其中起决定性作用的是党的建设新的伟大工程。"①中国共产党是一个使命型政党，党的初心和使命是为人民谋幸福、为民族谋复兴。过去一个时期，党内出现党的领导弱化、党的建设缺失、管党治党宽松软等问题，不正之风和腐败现象严重侵蚀党的群众根基。这些问题如果不能及时有效解决，就会陷入"塔西佗陷阱"。苏联共产党"20万党员建国、200万党员卫国、2000万党员亡国"的兴衰史表明：一旦陷入"塔西佗陷阱"，再大的政党也难逃江山变色、政党垮台的宿命。因此，不能认为党有了9000多万名党员就可以高枕无忧。苏联解体殷鉴不远，能否把党重新管起来治起来关系人心向背，关系党和国家的生死存亡。党的十八大以来，以习近平同志为核心的党中央从关系党和国家生死存亡的高度出发，立下"打铁还需自身硬"的铮铮誓言，作出全面从严治党的重大战略。全面从严治党以作风建设破题，以重拳反腐破局，以党内监督作为重要抓手，以建章立制进行固本培元，不断加强党的领导和党的建设，坚决改变管党治党宽松软状况。经过五年的努力，全面从严治党成效显著，反腐败斗争压倒性态势已经形成并巩固发展，开创了党的建设新的伟大工程新局面。党的十九大在总结过去管党治党经验的基础上制

① 习近平：《决胜全面建成小康社会　夺取新时代中国特色社会主义伟大胜利——在中国共产党第十九次全国代表大会上的报告》，人民出版社，2017年，第17页。

定了新时代党的建设总要求，为新时代深入推进党的建设新的伟大工程提供了立体"坐标系"和精准"定位仪"，开启了"不断提高党的执政能力和领导水平"的新征程。

（三）在推进改革开放伟大事业中厚植政党自信

强大的政党自信既是中国共产党与生俱来的政治自觉，也是中国革命、建设和改革事业不断取得成功的必然结果。中国特色社会主义进入新时代后，我们还需要政党自信激发干事创业的强大精神力量，还需要在推进改革开放伟大事业中取得更大成功、更多伟绩，团结和激励全党同志和人民群众，从而不断厚植政党自信。

第一，厚植政党自信必须持续加强理论创新。理论上的先进性和实践上的先进性，是马克思主义政党区别于其他一切政党最鲜明的本质特征。新时代坚持和发展中国特色社会主义更要加强理论创新。要学通弄懂马克思主义。马克思主义关于世界的物质性及其发展规律、人类社会及其发展规律、认识的本质及其发展规律等原理，为我们研究把握哲学社会科学各个学科各个领域提供了基本的世界观、方法论。要坚持实事求是的思想路线。马克思主义是随着时代、实践、科学发展而不断发展的开放的理论体系，它并没有结束真理，而是开辟了通向真理的道路。如何丰富和完善马克思主义的理论体系？那就是坚持马克思主义同中国具体实际相结合，坚持实事求是的思想路线。要坚持用习近平新时代中国特色社会主义思想武装全党和中国人民。推动习近平新时代中国特色社会主义思想武装全党和中国人民的过程，就是厚植政党自信的过程。

第二，厚植政党自信必须坚持以人民为中心。党的力量在人民，党的根基在人民。坚持以人民为中心是厚植政党自信的应有之义。党的十九大报告把坚持以人民为中心作为新时代坚持和发展中国特色社会主义的基本方略之一。坚持以人民为中心，贯穿于习近平新时代中国特色社会主义思想的全部内容和形成过程,是党的十八大以来以习近平同志为核心的党中央对"人民对美好生活的向往就是我们的奋斗目标"庄严承诺的理论概括,是对中国革命、建设和改革成功经验的创造性提炼、升华和运用,是新时代对马克思主义人民群众观的重大创新和发展,是习近平新时代中国特色社会主义思想活的灵魂。坚持以人民为中心,根本上反映的是党和群众的关系问题。党与人民群众的关系是密切还是疏远,取决于三个因素:一是政治引领,就是政治教育到不到位、群众工作到不到家;二是利益获得,就是群众利益需求是否得到满足,对美好生活的向往是否得到实现;三是感情纽带,就是对群众有没有一颗菩萨心肠、仁爱之心,是不是真正做到"枝叶关情"。要做好这三条,必须把以人民为中心贯彻到治国理政全部活动之中,与人民同呼吸、共命运、心连心,更好增进人民福祉,更好发展中国特色社会主义事业,更好推动人的全面发展、社会全面进步。

第三,厚植政党自信必须继续推进改革开放。党的领导是改革开放取得成功的根本保证。中国共产党是改革开放的启动者、领导者、组织者和捍卫者。正是靠着改革开放,中国人民对党的信心和信任更足了。四十多年来,我们党靠改革开放来振奋民心、统一思想、凝聚力量,靠改革开放来激发全体人民的创造精神和创造活力,靠改革开放来实现我国经济社会快速发展、在与资本主义竞争中赢得比较优势。经过四十多年的改革开放,党的理论科学严密,党的领导坚强有力,党的制度系统完备,党的决策严格规范,党的目标明确坚定,党的干部队伍过硬,中国共产党历经"革命性锻造"之后,焕发出新的强大生机活力,为党和国家事业发展提供了坚强政治保证。面对未来,要破解发展面临的各种难题,化解来自各方面的风险和挑战,推动经济社会持续健康发展,除了深化改革开放,别无他途。我们必须通过强有力的督查,以钉钉子精神做好改革督察落实,确保党中央确定的改革方向不偏离,确保党中央明确的改革任务不落空,不断提高改革的精准化、精细化水平。

第四,厚植政党自信必须坚持全面从严治党。政党自信还来源于党的先进性、纯洁性。与西方资产阶级政党不同，我们党没有自己的特殊利益。我们党代表着最广大人民群众的利益，能够摆脱以往一切政治力量追求自身特殊利益的局限，始终把人民群众的利益放在至高无上的位置，这是我们党先进性的一个重要表现，也是我们党勇于自我革命、能够做到全面从严治党的基本原因之一。2017年10月19日，习近平在参加党的十九大贵州省代表团讨论时强调，"在全面从严治党这个问题上，我们不能有差不多了，该松口气、歇歇脚的想法，不能有打好一仗就一劳永逸的想法，不能有初见成效就见好就收的想法"。我们要按照习近平的指示，按照新时代党的建设的总要求，以永远在路上的清醒冷静和坚韧执着，全面加强纪律建设，持之以恒正风肃纪，健全党和国家监督体系，着力增强自我净化能力，深化标本兼治，坚决夺取反腐败斗争压倒性胜利，一刻不停歇地推进全面从严治党向纵深发展。

二、革命性锻造坚强领导集体

"沧海横流显砥柱，万山磅礴看主峰"。办好中国的事情，关键在党。发挥好党的领导核心作用，关键在党中央。2015年2月2日，习近平在省部级主要领导干部学习贯彻党的十八届四中全会精神全面推进依法治国专题研讨班上的讲话中强调："在国家治理体系的大棋局中，党中央是坐镇中军帐的'帅'，车马炮各展其长，一盘棋大局分明。"①回顾近代中国百年历程，党的中央领导集体是领导中国革命、建设、改革事业的中坚力量，中央领导集体的工作和活动效能，决定党和国家事业发展的成败。新时代坚持和发展中国特色社会主义，必须坚持党对一切工作的全面领导，以自我革命的精神持续锻造坚强领导集体。

---

① 《习近平关于全面建成小康社会论述摘编》，中央文献出版社，2016年，第96页。

（一）注重领导集体建设是我们党的优良传统

在一个政党生生不息的发展道路上，总是由新老交替的一代代人来完成自己的崇高使命，凝聚起万众一心、团结奋斗的强大力量，开创着这个政党的璀璨未来。中国共产党作为一个将近百年的世界大党，在中国革命、建设和改革史上一直非常注重中央领导集体的建设，尤其是改革开放以来，顺利实现了党和国家领导的新老交替和平稳过渡。在几代中央领导集体领导下，中华人民共和国走过了光辉的历程，全国各族人民戮力同心、接力奋斗，战胜前进道路上的各种艰难险阻，取得了举世瞩目的辉煌成就。

第一，以毛泽东同志为核心的第一代中央领导集体。1921年党的一大建立三人组成的中央局，并选举陈独秀任书记，张国焘为组织主任，李达为宣传主任，由此产生了党的第一个中央机关。但是从党的一大一直到遵义会议，由于党的领导急需完善，所以一直没有真正形成一个稳定的成熟的领导集体。我们党的领导集体，是从遵义会议开始逐步形成的。长征途中的遵义会议，是我们党历史上一个生死攸关的转折点。这次会议确立了毛泽东在红军和党中央的领导地位，开始确立了以毛泽东同志为主要代表的马克思主义正确路线在党中央的领导地位，开始形成以毛泽东同志为核心的党的第一代中央领导集体，这是我们党和革命事业转危为安、不断打开新局面最重要的保证。作为第一代领导集体的核心，毛泽东非常注重领导集体建设。1945年6月19日，党的七届一中全会召开，全会选举产生中央委员44人，候补中央委员33人。毛泽东指出，组建中央委员会必须坚持三大原则，一是党的中央委员会要由能够实行党的代表大会路线的同志组成，要反映各方面的革命力量；二是中央委员会每个人不必通晓各方面知识，但中央委员会应该包括各种人才，将来应有许多工程师、科学家；三是犯过路线错误的同志承认并决心改正错误还可以入选中央委员会。根据这些原则，党的七届一中全会选出13名中央政治局委员，选举毛泽东、朱德、刘少奇、周恩来、任弼时为中央书记处书记,毛泽东为中央委员会主席,第一代中央领导集体由此形成。到了党的八大,成立了由毛泽东、刘少奇、周恩来、朱德、陈云、邓小平六个人组成的常委会,后来又加了一个林彪。这个领导集体一直到"文化大革命"。"文化大革命"时期,党的集体领导制度遭到破坏。总体来说,以毛泽东同志为核心的党的第一代中央领导集体,团结带领全党全国各族人民,完成了新民主主义革命,建立了中华人民共和国,确立了社会主义基本制度,成功实现了中国历史上最深刻最伟大的社会变革,为当代中国一切发展进步奠定了根本政治前提和制度基础。

第二,以邓小平同志为核心的第二代中央领导集体。1978年党的十一届三中全会,标志着新中国成立以来党和国家历史的伟大转折,开辟了改革开放和集中力量进行社会主义现代化建设的历史新时期。经过这次全会,建立了一个新的领导集体,邓小平成为党的第二代中央领导集体的核心。关于领导集体核心的重要性,邓小平指出:"任何一个领导集体都要有一个核心,没有核心的领导是靠不住的。第一代领导集体的核心是毛主席。因为有毛主席作领导核心,'文化大革命'就没有把共产党打倒。第二代实际上我是核心。因为有这个核心,即使发生了两个领导人的变动,都没有影响我们党的领导,党的领导始终是稳定的。"①关于集体领导制度的重要性,邓小平指出:"我有一个观点,如果一个党、一个国家把希望寄托在一两个人的威望上,并不很健康。那样,只要这个人一有变动,就会出现不稳定。十一届三中全会以后,大家希望我当总书记、国家主席,我都拒绝了。在党的十三大上,我和一些老同志退出了领导核心。这表明,中国的未来要靠新的领导集体。近十年来的成功也是集体搞成的。我个人做了一点事,但不能说都是我发明的。其实很多事是别人发明的,群众发明的,我只不过把它们概括起来,提出了方针政策。"②在邓

① 《邓小平文选》(第三卷),人民出版社,1993年,第310页。
② 同上,第272页。

小平的领导下,还实施了加强领导集体建设的重大举措。一是中央设立三个委员会,除中央委员会外,再设顾问委员会和纪律检查委员会,容纳一批老同志。二是中央和地方设立顾问制度,作为废除领导职务终身制的过渡办法。党的十二大成立了第一届中央顾问委员会,邓小平亲任主任。三是建立干部退休制度,彻底解决领导职务终身制。四是选拔干部的"革命化、年轻化、知识化、专业化"标准。五是建立新老干部的合作和交替机制,形成老中青干部的梯级结构进行传帮带,逐步实现中央领导干部年轻化。六是精心选拔主要接班人,实现权力平稳交班。七是强调共产党要有一个好的政治局,特别是好的政治局常委会。八是强调中央领导集体应当是一个坚持改革开放、坚决反对腐败的集体。邓小平的这些思想和举措,不仅对于这些年党和国家的权力交班发生了决定性影响,而且对于形成中国权力交班模式具有奠基意义。

第三,以江泽民同志为核心的第三代中央领导集体。1989年6月,受命于危难之际,党的十三届四中全会选举产生了以江泽民为核心的第三代中央领导集体,领导全国人民继续推进中国特色社会主义事业。1994年9月28日,党的十四届四中全会通过的《中共中央关于加强党的建设几个重大问题的决定》指出:"党的历史表明,必须有一个在实践中形成的坚强的中央领导集体,在这个领导集体中必须有一个核心。如果没有这样的领导集体和核心,党的事业就不能胜利。"[1]作为第三代中央领导集体的核心,江泽民在2002年1月25日召开的中央纪委第七次全会上,再次谈到了选拔和任用干部的重要性,他说:"世界社会主义的历程和正反两方面的经验告诉我们,马克思主义执政党不仅要有正确的思想路线和政治路线,而且要有正确的组织路线,关键是要选好人、用好人。"[2]他强调指出:"这一条做好了,我们就能'任凭风浪起,稳坐钓鱼船'。"[3]党的十三届四中全会以后的13年间,国际形势风云变幻,我

---

① 《十四大以来重要文献选编》(中),人民出版社,1997年,第962~963页。
②③ 《江泽民文选》(第三卷),人民出版社,2006年,第418页。

国改革开放和社会主义现代化建设的进程波澜壮阔。我国综合国力大幅度跃升,人民生活总体上实现了由温饱到小康的历史性跨越,香港、澳门回到祖国怀抱,我国社会长期保持安定团结,国际影响显著扩大,中华民族以崭新的面貌自立于世界民族之林。

第四,以胡锦涛同志为总书记的党中央。2002年11月,党的十六大选举产生了以胡锦涛为总书记的党中央,继续高举中国特色社会主义伟大旗帜,坚持以邓小平理论和"三个代表"重要思想为指导,继往开来、与时俱进,提出科学发展观等重大战略思想,在全面建设小康社会实践中坚定不移地把党的建设新的伟大工程继续推向前进。胡锦涛指出,我们党是一个拥有8000多万党员的大党,在一个十几亿人口的大国执政,肩膀上的担子重、责任大,必须组成一个政治坚定、团结统一、坚强有力、奋发有为的中央领导集体。[①]在党的十八大召开之前,按照什么原则、什么标准组成新一届中央领导机构? 胡锦涛先后主持召开中央政治局常委会和中央政治局会议时进行了认真研究。中央提出了新一届中央领导机构组成人选的标准条件:一是政治坚定,高举中国特色社会主义伟大旗帜,坚持邓小平理论和"三个代表"重要思想,深入贯彻落实科学发展观,坚决贯彻党的路线方针政策,与党中央保持高度一致。二是领导能力强,实践经验丰富,有正确的政绩观,工作业绩突出,党员和群众拥护。三是带头执行民主集中制,善于团结同志,相容性好,自觉维护中央领导集体的团结统一。四是党性原则强,思想作风和工作作风过硬,廉洁自律,在党内外有良好形象。这些明确具体的标准条件,为酝酿产生新一届中央领导机构提供了重要依据。以胡锦涛同志为核心的党中央,团结带领全党全国各族人民,坚持以邓小平理论和"三个代表"重要思想为指导,根据新的发展要求,深刻认识和回答了新形势下实现什么样的发展、怎样发展等重大问题,形成了科学发展观,成功在新的历史起点上坚持和发展了中国特色社

---

① 参见新华社中央新闻采访中心:《十八大前前后后》,人民出版社,2012年,第31页。

会主义。

第五，以习近平同志为核心的党中央。党的十八大选举产生的以习近平为总书记的新一届中央委员会和中央纪律检查委员会，党的十八届六中全会确立了习近平总书记的核心地位，形成了一个朝气蓬勃、奋发有为、值得信赖、充满活力的中央领导集体，是我们党始终走在时代前列，团结带领全国各族人民把中国特色社会主义事业不断推向前进的中坚力量。习近平在《改革开放30年党的建设回顾与思考》中指出："30年党的建设启示我们，必须在实践中形成坚强的中央领导集体，必须坚决维护中央的权威，以确保党的决策正确和有效实施。"①2013年12月26日，习近平在纪念毛泽东同志诞辰120周年座谈会上的讲话指出："党的十八大以来，我们所做的一切工作，就是要团结带领全党全国各族人民坚持党的十一届三中全会以来的理论和路线方针政策，把以毛泽东同志为核心的党的第一代中央领导集体、以邓小平同志为核心的党的第二代中央领导集体、以江泽民同志为核心的党的第三代中央领导集体、以胡锦涛同志为总书记的党中央开创和发展的伟大事业坚持好、发展好。"②在2015年12月28、29日中央政治局"三严三实"专题民主生活会上，习近平指出："维护党中央权威，绝不是一般问题和个人的事，而是方向性、原则性问题，是党性，是大局，关系党、民族、国家前途命运。这方面，我们中央政治局要带好头，让全党都感到我们是一个同心同德、团结一心、步调一致的领导机构。"③2018年1月5日，习近平在学习贯彻党的十九大精神研讨班开班式上强调：要把我们党建设好，必须抓住"关键少数"。中央委员会成员和省部级主要领导干部必须做到信念过硬、政治过硬、责任过硬、能力过硬。党的十八大以来，以习近平同志为核心的中央领导集体，团结带领全党全国各族人民，高举中国特色社会主义伟大旗帜，锐意进取，埋头苦干，决胜全面建成

---

① 习近平：《改革开放30年党的建设回顾与思考》，《贵阳文史》，2008年第6期。
② 习近平：《在纪念毛泽东同志诞辰120周年座谈会上的讲话》，人民出版社，2013年，第13~14页。
③ 《习近平关于全面从严治党论述摘编》，中央文献出版社，2016年，第84页。

小康社会,夺取新时代中国特色社会主义伟大胜利,引领承载着中国人民伟大梦想的航船破浪前进,驶向光辉的彼岸。

(二)锻造坚强领导集体是完成使命的领导保证

伟大的事业需要伟大的党,伟大的党才能担当起伟大的使命。顺利完成党的中央领导集体新老交替和平稳过渡,是党的事业从胜利走向胜利的关键所在。2016年7月1日,习近平在庆祝中国共产党成立95周年大会上指出:"95年来,我们取得的一切成就,是一代又一代中国共产党人同中国人民接续奋斗的结果。以毛泽东同志、邓小平同志、江泽民同志为核心的党的三代中央领导集体,以胡锦涛同志为总书记的党中央,团结带领全党全国各族人民,战胜了一个个难以想象的困难和挑战,使中华民族迎来了实现伟大复兴的光明前景。"①站在历史与未来的交汇点上,必须锻造更加坚强的中央领导集体,团结带领人民全面建成小康社会、推进社会主义现代化,实现中华民族伟大复兴的重任。

第一,锻造坚强领导集体是进行伟大社会革命的客观要求。中国共产党是一个使命型政党,党的初心和使命是为人民谋幸福、为民族谋复兴,党的最终目标是实现共产主义,这是漫长而艰巨的伟大事业,不是一两代人所能完成的,需要世世代代奋斗下去。历经28年艰苦卓绝的斗争,我们党领导人民完成了新民主主义革命。新中国成立后,我们党领导人民进行了社会主义革命,完成了中华民族有史以来最广泛而深刻的社会变革。我国社会主义基本制度建立后,我们党对怎样在中国建设社会主义进行了长期探索,取得重要成就,也经历了严重曲折。恩格斯指出:"所谓'社会主义社会'不是一种一成不变的东西,而应当和任何其他社会制度一样,把它看成是经常变化和改革的社会。"②党的十一届三中全会以后,改革开放是我们党领导人民进行的伟

---

① 习近平:《在庆祝中国共产党成立95周年大会上的讲话》,人民出版社,2016年,第5~6页。
② 《马克思恩格斯文集》(第十卷),人民出版社,2009年,第588页。

大社会革命的继续。改革开放至今已经四十多年了,我们一直在实践和探索,在坚持中国共产党领导和社会主义制度的前提下,在社会主义道路、理论、制度、文化上进行了一系列革命性变革,开辟了中国特色社会主义道路,使我国发展大踏步赶上时代。如今,中国特色社会主义进入新时代。从全面建成小康社会到基本实现现代化,再到全面建成社会主义现代化强国,是新时代中国特色社会主义发展的战略安排,是历史赋予以习近平同志为核心的中央领导集体的重大使命。要完成伟大社会革命、实现党和国家兴旺发达、长治久安,必须锻造坚强有力的中央领导集体领导党和人民将伟大社会革命继续推进下去,决不能因为胜利而骄傲,决不能因为成就而懈怠,决不能因为困难而退缩,努力使中国特色社会主义展现更加强大、更有说服力的真理力量。

第二,锻造坚强领导集体是进行党的自我革命的内在要求。锻造坚强有力的领导集体是我们党作为马克思主义政党的根本要求,是我们党进行自我革命的重要内容之一。党的领袖是一个集体,是由"最有威信、最有影响、最有经验、被选出担任最重要职务"的同志组成的。国际和国内、历史和现实都表明,一个成熟的马克思主义政党,一定要最充分地发挥人民群众的历史主动精神和伟大创造力,同时又要最明确地维护党的领导集体的权威和作用。列宁指出:"造就一批有经验、有极高威望的党的领袖是一件长期的艰难的事情。但是做不到这一点,无产阶级专政、无产阶级的'意志统一'就只能是一句空话。"①特别是对我们这样的大党、大国来说,有一个在实践中形成的坚强的中央领导集体,对党和人民的事业至关重要。从开启新时期到跨入新世纪,从站上新起点到进入新时代,我们党领导人民绘就了一幅波澜壮阔、气势恢宏的历史画卷,谱写了一曲感天动地、气壮山河的奋斗赞歌。如果没有坚强的中央领导集体的领导,没有党同人民的团结奋斗,党和人民的事业不可能取得举世瞩目的成就。要把新时代坚持和发展中国特色社会主义这场伟

---

① 《列宁全集》(第42卷),人民出版社,1987年,第100页。

大社会革命进行好,我们党必须勇于进行自我革命,把党建设得更加坚强有力,把党的领导集体建设得坚强有力。

第三,锻造坚强领导集体是防范各类风险挑战的必然要求。"明者防患于未萌,智者图患于将来"。具备战略思维和忧患思维,是领导干部尤其是高级干部的必须具备的能力。中国共产党是在内忧外患中诞生,在磨难挫折中成长,在战胜风险挑战中壮大,始终有着强烈的忧患意识、风险意识。毛泽东曾指出:"全党同志必须团结在中央的周围,任何破坏团结的行为都是罪恶,只要共产党人团结一致!同心同德,任何强大的敌人,任何困难的环境,都会被我们战胜的。"①1989年9月4日,邓小平同志同几位中央负责同志的谈话:"我希望你们给国际国内树立一个好的形象,一个安定团结的形象,而且是一个安定团结的榜样。我们是一个大国,只要我们的领导很稳定又很坚定,那末谁也拿中国没有办法。"②江泽民同志指出:"领导我们这么大一个党,治理这么人一个国家,建设这么大　支军队,必须有一个团结统一的核心,这是一条历史规律。"③2019年1月21日,习近平指出:"面对波谲云诡的国际形势、复杂敏感的周边环境、艰巨繁重的改革发展稳定任务,我们必须始终保持高度警惕,既要高度警惕'黑天鹅'事件,也要防范'灰犀牛'事件;既要有防范风险的先手,也要有应对和化解风险挑战的高招;既要打好防范和抵御风险的有准备之战,也要打好化险为夷、转危为机的战略主动战。"④全世界的登山爱好者都知道,在珠穆朗玛峰南坡有一个"致命海拔区",从海拔8500米处进入这一区域后,距离登顶还必须逾越最后一道关口——"希拉里台阶"(位于珠穆朗玛峰8839米处的一个登山关口,因著名登山运动员埃德蒙·希拉里第一个通过此关口而得名)。这段裸露的山体岩石断面几乎垂直,十

① 《毛泽东文集》(第三卷),人民出版社,1996年,第22页。
② 《邓小平文选》(第三卷),人民出版社,1993年,第317~318页。
③ 《江泽民文选》(第二卷),人民出版社,2006年,第479页。
④ 《提高防控能力着力防范化解重大风险 保持经济持续健康发展社会大局稳定》,《人民日报》,2019年1月22日。

分险峻,每次只能容一人攀越,其他登山者不得不在这片危险区域驻足等待。2015年上映的惊悚电影《绝命海拔》,再现了无数登山者在"希拉里台阶"下饮恨终身的故事。党的十八大以来,中国正在重返世界之巅的复兴之路上艰难攀登,差不多到了一个"致命海拔区",今天中国的改革更像是生死攸关的"新一轮赶考",这轮赶考所要解答的题目是人类历史上从来没有出现过的,它对我们党提出了更高的要求。中华民族正处在伟大复兴的关键时期,我们的改革发展正处在克难攻坚、闯关夺隘的重要阶段,迫切需要坚强有力的中央领导集体。

(三)不断打造领航新时代的坚强领导集体

时代的航船,将从这里开始又一次起锚,驶向中华民族伟大复兴的新征程。越是伟大的时代,越是需要坚强的领导集体。展望未来,中国比历史上任何时期都更接近、更有信心和能力实现中华民族伟大复兴的目标。我们需要一个坚决维护党中央权威和集中统一领导、全面贯彻党的理论和路线方针政策,为全面完成党的十九大提出的各项目标任务而奋斗的领导集体;需要一个汇集各方面、各领域优秀人才,体现全国各族人民大团结大联合,有利于凝聚起中华儿女万众一心、团结奋斗强大力量的领导集体;需要一个整体素质优良、人员分布广泛、结构科学合理、进退比例适当,适应新时代新任务新要求,能够谱写社会主义现代化新篇章的领导集体。

第一,坚决拥护党的全面领导,坚决做到"两个维护"。锻造坚强领导集体的根本是加强党的全面领导,坚决维护核心,坚决维护以习近平同志为核心的党中央权威、保证全党令行禁止。确立和维护无产阶级政党的领导核心,始终是马克思主义建党学说的一个基本观点。马克思、恩格斯在领导欧洲工人运动和创立科学社会主义理论、建立无产阶级政党的实践中,始终强调"权威"的必要性和重要性。马克思曾指出,"一个单独的提琴手是自己指挥自己,一个乐队就需要一个乐队指挥"①。关于领导核心,毛泽东曾形象地说:"一个桃子剖开来有几个核心吗? 不,只有一个核心。"②邓小平说过:"任何一个领导集体都要有一个核心,没有核心的领导是靠不住的。"③党的历史和实践都充分证明,拥有一个全党公认的领袖,是我们党成熟的重要标志;拥有一个人民爱戴的领袖,是中华民族走向伟大复兴的可靠保证。坚决维护以习近平同志为核心的党中央权威和集中统一领导,是党和国家前途命运所系,是全国各族人民根本利益所在。党的十八大以来的实践充分证明,习近平同志作为党中央的核心、全党的核心当之无愧、名副其实、众望所归,全党要不断增强拥护核心、跟随核心、捍卫核心的思想自觉政治自觉行动自觉,始终同以习近平同志为核心的党中央保持高度一致。

第二,锻造中央领导集体的过硬本领。习近平在党的十九大报告中强调:"我们党要始终成为时代先锋、民族脊梁,始终成为马克思主义执政党,自身必须始终过硬。"④中央领导集体成员都是党的高级领导干部,更要以身作则,练就过硬本领。一要信念过硬。古人说:"先立乎其大者,则其小者不能夺也。"没有理想信念、理想信念不坚定,精神上就会"缺钙",就会得"软骨病",要练就"金刚不坏之身",必须用科学理论武装头脑,不断培植我们的精神家园。二要政治过硬。旗帜鲜明讲政治是我们党作为马克思主义政党的根本要求。我们党历来重视提高党员的政治觉悟。1927年10月毛泽东亲自撰写的"牺牲个人,努力革命,阶级斗争,服从组织,严守秘密,永不叛党"入党誓词,句句都是共产党人政治觉悟的生动写照。党的十九大旗帜鲜明把党的政治建设摆在首位,其首要任务就是保证全党服从中央,坚持党中央权威和集

---

① 《马克思恩格斯选集》(第二卷),人民出版社,2012年,第208页。
② 《〈关于新形势下党内政治生活的若干准则〉〈中国共产党党内监督条例〉辅导读本》,人民出版社,2016年,第73页。
③ 《邓小平文选》(第三卷),人民出版社,1993年,第310页。
④ 习近平:《决胜全面建成小康社会 夺取新时代中国特色社会主义伟大胜利——在中国共产党第十九次全国代表大会上的报告》,人民出版社,2017年,第16页。

中统一领导,绝不能有丝毫含糊和动摇。三是责任过硬。"知贵任者,大丈夫之始也;行贵任者,大丈夫之终也"。从党的十九大到二十大是"两个一百年"奋斗目标的历史交汇期,需要我们有更加强烈的担当精神涉险、破坚冰、攻堡垒、拔城池。中央领导集体成员必须树立正确政绩观,解决好政绩为谁而树、靠什么树政绩的问题,多做打基础、利长远的事,不搞脱离实际的盲目攀比,不搞劳民伤财的形象工程、政绩工程,真正做到对历史和人民负责。要发扬求真务实、真抓实干的作风,树立"成不必在我"的境界,脚踏实地把既定的行动纲领、战略目标、工作蓝图变成现实。四是能力过硬。俗话说,软肩膀挑不起硬担子。无论是干事创业还是攻坚克难,不仅需要宽肩膀,也需要铁肩膀;不仅需要政治过硬,也需要本领高强。党的十九大对领导干部提出了全面增强执政本领的要求。中央领导集体成员要自觉对照这个要求,补强本领上短板、能力上不足,保持能力持续升级、不断扩容。

第三,建立健全中央领导集体规章制度。党章和《关于新形势下党内政治生活的若干准则》《中国共产党党内监督条例》《中国共产党地方委员会工作条例》《中国共产党党组工作条例》等党内法规制度,是保证党中央发挥"统揽全局、协调各方"的领导核心作用的制度保证。2017年10月27日,第十九届中央政治局召开会议,审议通过了《中共中央政治局关于加强和维护党中央集中统一领导的若干规定》,中央政治局委员按规定向党中央和习近平总书记书面述职。2019年初,习近平认真审阅了述职报告并强调,第十九届中央政治局要履行好党和人民赋予的历史责任,永葆共产党人政治本色和革命精神,扎扎实实为党和人民工作。中央政治局同志要锐意进取、攻坚克难,勇于担当、敢于斗争,廉洁自律、夙夜在公,为全党作好示范和表率。另一个重要方面就是严格执行向党中央请示报告制度。请示报告制度是我们党的一项重要政治纪律、组织纪律、工作纪律,是执行民主集中制的有效工作机制。2019年1月31日,中央印发了《中国共产党重大事项请示报告条例》,对于坚持和加强党的全面领导,坚持党要管党、全面从严治党,坚决做到"两个

维护"，保证全党团结统一和行动一致，具有重要意义，这是全党牢固树立
"四个意识"，坚决做到"两个维护"的制度保障。

三、始终坚持以人民为中心

"深入基层不放松，立根原在群众中"。强大政党必然拥有强大的执政根
基提供力量源泉。对中国共产党来说，这个根基就是人民群众。中国共产党
与人民群众的关系，就像鱼和水的关系，没有人民群众就没有中国共产党。
习近平在党的十九大报告中指出："我们党来自人民、植根人民、服务人民，
一旦脱离群众，就会失去生命力。"①党的根基在人民、血脉在人民、力量在人
民。持续夯实党的长期执政根基，必须始终与人民心连心、同呼吸、共命运珍
惜人民给予的权力，用好人民给予的权力，自觉让人民监督权力，紧紧依靠
人民创造历史伟业，使我们党的根基永远坚如磐石。

（一）坚持以人民为中心是我们党立于不败之地的强大根基

历史是人民书写的，一切成就归功于人民。习近平指出，"党的根基在人
民，党的力量在人民"，"党与人民风雨同舟、生死与共，始终保持血肉联系，
是党战胜一切困难和风险的根本保证"。②回顾中国共产党近百多年所走过
的历程，我们可以看到，我们党取得的所有成就都是依靠人民共同奋斗的结
果，中国共产党领导中国人民从站起来、富起来到强起来，坚持以人民为中
心是贯穿其中的一条最基本的经验。

第一，坚持以人民为中心是新民主主义革命取得伟大胜利的重要保证。
毛泽东同志对人民群众于革命的重要性及党同人民群众的关系有过大量论

---

①　习近平：《决胜全面建成小康社会 夺取新时代中国特色社会主义伟大胜利——在中国共产
党第十九次全国代表大会上的报告》，人民出版社，2017年，第66页。

②　习近平：《在庆祝中国共产党成立95周年大会上的讲话》，人民出版社，2016年，第18页。

述。他指出，中国共产党是中国工人阶级的先锋队，"中国共产党是无产阶级的政党。无产阶级里头出了那样一部分比较先进的人，组织成一个政治性质的团体，叫共产党。共产党里当然还有别的成分，有别的阶级如农民、资产阶级出身的人，有别的阶级出身的知识分子。但出身是一回事，进党又是一回事，出身是非无产阶级，进党后是无产阶级，他的思想、行为要变成无产阶级的"①。他指出，中国共产党的宗旨是全心全意为人民服务，"共产党员是一种特别的人，他们完全不谋私利，而只为民族与人民求福利"②。中国共产党的指导思想是马克思列宁主义，反映了全世界无产阶级实践斗争的马克思列宁主义的普遍真理，在它同中国无产阶级和广大人民群众的革命斗争的具体实践相结合的时候，就成为中国人民百战百胜的武器。我们党在探索中国革命道路实践过程中，形成了"一切为了群众，一切依靠群众，从群众中来，到群众中去"的群众路线。正是靠着人民群众的支持，中国共产党打败了日本军国主义侵略，推翻了国民党反动派统治，建立了中华人民共和国。中国人民也正式告别灾难深重的百年沉沦，踏上伟大复兴的崛起之路。

第二，坚持以人民为中心是社会主义革命和建设取得伟大成就的动力源泉。毛泽东说过："中国的命运一经操在人民自己的手里，中国就将如太阳升起在东方那样，以自己的辉煌的光焰普照大地。"③对中国共产党致力于的伟大事业来说，新中国的成立只是万里长征走了第一步。怎样建设社会主义，建设一个什么样的党，是中国共产党在相当长的一段时期需要探索和解决的问题。延安时期，毛泽东与黄炎培之间有一段著名的窑洞谈话。毛泽东对跳出"历史周期率"的回答可以归为一句话，那就是"让人民监督权力"。在1949年党的七届二中全会上，毛泽东要求全党在胜利面前保持清醒头脑，在夺取全国政权后要经受住执政的考验，提出"务必使同志们继续地保持谦虚、谨慎、

①　《毛泽东文集》（第三卷），人民出版社，1996年，第305~306页。
②　同上，第47页。
③　《毛泽东选集》（第四卷），人民出版社，1991年，第1467页。

不骄、不躁的作风,务必使同志们继续地保持艰苦奋斗的作风"①。中国革命
胜利后,我们党向领导干部提出三点要求,一是时刻不能脱离人民群众、自觉
接受人民监督;二是永远不能骄傲自满、始终艰苦奋斗;三是时刻防范糖衣炮
弹、永葆政治本色。因为共产党人没有独立于人民利益的自身利益,中国共
产党一旦发现自己的思想和行动偏离人民群众的要求,就会义无反顾地自我
改正、革故鼎新。

第三,坚持以人民为中心是中国特色社会主义事业不断推向前进的强大
根基。坚持以人民为中心的工作导向,是中国共产党人始终坚持的价值追求。
在党的建设上,1978年党的十一届三中全会以后,中国共产党重新制定党员
标准,将知识分子和其他社会阶层的先进分子纳入申请入党对象。1981年5
月,陈云在《提拔培养中青年干部是当务之急》的讲话中提出:"党应该重新作
出大量吸收德才兼备的知识分子入党的决定。"② 1982年9月,党的十二大通
过的党章,在申请入党对象中增加了"知识分子"。同时,党章对党员的基本
要求作了明确规定:党员是"中国工人阶级的有共产主义觉悟的先锋战士",
必须"全心全意为人民服务,不惜牺牲个人的一切,为实现共产主义奋斗终
身";对党员必须履行的义务作了重要补充:党员必须"坚持党和人民的利益
高于一切,个人利益服从党和人民的利益,吃苦在前,享受在后,克己奉公,绝
对不得假公济私,损公利私"。③党的十二大后历次党的代表大会修改党章都
有进一步践行党的宗旨和以人民为中心的鲜明体现。进入新世纪后,中国共
产党继续完善党员标准,允许其他社会阶层的先进分子入党。2001年7月1日,
江泽民在建党80周年大会的讲话中指出:"应该把承认党的纲领和章程、自觉
为党的路线和纲领而奋斗、经过长期考验、符合党员条件的社会其他方面的

---

① 《论党的建设》,中央文献出版社,2001年,第102页。
② 《三中全会以来重要文献选编》(下),人民出版社,1982年,第786页。
③ 《十二大以来重要文献选编》(上),人民出版社,1986年,第68页。

优秀分子吸收到党内来。"①党的十六大通过的党章,在申请入党对象中增加了"其他社会阶层的先进分子"。正是坚持以人为本,推动改革发展的新思想新举措不断涌现,中国经济跃居世界第二,综合国力显著提高,人民生活极大改善,中国特色社会主义事业不断发展。

第四,坚持以人民为中心是党的十八大以来我们党治国理政的宝贵经验。2012年11月15日,习近平在第十八届中央委员会第一次全体会议上当选中共中央总书记时就庄严承诺:"人民对美好生活的向往,就是我们的奋斗目标。"②党的十八大以来,我们对党员提出了新的更高的要求。2013年1月,习近平在新进中央委员会的委员、候补委员学习贯彻党的十八大精神研讨班开班式上的讲话中,提出合格党员的四条客观标准:①能否坚持全心全意为人民服务的根本宗旨;②能否吃苦在前、享受在后;③能否勤奋工作、廉洁奉公;④能否为理想而奋不顾身去拼搏、去奋斗、去献出自己的全部精力乃至生命。③ 2013年6月,习近平在全国组织工作会议上指出,发展党员工作,"党组织要严格把关,把政治标准放在首位,确保政治合格"④。2014年6月,中共中央办公厅印发的《中国共产党发展党员工作细则》,提出发展党员工作新十六字方针"控制总量、优化结构、提高质量、发挥作用"。党的十八大以来,正是因为坚持以人民为中心,相信人民、依靠人民,中国在经济、改革、政治、文化、社会、生态、军队、港澳台、外交和党的建设等众多领域取得全方位、开创性的成就,党领导中国人民实现从站起来、富起来到强起来的历史性飞跃,中华民族将傲然屹立于世界民族之林。

---

① 《江泽民文选》(第三卷),人民出版社,2006年,第286页。
② 《习近平谈治国理政》,外文出版社,2014年,第3页。
③ 参见《习近平谈治国理政》,外文出版社,2014年,第23~24页。
④ 参见《十八大以来重要文献选编》(上),中央文献出版社,2014年,第351页。

（二）坚持以人民为中心是习近平总书记治国理政的价值取向

新时代提出新课题，新课题催生新理论。习近平新时代中国特色社会主义思想是在对"坚持和发展什么样的中国特色社会主义""怎样坚持和发展中国特色社会主义"的重大时代课题进行系统回答的基础上形成的科学理论。在新的历史方位中，系统回答新时代的根本性课题，深刻理解这一重要思想，必须牢牢把握坚持以人民为中心这个灵魂与主线。

第一，以人民为中心贯穿于习近平新时代中国特色社会主义思想形成和发展的全过程。习近平曾指出："40多年来，我先后在中国县、市、省、中央工作，扶贫始终是我工作的一个重要内容，我花的精力最多。"①地方工作期间，陕北梁家河的七年知青岁月奠基了他与民忧乐的民本情怀，河北、福建、浙江、上海、北京的工作实践塑造了他以人为本的施政理念。当选中央总书记后，党的十八大刚结束，习近平就率领新一届中央政治局常委向世界发出"人民对美好生活的向往，就是我们的奋斗目标"的誓言。在2015减贫与发展高层论坛上，习近平提出到2020年实现7000多万贫困人口全部脱贫的宏伟目标。不管是从地方到中央扶贫脱贫的生动实践，还是《习近平七年知青岁月》《摆脱贫困》《干在实处走在前列》《之江新语》《习近平谈治国理政》等一系列讲话、文章、著作以及党的十九大报告，人民始终是他论述最多、分量最重的内容，坚持以人民为中心始终贯穿于习近平治国理政全部理论和实践活动，贯穿于习近平新时代中国特色社会主义思想形成和发展的全过程，是习近平执政风格、执政形象、执政思维、执政理念的集中体现。

第二，以人民为中心贯穿于"坚持和发展什么样的中国特色社会主义"。党的十九大报告概括的"八个明确"是习近平新时代中国特色社会主义思想的核心要义和基本内涵，阐明了新时代坚持和发展中国特色社会主义的总目

---

① 习近平：《携手消除贫困 促进共同发展：在2015减贫与发展高层论坛的主旨演讲》，人民出版社，2015年，第5页。

标、总任务、总体布局、战略布局等基本问题。"八个明确"中的每一条,都充分体现了以人民为中心。例如,坚持和发展中国特色社会主义,总任务是实现社会主义现代化和中华民族伟大复兴,这是中国梦,更是人民的梦;社会主要矛盾的转变,说到底就是要求我们更好地、更充分地满足人民更高层次、更为广泛的需要;总体布局是"五位一体",对应了人民的经济、政治、文化、社会、生态五大基本权益;战略布局是"四个全面",全面建成小康社会要让13多亿中国人全部过上好日子,全面深化改革要让人民群众拥有更多的获得感幸福感安全感,全面依法治国要让人民充分感受到公平正义与和谐稳定,全面从严治党要坚决纠正一切损害群众利益的行为;坚持新发展理念,就是要在新时代更好解决我国发展出现的各种问题,让改革发展成果更多更公平惠及全体人民,更好推动人的全面发展、全体人民共同富裕。

第三,以人民为中心贯穿于"怎样坚持和发展中国特色社会主义"。党的十九大报告概括的"十四个坚持"是习近平新时代中国特色社会主义思想的重要组成部分和实践要求,从行动纲领层面阐明新时代坚持和发展中国特色社会主义的"基本点""路线图""方法论",着重回答新时代怎样坚持和发展中国特色社会主义。"十四个坚持"不仅多处体现以人民为中心,而且把坚持以人民为中心作为基本方略之一,其中坚持以人民为中心、坚持人民当家做主、坚持在发展中保障和改善民生,深刻表明了我们党治国理政的政治立场、依靠力量和发展目的,而且表明我们党始终"坚持人民主体地位,坚持立党为公、执政为民","把人民对美好生活的向往作为奋斗目标,依靠人民创造历史伟业","保证全体人民在共建共享发展中有更多获得感","确保国家长治久安、人民安居乐业"。这些都是坚持以人民为中心在新时代党的基本方略中的生动体现,是在伟大事业和伟大工程中坚持党性和人民性高度统一的生动体现。

（三）坚持以人民为中心是决定我们党前途命运的根本力量

党的十九大报告提出："把党建设成为始终走在时代前列、人民衷心拥护、勇于自我革命、经得起各种风浪考验、朝气蓬勃的马克思主义执政党。"①这是新时代党的建设的总目标，其中，把我们党建设成"人民衷心拥护"的马克思主义执政党是总目标之一。在新的历史条件下，推进中国特色社会主义伟大事业，推进党的建设新的伟大工程，建设世界上最强大的政党，坚持以人民为中心是决定我们党前途命运的根本力量。

第一，坚持以人民为中心是推进党的伟大事业。任何一项伟大事业要成功，都必须从人民中找到根基，从人民中积聚力量，由人民共同来完成。我们推进的中国特色社会主义伟大事业最终是为了实现人民对美好生活的需要，实现人的自由全面发展和全人类的解放。中国梦必须依靠人民来实现。人民身处生产和生活第一线，对自身面临的问题、矛盾和条件有切身感受，对解决问题的方向、方式和方法有明确判断。只有尊重和发挥人民首创精神，允许、尊重和鼓励基层探索，才能更好集合人民智慧，更好满足人民需求。今天，要推进实现中华民族伟大复兴，我们党就必须始终把全心全意为人民服务作为根本宗旨，始终把人民拥护和支持作为力量源泉，坚持把人民放在心中最高位置，推动改革发展成果更多更公平惠及全体人民，把13多亿中国人民凝聚成推动国家发展壮大的磅礴力量。

第二，坚持以人民为中心是创新党的思想理论。习近平指出，人民是创造历史的动力，我们共产党人任何时候都不要忘记这个历史唯物主义最基本的道理。不忘初心，方得始终。过去一段时期，党内出现党的领导弱化、党的建设缺失、管党治党宽松软等问题，不正之风和腐败现象严重侵蚀党的群众根基。这些问题如果不能及时有效解决，就会出现历史周期率问题。坚持

---

① 习近平：《决胜全面建成小康社会 夺取新时代中国特色社会主义伟大胜利——在中国共产党第十九次全国代表大会上的报告》，人民出版社，2017年，第62页。

以人民为中心的发展思想，就是调整生产关系中与生产力不相适应的部分，不断增强人民群众的获得感，不断把为人民造福事业推向前进。初心如磐、使命如山，我们党不是因利益而结成的政党，而是以共同理想信念而组织起来的政党。坚持以人民为中心的思想理论坚持了马克思主义政治经济学的根本立场，在丰富马克思主义人民观的同时，也开辟了中国特色社会主义理论体系的新境界。

第三，坚持以人民为中心是加强党的自身建设。共产党是无产阶级的政党，它以全心全意为人民服务为基本宗旨，公仆意识就是全心全意为人民服务的宗旨的体现。恩格斯早就指出，无产阶级在夺取政权之后，要"防止国家和国家机关由社会公仆变为社会主人"①。今天在改革开放的条件下，以个人主义、利己主义为核心的资产阶级的人生观、价值观和"一切向钱看"等腐朽思想，对共产党人的公仆精神造成了强烈的冲击，能否牢固地树立公仆意识，保持与人民群众的血肉联系，已成为关系执政党生死存亡的大问题。2013年6月18日，习近平在党的群众路线教育实践活动工作会议上指出："我们多次讲，党的先进性和党的执政地位都不是一劳永逸、一成不变的，过去先进不等于现在先进，现在先进不等于永远先进；过去拥有不等于现在拥有，现在拥有不等于永远拥有。这是用辩证唯物主义和历史唯物主义观察问题得出的结论。保持党的先进性和纯洁性、巩固党的执政基础和执政地位靠什么？最重要的就是靠坚持党的群众路线、密切联系群众。"②坚持党的群众路线，坚持不忘初心、继续前进，就要坚信党的根基在人民、党的力量在人民，坚持一切为了人民、一切依靠人民，充分发挥广大人民群众积极性、主动性、创造性，不断把中国特色社会主义事业推向前进。

---

① 《马克思恩格斯选集》(第三卷)，人民出版社，2012年，第55页。
② 《习近平谈治国理政》，外文出版社，2014年，第367~368页。

四、努力建设新型政党制度

"肝胆相照七十载,同心共筑中国梦"。强大的政党必然拥有强大的政党制度提供制度保证。2018年3月4日,习近平在看望参加政协会议的民盟致公党无党派人士侨联界委员时指出:"中国共产党领导的多党合作和政治协商制度作为我国一项基本政治制度,是中国共产党、中国人民和各民主党派、无党派人士的伟大政治创造,是从中国土壤中生长出来的新型政党制度。"①中国新型政党制度是在民主革命时期形成的,并在中国革命、建设、改革的伟大历程中得到检验,既有马克思主义政党理论的理论基础,又有中国传统优秀文化的文化土壤,是党和人民的伟大政治创造,是中国特色社会主义民主政治的特点和优势。

(一)新型政党制度是经过中国革命、建设、改革检验的伟大政治创造

中国的政党制度既不同于西方国家实行的"多党制"或"两党制",也不同于一些社会主义国家实行的"一党制",而是具有中国特点、反映中国实际的中国共产党领导的多党合作和政治协商制度。习近平将之称为"新型政党制度",是对中国政党制度的内涵、特点和作用的高度认可,体现了中国共产党人和中国人民的强大政党自信。回顾党和国家的光辉历程,中国共产党与各民主党派和无党派人士团结一心,共推伟业,汇聚广泛正能量,画好最大同心圆,为新民主主义革命和社会主义现代化事业做出了重大贡献。

1. 新型政党制度孕育诞生于党领导统一战线的伟大实践

统一战线是中国共产党领导的多党合作和政治协商制度的政治基础和

---

① 《坚持多党合作发展社会主义民主政治 为决胜全面建成小康社会而团结奋斗》,《人民日报》,2018年3月5日。

理论基础。新民主主义革命时期，我们党科学分析中国社会的性质、主要矛盾和特点，明确中国革命的领导力量、依靠力量和革命对象，联合一切可以联合的力量，大胆运用协商等形式建立广泛的统一战线。毛泽东认为，取得革命胜利必须建立广泛的统一战线，统一战线是党战胜敌人的三大法宝之一。

关于大革命时期的国共合作统一战线，早在1923年7月21日，毛泽东指出，要打败强大敌人，取得革命胜利，必须建立广泛的统一战线，"唯有号召全国商人、工人、农人、学生、教职员，乃至各种各色凡属同受压迫的国民，建立严密的联合战线，这个革命才可以成功"[①]。毛泽东指出，由于中国共产党在大革命后期放弃统一战线的领导权，招致了革命的失败，外患乃得乘虚而入。这是两党统一战线破裂了的结果。关于抗日民族统一战线，1939年7月9日，毛泽东指出："同志们要知道，今天要赶走日本帝国主义，打倒汉奸，克服困难，夺取抗战胜利，获得民族解放和社会解放，一切等等，都得依靠统一战线这个法宝。统一战线是什么？是抗战的团结，各个党派、各个阶级、各个军队、各个民族抗日的大团结，这个大团结就叫做抗日民族统一战线。"[②] 1939年10月4日，毛泽东指出："十八年的经验，已使我们懂得：统一战线，武装斗争，党的建设，是中国共产党在中国革命中战胜敌人的三个法宝，三个主要的法宝。这是中国共产党的伟大成绩，也是中国革命的伟大成绩。"[③]到解放战争时期，我们党的主张是联合工农兵学商各被压迫阶级、各人民团体、各民主党派、各少数民族、各地华侨和其他爱国分子，组成民族统一战线，打倒蒋介石独裁政府，成立民主联合政府。毛泽东提出中国共产党要掌握统一战线的领导权，"这个统一战线还必须是在中国共产党的坚强的领导之下。没有中国共产党的坚强的领导，任何革命统一战线也是不能胜利的"[④]。

---

① 《毛泽东年谱（1893—1949）》（上卷），人民出版社，1993年，第116页。
② 《毛泽东著作专题摘编》（上），中央文献出版社，2003年，第574页。
③ 《毛泽东军事文集》（第二卷），军事科学出版社、中央文献出版社，1993年，第486页。
④ 《毛泽东选集》（第四卷），人民出版社，1991年，第1257页。

统一战线是中国共产党创造出来的政治整合和社会整合形式,是中国共产党战胜敌人的三大法宝之一。中国共产党对统一战线的高度重视源于其对革命形势的判断:一方面,中国社会的性质使得中国革命的任务异常艰巨;另一方面,近现代中国的产业工人阶级人数少、力量弱。作为工人阶级的先锋队,中国共产党充分认识到无产阶级"自己虽然是一个最有觉悟性和最有组织性的阶级,但是如果单凭自己一个阶级的力量,是不能胜利的"①,必须联合一切可以联合的力量,建立广泛的统一战线。正是在领导统一战线领导中国革命过程中,中国共产党从革命党变成了执政党,多党合作和政治协商制度也得以产生和发展。

2. 新型政党制度的正式确立和继续发展

1948年4月30日,中共中央发布"五一口号",号召"各民主党派、各人民团体、各社会贤达迅速召开政治协商会议,讨论并实现召集人民代表大会,成立民主联合政府"②。各民主党派、无党派民主人士和各人民团体热烈响应。1949年9月21日至30日,中国人民政治协商会议第一届全体会议,通过了具有临时宪法性质的《中国人民政治协商会议共同纲领》,宣告中华人民共和国的成立,这标志着中国共产党领导的多党合作和政治协商制度正式确立。新中国成立后,人民政协为恢复和发展国民经济、巩固新生人民政权、推动各项社会改革、促进社会主义革命和建设作出了历史性贡献。在新中国成立之初,毛泽东就指出,我们自己要有主张,但一定要和人家协商,不要把自己孤立起来,要发挥各民主党派、各人民团体的作用。1954年,全国人民代表大会召开后,人民政协作为多党合作和政治协商机构、作为统一战线组织继续发挥重要作用,为推进新中国各项建设贡献了力量。1956年毛泽东在《论十大关系》中明确提出:"究竟是一个党好,还是几个党好?现在看来,恐怕是几个党好。

---

① 《建党以来重要文献选编(1921—1949)》(第十六册),中央文献出版社,2011年,第833页。
② 《十七大以来重要文献选编》(中),中央文献出版社,2011年,第201页。

不但过去如此,而且将来也可以如此,就是长期共存,互相监督"①,这标志着中国共产党领导的多党合作和政治协商制度走上发展之路。实际上,尽管这一时期仍然存在民主党派、人民团体和人民政协等统一战线组织,但统一战线实际上已经弱化。随着社会主义改造的完成,统一战线的对象——中间阶级被消灭,使得统一战线成为形式上的存在。在"文化大革命"时期,统一战线受到灾难性破坏,连形式化的存在也被取消了。

3. 改革开放后新型政党制度在创新中不断发展

改革开放以来,中国共产党领导的多党合作和政治协商制度不断创新发展,并被确立为我国的一项基本政治制度。改革开放以来,随着经济的发展、社会自身的发育和单位体制的逐步解体,统一战线重新获得了发展的空间。与此同时,中国共产党对于统一战线的性质和作用的认识也逐渐深化。1979年,邓小平在第五届全国政协第二次会议上作题为《新时期的统一战线和人民政协的任务》的讲话,指出统一战线比过去任何时期都更加扩大了,是最广泛的爱国统一战线。邓小平的这一论断跳出从阶级斗争的角度理解统一战线的框架,从而解决了统一战线的性质问题。1982年12月通过的《中国人民政治协商会议章程》不再用劳动者和非劳动者来区分中国共产党和民主党派,而是将民主党派的性质界定为各自所联系的一部分社会主义劳动者、社会主义事业的建设者和拥护社会主义的爱国者的政治联盟。1987年党的十三大报告明确指出:"要坚持'长期共存、互相监督、肝胆相照、荣辱与共'的方针,完善共产党领导下的多党合作和协商制度,进一步发挥民主党派和无党派爱国人士在国家政治生活中的作用。"② 1989年12月30日,中央印发了《中共中央关于坚持和完善共产党领导的多党合作和政治协商制度的意见》,标志着中国共产党领导的多党合作和政治协商制度进入新的发展阶段。

---

① 《毛泽东文集》(第七卷),人民出版社,1999年,第34页。
② 《十三大以来重要文献选编》(上),人民出版社,1991年,第45页。

新时期统一战线的鲜明特点就是制度化水平的不断提高。1993年,第八届全国人大一次会议通过宪法修正案,提出中国共产党领导的多党合作和政治协商制度将长期存在和发展,使这一制度有了明确的宪法依据,获得了法律保证。2005年,中央发布《关于进一步加强中国共产党领导的多党合作和政治协商制度建设的意见》,将中国共产党领导的多党合作和政治协商制度确立为中国的基本政治制度,并且通过修改宪法明确这一制度将长期存在和发展。以胡锦涛同志为总书记的党中央颁发《关于加强人民政协工作的意见》等文件,为新世纪新阶段人民政协事业发展提供了理论基础、政策依据、制度保障。

4. 党的十八大以来新型政党制度实现制度化发展

党的十八大以来,以习近平同志为核心的党中央高度重视完善和发展中国新型政党制度,中国共产党领导的多党合作和政治协商制度在实践中不断发展,在发展中不断完善。2015年2月,中央印发《关于加强社会主义协商民主建设的意见》指出,加强社会主义协商民主的第一条就是"继续加强政党协商",其他还包括继续探索规范政党协商形式,完善民主党派中央直接向中共中央提出建议制度,加强政党协商保障机制建设等。2015年9月22日,为加强和规范统一战线工作,巩固和发展爱国统一战线,根据《中国共产党章程》,中央制定了《中国共产党统一战线工作条例(试行)》。该条例对新时代中国共产党领导的多党合作和政治协商制度的地位、民主党派和无党派人士的概念内涵和基本职能、政党协商的主要内容和主要形式、支持民主党派和无党派人士参政的主要内容、各民主党派监督中国共产党的主要形式、支持民主党派和无党派人士加强自身建设等内容作了详细阐述。党的十八大以来,以习近平同志为核心的党中央推动中国共产党领导的多党合作和政治协商制度实现制度化、规范化、科学化发展,为实现中华民族伟大复兴的中国梦提供源源不断的动力。

（二）新时代坚持和发展中国特色社会主义必然要求建设新型政党制度

中国共产党领导的多党合作和政治协商制度是在长期革命与建设中形成和发展起来的，是中国共产党和中国人民的伟大创造。从中国土壤中生长出来的新型政党制度，能够真实、广泛、持久代表和实现最广大人民根本利益、全国各族各界根本利益，它把各个政党和无党派人士紧密团结起来、为着共同目标而奋斗。

第一，中国新型政党制度是代表和实现最广大人民根本利益的必然要求。在中国新型政党制度体系中，中国共产党作为执政党，没有任何特殊利益。毛泽东讲，我们共产党及其领导的军队，"完全是为着解放人民的，是彻底地为人民的利益工作的"[①]。邓小平提出"贫穷不是社会主义"并把"三个是否有利于"作为判断一切工作得失的根本标准。[②]江泽民提出"三个代表"重要思想，强调我们党要始终"代表中国最广大人民的根本利益"。[③]胡锦涛提出科学发展观，强调"发展为了人民、发展依靠人民、发展成果由人民共享"[④]。2012年11月15日，习近平在第十八届中央委员会第一次全体会议上当选中共中央总书记时就庄严承诺："人民对美好生活的向往，就是我们的奋斗目标。"[⑤]我国的新型政党制度，在最大限度地代表最广大人民根本利益，统筹兼顾了社会各阶层各方面的具体利益，找到了最大公约数，画出了最大同心圆。

第二，中国新型政党制度是紧密团结各个政党和无党派人士的必然要求。中国新型政党制度有利于把各个政党和无党派人士紧密团结起来、为着共同目标而奋斗，它吸收了中国传统文化中天下为公、兼容并蓄、求同存异、和衷共济的优秀思想，突破了西方政党制度利益代表的局限，具有广泛性、包

---

① 《毛泽东邓小平江泽民论党的建设》，中央文献出版社、中共中央党校出版社，1998年，第147页。
② 参见《邓小平文选》（第三卷），人民出版社，1993年，第372页。
③ 参见《江泽民文选》（第三卷），人民出版社，2006年，第128页。
④ 《胡锦涛文选》（第三卷），人民出版社，2016年，第4页。
⑤ 《十八大以来重要文献选编》（上），中央文献出版社，2014年，第69页。

容性等鲜明特征。中国共产党和八个民主党派之间的关系是执政党和参政党之间的合作关系,在这个意义上,中国的政党制度与西方的政党制度存在很大差异,中国的政党制度是一种侧重协商的合作型政党制度,而不是一种诉诸周期性选举和议会内博弈的竞争型政党制度。为了更好地实现合作,中国共产党提出了"长期共存、互相监督、肝胆相照、荣辱与共"的原则,作为处理党与民主党派关系的准绳。中国共产党是中国最广大人民群众的根本利益的代表,各民主党派是各自所联系的社会群体的利益代表,通过新型政党制度,社会各个群体的利益都有了自己的利益代表,并被嵌入到国家整体利益之中。比如,中国国民党革命委员会代表的利益群体有:同原中国国民党有关系的人士、同中国台湾各界有联系的人士、社会和法制专业人士;中国民主同盟代表的利益群体有:从事文化教育以及科学技术工作的高、中级知识分子;中国民主建国会代表的利益群体有:经济界人士;中国民主促进会代表的利益群体有:从事教育、文化、出版工作的高、中级知识分子;中国农工民主党代表的利益群体有:医药卫生、人口资源和生态环境领域高、中级知识分子;中国致公党代表的利益群体有:归侨、侨眷中的中上层人士和其他有海外关系的代表性人士;九三学社代表的利益群体是:科学技术界高、中级知识分子;中国台湾民主自治同盟代表的利益群体是:中国台湾省人士。这种合作型政党制度充分发挥了利益表达的功能和社会整合的功能,有利于反映社会各个阶层的利益诉求,形成强大的社会整合力,提高党和政府决策的科学性,推动中国共产党与各民主党派的共同政治目标的实现。

第三,中国新型政党制度是推动党和政府决策科学化民主化的必然要求。党的十九大报告指出:"有事好商量,众人的事情由众人商量,是人民民主的真谛。"①实现民主的形式是丰富多样的,不能拘泥于刻板的模式,更不

---

① 习近平:《决胜全面建成小康社会 夺取新时代中国特色社会主义伟大胜利——在中国共产党第十九次全国代表大会上的报告》,人民出版社,2017年,第37~38页。

能说只有一种放之四海而皆准的评判标准。习近平强调:"坚持中国共产党的领导,不是不要民主了,而是要形成更广泛、更有效的民主。我们应该不忘多党合作建立之初心,坚定不移走中国特色社会主义政治发展道路,把我国社会主义政党制度坚持好、发展好、完善好。"①作为具有中国特色的民主形式,协商民主既坚持"少数服从多数"的民主集中制原则,杜绝了"议而不决";又充分听取"少数人的意见",避免了"多数人的暴政",是实质民主的典范。作为发展中国家政治探索的成功范例,中国创造的新型政党制度无疑为解决世界政党难题、创新民主实现形式和推动世界政治文明发展提供了中国智慧和中国方案。

(三)在实现中华民族伟大复兴中努力建设新型政党制度

中国特色社会主义进入新时代,要求我们坚定不移巩固和发展中国共产党领导的多党合作和政治协商制度,发挥多党合作独特优势,发展社会主义民主政治,为实现中华民族伟大复兴中国梦而团结奋斗。我们必须充分认识中国新型政党制度的优越性,在实践中不断坚持好、发展好、完善好中国新型政党制度。

第一,始终坚持中国共产党的领导地位。中国的新型政党制度是一个有根有魂的制度。在这一制度中,坚持中国共产党领导是基本前提和政治基础,也是中国政党制度相较于国外多党制或一党制的政治优势。历史已经证明,没有中国共产党就没有新中国,没有中国共产党也就不会有现代化的社会主义中国。只要我们认真坚持和不断改善党的领导,充分发挥我们的政治优势,就一定能够更好地担负起历史赋予的重大责任。而且实践还证明,照搬西方国家的多党制,搞三权鼎立,是不符合中国国情的。没有党的坚强领导,我们这么大一个国家,就很可能是乱哄哄的,什么事也办不成。新加坡学者郑永年

---

① 《坚持多党合作发展社会主义民主政治 为决胜全面建成小康社会而团结奋斗》,《人民日报》,2019年3月5日。

认为,中国的强大在于中国共产党这个执政支柱的存在。尤其是中国这样一个超大规模的国家,其治理所面临的复杂性是前所未有的。就像台湾大学政治系教授朱云汉所说:中国太大了,人类历史上所有的治理经验在面对中国时都失效了。面对如此艰巨的任务,如果没有一个强有力的领导集团,很难有效应对,甚至会失控。因此,在这个问题上,我们一定要有清醒的头脑、鲜明的态度,坚决维护党中央的领导权威。

第二,更好发挥各民主党派的独特作用。中国特色社会主义进入新时代,各民主党派和无党派人士要深入学习研究习近平新时代中国特色社会主义思想,需要立足新时代的新形势、新要求,在新型政党制度的广阔舞台上,更好发挥优势作用。一要增强制度自信。这是坚定"四个自信"的题中应有之义。作为参政党,要学习贯彻习近平新时代中国特色社会主义思想,传承弘扬老一辈的政治信念和高尚情操,不断巩固团结奋斗的共同思想政治基础,展现新时代多党合作的勃勃生机。二要增强责任担当。当前,参政党要把履职重点统一到新时代中国特色社会主义战略部署上来,围绕打赢防范化解重大风险、精准脱贫、污染防治三大攻坚战等,深入一线调查研究,积极开展批评监督,要运用自身渠道优势,讲好多党合作的中国故事,提升我国新型政党制度的国际话语权。三要加强自身建设。加强民主党派思想、组织、制度特别是领导班子建设,建立健全民主集中制以及各项议事决策制度,不断提高民主党派政治把握能力、参政议政能力、组织领导能力、合作共事能力、解决自身问题能力,努力把中国特色社会主义参政党建设提高到新水平。

第三,营造政治协商的良好体制机制环境。加强新型政党制度建设,各民主党派和无党派人士参政议政需要体制机制保障。一要充分发挥人民政协的效能。进入新时代,人民政协要紧紧围绕团结和民主两大主题,充分发挥人民政协政治协商、民主监督、参政议政的重要作用,广泛联系社会各界人士,推进履行职能的规范化、制度化。二要保持宽松稳定、团结和谐的政治环境。在建设有中国特色社会主义的共同政治基础上，对民主党派同我们之间的某些差别，要采取求同存异、体谅包容的态度。当然对那些事关政治方向、根本原则的错误观点必须进行批评，更好地团结民主党派广大成员同我们党一道前进。三要建立健全配套措施，使多党合作进一步规范化、制度化。我们党是执政党，坚持"长期共存、互相监督、肝胆相照、荣辱与共"的方针，主要是民主党派监督共产党。各级党委进行重大决策，要扩大民主党派的知情范围和参与程度，畅通下情上传的渠道，加大民主监督力度。要鼓励各民主党派当我们的诤友，能够说心里话，敢于讲不同意见。各级党委和领导干部要主动接受民主党派的监督，要闻过则喜，从善如流。中国共产党与各民主党派和无党派人士团结一心，共推伟业，汇聚广泛正能量，画好最大同心圆，为实现中华民族伟大复兴作出重大贡献。

后　记

　　为深入学习宣传贯彻习近平新时代中国特色社会主义思想和党的十九大精神，中共天津市委宣传部和天津市中国特色社会主义理论体系研究中心组织部分哲学社会科学的专家学者，按照习近平新时代中国特色社会主义思想的若干专题，进行系统研究总结，为"不忘初心、牢记使命"主题教育鼓劲助力，为丰富党的创新理论增砖添瓦，为广大基层干部和党员解疑释惑。

　　中共天津市委党校的党史党建研究团队承担了系列研究课题"一以贯之推进党的建设新的伟大工程"的研究工作。为此，由笔者牵头成立了项目组，重点围绕党的十八大以来习近平关于加强党的全面领导、深入推进全面从严治党、全面加强党的建设等一系列重要论述，重点围绕党的十八大以来党的建设新的伟大工程的理论探索和生动实践，确定分十个专题开展研究写作，力争呈现新时代我们党矢志不渝推进党的建设新的伟大工程的宏伟画卷。

　　第一，加强党的建设的伟大创举。把党的建设作为一项伟大工程来推进，是中国共产党的伟大创举。新时代站在新的历史起点上，我们党要带领人民进行伟大斗争、推进伟大事业、实现伟大梦想，必须毫不动摇推进党的建设新的伟大工程，推动全面从严治党向纵深发展，把我们党建设成为世界上最强大的政党。

　　第二，新时代建设伟大工程的总纲领。新时代党的建设的总要求，是新的伟大工程的行动纲领。明确提出新时代党的建设的总要求，表明我们党对执政党建设规律有了更深刻的理解和掌握，标志着我们党作为长期执政的当代中国马克思主义执政党，在领导中国特色社会主义伟大事业上越来越走向成熟和自信，在党的自身建设上也越来越走向成熟和自信。

第三，政治建设是党的根本性建设。"把党的政治建设摆在首位"，深刻阐释了党的政治建设在党的建设新的伟大工程中的基础性根本性地位。只有全面加强党的政治建设，确保党始终成为中国特色社会主义事业的坚强领导核心，才能不断推进实现中华民族实现伟大复兴。

第四，思想建设是党的基础性建设。注重和善于从思想上建党，是党的光荣传统和巨大优势，也是我们党能够自始至终保持思想统一和强大生命力的重要保障。对于各级党员干部来说，加强思想建设的重点是坚定理想信念，常修为政之德，为驰而不息地推进党的建设新的伟大工程增添强大动力。

第五，全面提高党的组织建设质量。严密的组织体系是中国共产党的独特优势。新时代全面提高党的组织建设质量，就要建设高素质专业化干部队伍，着力提升基层党组织组织能力，全面提高党员队伍素质能力，汇聚天下英才投身伟大奋斗，这样才能为坚持和发展中国特色社会主义奠定坚实的组织基础。

第六，作风建设永远在路上。面对新时代的新形势和新任务，打好作风建设这场攻坚战、持久战，把解决思想问题和实际问题有机结合起来，发扬"钉钉子"精神，真正做到抓常、抓细、抓长，不断把作风建设引向深入，真正以强党风凝聚民心民智民力，不断厚植我们党执政根基。

第七，使纪律真正成为带电的高压线。加强党的纪律建设成为全面从严治党的治本之策。新时代不断加强党的纪律建设，重点是强化党的政治纪律和政治规矩，深化运用监督执纪"四种形态"，打通监督执纪问责"最后一公里"，用铁的纪律全面从严治党，使纪律真正成为带电的高压线。

第八，把制度建设贯穿党的建设全过程。新时代继续加强党的制度建设，坚持用制度管权管事管人，构建完善的党内法规制度体系，确保各项法规制度落地生根，我们党才能更好地统筹推进"五位一体"的总体布局、协调推进"四个全面"战略布局，更好地进行具有许多新的历史特点的伟大斗争。

第九，夺取反腐败斗争压倒性胜利。坚决反对腐败，建设廉洁政治，是中国共产党的一贯立场和主张。深化标本兼治，坚决夺取反腐败斗争压倒性胜利，为新时代坚定不移全面从严治党、深入推进反腐败斗争指明了方向，明确了路径，坚定了信心。以反腐败永远在路上的坚韧和执着，深化标本兼治，保证干部清正、政府清廉、政治清明，才能跳出历史周期率，确保党和国家长治久安。

第十，建设世界上最强大的政党。中国共产党是当今世界第一大党，但数量上的优势，不代表质量上的优势。苏联共产党垮台的教训表明，强大的政党不只是组织上强大，最根本的是战斗力强大。要把我们党建设成世界上最强大的政党，必须牢固树立政党自信，锻造坚强领导集体，夯实长期执政根基，创设新型政党制度。

承担课题研究和写作任务的是中共天津市委党校党史党建研究团队的部分成员。笔者组织集体研讨，拟定全书写作提纲，提出研究路径和写作要求。具体承担各章写作任务的分别是：第一章孙明增（马克思主义学院副研究员、博士），第二章邸晓星（党建教研部副教授、博士），第三章张亚勇（科研处主持工作的副处长、教授、博士），第四章石学峰（党史教研部副教授、博士），第五章王保彦（科学社会主义教研部研究员、博士），第六章倪明胜（党建教研部副主任、教授、博士），第七章周多刚（党建教研部教授、博士）、周楠楠（天津工业大学马克思主义学院硕士研究生），第八章谢忠平（党建教研部研究员、博士），第九章钟龙彪（党建教研部教授、博士），第十章徐中（市委党校副校长、教授、博士）。笔者审定了各章初稿，提出修改意见，对全部书稿做了最终的审定和修改，并撰写了后记。孙明增博士作为项目组的联络人，为课题研究的总体工作和写作研讨做了很多工作,付出了辛勤劳动。

"中国共产党是世界上最大的政党。大就要有大的样子。"我们党肩负着实现中华民族伟大复兴和促进人类文明发展的历史重任,理想最崇高,使命最艰巨,事业最伟大。作为共产党员,尤其是党校的理论研究工作者,我们有责任有义务深入研究伟大的中国共产党在领导中华民族走向伟大复兴历史进程中,以自我革命精神推进党的建设新的伟大工程的点点滴滴,深刻总结伟大的中国共产党在新时代不断从胜利走向胜利的成功经验。在书中我们阐明了自己的研究视角、观点和一些理论思考,由于作者的学识和水平所限,缺憾和错误在所难免,恳请广大读者提出宝贵意见。

本书在写作过程当中,参阅引用了很多专家学者的著作和文章,在这里向各位专家学者表示真诚的感谢!

向天津人民出版社的领导和编辑为本书所付出的辛勤劳动表示真诚的感谢!

徐 中

2020年4月25日